HENRI PLON, IMPRIMEUR-ÉDITEUR,
RUE GARANCIÈRE, 8, A PARIS.

JOURNAL
DE
LA RÉGENCE
(1715-1723)

PAR JEAN BUVAT
ÉCRIVAIN DE LA BIBLIOTHÈQUE DU ROI

PUBLIÉ POUR LA PREMIÈRE FOIS, ET D'APRÈS LES MANUSCRITS ORIGINAUX
avec autorisation de S. Exc. le Ministre de l'Instruction publique

PRÉCÉDÉ D'UNE INTRODUCTION
ET ACCOMPAGNÉ DE NOTES ET D'UN INDEX ALPHABÉTIQUE

PAR

ÉMILE CAMPARDON
ARCHIVISTE AUX ARCHIVES DE L'EMPIRE

Le journal encore inédit de la Régence, que M. Émile Campardon, archiviste aux Archives de l'Empire, offre aujourd'hui au public, est conservé parmi les manuscrits du supplément français de la Bibliothèque impériale. Cet ouvrage, si intéressant à bien des titres, et auquel un célèbre historien, M. Michelet, a daigné faire quelques emprunts dans son volume intitulé *la Régence*, n'était guère connu jusqu'à présent que de quelques écrivains qui l'avaient consulté avec avantage; nous citerons parmi eux l'académicien Duclos et M. Émile Levasseur, professeur d'histoire au lycée Napoléon, pour son *Histoire du système de Law*.

De l'auteur du *Journal de la Régence*, on ne connaissait jusqu'à présent que le nom : on savait que ce travail avait été trouvé dans les cartons d'un nommé Buvat, ancien employé de la Bibliothèque du Roi; mais là s'arrêtaient les renseignements que l'on possédait sur cet historien inédit.

Grâce aux recherches soigneuses de M. Émile Campardon, il n'en est plus ainsi; l'administration de la Bibliothèque impériale a bien voulu lui permettre de faire des recherches dans ses archives, et il y a trouvé des ressources qui lui ont permis de faire dans son *Introduction* une curieuse biographie de Jean Buvat.

Jean Buvat, né à Châlons-sur-Marne en 1666, entra comme écrivain à la Bibliothèque du Roi dans les dernières années du dix-septième siècle; il y resta jusqu'à sa mort, arrivée en 1729.

Il est donc le contemporain des événements qu'il raconte; il était en relation avec les gens les plus distingués de la capitale : avec les abbés de Louvois et Bignon, tous deux bibliothécaires du Roi, et le dernier, conseiller d'État; avec les abbés Boivin et Sallier, gardes des manuscrits et des imprimés, et de l'Académie des inscriptions et belles-lettres; avec l'abbé de Targny, dont il eut tant à se plaindre; enfin avec tous les savants qui se rendaient en foule à la Bibliothèque du Roi, que le Régent ouvrit au public.

Outre ces sources de renseignements que nous venons d'exposer, l'auteur du *Journal de la Régence* en avait encore d'autres. Sa profession de copiste, qu'il exerçait aussi au dehors, lui fit faire quelques connaissances dont il tirait d'utiles détails pour l'œuvre qu'il avait entreprise.

Entre autres relations que sa plume lui procura, notons celle du prince de Cellamare, qui lui confia quelques papiers relatifs à la conspiration qu'il tramait alors contre le Régent. Jean Buvat en sentit toute la gravité, et il s'empressa d'aller dénoncer le fait à l'abbé Dubois; l'abbé, depuis cardinal et premier ministre, comprit toute l'importance de cette déclaration, et le prince de Cellamare fut à l'instant arrêté.

Le rôle joué par l'auteur du *Journal de la Régence* dans l'affaire de la conspiration de Cellamare n'était connu jusqu'ici que de peu de personnes.

L'abbé Lenglet-Dufresnoy, dans son édition des *Mémoires de la Régence*, M. de Sévelinges, dans sa *Vie du cardinal Dubois*, et M. Alexandre Dumas, dont l'érudition est plus grande qu'on ne le croit généralement, dans son beau roman du *Chevalier d'Harmenthal*, étaient les seuls qui eussent indiqué l'influence qu'un pauvre copiste eut sur les destinées de la monarchie française.

D'une des fenêtres de la Bibliothèque, Jean Buvat put aussi assister à d'autres scènes qui se déroulaient presque devant ses yeux : nous voulons parler des désordres causés à Paris par le système de Law. La Banque était alors rue Vivienne, et chaque matin l'auteur du *Journal de la Régence*, en se rendant à son bureau, pouvait contempler les longues files de gens qui avaient passé la nuit à la porte de la Banque pour obtenir le payement en espèces du papier de Law soumis à des réductions; il pouvait, comme nous l'avons dit, de sa fenêtre, voir, au moment où les portes s'ouvraient, la masse populaire se précipiter comme un torrent pour entrer plus vite, en laissant derrière elle de nombreux cadavres de gens étouffés. Buvat lui-même, qui n'avait pu résister aux séductions de l'agio, faillit perdre la vie en essayant comme les autres de transformer son papier de la rue Quincampoix en argent monnayé.

Le *Journal de la Régence* offre donc encore sur ce point les renseignements les plus précieux, et ici nous appuyons notre dire sur M. Levasseur et sur son *Histoire du système de Law*.

Buvat n'était pas riche, les fêtes populaires et gratuites étaient donc celles où il devait assister avec le plus d'empressement. Aussi ne manque-t-il pas l'entrée d'un seul ambassadeur à Paris; il est toujours aux divertissements occasionnés par la fête de la Saint-Louis, et les superbes feux d'artifice tirés en l'honneur de l'entrée de l'Infante à Paris l'ont pour spectateur.

Enfin, tout ce qui se passe dans la capitale pendant les sept années de la Régence se trouve consigné dans son *Journal*. Cartouche et sa bande n'y sont pas oubliés.

Tel est en résumé le genre d'intérêt que présente l'ouvrage que nous publions. C'est la chronique de Paris pendant cette époque si curieuse, l'une des plus saisissantes du dix-huitième siècle, et cette chronique est racontée par un contemporain.

Le *Journal de la Régence* a donc un intérêt que les Mémoires de Barbier et de Mathieu Marais ne peuvent présenter. Ces deux derniers auteurs sont curieux à un autre point de vue : l'histoire y est racontée par eux en avocats, leurs œuvres sont l'écho des bruits du Palais, tandis que le journal de Buvat est la chronique des bruits de la rue.

L'éditeur du *Journal de la Régence* a fait précéder cet ouvrage d'une curieuse Introduction où sont développés tous les points que nous présentons ici ; la biographie de Buvat s'y lit tout au long, puisée aux sources originales.

Le texte est accompagné de notes qui expliquent, développent ou rectifient les allégations de Buvat, et suivi de *Pièces justificatives* dans lesquelles on trouvera le détail de ce que l'auteur du *Journal de la Régence* avait été obligé d'omettre.

Enfin, un Index alphabétique des noms des personnes termine l'ouvrage et permet au chercheur de trouver à l'instant même les renseignements qu'il désire.

Tel est l'ouvrage que nous publions aujourd'hui, et que nous recommandons à tous les amis de l'histoire vraie.

Le *Journal de la Régence* forme deux forts volumes in-8° sur cavalier vélin. Prix : 16 francs.

Envoi *franco* contre un mandat de poste de 16 francs.

Paris. — Typographie de Henri Plon, imprimeur de l'Empereur, 8, rue Garancière.

JOURNAL
DE
LA RÉGENCE
(1715-1723)

I

L'auteur et l'éditeur déclarent réserver leurs droits de reproduction et de traduction à l'étranger.

Ce volume a été déposé au ministère de l'intérieur (direction de la librairie) en janvier 1865.

Paris. — Typographie de Henri Plon, imprimeur de l'Empereur,
8, rue Garancière.

JOURNAL
DE
LA RÉGENCE
(1715-1723)

PAR JEAN BUVAT
ÉCRIVAIN DE LA BIBLIOTHÈQUE DU ROI

PUBLIÉ POUR LA PREMIÈRE FOIS, ET D'APRÈS LES MANUSCRITS ORIGINAUX

avec autorisation de S. E. le Ministre de l'Instruction publique

PRÉCÉDÉ D'UNE INTRODUCTION
ET ACCOMPAGNÉ DE NOTES ET D'UN INDEX ALPHABÉTIQUE

PAR

ÉMILE CAMPARDON
ARCHIVISTE AUX ARCHIVES DE L'EMPIRE

TOME PREMIER

PARIS
HENRI PLON, LIBRAIRE-ÉDITEUR
8, RUE GARANCIÈRE

MDCCCLXV

Tous droits réservés

INTRODUCTION.

I.

Le *Journal de la Régence*, dont j'entreprends la publication, est conservé au département des manuscrits de la Bibliothèque impériale. Il en existe deux exemplaires, tous deux de la même main : le premier, en trois volumes in-quarto [1], paraît être le brouillon de l'auteur; le second, en quatre volumes in-folio [2], est une copie du précédent; la rédaction et l'écriture en sont plus soignées. Le titre exact de cette compilation est celui-ci : *Journal de ce qui s'est passé de plus remarquable pendant la régence de feu Monsieur le duc d'Orléans, depuis le 2 septembre 1715 jusqu'à la mort de cet illustre prince, qui arriva le 2 décembre 1723.*

L'auteur de cet ouvrage ne s'est pas fait connaître, et jusqu'ici on en était réduit aux conjectures; cependant l'opinion générale l'attribuait à un nommé Buvat, écrivain de la Bibliothèque, qui vivait au commencement du siècle dernier; la ressemblance parfaite de l'écriture de certains

---

[1] *Supplément français* : N⁰ˢ 13691, 13692 et 13693 (anciennement 4141, 4142 et 4143).

[2] *Supplément français* : N⁰ˢ 10281, 10282, 10283 et 10284 (anciennement 1886, 1887, 1888 et 1889). C'est de cet exemplaire que je me suis servi pour cette édition; mais j'ai collationné ma copie sur l'exemplaire en trois volumes.

catalogues rédigés par lui avec celle du *Journal de la Régence*, donnait encore un plus grand poids à ces présomptions. Toutefois, quelques érudits s'élevaient contre cette opinion; ils se demandaient comment un écrivain ou copiste avait pu composer un ouvrage comme celui qui nous occupe; ils disaient qu'un homme dont la profession consiste à faire des transcriptions devait être peu instruit, et partant incapable de rédiger un travail historique. La ressemblance des écritures ne leur semblait pas une preuve sans réplique; ils l'expliquaient de la façon suivante : Buvat faisait des copies, c'était le métier dont il vivait; donc, il se peut parfaitement qu'au lieu d'être l'auteur du *Journal de la Régence*, ce qu'on ne peut prouver, il se soit simplement chargé d'en dresser, à prix d'argent, deux transcriptions sur les brouillons d'un homme de lettres resté inconnu.

Telles furent les deux opinions que je trouvai en présence lorsque je voulus publier ce document historique; mon embarras était grand, et plus je m'efforçais d'en sortir, moins j'étais éclairé; car rien dans la lecture du *Journal de la Régence* ne pouvait me faire deviner le nom de l'auteur, lorsque M. Claude, bibliothécaire au département des manuscrits, savant aussi distingué que modeste, dont la grande expérience est toujours au service de ceux qui le consultent, m'apprit qu'il existait dans les archives particulières de la Bibliothèque des papiers trouvés dans les cartons de Buvat, qui m'aideraient certainement à trancher la difficulté dont il s'agit.

L'administration de la Bibliothèque impériale a bien voulu m'en accorder la communication avec une libéralité dont je la remercie, et j'y ai trouvé la clef de l'énigme.

Les pièces trouvées dans le carton de l'écrivain sont maintenant reliées, et forment un registre in-folio intitulé :

Mémoires du sieur Buvat, écrivain de la Bibliothèque du Roi, de 1697 à 1729. On y trouve entre autres choses un cahier de cent vingt pages environ, portant le titre de *Journal concernant les ouvrages que j'ai transcrits à la Bibliothèque du Roi, principalement depuis le mois de juillet* 1697. Ces mots mêmes font comprendre la nature de ce recueil; mais on n'y trouve pas seulement le détail journalier de ses travaux de copie, détail assez peu intéressant par lui-même et qui ne nous apprendrait pas grand'chose, sinon que l'auteur savait le latin et déchiffrait les chartes, si Buvat, méthodique comme tous les vieux employés, n'y eût consigné les événements de sa propre vie: ce qui m'a permis de reconstituer tant bien que mal sa biographie, et d'établir définitivement que Jean Buvat, écrivain de la Bibliothèque du Roi, est bien positivement l'auteur du *Journal de la Régence*.

II.

Jean Buvat naquit à Châlons en Champagne ou dans les environs [1], le 4 juillet 1660; c'est lui-même qui nous l'apprend : « Je suis né le 4 de juillet 1660 et nous voici en 1729, ce qui me persuade assez que j'approche de la fin de ma carrière en ce monde, au bout de laquelle Dieu veuille me recevoir dans les bras de sa miséricorde [2]. »

[1] Je dis *ou dans les environs*, parce que, malgré les recherches que M. Noël Hatat, archiviste de la Marne, a bien voulu faire pour moi, l'acte de baptême de Buvat n'a pu être retrouvé dans les registres des treize paroisses de Châlons-sur-Marne, ce qui me permet de supposer qu'il naquit peut-être dans un faubourg ou dans un village voisin.

[2] Bibliothèque impériale, *Archives de l'administration*. — *Mémoires du sieur Buvat*.

Nous avons peu de détails sur la jeunesse de notre auteur; nous savons seulement qu'il fit ses études au collége des jésuites de sa ville natale, et qu'entre sa sortie de cet établissement et son départ pour Paris, qui eut lieu en 1685, il entreprit un premier voyage en Italie. A son retour il se rendit directement à Paris, où il entra en relations avec un homme connu par ses voyages, Melchisedech Thévenot, à qui ses travaux avaient valu une place de garde à la Bibliothèque du Roi. Buvat avait une magnifique écriture, et bientôt il devint le copiste de Thévenot; celui-ci s'aperçut sans doute qu'il pouvait tirer un autre parti de son secrétaire, et que l'éducation qu'il avait reçue le mettait à même de lui rendre plus de services. Au lieu de transcrire, Buvat fut chargé de déchiffrer quelques chartes. En présence de ces parchemins qu'à la première inspection il avait cru pouvoir lire, le pauvre copiste regretta de n'être pas resté tout simplement copiste; mais « à force de ruminer, dit-il, et après avoir deviné quelques mots, je vins facilement à bout du reste, au grand étonnement de M. Thévenot lui-même et de plusieurs savants qui m'environnaient à cause de ma jeunesse, d'autant plus qu'un tel déchiffrement requérait à la vérité un âge plus avancé et plus d'expérience [1] ».

Thévenot s'empressa de mettre à profit les nouveaux talents de son copiste; mais lorsque celui-ci, désireux de voir ses travaux récompensés autrement que par des éloges, demanda de l'argent, il n'obtint que des réponses dilatoires, et son seul salaire fut des compliments. Après avoir vainement insisté, et voyant que décidément Thévenot était un mauvais débiteur, Buvat fit pour se distraire

---

[1] Bibliothèque impériale, *Archives de l'administration. — Mémoires du sieur Buvat.*

un deuxième voyage en Italie. Il visita Notre-Dame de Lorette et Rome pour la seconde fois [1]; puis, après une absence de quelques mois, il revint à Paris. De nouvelles visites qu'il fit à Thévenot et les démarches infructueuses de leurs amis communs, la marquise de la Marzelière et de M. de Mélani, lui firent abandonner tout espoir de ce côté. Ses talents calligraphiques le portèrent à acheter un privilège pour enseigner la grammaire et l'écriture. Personne du reste n'était plus à même que Buvat de faire de bons élèves, car il possédait une orthographe d'une pureté bien rare à cette époque, et qu'on ne rencontre guère même dans les manuscrits des auteurs les plus célèbres.

Afin sans doute de présenter toutes les conditions de moralité qu'on a droit d'exiger dans un maître d'écriture et de grammaire, Buvat se maria. Nous n'avons aucun détail sur cette union, notre auteur nous apprend seulement qu'il eut un fils; ce fils dut être un assez mauvais sujet, et son père peut-être exigea de lui qu'il quittât la France et s'embarquât pour les îles : en 1727, il était à la Martinique [2].

Vers 1691, Thévenot quitta la Bibliothèque du Roi et fut remplacé par Clément de Toul. Celui-ci n'était pas un nouveau venu à la Bibliothèque; il y était entré vers 1663, et avait travaillé pendant sept ans à la rédaction des catalogues avec Carcavi et avec l'abbé de Varès. Depuis 1670 il était garde des estampes et planches gravées [3]. Sans

---

[1] J'avoue que je ne m'explique pas du tout ces deux voyages en Italie; je me borne à les constater : la fortune présumée de Buvat, qui travaillait pour vivre, et les habitudes peu voyageuses de l'époque, les rendent presque invraisemblables.
[2] *Mémoires du sieur Buvat.*
[3] *Essai historique sur la Bibliothèque du Roi*, 2ᵉ édition.

doute Clément avait vu Buvat travailler avec Thévenot, et sans doute aussi il avait apprécié ses qualités, car il lui fit vendre son privilége de maitre d'écriture, et le fit recevoir en juillet 1697 écrivain à la Bibliothèque du Roi avec six cents livres d'appointement et l'espérance d'une indemnité de logement. Le bibliothécaire du Roi était alors Camille le Tellier, abbé de Louvois, qui avait été nommé à cette fonction en 1684, bien qu'il ne fût âgé que de neuf ans.

Avant d'entrer dans le détail de la vie de Buvat pendant son séjour à la Bibliothèque, je ne puis me dispenser de reproduire les quatre vers suivants qu'il s'appliquait en 1729, lorsque après trente-deux ans de services il se trouvait encore à six cents livres d'appointement comme au premier jour de son entrée :

> Las d'espérer et de me plaindre
> Des muses, des grands et du sort,
> C'est ici que j'attends la mort
> Sans la désirer ni la craindre[1].

De 1697 à 1707 nous n'avons aucun détail sur la vie de notre auteur; nous savons seulement que son travail consistait à transcrire sur des registres qui existent encore à la Bibliothèque impériale les fiches des catalogues dressés par Clément; plus tard il chiffra les volumes imprimés après qu'ils avaient été passés en revue. A partir de

[1] « J'avoue que ces vers me convenaient aussi bien qu'à M. Mayer, conseiller d'État, qui les composa pour lui-même, et qui mourut en 1646, âgé de soixante-huit ans, d'autant plus que je n'en ai pas moins. » *Mémoires du sieur Buvat.*

Buvat attribue à tort ces vers à un nommé Mayer; ils sont de François Maynard, l'un des quarante de l'Académie française, président au présidial d'Aurillac, conseiller d'État, et mort effectivement en 1646.

INTRODUCTION. 7

l'année 1707, les Mémoires de Buvat entrent dans des détails plus circonstanciés sur lui-même. On y voit les maladies qu'il essuya; on y lit les plaintes les plus amères sur sa pauvreté, ses espérances d'avancement déçues; enfin sa vie y est racontée jour par jour pour ainsi dire. Ainsi il a soin de consigner qu'en 1707 il fit une maladie assez grave pour avoir été par les chaleurs trois semaines de suite à l'hôtel de M. de Louvois, archevêque de Reims, numéroter sa bibliothèque.

Au mois de mai 1709 Clément, s'intéressant au sort du pauvre écrivain, essaya de faire augmenter son traitement; mais il ne réussit pas, et Buvat se vit obligé pour faire vivre sa famille de vendre son argenterie, dont il retira cinq cents livres.

Un an après il eut une violente attaque de rhumatisme. « Je ne pouvais, dit-il, porter la main droite sur ma tête, ni ôter ni mon bonnet de nuit, ni mon chapeau, ni ma perruque, ni mettre ma cravate, ni tourner la tête à droite ou à gauche; mais au bout de quatre jours je m'en trouvai quitte, Dieu merci, par une sueur abondante qui me survint la nuit naturellement [1]. »

Cependant les promesses de Clément ne se réalisaient pas. Le 8 juin 1712 l'abbé de Louvois faisait espérer à Buvat une augmentation et un logement au Louvre quand la Bibliothèque y serait transportée. Le 3 février 1713, le malheureux écrivain recommençait ses sollicitations, et cette fois on lui répondait qu'à la paix, la France était alors en guerre avec l'Empire, il aurait une gratification. La paix se fit, mais la gratification n'arriva pas.

Les années s'écoulaient ainsi bien rudes pour l'écrivain, qui dut essayer par des travaux extraordinaires de remé-

[1] *Mémoires du sieur Buvat.*

dier à l'insuffisance de ses appointements. Buvat mit sa plume au service des particuliers qui désiraient faire faire des copies, et ce fut ainsi qu'il entra en relations avec l'abbé Brigaut, l'un des familiers de la duchesse du Maine, et l'un des fauteurs les plus zélés de la conspiration de Cellamare. Cet abbé avait besoin d'un copiste pour transcrire les manifestes, instructions ou Mémoires que les conjurés envoyaient en Espagne. Il connaissait le talent calligraphique de Buvat; il crut qu'il serait discret et le chargea du travail [1].

L'écrivain se rendit donc chaque jour rue Neuve des Petits-Champs, à l'hôtel où logeait le prince de Cellamare, et là il transcrivait pendant un certain nombre d'heures les pièces qu'on lui remettait. Il ne lui fallut pas longtemps pour comprendre de quoi il s'agissait. Tremblant de se voir immiscé dans un complot contre l'État, Buvat se hâta d'aller confier sa position à M. de la Houssaye, secrétaire de l'abbé Dubois; celui-ci répéta la conversation à son maître, et le copiste fut mandé au Palais-Royal, où demeurait l'abbé. Buvat raconta de nouveau tout ce qu'il avait déjà dit au secrétaire. Dubois reçut cette confidence si importante comme si elle eût été sans intérêt pour lui, et congédia le copiste en lui ordonnant de continuer ses transcriptions à l'hôtel de Cellamare, et de venir chaque jour lui rendre compte de tout ce qu'il aurait vu ou entendu. « Enfin, un jour, raconte Buvat lui-même, sur les onze heures du soir, il était au lit; je l'avertis du départ de l'abbé Porto-Carrero, du fils du marquis de Monteleone et d'un banquier anglais qui passait pour Espagnol sous le nom de don Valero, ce qui donna lieu à M. l'abbé Dubois de dépêcher un courrier qui les joignit

---

[1] *Mémoires de la Régence*, t. V. *Notice sur la conspiration de Cellamare*, par Lenglet-Dufresnoy.

à Poitiers, où l'abbé Porto-Carrero se trouva saisi dans sa chemise du paquet pour le cardinal Albéroni, ce qui acheva de convaincre de l'intrigue qui se tramait contre l'État, contre la personne de monseigneur le Régent, et qui tendait à mettre tout le royaume en combustion [1]. »

On le voit, la conspiration de Cellamare n'échoua qu'à cause des révélations d'un simple écrivain. C'est à Buvat que le Régent et Dubois durent leur salut [2].

Le copiste crut donc que l'immense service qu'il venait de rendre à l'État lui serait profitable ; mais, hélas ! il se trompait : là encore il n'eut que des promesses ; il eut beau aller voir Dubois, lui écrire à Paris, au Palais-Royal, au retour du sacre du roi Louis XV et à Versailles, il « ne put rien obtenir du ministre, qui lui parut toujours muet, sourd, aveugle et insensible [3] ».

Les prétentions du pauvre Buvat étaient cependant bien modestes ; il ne demandait à Dubois qu'une indemnité de ce qu'il avait dépensé en loyers depuis 1697, époque où il était entré à la Bibliothèque du Roi avec promesse de l'abbé de Louvois d'une indemnité de logement.

Dubois mourut, Buvat s'adressa au Régent ; le Régent mourut, et ce ne fut que le 30 mai 1726, par l'intermédiaire de l'abbé Bignon, bibliothécaire du Roi, et du comte de Morville [4], alors ministre des affaires étrangères, qu'il obtint une pension de trois cents livres.

---

[1] *Mémoires du sieur Buvat.* Requête adressée par lui le 27 décembre 1727 au cardinal Fleury.

[2] Lenglet-Dufresnoy, dans sa *Notice sur la conspiration de Cellamare ;* M. de Sévelinges, dans sa *Vie du cardinal Dubois,* et M. Alexandre Dumas dans le *Chevalier d'Harmental,* sont les seuls qui aient attribué à Buvat la part qui lui appartient dans la découverte de cette conspiration.

[3] *Mémoires du sieur Buvat.* Requête au cardinal Fleury.

[4] Charles-Jean-Baptiste Fleuriau, comte de Morville, fils

Les détails qu'on vient de lire nous ont fait anticiper sur l'ordre des temps; aussi allons-nous retourner en arrière et revenir en 1719.

L'abbé de Louvois était mort le 5 novembre 1718, et il avait été remplacé comme bibliothécaire du Roi par l'abbé Bignon. Buvat put espérer que ses sollicitations seraient mieux accueillies par le nouveau bibliothécaire qu'elles ne l'avaient été par l'ancien; mais les années 1719, 1720 et 1721, se passèrent encore sans que la gratification promise en 1697 par l'abbé de Louvois fût accordée à l'écrivain; aussi eut-il des moments de découragement et de plainte. Un jour qu'il avait transcrit une lettre de Jacques-Auguste de Thou à Jeannin, dans laquelle se trouvaient quelques mots d'amertume, il s'écrie : « Et moi aussi, je puis dire à mon âge, après tant de promesses inutiles : *Spes et fortuna, valete*[1]. »

En effet, l'écrivain devenait vieux et sa santé s'affaiblissait de jour en jour : le 15 janvier 1724, après un travail à la Banque, dans une chambre sans feu et « dont les vitres étaient fracassées », il est obligé de se mettre au lit avec la fièvre et un gros rhume; il reste dix jours au lit et n'est complétement rétabli qu'au bout de quatre mois.

A partir de ce moment, Buvat ne cessera plus de se plaindre; il gémit à propos de tout; il est mécontent du froid, de la chaleur, de la modicité de ses appointements, mais surtout de l'abbé de Targny.

A Clément, mort le 16 janvier 1712 de chagrin d'avoir introduit à la Bibliothèque un prêtre nommé Aymont qui

---

de Fleuriau d'Armenonville, né à Paris le 30 octobre 1686, secrétaire d'État au département des affaires étrangères après la mort de Dubois, mort le 2 février 1732.

[1] *Mémoires du sieur Buvat.*

INTRODUCTION.

y avait soustrait divers manuscrits, avait succédé en 1718 l'abbé de Targny.

Louis de Targny était entré à la Bibliothèque du Roi comme commis en second vers 1691; trésorier de l'église de Reims, abbé d'Arbassine en 1723, de Saint-Louis en 1724 et de Saint-Barthélemy de Noy en 1729 [1], le successeur de Clément ne paraît pas avoir eu pour Buvat les égards dus à ce vieillard laborieux que les hasards de la vie et de la faveur avaient fait son subordonné.

Au mois de février 1725, l'écrivain tomba malade; il avait la fièvre, un rhume et de violentes douleurs de tête; il dut s'aliter. Son ménage était pauvre, et l'hiver se faisait sentir avec rigueur; il envoya sa femme chez l'abbé de Targny pour le prévenir de sa maladie et pour lui emprunter un louis d'or, emprunt justifié par sa situation; mais le garde de la Bibliothèque ne se laissa pas attendrir : « Sachant que nous étions alors de la paroisse de Saint-Laurent, il proposa bonnement qu'il écrirait sur-le-champ à M. Delamet, curé de cette paroisse, qui était de ses amis, afin qu'il donnât ordre de donner à ma femme une pareille portion qui se distribue aux pauvres malades, en l'assurant qu'il en serait remboursé au premier payement de mes appointements. De laquelle offre ma femme le remercia et le pria de ne pas se donner la peine d'en écrire un seul mot, en lui disant qu'elle ne pouvait se résoudre à s'exposer parmi un tas de pauvres gens qui sont tous les matins à la porte des filles de la Charité pour avoir à leur tour leur portion, et que cela serait honteux pour la Bibliothèque du Roi, après plus de trente années de services rendus avec honneur et à la satisfaction des personnes qui l'avaient depuis le temps gouvernée. En un mot, quoi que ma femme pût dire, M. de Targny se

[1] *Essai historique sur la Bibliothèque du Roi*, 2ᵉ édition.

INTRODUCTION.

trancha toujours sur le refus de m'avancer aucun argent, en disant que lui-même n'était pas mieux payé que moi de ses appointements, comme s'il n'avait pas eu d'autres revenus [1] ! »

Certes, l'abbé de Targny était dans son droit de refuser un louis à un homme de soixante-six ans que la maladie clouait sur un grabat; mais il eût dû s'en tenir à un refus pur et simple, et ne pas insulter celui qui s'adressait à lui. L'homme qui emprunte une somme d'argent qu'il est sûr de rendre n'est pas un mendiant.

Buvat ne rencontra pas partout le même mauvais vouloir : le bibliothécaire du Roi, l'abbé Bignon, fut pour lui un véritable protecteur, et sa bienveillance consola souvent l'écrivain de ses relations difficiles avec l'abbé de Targny.

On sait qu'en 1697 l'abbé de Louvois avait promis à Buvat de lui faire avoir une gratification, et qu'il était mort sans avoir réalisé sa promesse. L'abbé Bignon fut plus heureux, et ses sollicitations auprès de M. de Maurepas valurent à notre auteur, le 7 juillet 1725, une gratification de quatre cents livres, la première et la dernière qu'il eut jamais.

C'est en 1726 seulement que Buvat parle pour la première fois de son *Journal de la Régence*. Depuis onze ans, tous les loisirs que lui laissaient ses travaux à la Bibliothèque étaient employés par lui à la rédaction de cet ouvrage, qui fut enfin terminé au mois de janvier de cette même année et remis entre les mains de l'abbé Bignon; il espérait avoir ainsi une gratification de la cour.

Avant de faire cette démarche auprès du bibliothécaire du Roi, Buvat avait essayé de vendre son manuscrit à un libraire. J'ai retrouvé les traces de cette négociation, qui

[1] *Mémoires du sieur Buvat.*

INTRODUCTION. 13

n'aboutit pas; il m'a semblé intéressant de les mettre sous les yeux du lecteur, d'autant plus que c'est en quelque sorte le jugement de l'auteur sur son propre travail : « C'est », dit-il en parlant du *Journal de la Régence*, « un mélange de faits historiques rapportés avec exactitude à mesure qu'ils sont arrivés, dont la lecture ne peut que désennuyer, les rappeler aux contemporains et augmenter la curiosité de ceux qui leur succéderont. On se flatte qu'il ne manquera pas de procurer un prompt débit et un profit considérable à celui qui voudra en entreprendre l'impression, moyennant une somme de quatre mille livres que le collecteur demande, payable à Paris par les mains d'un banquier français, et quitte de tout change. On pourrait y faire des réflexions politiques sur les principaux événements, ce dont le collecteur a cru devoir se dispenser, et ajouter ce qu'on verrait y manquer, pour rendre cet ouvrage plus accompli : ce qui ne serait pas difficile à une personne instruite des affaires du temps et *en pays de liberté*[1]. »

Et plus bas : « Le collecteur demande à celui qui voudra en entreprendre l'impression une somme de quatre mille livres comptant, payable à Paris par les mains de quelque banquier, sans en payer le change, et l'entrepreneur peut s'assurer par avance d'en avoir un grand et prompt débit qui lui sera très-avantageux, n'y ayant presque personne qui ne soit fort aise d'avoir un pareil ouvrage pour se rappeler tout ce qui s'est passé durant la Régence, et il est certain que cet ouvrage sera encore plus recherché par ceux qui succéderont aux contemporains. C'est un mélange de faits historiques rapportés à mesure qu'ils sont arrivés, avec exactitude. On n'y a fourré aucune pièce obscène qui puisse choquer la pudeur ni intéresser les

[1] Bibliothèque impériale, *Supplément français*. Mss n° 13691.

puissances ni aucun personnage de haut rang. En 1725, on le proposa à M. d'Hondt [1], étant à Paris, lequel en vit quelque chose, et qui en fit la même proposition de quatre mille livres pour lui en céder le manuscrit. Il fit alors entendre qu'il prierait un abbé de ses amis de l'examiner pour en dire son sentiment. On n'a cependant pas été fâché que cet ami ne se soit pas souvenu de la commission, d'autant que depuis ce temps on a mis l'ouvrage en meilleur ordre, qu'on y a ajouté plusieurs circonstances et que l'auteur a essuyé deux longues maladies dont il n'est pas même encore bien rétabli. On en a communiqué quelque chose en passant à des personnes d'érudition [2], qui l'ont trouvé très-curieux et digne d'être donné au public; voilà ce qu'on peut dire présentement là-dessus. C'est à l'entrepreneur à se déterminer et à faire savoir sa résolution à M. l'abbé ....., son ami, qui a bien voulu se charger de ce mémoire pour le lui faire tenir [3]. »

Comme je l'ai dit plus haut, ces tentatives n'eurent aucun résultat. Ce fut alors que Buvat s'adressa à l'abbé Bignon et lui remit son manuscrit. Il espérait que l'abbé présenterait le *Journal de la Régence* au cardinal Fleury, alors premier ministre, et que par ce moyen il obtiendrait une gratification; mais son espoir fut encore trompé, car, le 5 avril 1727, l'abbé Bignon, revenant de Versailles, lui dit qu'il fallait attendre un moment plus favorable pour offrir l'ouvrage au cardinal, parce que ce ministre s'était mis sur « le pied de l'épargne, de telle sorte que si on lui

---

[1] Les de Hondt étaient des imprimeurs-libraires d'Amsterdam. En 1785, ils étaient représentés par Pierre de Hondt, qui a publié entre autres choses une très-jolie édition du *Roman comique* de Scarron.

[2] Aux abbés Bignon et de Targny.

[3] Bibliothèque impériale, *Supplément français*. Mss n° 13691.

demandait seulement cinquante francs, il ne les accorderait pas[1] ».

Malgré cette réponse, Buvat ne se tint pas pour battu, et il adressa bravement à Fleury la supplique suivante :

« Monseigneur,

» Votre Éminence me permettra, s'il lui plaît, que je me donne l'honneur de lui représenter qu'en 1726 je déposai entre les mains de M. l'abbé Bignon, conseiller d'État et bibliothécaire du Roi, un exemplaire en cinq volumes in-folio d'un journal de la Régence que je me suis avisé de faire à mesure que les choses se sont passées durant tout ce temps, autant qu'il m'a été possible, et que j'ai mis au net pour être consacré à la Bibliothèque de Sa Majesté.

» Bien des gens m'ont tenté pour en avoir un pareil exemplaire ; on m'a même proposé plusieurs fois d'en accommoder quelque libraire étranger qui pourrait m'en donner plus de quatre ou cinq mille livres. Je n'ai rien écouté là-dessus, quoique je sois assez mal dans mes affaires par bien des raisons et par la dureté des temps. J'ai mieux aimé, comme bon Français et très-fidèle sujet du Roi, rejeter toutes ces propositions et m'en tenir à ce que Sa Majesté aura la bonté de m'ordonner pour ce petit ouvrage, qui contient quelques particularités qu'il est à propos de cacher aux étrangers, et qui véritablement m'a coûté bien des veilles durant les sept années de la Régence. Je travaille encore de temps en temps à mettre au net un second exemplaire qui se trouve avancé jusque dans le mois de mars 1720, laquelle année a fourni beaucoup de matières. Il sera un peu plus ample que le premier et

[1] *Mémoires du sieur Buvat.*

mieux digéré; je le continuerai, et quand il sera fini, le Roi pourra en disposer à sa volonté : ce qui pourrait rappeler à Sa Majesté bien des choses auxquelles peu de gens, comme contemporains, font attention, et qui ne laissent pas d'être de quelque conséquence.

» J'ai cru, Monseigneur, être de mon devoir d'en informer Votre Éminence et de la supplier, quand elle le jugera à propos, de représenter à Sa Majesté cette marque de mon zèle et de mon dévouement. C'est un abrégé de faits que j'ai ramassés par des rapports que j'ai ouïs dans des conversations où je me suis trouvé avec des personnes de distinction, qui me faisaient l'honneur de m'y souffrir, et par des mémoires qui m'ont été communiqués.

» Je prie Dieu, Monseigneur, qu'il conserve Votre Éminence en parfaite santé pour longues années. Ce sont les vœux de Buvat, ancien écrivain[1] de la Bibliothèque du Roi[2].

» 27 décembre 1727. »

Le cardinal se borna à faire répondre qu'il approuvait le *Journal de la Régence;* mais, comme l'avait prévu l'abbé Bignon, l'auteur n'eut aucune récompense.

Buvat, on le voit, n'était pas heureux dans ses entreprises; il avait mis vingt-huit ans pour obtenir une gratification de quatre cents livres, il en mit trente pour arriver à être logé à la Bibliothèque : ce fut le 4 juillet 1727 qu'on lui remit la clef d'une chambre à laquelle on arrivait par un escalier de cent quarante marches.

L'abbé de Targny continuait toujours à se montrer dur vis-à-vis de son écrivain; il eût pu le servir dans l'affaire

---

[1] *Ancien écrivain* ne veut pas dire que Buvat ne faisait plus partie de la Bibliothèque, mais bien au contraire qu'il y était attaché depuis fort longtemps.
[2] *Mémoires du sieur Buvat.*

du logement, mais il s'en garda bien, et ce ne fut qu'à la bienveillance de l'abbé Bignon que Buvat dut cette faveur. Mais où l'égoïsme et l'insensibilité du supérieur se manifestèrent le plus, ce fut à propos du chauffage. Jusqu'à la mort de Clément, l'écrivain avait été chauffé l'hiver au bois et au charbon; il travaillait alors dans la chambre dite des *Catalogues*, au second étage du premier corps de logis de la Bibliothèque. De 1712 à 1718, il n'en fut pas ainsi : Buvat fut transféré par le sous-garde Boivin dans une salle du second corps de logis, qui était une véritable glacière. On portait chaque matin au malheureux travailleur un poêle de fer avec du charbon allumé; mais la pièce était si grande et si difficile à chauffer, que « les plafonds et les solives étaient incrustés de glaçons en forme de culs-de-lampe, comme si la nature se fût jouée pour imiter l'art[1] ». Malgré ses plaintes, ni Boivin ni l'abbé de Targny ne consentirent à l'en retirer.

A la mort de l'abbé de Louvois, en 1718, la Bibliothèque fut divisée en quatre départements : 1° les manuscrits; 2° les imprimés; 3° les généalogies; et 4° les estampes et les planches gravées[2]. Boivin et l'abbé de Targny, nommés, le premier garde des manuscrits et le second des imprimés, reçurent chacun une indemnité de deux cents livres pour le chauffage de leur écrivain. Buvat travaillait alors avec M. de Targny et devait par conséquent être chauffé par lui. Jusqu'à la mort de Boivin, qui eut lieu en 1725, il en fut ainsi. A cette époque, l'abbé de Targny devint garde des manuscrits et fut remplacé au département des imprimés par l'abbé Sallier[3]; il conserva

---

[1] *Mémoires du sieur Buvat.*
[2] *Essai historique sur la Bibliothèque du Roi*, 2e édition.
[3] *Essai historique sur la Bibliothèque du Roi*, 2e édition. L'abbé Sallier était professeur d'hébreu au Collège de France,

néanmoins son écrivain ; mais à partir de ce moment, il jugea bon, sans doute par économie, de supprimer le chauffage, mesure qui excita de justes plaintes de la part de Buvat.

« Le 16 avril, après dîner, dit-il, me plaignant à M. de Targny que j'avais grand froid, le temps s'étant de beaucoup refroidi, ce qui ne faisait qu'aigrir mon rhume qui me fatiguait depuis plus de cinq mois jour et nuit, il me répliqua brusquement : « Fait-il froid ? Pouvez-vous » dire qu'il fait froid ? Pouvez-vous être plus chaudement » que sur du parquet ? » Comme si le feu avait pu sortir de ce parquet de la salle où je travaillais avec le sieur Perrin, qui fut témoin de cette repartie [1]. »

L'été de 1727 se passa tant bien que mal, mais à l'hiver les discussions à propos du chauffage reprirent comme de plus belle. Enfin Buvat crut devoir porter ses réclamations à l'abbé Bignon ; celui-ci lui répondit que le Roi donnait à chacun des quatre gardes de la Bibliothèque, MM. de Targny, Sallier, Guibelet [2] et Ladvenant [3], une somme de deux cents livres pour chauffer l'écrivain qu'ils avaient sous leurs ordres, et que c'était à l'abbé de Targny à l'entretenir de feu. Lorsque Buvat rapporta ces paroles au garde des manuscrits : « Ce n'est pas pour moi que vous travaillez, lui dit brusquement celui-ci. — J'avoue, repartit l'écrivain, que je ne suis pas votre domestique, ni à vos gages, et que mon travail est pour le service de la Bibliothèque du Roi ; cependant M. l'abbé Bignon m'a fait

---

membre de l'Académie des Inscriptions, et plus tard de l'Académie française.

[1] *Mémoires du sieur Buvat.*
[2] Guibelet était garde des généalogies.
[3] Ladvenant était garde des estampes et planches gravées depuis 1722, époque à laquelle il avait remplacé Le Hay.

l'honneur de me dire que c'était à vous à me donner du feu ; ce sont ses propres paroles. — Je lui parlerai, me répondit-il, et je lui dirai qu'il est juste que vous soyez chauffé dans cette saison, et quand vous aurez fini cet ouvrage (qui était l'abrégé du catalogue alphabétique des auteurs), je n'ai plus que faire de vous. — Me voilà donc, lui dis-je, comme l'oiseau sur la branche, après plus de trente ans de services [1] ? »

Il est facile de supposer quel dut être l'étonnement de Buvat à cette insinuation malveillante, et ce n'était pas une vaine parole, car nous verrons tout à l'heure que ce ne fut pas de la faute de l'abbé de Targny si le vieil écrivain ne perdit pas sa place à la Bibliothèque ; le lendemain il répéta cette conversation à l'abbé Bignon, mais celui-ci le rassura bientôt en lui disant : « Tranquillisez-vous ; quand vous aurez fini ce volume il y a d'autres ouvrages qui vous attendent. J'ai parlé hier au soir à M. de Targny, et je lui ai dit qu'il fallait vous donner du feu ; je lui en parlerai encore aujourd'hui. »

Mais rien ne put vaincre l'opiniâtreté du garde des manuscrits. Il fallut que l'abbé Sallier allât solliciter lui-même l'abbé Bignon, qui fit remettre à l'écrivain un louis d'or pour s'acheter du bois. Toutes ces tracasseries et toutes ces misères avaient fini par altérer tout à fait la santé de Buvat, et au mois de janvier 1728 il eut une violente attaque de rhumatisme : « Le 14 de ce mois, dit-il, ayant passé la nuit dans mon fauteuil pour ne pouvoir pas rester au lit à cause de la violence de la toux, sur les cinq heures du matin je sentis une douleur aux deux jambes, au-dessus du talon ; elle augmenta beaucoup à la jambe gauche, de telle sorte que le reste de la journée j'eus de la peine à me soutenir avec ma canne. La douleur de la jambe droite

---

[1] *Mémoires du sieur Buvat.*

était plus supportable; le pied droit était si brûlant que je n'eus pas besoin de le chauffer pendant toute la journée, quoiqu'il fît assez froid, et le soir, m'étant déchaussé, mes jambes et mes pieds se trouvèrent si fort enflés que les chevilles des deux pieds ne paraissaient plus et que l'oppression me comprimait si fort que je ne pouvais me baisser en aucune manière ni être couché au lit, à moins que je ne fusse comme assis avec quatre oreillers sur le chevet.

» Je me frottai et bassinai les parties douloureuses de mes jambes avec l'eau de mélisse, et je les faisais envelopper de linges imbibés de la même liqueur le soir en me mettant au lit et le matin en me levant. Étant au lit, la douleur était si sensible que je ne savais en quelle situation mettre mes jambes pendant la nuit. M'étant levé le 15, à sept heures du matin, l'enflure parut beaucoup diminuer, et je continuai de bassiner mes jambes et d'y appliquer les mêmes linges imbibés de ladite eau de mélisse; ce qui me dura jusqu'au 6 février suivant, y ayant très-peu d'enflure et ne sentant que très-peu de douleurs, comme j'en ressentais auparavant dans les nerfs, au-dessus du genou, dans le gras de la jambe et à l'emboîture du pied, principalement de la gauche. Mais je me sentis d'une grande faiblesse, à cause de la fièvre qui m'était survenue fortement et des grands maux de tête, avec une toux violente et très-fréquente qui me dura une fois pendant tout un jour, toute la nuit suivante, et presque tout le lendemain sans me permettre de prendre à peine que très-peu de bouillon ou de tisane, et avec un dégoût de tout aliment. Le 8 dudit mois de février, l'oppression me survint en me levant, pour avoir toussé presque toute la nuit sans pouvoir dormir.

» Malgré toutes ces incommodités, je ne laissai pas de travailler, parce que l'occupation me désennuyait et pour

… ainsi dire me faisait oublier mon mal, et je ne la discontinuais que quand il fallait obéir à la violence de la toux.

» M. l'abbé Sallier eut la complaisance de m'envoyer plusieurs grands pots de marmelade excellente d'abricots pour me soulager la poitrine[1]. »

Ce fut pendant cette maladie que l'abbé de Targny essaya de faire perdre à Buvat la modeste place qu'il occupait depuis trente et un ans; mais, grâce aux abbés Bignon et Sallier, il ne put y parvenir.

« Voici une chose remarquable que je ne crois pas devoir passer sous silence, telle que le sieur Carpentier me l'a racontée naïvement et qui s'était passée dix jours auparavant, à mon insu, pendant que je gardais la chambre depuis près de deux mois à cause de mes indispositions et dont j'ai parlé ci-dessus; je ne la rapporte en cet endroit que pour faire éclater la charité principalement de M. l'abbé Bignon et de M. l'abbé Sallier à mon égard, dont j'aurai toute ma vie une parfaite reconnaissance. Voici de quoi il fut question. Le 10 de ce mois de février 1728, M. l'abbé Bignon ayant mandé M. de Targny et M. l'abbé Sallier, il les pressa de se déterminer sur le choix d'un écrivain; enfin, après quelques civilités réciproques, M. de Targny déclara avoir en vue un jeune homme de Sedan, nommé Lacour, qui avait de l'étude et une assez belle main et qui avait été quelque temps novice en l'abbaye de Sainte-Geneviève. Sur quoi M. l'abbé Sallier dit à M. de Targny : « Puisque vous êtes déterminé à vous
» servir de ce jeune homme que vous venez de nommer,
» pour moi, je n'ai point d'autre vue que de continuer sous
» moi l'ancien écrivain Buvat, que je sais être au fait de
» tout ce que je puis avoir besoin de faire transcrire. » Ce que M. l'abbé Bignon eut la bonté d'approuver; et si sa

[1] *Mémoires du sieur Buvat.*

charité n'eût en cette occasion prévalu aussi bien que celle de M. l'abbé Sallier, dans quelle situation ne me serais-je point trouvé à mon âge, et n'aurais-je pas été dans la nécessité d'aller finir mes jours dans un hôpital, avec ma pension de trois cents livres, puisque M. de Targny m'excluait de sa direction? Pour quelle raison en était-il venu à ce point? Le seul crime, si c'en est un, que je pouvais avoir commis à son égard, était de lui avoir déclaré plusieurs fois qu'il m'était impossible de travailler sans feu, et que ma santé ne me le permettait pas. Peut-être aussi était-il fâché en lui-même de ce que j'étais instruit qu'il lui était alloué une somme de deux cents livres par an pour chauffer son écrivain, ainsi que M. l'abbé Sallier. M. Guibelet et M. Ladvenant en avaient chacun autant pour le chauffage de leur écrivain; ce que j'avais su de la bouche même de M. l'abbé Bignon, le 13 de novembre 1727, en présence de M. Ladvenant[1]. »

Attaché désormais à l'abbé Sallier, Buvat retrouva près de son nouveau supérieur les égards que Clément avait eus pour lui et que méritaient son âge, sa modestie et son assiduité au travail. Il n'eut plus à se préoccuper de la mauvaise saison qu'il craignait tant, car dès le commencement de l'automne, l'abbé lui remit quarante francs pour son chauffage de l'hiver. « Cette somme, dit notre auteur, était en pièces de deux sols moins un liard ou de vingt et un deniers dans un sac, parmi lesquelles il s'en trouva dix qui ne valaient rien qu'on y avait glissées et trois sols six deniers en moins[2]. »

Toute relation n'avait cependant pas cessé entre lui et l'abbé de Targny. Il le consulta plusieurs fois pour son *Journal de la Régence*, et avec fruit, car si l'abbé était de

---

[1] *Mémoires du sieur Buvat.*
[2] *Ibidem.*

relations difficiles, il faut reconnaître que c'était aussi un homme fort instruit. Il lut le travail de Buvat, et il le lut sans doute avec soin, car il le garda plus de seize mois dans son cabinet, et lorsque l'écrivain lui en parla, il lui répondit que le travail méritait récompense. Mais Buvat n'avait plus le temps d'attendre; au commencement de l'année 1729, il fut en danger de mort pendant près de deux mois, il reçut même le viatique et l'extrême-onction.

Rétabli au mois de mars, il reprit ses travaux à la Bibliothèque, mais pour bien peu de temps, car les Mémoires qu'il nous a laissés s'arrêtent vers la fin d'avril, après cette mention navrante : « Le 19, M. Prévot m'a prêté un écu de six livres. »

Le 30 avril, Jean Buvat succomba; le service funèbre se fit à l'église de Saint-Eustache, et le corps de l'écrivain fut inhumé dans le cimetière de Saint-Joseph. « Dudit jour 1er (mai), Jean Buvat, écrivain de la Bibliothèque du Roy, âgé de 67 ans [1], demeurant rue de Richelieu, décédé du jour d'hier, a esté inhumé au cimetière de Saint-Joseph, en présence d'Antoine-Gatien de Villeneuve, concierge de la Bibliothèque du Roy, et de Pierre de Laissement, imprimeur de la Bibliothèque du Roy.

» *Signé :* DE LAISSEMENT. — DE VILLENEUVE [2]. »

---

[1] Il y a ici une erreur; Buvat nous apprend lui-même qu'il était né le 4 juillet 1660; il était donc dans sa soixante-neuvième année.

[2] Archives du département de la Seine, D 1729 à 1730. Registre pour servir pendant l'année 1729 aux sépultures qui se feront en l'église paroissiale de Saint-Eustache, à Paris; folio 28v°. — En marge on lit : 38 l., ce qui veut dire que le service coûta trente-huit livres.

III.

Ainsi que le désirait le cardinal Fleury [1], les deux exemplaires du *Journal de la Régence* ne sortirent des mains de Buvat que pour passer dans celles des abbés Bignon et de Targny. Dès la mort de l'auteur, ils furent sans doute déposés au département des manuscrits, où ils sont encore aujourd'hui.

A l'époque de la retraite de Voltaire en Prusse, la place d'historiographe de France qu'il occupait fut donnée à l'auteur de l'*Histoire de Louis XI*, l'académicien Duclos; celui-ci, désireux de remplir les devoirs de sa charge, entreprit la rédaction des *Mémoires secrets des règnes de Louis XIV et de Louis XV*. Son titre lui donnait un facile accès à la Bibliothèque du Roi, où se trouvaient en foule les documents qui lui étaient nécessaires. Le *Journal de la Régence* fut un de ceux qu'il consulta ; il a noté, sur les marges de l'ouvrage que je publie, les impressions qui lui sont restées de sa lecture. « Voilà, dit-il, le plus mauvais ouvrage que j'aie lu ; j'avais dessein d'en faire une seconde lecture et d'en retirer les fautes, mais elles y sont en si grand nombre, qu'une seconde lecture n'y suffirait pas. »

Il ne faudrait pas conclure de ce jugement sévère que Duclos n'a pas fait usage du *Journal de la Régence* ; il s'en est servi beaucoup au contraire, et plusieurs passages des *Mémoires secrets* appartiennent en propre à Buvat [2].

De nos jours, les historiens l'ont aussi consulté avec

---

[1] Lettre du sieur Anfossy à Buvat, en date du 28 décembre 1727.

[2] Par exemple, les détails sur le séjour que fit le czar Pierre Ier à Paris.

fruit : en 1854, l'un des professeurs les plus distingués de l'Université, M. Émile Levasseur, disait, dans la préface de ses *Recherches historiques sur le système de Law*[1], en parlant du *Journal de la Régence* : « Il ne faut pas s'attendre à trouver dans un pareil travail la précision et la suite d'un ouvrage sérieux; il y a de nombreuses erreurs, mais ces erreurs sont celles de la foule, et c'est à ce titre que le *Journal de la Régence* intéresse : il est l'écho de la multitude, dont les passions ont été alors plus que jamais excitées par le bouleversement des finances ; il renferme d'ailleurs beaucoup de faits nouveaux et curieux que l'auteur recueillait chaque jour en traversant Paris. Duclos s'est montré beaucoup trop sévère en déclarant que c'était un des plus mauvais journaux qu'il eût connus; il n'a lui-même relevé que quelques fautes légères, et il n'a pas dédaigné de transporter des passages de ce journal dans ses *Mémoires secrets*.

« La Société de l'Histoire de France a commencé à publier, il y a quelque temps, le *Journal de Louis XV*, par l'avocat Barbier[2]. C'est un recueil de nouvelles détachées comme celles du *Journal de la Régence*; il contient moins de détails, mais les événements y sont mieux jugés; on sent que l'auteur a plus d'esprit; toutefois, il est l'homme de sa coterie; il appartient au Parlement comme Buvat appartient à la classe paisible des petits bourgeois; de là vient la différence de leurs récits. Ils se complètent l'un par l'autre, et tous deux fournissent à l'histoire de la Régence et du système de Law un grand nombre de faits auparavant ignorés ou mal connus. »

Et plus récemment encore, en 1863, un grand histo-

---

[1] Paris, Guillaumin et Cⁱᵉ, libraires-éditeurs, in-8°, p. 9.
[2] L'éditeur de cette publication est M. de la Villegile. C'est de son édition que je me suis servi toutes les fois que j'ai eu à citer Barbier dans le cours du travail que l'on va lire.

rien, M. Michelet, dans son livre de la Régence[1], s'exprime ainsi : « Mais le plus souvent je n'aurais pu m'en servir (de l'ouvrage de Duhautchamp) utilement, si je n'avais eu mon fil chronologique bien établi par l'excellent journal de Buvat. Comment se fait-il que cet important manuscrit de la Bibliothèque ait été si peu employé? C'est, je crois, parce qu'on s'est trop arrêté à une note que Duclos a mise en tête de la copie qui est aussi à la Bibliothèque : « Voici un des plus mauvais journaux que j'aie lus », etc., etc. Duclos, dont les *Mémoires* ne font que reproduire Saint-Simon en le gâtant, ne sait pas assez l'histoire de ce temps-là pour juger Buvat. Les fautes de celui-ci n'ont aucune importance. Il est fort indifférent qu'il se trompe sur Mississipi et qu'il croie que c'est une île. L'essentiel pour moi, c'est qu'il me donne jour par jour le vrai mouvement de Paris, celui de la Banque, même parfois ce qui se fait au Palais-Royal et dans les conseils du Régent.

» Barbier, quoique plus détaillé et parfois plus amusant, lui est fort inférieur. C'est un bavard qui donne le menu au long, ignore l'important, s'en tient aux *on dit* de la basoche, aux nouvelles des Pas-Perdus, et qui les date souvent fort mal (du jour où il les apprend). Il vous dit : « Le royaume ne fut jamais plus florissant. » Cette ineptie veut dire que les parlementaires se sont un peu relevés.

» Buvat était un employé de la Bibliothèque royale, que le Régent venait de rendre publique. Il voyait de sa fenêtre le jardin de la rue Vivienne, où se passèrent les scènes les plus violentes du système, et il faillit y être tué. Il écoutait avec soin les nouvelles, se proposant de faire de son journal un livre qu'il eût vendu à un libraire (il en voulait 4,000 francs). Il était placé là sous les ordres d'un homme éminent et très-informé, M. Bignon, bibliothécaire du

[1] Paris, Chamerot, libraire-éditeur, in-8°, p. 452.

INTRODUCTION. 27

Roi et directeur de la librairie. C'était un quasi-ministre qui avait droit de travailler directement avec le Roi (ou le Régent). M. Bignon était un très-libre penseur, qui avait gardé la haute tradition gouvernementale de Colbert. Chargé en 1698 de réorganiser l'Académie des sciences, il mit dans son règlement qu'on n'y recevrait jamais aucun moine. (*Voy.* Fontenelle.) Buvat, son employé, dans ce journal un peu sec, mais judicieux et très-instructif, dut profiter beaucoup des conversations de M. Bignon avec les hommes distingués qui venaient à la Bibliothèque. Il avait des oreilles, s'en servait, notait soigneusement.

» Il m'a fourni des faits de première importance. Il me donne l'apoplexie du Régent en septembre 1718, qui coupe la régence en deux parties bien différentes. Il me donne en janvier 1720 (à l'avénement de Law au contrôle général) la proposition au Conseil de forcer le clergé de vendre, etc. Je regrette de ne pouvoir profiter de ses indications sur la destinée ultérieure de Law et les persécutions dont sa famille fut l'objet. »

Après les paroles de MM. Levasseur et Michelet, le lecteur connait quel est le mérite de l'ouvrage de Buvat, et quel est le genre d'intérêt qu'on y rencontre.

Buvat ne ressemble en rien à ceux de ses contemporains qui ont écrit l'histoire de la Régence, Saint-Simon[1], Barbier et Matthieu Marais[2]. Il est *sui generis*, si l'on peut parler ainsi : c'est le petit bourgeois vivant et agissant; il a peur des voleurs et s'intéresse beaucoup à la capture de

[1] Je me suis servi, pour les citations que j'ai faites dans le courant de ce travail, de l'édition de Saint-Simon, en quarante volumes, publiée par Delloye.
[2] Je me suis servi du premier volume du *Journal* de Marais (le seul qui ait encore paru), publié par M. de Lescure, et des extraits qui ont été publiés dans la *Revue rétrospective*.

Cartouche et de ses complices, comme un homme qui craint de se trouver nez à nez avec eux le soir au détour d'une rue; il a peur de l'orage, et quand il parle des effets de la foudre, son imagination les amplifie d'une façon extraordinaire, et il raconte naïvement que le tonnerre, tombé dans une garenne, a tué du coup deux mille lapins.

Comme l'a dit très-bien M. Levasseur, il est crédule et craint le danger; seulement l'auteur de l'*Essai sur le système de Law* a tort de dire qu'il est ignorant. Quand on a lu le journal de ses occupations à la Bibliothèque, on n'est plus de cet avis. Il me semble que la publication de l'ouvrage de Buvat comble une lacune dans l'histoire de la Régence. L'ouvrage de Barbier ne commence qu'en 1718, et ne renferme que deux cents pages pour atteindre l'année 1723, époque de la mort du duc d'Orléans. Matthieu Marais n'existe, en réalité, qu'à partir de 1720. Le *Journal de la Régence* débute, lui, au 1ᵉʳ septembre 1715 : c'est donc une antériorité de cinq ans qu'il a sur Marais, et une de trois sur Barbier.

Enfin, pour dire complétement ma pensée, Buvat nous fait vivre dans un milieu que les autres historiens dont nous venons de parler ne nous avaient pas indiqué.

Saint-Simon nous peint les intrigues de la cour, Barbier et Marais nous apprennent les nouvelles du palais, Buvat nous fait connaître les bruits des rues de Paris.

Mon devoir d'éditeur m'oblige à déclarer que j'ai fait quelques suppressions, mais je me hâte d'ajouter qu'elles ne portent toutes que sur des choses sans importance; ainsi j'ai cru pouvoir retrancher un long traité économique intitulé *Idée générale du nouveau système des finances*, et j'ai d'autant moins craint de le faire que M. Émile Levasseur, fort expérimenté en pareille matière, déclare que ce travail présente peu d'idées neuves [1], et qu'il n'est pas même de l'abbé de Saint-Pierre, auquel Buvat l'attribue.

Qu'il me soit permis, en terminant, de rendre un témoignage public de la bienveillance particulière que j'ai trouvée à la Bibliothèque impériale, et des facilités qui m'ont été gracieusement accordées pour mon travail par MM. de Wailly, Claude, Guérin et Mabille.

[1] *Recherches historiques sur le système de Law*, p. 12.

JOURNAL DE LA RÉGENCE.

PRÉFACE
DE
L'AUTEUR DU JOURNAL.

On a pris soin de rapporter dans ce journal tout ce qui s'est passé de plus considérable, chaque jour à peu près, soit dans les conseils qui dépendaient du conseil suprême de la Régence pour le gouvernement général du royaume de France, soit à l'égard des affaires étrangères, soit à l'égard des finances.

On y rapporte la substance des arrêts qui sont publiés pour le règlement des affaires générales ou particulières, pour l'établissement de diverses compagnies du commerce des Indes, de la banque royale, des actions, des billets de banque et des autres papiers qui se sont répandus dans le public, dont on verra le progrès et la décadence.

On a commencé par y rapporter la maladie et la mort du roi Louis XIV, de glorieuse et de digne mémoire, le bon ordre qu'il établit pour le deuil de Sa Majesté, et pour l'éducation du Roi son successeur, qu'il laissait dans un âge très-tendre.

On y rapporte ensuite ce qui se passa d'abord au Parlement le douzième jour de septembre 1715, au lit de justice que le roi Louis XV y tint à peu près dans le même âge que le feu Roi son bisaïeul était monté sur le trône en 1643, ce grand monarque étant né en 1638, et le roi Louis XV étant né le 15 de février 1710.

On y rapporte, comme dans un tableau, l'ordre, la séance et le nom de toutes les personnes qui composèrent ce célèbre lit de justice, selon le rang que chacun en particulier y devait avoir.

On y rapporte au long l'arrêt qui y fut prononcé et qui confirma la Régence de feu Monseigneur le duc d'Orléans, qui avait été établie dix jours auparavant par un premier arrêt du Parlement qui n'y est pas oublié. On y joint le testament et les codicilles du feu Roi.

On y trouvera les diverses remontrances du Parlement de Paris et des autres cours supérieures, au sujet des affaires publiques et des finances en particulier.

On y verra le système qui a rendu si fameux le nom du sieur Jean Law, et qui lui a procuré tant de distinction à Paris par des dignités considérables, et sa sortie du royaume.

On y lira plusieurs mémoires, lettres et extraits de lettres et autres pièces fugitives touchant ce qui s'est passé pendant tout le temps de la Régence au sujet de la constitution *Unigenitus*, et d'autres affaires générales et particulières.

On y trouvera des listes de gens d'affaires et d'agioteurs qui furent taxés par la chambre de justice, avec les sommes qu'ils furent obligés de financer, la saisie et la vente de leurs maisons, de leurs terres, de leurs équipages et de leurs effets mobiliers, et leur emprisonnement pour les contraindre d'y satisfaire.

On y remarque exactement les divers changements des monnaies d'or et d'argent et des autres espèces, leur augmentation, leur diminution et leur rareté.

On y observe le jour de la mort et du mariage de plusieurs personnes de distinction.

On y verra les grades et la mort du cardinal Dubois.

On y verra l'emprisonnement et la punition de plusieurs scélérats.

On y trouvera une exacte relation de ce qui donna lieu à l'arrest (*sic*) du prince de Cellamare, ambassadeur d'Espagne, et de ce qui en arriva, comme ce qui donna lieu à la guerre qui fut déclarée au roi d'Espagne, par rapport au cardinal Albéroni, son premier ministre, et comme elle fut terminée au bout de quelques campagnes.

On y verra plusieurs pièces concernant l'affaire qui se passa entre les princes du sang et les princes légitimés, et celle des ducs et pairs avec le Parlement.

On y verra une relation de l'arrivée du czar de Moscovie, la réception qui lui fut faite sur les frontières de Flandre et à Paris, le portrait de sa personne, les mouvements qu'il se donna pour voir les maisons royales au voisinage de Paris, quelques particularités de sa conduite, et son départ.

On y trouvera une pareille relation de l'arrivée d'un ambassadeur turc ; de la réception qui lui fut faite, de son entrée publique à Paris, des gens de sa suite qui l'accompagnaient, de la manière dont il fut introduit à l'audience du Roi, des présents qu'il fit à Sa Majesté et de ceux que Sa Majesté fit à cet ambassadeur et à son fils, de son séjour à Paris et de son départ.

On y verra la consternation des bourgeois de Paris pendant la maladie du Roi régnant, les prières publiques qui se firent durant ce triste temps, les actions de grâces et les réjouissances qui se firent à Paris et par tout le royaume pour le rétablissement de la santé précieuse de Sa Majesté.

On y observera les causes, les commencements et le

progrès de la peste à Marseille, dans les autres villes et lieux de la Provence et dans les provinces voisines, et les précautions qui se prirent pour en empêcher plus avant la communication, et enfin la cessation de cette cruelle maladie, avec les actions de grâces qui se firent à Paris et par tout le royaume à ce sujet.

On y verra aussi l'affaire intentée par la communauté des marchands épiciers et par celle des faïenciers de Paris contre le duc de la Force, au sujet de plusieurs magasins remplis de toutes sortes d'épiceries, de diverses marchandises et de porcelaines, que ces communautés prétendaient appartenir à ce seigneur et qu'ils avaient fait saisir, et enfin le jugement rendu par la cour de Parlement contre le même duc.

On y verra la translation du Parlement de Paris à Pontoise, qui est une petite ville à six lieues de cette capitale du royaume, le temps de séjour que le Parlement fit en ce lieu incommode, et son rappel à Paris.

On y trouvera une description du cérémonial, des grands préparatifs et des réjouissances qui se sont faites à l'arrivée de l'infante d'Espagne, et de sa réception à Paris, avec la conduite qui se fit de mademoiselle de Montpensier jusqu'à l'île des Faisans, où se fit l'échange de ces deux princesses.

On y trouvera plusieurs listes de livres nouveaux, dont les titres font allusion aux événements du temps.

On y remarquera plusieurs aventures telles qu'elles se sont passées dans leur temps, incendies et vols de voitures publiques.

Et plusieurs fêtes données à l'occasion de quelques dames galantes. On y observera les deux disgrâces de M. le chancelier d'Aguesseau, à qui les sceaux furent ôtés pour les donner à M. d'Argenson et ensuite à M. d'Ermenonville; celles de M. le maréchal de Villeroy, de M. le duc de Noailles, et plusieurs autres seigneurs de la cour.

Comme ce journal est à proprement parler une simple collection de faits et de pièces pour une histoire plus étendue et plus circonstanciée, on s'est dispensé de faire aucune réflexion sur les divers événements qui se sont vus pendant la Régence, afin de laisser aux personnes habiles la liberté d'en faire de la manière qu'elles jugeront à propos. On y a ramassé tout ce qu'on a pu; quelques infirmités survenues, quoique de peu de durée, ont pu faire échapper quelques circonstances; ce qu'on aura la bonté d'excuser.

JOURNAL DE LA RÉGENCE

DE FEU MONSEIGNEUR

LE DUC D'ORLÉANS.

1715.

On a cru devoir remonter jusqu'à ce jour, 15 août 1715, auquel jour le roi Louis XIV s'étant trouvé mal, on célébra la messe dans sa chambre.

Le 18 juin précédent, Sa Majesté, pendant son souper, dit : *Si je continue de manger d'aussi bon appétit que je fais présentement, je ferai perdre quantité d'Anglais, qui ont fait de grosses gageures que je dois mourir le premier jour de septembre prochain.*

Le 18 d'août, l'ambassadeur de Portugal [1] fit à Paris son entrée publique, qui se trouva la plus superbe et la plus magnifique qui se fût vue depuis longtemps. Son premier et principal carrosse, qui revenait à une somme de cent soixante mille livres, était d'un nouveau dessin, où il semblait que l'art s'était épuisé pour la beauté et la richesse qui y éclataient partout, avec des aigrettes de filets d'argent doré au-dessus des pommes de l'impériale. Ce carrosse était suivi de quatre autres, tous les cinq à huit chevaux chacun, dont le crin était orné de nœuds de rubans verts, blancs et jaunes. Il avait seize valets de pied et six pages à cheval ; les pages avaient des habits de velours orangé, enrichis de galons d'or et d'argent fort larges, avec des vestes d'étoffe d'or très-riche ; les valets de pied

---

[1] Il s'appelait le comte de Ribeyra ; sa mère était sœur du Prince et du cardinal de Rohan (Saint-Simon, t. XXIII, p. 254).

étaient presque aussi richement vêtus. On assurait que les habits des pages, des valets de pied, des deux Suisses à cheval, des cinq cochers et des cinq postillons, revenaient à la somme de deux cent mille livres. Le principal carrosse, après avoir servi à l'entrée et à la première audience du Roi à Versailles, fut emballé, et transporté par mer à Lisbonne pour servir à la reine de Portugal.

Cet ambassadeur, à mesure qu'il avançait dans les rues de Paris, en faisant son entrée, jetait des médailles d'argent au peuple, et principalement sur les échafauds remplis de monde, et aux fenêtres des premiers appartements où il remarquait des personnes qui lui plaisaient. Quelques jours auparavant, il avait fait frapper ces médailles au balancier du Louvre. On y voyait d'un côté le portrait du roi de Portugal, son maître, et de l'autre un olivier aux branches duquel était une vigne entrelacée avec cette devise, *Nectit et firmat*, avec deux couronnes à côté qui représentaient celle du Portugal et celle du Brésil.

Cet ambassadeur étant arrivé à l'hôtel des Ambassadeurs extraordinaires de la rue de Tournon, au faubourg Saint-Germain, fit quelque difficulté d'y rester à cause de la puanteur insupportable que les Persans y avaient laissée par leur malpropreté et par leurs superstitions ridicules. Comme ces infidèles avaient scrupule de s'exposer dans les lieux communs de cet hôtel, quoique très-propres et très-commodes pour cet usage, ils jetaient leurs ordures dans un tonneau, qui s'en était trouvé rempli dans un coin de la maison.

L'ambassadeur de Perse[1], pour faire place à celui de

---

[1] « Un ambassadeur de Perse était arrivé à Charenton, défrayé depuis son débarquement; le Roi s'en fit une grande fête, et Pontchartrain lui en fit fort sa cour : il fut accusé d'avoir créé cette ambassade, à laquelle, en effet, il ne parut rien de réel, et que toutes les manières de l'ambassadeur démentirent, ainsi que sa misérable suite et la pauvreté des présents qu'il apporta:

Portugal, fut logé dans une maison de Chaillot avec sa suite, et, après avoir eu son audience de congé du Roi, il partit le 28 pour aller s'embarquer à Marseille.

— Le 20, le Roi se sentait toujours incommodé et fort faible; on disait même qu'il gâtait son linge sans s'en apercevoir.

— L'ambassadeur d'Angleterre partit de Paris par ordre du roi son maître, que l'on disait mécontent de ce que l'on continuait à fortifier le fort de Mardick, qui est peu éloigné de Dunkerque. Les autres seigneurs anglais avaient aussi reçu ordre de repasser en leur pays pour la même raison.

— Le premier président [1], le procureur général [2] et les avocats généraux du Parlement eurent ordre du Roi de travailler conjointement à une déclaration pour saisir le revenu temporel de M. le cardinal de Noailles, archevêque de Paris, et des autres évêques et bénéficiers de

nulle instruction ni pouvoir du roi de Perse ni d'aucun de ses ministres : c'était une espèce d'intendant de la province de......, que le gouverneur chargea de quelques affaires particulières de négoce, que Pontchartrain travestit en ambassadeur, et dont le Roi presque seul demeura dupe. Il fit son entrée à Paris, à cheval, entre le maréchal de Matignon et le baron de Breteuil, introducteur des ambassadeurs, avec lequel il eut souvent des grossièretés de bas marchand, et tant de folles disputes avec le maréchal de Matignon sur le cérémonial, que dès qu'il l'eut remis à l'hôtel des Ambassadeurs extraordinaires, il le laissa sans l'accompagner dans sa chambre, comme c'est l'usage, et s'en alla faire plainte au Roi, qui l'approuva en tout et trouva l'ambassadeur très-malappris. Sa suite fut pitoyable. Torcy le fut voir aussitôt : il s'excusa à lui sur la lune d'alors, qu'il prétendait lui être contraire, de toutes les impertinences qu'il avait faites, et obtint par la même raison de différer sa première audience, contre la règle, qui la fixe sur le lendemain de l'entrée. » (Saint-Simon, t. XXII, p. 172.)

[1] De Mesmes.
[2] D'Aguesseau.

son parti, en cas qu'ils voulussent persister à ne point accepter la constitution *Unigenitus*[1], purement et simplement, de la même manière que l'assemblée générale du clergé de France l'avait reçue.

— Le 21, le Roi continuait d'être incommodé d'un grand dévoiement avec de la fièvre et ayant les jambes fort enflées.

On attribuait sa maladie à ce qu'il avait été exposé pendant plus de trois heures à l'ardeur du soleil dix jours auparavant, à cheval, en faisant la revue des troupes qui étaient campées dans la plaine de Marly, dont il se trouva fort échauffé, et de ce qu'à son retour à Marly il avait mangé environ quarante figues et bu ensuite trois grands verres d'eau à la glace.

On établit alors deux cents chevaux de relais depuis Versailles jusqu'à Bourbon-l'Archambault pour en apporter des eaux minérales avec diligence, afin d'en faire boire au Roi et pour lui servir de bain, lesquelles eaux étaient voiturées sur six grandes charrettes que M. d'Argenson[2], lieutenant général de police à Paris, avait eu ordre de faire partir, à raison de vingt-cinq livres par jour pour chaque charrette.

— Le 23, le Roi continuant d'avoir de la fièvre, on lui faisait prendre du quinquina; il était déjà si amaigri et si fondu qu'on avait été obligé de rétrécir son habit et sa culotte de plus de quatre doigts.

On cessa de faire venir des eaux de Bourbon, les médecins ayant jugé que le bain ne faisait qu'affaiblir le Roi.

[1] On appelle *Unigenitus* une bulle promulguée en 1713 par le pape Clément XI, par laquelle plusieurs points de la doctrine du jansénisme étaient condamnés. Pour plus de détails, voir Lafitau, *Histoire de la constitution Unigenitus*; Paris, 1737 et 1738, 2 vol. in-12.

[2] D'Argenson (Marc-René de Voyer), né à Venise en 1652, fut successivement lieutenant du bailliage d'Angoulême (1679), maître des requêtes (1695), et lieutenant général de police après M. de la Reynie (1697). Il mourut le 8 mai 1721.

— L'ambassadeur de Portugal étant allé le 22 à Versailles avec ses équipages pour avoir audience, et n'ayant pu l'obtenir à cause du mauvais état du Roi, il laissa ses deux plus beaux carrosses chez M. Bontems, gouverneur de Versailles, et s'en retourna avec le reste de ses équipages à Paris.

— Le 24, sur les huit heures du soir, le Roi ayant paru sur le balcon d'une fenêtre de son appartement et ayant été aperçu par un grand nombre de personnes, on se mit à crier de joie : *Vive le Roi!* à plusieurs reprises. Le Roi les salua trois fois en ôtant son chapeau, et dit à chaque fois, assez hautement : « *Messieurs, je vous en remercie de bon cœur.* »

— Le 25, jour de saint Louis, sur les neuf heures du soir, la fièvre ayant repris au Roi avec violence, on le mit au lit, et entre onze heures et minuit on lui administra le saint viatique, comme il l'avait souhaité, et qu'il reçut avec des sentiments de grande piété, ce qui édifia beaucoup tous ceux qui étaient présents.

Dans toute cette journée de la fête de saint Louis il n'y eut aucune réjouissance à Versailles, et les eaux ne jouèrent pas dans le parc.

— Le 26, M. le cardinal de Noailles fit exposer le saint sacrement de l'autel en l'église Notre-Dame et dans toutes les autres églises de Paris, afin d'obtenir de Dieu le rétablissement de la santé du Roi qui avait très-mal passé la nuit, tout en continuant d'avoir très-bon jugement et très-bonne connaissance.

Sur les deux heures après midi, on le vit si mal et si abattu par l'ardeur de la fièvre, qu'on le crut à l'agonie et sur le point d'expirer.

Le matin, ayant fait venir dans sa chambre M. le duc d'Orléans et tous les princes du sang, il leur recommanda et les pria même instamment d'être tous en bonne union pour leur avantage particulier et pour la tranquillité du royaume, et de travailler tous conjointement à chercher sérieusement les moyens de soulager le peuple après sa mort, disant n'avoir pu le faire de son vivant comme il l'avait résolu, ce dont il était très-fâché.

Le Roi fit ensuite un codicille [1] qu'il écrivit et qu'il signa de sa main, par lequel il déclarait M. le duc d'Orléans régent du royaume, comme premier prince du sang royal et neveu de Sa Majesté jusqu'à la majorité de Monseigneur le Dauphin, duc de Bretagne, qui avait alors cinq ans, étant né le 15 février 1710; le Parlement de Paris, tuteur de ce jeune prince; M. le duc du Maine, subrogé tuteur et surintendant de son éducation; M. le maréchal de Villeroy, gouverneur de la personne de ce jeune prince; au-dessous de M. le duc du Maine, madame la duchesse de Ventadour, gouvernante sous madame la princesse de Conti, la douairière; Mgr l'évêque de Fréjus [2] pour précepteur, et le père Tellier, jésuite, pour confesseur, et M. Vittemant [3] sous-précepteur, qui l'avait déjà été de Monseigneur le duc de Bourgogne, de M. le duc d'Anjou, roi d'Espagne, et de M. le duc de Berry. Voilà ce qu'on écrivait alors de Versailles.

Par le même codicille, le Roi déclare nul le testament qui fut porté par son ordre au Parlement en 1714; et ordonne qu'en conséquence il sera brûlé et jeté au feu sans être lu ni ouvert, pour ne pas donner, dit-on, lieu à aucun ressentiment à M. le duc d'Orléans, qui n'était pas établi régent par ce testament, et pour étouffer toutes semences de guerre civile dans le royaume, selon que

[1] Louis XIV ajouta deux codicilles à son testament : les historiens ne sont pas d'accord sur la date du premier; les uns le placent au 13 avril, d'autres au 23 avril, d'autres enfin au 25 août 1715; le second est du 25 août de la même année.
[2] Fleury (André-Hercule de), né au mois de juin 1653 à Lodève.
[3] Jean Vittemant, ancien recteur de l'Université de Paris.

M. Voisin, chancelier de France, avait représenté au Roi avec beaucoup de sagesse.

— Le Roi, étant revenu d'une espèce d'agonie, souffrait beaucoup et ne pouvait s'empêcher de le témoigner; le sang s'étant corrompu dans les veines, la gangrène se mit dans une jambe et gagna la cuisse droite, qu'il fallut ouvrir en coupant toutes les chairs pourries. M. Fagon[1] et autres médecins croyaient d'abord que c'était une goutte sciatique qui causait les douleurs que le Roi sentait dans cette partie. Enfin, M. Maréchal[2], premier chirurgien, après avoir enfoncé deux fois sa lancette dans la jambe, et le Roi n'en ayant rien senti, il enfonça plus avant sa lancette, ce qui fit crier le Roi, et en fit sortir quantité d'eau rousse et puante qui fit juger que la partie était gangrenée, et fit déterminer cet habile chirurgien à retrancher les chairs vicieuses.

— On arrêta tous les courriers, avec défense au bureau de la poste de louer aucun cheval ni autre voiture à qui que ce fût, sous peine de la vie, sans ordre par écrit signé de M. le duc d'Orléans; ainsi les lettres pour Rome et autres pays étrangers restèrent au bureau de la poste pendant toute la semaine, ce qui s'était pratiqué à Londres durant la maladie dont la reine Anne mourut[3].

[1] Fagon (Gui-Crescent), né le 11 mai 1638, à Paris, dans le jardin des plantes, était neveu du fondateur de cet établissement, Gui de la Brosse. Il fut successivement médecin de la Dauphine, belle-fille de Louis XIV, puis de la Reine, et enfin du Roi (1693). Depuis 1699, Fagon était membre honoraire de l'Académie des sciences. Il mourut le 11 mars 1718.

[2] Maréchal (Georges), né à Calais en 1658; chirurgien en chef de la Charité (1688); premier chirurgien du Roi en remplacement de Félix de Tassy (1703), maître d'hôtel du Roi (1706), et anobli en 1707. Il mourut le 13 décembre 1736. Son petit-fils fut le célèbre marquis de Bièvre.

[3] Le 12 août 1714. La reine Anne était née le 16 février 1664. Elle monta sur le trône d'Angleterre après la mort de Guillaume III, en mars 1702.

— La nuit du 27 au 28, le Roi se trouva si mal qu'on ne croyait pas qu'il dût passer la journée, ce qui fit que M. le duc d'Orléans envoya ordre à M. d'Argenson de faire poser les lanternes par toutes les rues de la ville et des faubourgs de Paris pour y mettre le soir des chandelles allumées en cas qu'on fût obligé de conduire Monseigneur le Dauphin à Paris; à quoi les vitriers travaillèrent sans relâche, parce qu'elles ne devaient être posées que le premier jour de septembre.

— Le Roi se trouva considérablement soulagé par des plantes qu'un médecin de Beauvais avait appliquées sur sa jambe et sur sa cuisse, la gangrène en ayant été arrêtée par ce moyen.

— Le saint sacrement était exposé toute la journée dans toutes les églises de Paris, qui se trouvaient remplies de toutes sortes de personnes qui imploraient le secours du Ciel pour le rétablissement de la santé du Roi.

— M. le cardinal de Noailles ayant écrit une lettre au Roi sur sa maladie, Sa Majesté lui fit réponse qu'elle lui savait bon gré de la part que Son Éminence prenait à sa maladie, et qu'il était bien fâché d'avoir été obligé de procéder contre lui et contre les évêques de son parti.

— Le 30, le Roi se trouva encore plus mal; ayant alors fait venir dans sa chambre les princesses et les dames de la Cour, il leur dit adieu pour toujours, aussi bien qu'à madame de Maintenon, à laquelle il enjoignit de se retirer sur-le-champ à l'abbaye ou maison de Saint-Cyr. Ce qui ne put se passer sans répandre beaucoup de larmes de la part des princesses et des autres dames.

— Le Roi cependant ordonna de plus de quelle manière le petit Roi (en parlant de Monseigneur le Dauphin, depuis que Sa Majesté s'était vue au lit sans espérance de s'en relever) devait être vêtu de deuil, et la longueur de son manteau après sa mort; de quelle manière les appartements devaient être meublés au château de Vincennes, et comment les fourriers devaient marquer des logis dans une partie des maisons de Vincennes et de Montreuil pour les officiers qui ne pourraient pas avoir de logement au château de Vincennes.

Il ordonna ensuite aux princes et aux seigneurs de la Cour de commencer à faire préparer leurs carrosses et leurs équipages de deuil, et leur conseilla de ne point attendre sa mort pour le faire, afin que les ouvriers eussent le temps d'y travailler et pussent le faire avec moins de fatigue.

Il parut alors étonnant, et on ne peut encore assez admirer comme ce grand monarque pensait à toutes choses, et y pourvoyait malgré le mal qu'il souffrait, et comment au milieu des douleurs les plus cuisantes, il ne laissait pas de penser et de pourvoir à tout, et d'envisager la mort, quoique prochaine, d'un œil aussi tranquille et d'un jugement aussi sain que s'il avait encore eu un grand nombre d'années à vivre, ce qui augmentait aussi beaucoup le regret que chacun avait de perdre, et qu'on a encore d'avoir perdu un aussi bon prince.

— Madame la duchesse de Berry, madame la duchesse d'Orléans sa mère et monseigneur le duc de Chartres, se retirèrent sur le soir à Saint-Cloud vivement pénétrés de douleur.

— Le 30 et le 31, tous les appartements du château de Versailles demeurèrent fermés et impénétrables.

— Le 30, le Roi recommanda instamment à M. le duc d'Orléans de faire élever le petit Roi au château de Versailles comme le lieu le plus propre, le plus commode et le plus magnifique que l'on pût souhaiter, n'y ayant, disait-il, plus rien à faire et peu de dépense pour l'entretenir avec peu de soin.

— Le premier jour du mois de septembre, sur les dix heures du matin, un courrier de Versailles ayant annoncé à M. le cardinal de Noailles, qui disait la messe à Notre-

Dame, que le Roi était mort à huit heures et un quart. Son Éminence avait aussitôt remis le saint sacrement dans le tabernacle. On fit la même chose au Val-de-Grâce et dans les autres églises de la ville et des faubourgs de Paris, quand on y eut appris cette triste nouvelle, qui se répandit bientôt de tous côtés.

— Le jour précédent, le Parlement fut à Versailles, et supplia le Roi d'ordonner que Monseigneur le Dauphin, ou le petit Roi, vint faire sa demeure à Paris pour y être élevé pendant sa minorité; ce que Sa Majesté désapprouva, et dit qu'il serait bien mieux à Versailles.

— Lorsque le Roi mourut, il n'y avait que le père Tellier, son confesseur, qui l'exhortait sans cesse à s'abandonner entièrement à la miséricorde de Dieu, devant le trône duquel il allait paraitre. Il n'y avait aussi que M. le duc de Villeroy, capitaine des gardes du corps, lequel, après que le Roi eut rendu le dernier soupir, au moment que l'horloge de la Chapelle-Neuve eut frappé huit heures et un quart, alla dire aux gardes du corps de se mettre sous les armes avec les officiers à leur tête, et de marcher en cet état à l'appartement du jeune Roi; lesquels s'étant mis en haie le long de la galerie avec les Cent-Suisses du Roi et les Suisses de M. le duc d'Orléans, tous les princes, les princesses, tous les seigneurs et toutes les dames de la Cour, tous magnifiquement vêtus, allèrent rendre leurs premiers devoirs au jeune Roi, ainsi que tous les capitaines et officiers des régiments des gardes-françaises et suisses, les archevêques, les évêques et les abbés qui se trouvèrent alors à Versailles, firent de même. Monseigneur le duc d'Orléans parla le premier au Roi et dit : « *Sire, je viens rendre mes devoirs à Votre Majesté, comme le premier de vos sujets.* »

Madame la Douairière[1], soutenue par deux seigneurs

[1] Élisabeth-Charlotte de Bavière, fille de Charles-Louis, électeur palatin du Rhin, née à Heidelberg le 27 mai 1652, épousa,

ayant le cordon bleu, madame la duchesse d'Orléans et madame la princesse de Conti, l'une et l'autre soutenues aussi de deux cordons bleus, y allèrent faire la même chose, ainsi que toutes les dames de la Cour vêtues de deuil, et restèrent auprès du Roi, qui surprit tout le monde par son raisonnement comme s'il eût eu un âge beaucoup plus avancé.

— Après la mort du Roi, un officier dans le moment, ayant un plumet noir sur son chapeau, parut à la fenêtre, et étant sur le balcon dit à haute voix : « *Le Roi est mort !* » Le même officier s'étant retiré, et ayant quitté le plumet noir pour en prendre un blanc, parut une seconde fois sur le même balcon, et cria à haute voix par trois fois : « *Vive le roi Louis XV !* »

Après cette cérémonie, et après ces premiers compliments qui viennent d'être rapportés, les gardes du corps se rangèrent dans les salons qui sont au bout de la galerie. Alors le jeune Roi parut sur un balcon pour se montrer au peuple qui était en foule dans la cour du château, où chacun à l'envi se mit à crier : « *Vive le roi Louis XV !* »

— Le même jour, premier de septembre à midi, on permit à tout le monde d'entrer dans la chambre du Roi, où il était dans son lit comme il était mort, ayant les mains jointes tenant un crucifix, ayant un bandeau sous le menton pour lui tenir la bouche fermée, et qui était attaché des deux côtés à son bonnet de nuit. Il conserva la connaissance et le jugement jusqu'au moment qu'il expira après sept agonies très-violentes ; de sorte que ce bon prince répondait aux prières des agonisants que l'on récitait auprès de son lit, à la droite duquel se trouvèrent aussitôt après le moment funeste les prêtres de la Mission, et à gauche étaient les pères récollets, qui psalmodiaient alternativement.

le 21 novembre 1671, Monsieur, frère de Louis XIV, déjà veuf de Henriette d'Angleterre.

On avait aussi dressé deux autels aux pieds de son lit, où l'on célébrait continuellement des messes pour le repos de l'âme de ce grand monarque. Les personnes qu'on y laissait entrer ne faisaient que passer sans s'arrêter, et peu en sortaient sans répandre amèrement des larmes pour une perte si fatale, et plus fatale qu'on ne se l'imaginait alors.

Le lendemain on ouvrit son corps; on en tira le cœur, qui fut mis dans une boite de plomb, laquelle fut enfermée dans une autre de bois incorruptible et celle-ci dans une autre d'argent, et ensuite porté à l'église de la maison professe des jésuites de la rue Saint-Antoine de Paris. On en tira ensuite les entrailles [1], qui furent enfermées de la même manière, pour être portées à l'abbaye royale du Val-de-Grâce.

Le corps fut embaumé, puis on le mit dans un cercueil de plomb, qui fut aussi enfermé dans un autre cercueil de bois que l'on mit dans le lit de parade, que tout le monde admira pour sa richesse et pour sa magnificence.

— Il y avait aux pieds du lit deux hérauts d'armes, et deux gardes de la manche [2] au chevet du même lit, à droite et à gauche, superbement vêtus.

[1] « Par l'ouverture de son corps, qui fut faite par Maréchal, avec les cérémonies accoutumées, on lui trouva toutes les parties si entières et si saines, et tout si parfaitement conformé, qu'on jugea qu'il aurait vécu plus d'un siècle sans les fautes dont il a été parlé, qui lui mirent la gangrène dans le sang; on lui trouva aussi la capacité de l'estomac et des intestins double au moins des personnes de sa taille, ce qui est fort extraordinaire, et ce qui était cause qu'il était si grand mangeur et si égal. » (Saint-Simon, t. XXIV, p. 59.)

[2] On appelait *gardes de la manche* vingt-cinq gentilshommes de la compagnie des gardes écossaises, dont deux veillaient toujours sur le Roi, à la chapelle, au sermon et dans toutes les cérémonies. Ils étaient vêtus de casaques brodées ou hoquetons, et armés de pertuisanes à lame damasquinée.

— Le troisième jour on y chanta la messe de *Requiem* en musique en présence du jeune Roi et de M. le duc d'Orléans, de tous les princes et princesses, des seigneurs et dames de la Cour, tous vêtus de deuil.

— Le quatrième, on y célébra la messe de la même manière en présence du Roi et de toute la Cour.

— Le 5, le Parlement, la chambre des comptes, le grand conseil, la cour des aides et la cour des monnaies, se rendirent en corps à Versailles pour saluer le jeune Roi.

M. le duc d'Orléans, les princes, les princesses, les seigneurs et les dames de la Cour, y étaient allés auparavant. M. le duc d'Orléans resta auprès du Roi avec M. le duc du Maine, pour être présents aux compliments des cours souveraines.

Messieurs les maréchaux de France y allèrent deux à deux, suivant leur promotion; savoir, les plus nouveaux y parurent les premiers :

Le maréchal de Berwick avec le maréchal de Villars;

Le maréchal de Tallard avec le maréchal de Tessé;

Le maréchal d'Uxelles avec le maréchal d'Harcourt;

Le maréchal de Villeroy, comme le plus ancien, avec le duc de Fitz-James, fils aîné du maréchal de Berwick.

Le jeune Roi avait un habit violet, avec un plumet de même couleur sur son chapeau, ses bas et ses souliers de la même couleur; il était en justaucorps. Madame la duchesse de Ventadour tenant la lisière derrière le fauteuil où le Roi était assis pour recevoir les compliments de toute la Cour et des cours souveraines.

— Après toutes ces cérémonies, M. le duc d'Orléans s'appliqua à faire de grandes réformes pour épargner la dépense pendant la minorité du Roi. On disait qu'il avait résolu de réformer douze cents gardes du corps, ce qui aurait fait une épargne de quatre mille livres par jour pour leur solde.

Quatre cents jardiniers, tant de Versailles que de Marly, de Trianon et de Fontainebleau ;

De réserver seulement six Suisses à la garde des portes du parc de Versailles, avec douze jardiniers ;

Quatre Suisses à Marly, avec six jardiniers.

Il fit congédier tous les matelots du canal du parc de Versailles comme gens inutiles.

Il fit afferner à des particuliers toutes les terres qui sont au delà du grand canal pour y semer des grains.

De quatre cents chevaux qui étaient à la petite écurie, il résolut de n'en réserver que quatre attelages de carrosse ; mais il voulut conserver tous ceux de la grande écurie.

Il chargea M. Blouin, gouverneur du château de Versailles, du soin des réparations nécessaires ;

— Le bruit courait aussi alors que ce prince avait résolu de faire déclarer M. le duc du Maine, M. le comte de Toulouse, madame la duchesse d'Orléans et madame la duchesse de Bourbon, la douairière, enfants légitimes de M. le marquis et de madame la marquise de Montespan, comme M. le duc d'Antin, pour les raisons que personne n'ignore.

— Le quatrième, les entrailles du feu Roi furent portées à onze heures du soir à l'église de Notre-Dame, pour être inhumées dans le nouveau chœur de cette cathédrale de Paris, dans un carrosse drapé de noir à huit chevaux, éclairé par des flambeaux que portaient quatre pages, quatre gardes du corps et quatre valets de pied.

— Le même jour le père Tellier, confesseur du feu Roi, accompagné du père du Trévoux, fut au Palais-Royal et dit à Monseigneur le duc d'Orléans : « *Je viens, Monseigneur, pour rendre mes devoirs à Votre Altesse Royale et pour savoir en même temps ce qu'elle a résolu de disposer de ma personne.* » A quoi ce prince dit froidement : « *Mon père, vous me prenez pour un autre. C'est à vos supérieurs à disposer de vous et nullement à moi.* » Cette froide réponse chagrina vivement le jésuite, qui ne s'y était pas attendu.

— Madame la duchesse de Berry ayant obtenu l'hôtel du Luxembourg pour y faire sa résidence avec toute sa suite, on obligea tous ceux qui y avaient leur logement depuis longtemps d'en sortir aussitôt, ce qui les embarrassa de telle sorte qu'ils ne savaient où en trouver, n'y ayant alors aucun appartement ni aucune maison vacante au voisinage ni ailleurs.

— Le 6, à minuit, M. le cardinal de Rohan, grand aumônier de France, arriva de Versailles à l'église de Saint-Louis des Jésuites de la rue Saint-Antoine, portant le cœur du feu Roi dans un carrosse drapé de noir à huit chevaux sans caparaçons, précédé d'un carrosse à six chevaux de M. le duc de Bourbon, et d'un autre à six chevaux de M. le prince de Conti; le tout éclairé par environ quatre-vingts flambeaux portés par des gardes du corps, par des pages et par des valets de pied. Tous les jésuites de cette maison professe le reçurent à la porte de leur église, ayant tous un cierge à la main.

— Le 7, on avait disposé tout au Parlement pour y recevoir le jeune Roi, qui devait y tenir, pour la première fois, son lit de justice, suivant les ordres de Versailles. Les officiers du Châtelet, la connétablie, la maréchaussée, le gouverneur de Paris, le prévôt des marchands, les échevins et autres officiers de l'hôtel de ville, tous à cheval en habits de cérémonie, étaient allés au-devant de Sa Majesté avec les régiments des gardes françaises et suisses, et les Cent-Suisses de la garde du Roi; ils étaient déjà dans le Cours de la Reine, lorsque M. le duc d'Orléans les rencontra sur les dix heures du matin venant de Versailles en carrosse à huit chevaux, lequel leur dit de s'en retourner jusqu'à nouvel ordre, après les avoir remerciés de la peine qu'ils avaient prise.

On apprit que ce qui avait causé cet incident était que

madame la duchesse de Ventadour n'avait pu venir à bout de persuader le Roi de se mettre en chemin pour venir à Paris; qu'il avait fait semblant d'être malade, qu'il s'était mis à bouder et à faire le mutin comme un enfant de son âge; que, n'ayant pas voulu manger, on avait été contraint de le mener à Trianon, où l'appétit lui était bientôt revenu avec la bonne humeur, et que se voyant là, il s'était mis à courir de tous côtés pour se divertir avec son houssard.

M. le duc d'Orléans alla du même pas au palais pour dire au Parlement la raison de ce délai.

On avait cependant préparé un grand repas chez M. le premier président, où l'on devait servir trois tables, pour régaler le Roi, les princes et toute la suite, auquel repas les officiers de la bouche de chez le Roi avaient travaillé depuis quelques jours.

— Le 9, sur les quatre heures du soir, le Roi, venant de Versailles, arriva à Paris par la porte Saint-Honoré, traversa le rempart qui s'étend depuis cette porte jusqu'à celle de Saint-Antoine, pour aller faire son séjour au château de Vincennes, où l'on avait depuis quelques jours préparé les appartements. Il était en carrosse, entre M. le duc d'Orléans et madame la duchesse de Ventadour, assis sur un siège un peu plus bas et un peu plus avancé, pour être plus aisément vu du peuple. L'appétit lui étant venu, M. le duc d'Orléans fit arrêter le carrosse au droit de la porte Gaillon, derrière le jardin de l'hôtel de Conti. Pendant que le Roi mangeait, M. le duc d'Orléans lui fit remarquer comme les habitants de Paris s'empressaient de voir Sa Majesté, en lui disant : « *Voyez, Sire, combien votre peuple de Paris vous aime et comme il prend plaisir à vous voir; il est bon que vous lui en sachiez bon gré, ainsi, saluez-le.* » A ces mots le Roi salua de la main et d'une manière riante à droite et à gauche tous ceux qui étaient en cet endroit en très-grand nombre, qui furent tous charmés de la beauté de son visage. Il était vêtu de noir en justaucorps, avec un chapeau noir tout uni, avec le cordon bleu et l'ordre du Saint-Esprit en broderie d'argent sur son habit.

Le carrosse du Roi était environné des gardes du corps ayant tous l'épée nue à la main, et était précédé d'un carrosse à huit chevaux dans lequel étaient M. le prince d'Armagnac, grand écuyer de France; M. le marquis de Beringhem, premier écuyer; M. le marquis de Courtanvaux, colonel des Cent-Suisses, et autres seigneurs, et il était suivi d'un carrosse de M. le duc d'Orléans, d'un autre de M. le prince de Conti, et d'un autre de M. le grand écuyer, avec la livrée du Roi, tous trois à six chevaux.

— Un particulier, nommé Legras, qui durant la dernière guerre avait été employé dans les vivres, dans les fourrages et dans les munitions de guerre par M. Berthelot de Pleneuf [1] et par ses associés, et qui avait gardé toutes les minutes de ce qu'il avait eu en maniement, ayant eu audience de Monseigneur le duc d'Orléans quelques jours avant le voyage de Vincennes, il proposa à ce prince qu'il était prêt à justifier les erreurs de M. de Pleneuf et de ses associés, comme n'ayant pas fourni toutes les choses qu'ils devaient, et dont ils étaient convenus et dont ils avaient été payés, comme s'ils y eussent entièrement satisfait suivant les marchés faits avec eux; sur quoi le prince lui dit : « Vous êtes un homme perdu si vous ne pouvez prouver ce que vous avancez; mais si vous le prouvez, vous devez compter d'en être récompensé, et je vous promets par avance trois sols pour livre. » Sur quoi le dénonciateur répliqua : « Monseigneur, je serais trop riche si Votre Altesse Royale voulait bien avoir la bonté de m'adjuger seulement un sol pour livre de ce que j'ai l'honneur de lui proposer »; et peu après, ayant remis à Monseigneur le Régent les mémoires instructifs concernant cette affaire, ce fut en conséquence que M. de Pleneuf fut taxé à rap-

[1] Père de la fameuse marquise de Prie.

porter dans les coffres du Roi une somme de quinze cent mille livres pour sa part, et ses associés à proportion, ce qui devait produire en tout une somme de douze millions.

M. de Pléneuf, informé de cette dénonciation, sortit du royaume et se retira à Turin pour mettre sa personne en sûreté; on vit aussi bientôt paraître des arrêts du Conseil d'État, qui ordonnèrent la vente de ses biens et de ses autres effets.

— Le 10, le corps du Roi arriva à six heures du matin à Saint-Denis sur un catafalque fort élevé, traîné par huit chevaux caparaçonnés, suivi d'un autre carrosse à huit chevaux avec de pareils caparaçons. Le convoi était précédé de deux carrosses à six chevaux et escorté par quinze cents gardes du corps, gendarmes et chevau-légers, quatre cents mousquetaires et environ deux cents pages et valets de pied, tous portant des flambeaux à la main. Le tout avait commencé à se mettre en marche sur les huit heures du soir à Versailles.

— Le 3 de ce mois, l'ambassadeur d'Angleterre et celui de Hollande se rendirent secrètement au Palais-Royal, où le premier fit offre d'argent à M. le duc d'Orléans de la part du roi de la Grande-Bretagne son maître, et le second fit offre de troupes à Son Altesse Royale de la part des États Généraux, pour lui assurer la couronne de France en cas que le jeune Roi vînt à mourir et que le roi d'Espagne voulût s'y opposer.

— Le 11, on publia une première déclaration du Roi rendue le 4, par laquelle Sa Majesté prorogea le Parlement jusqu'à la fin de septembre, pour vaquer aux affaires des particuliers et aux affaires publiques de l'État, suivant l'avis de Monseigneur le duc d'Orléans son oncle, régent du royaume, de M. le duc de Bourbon et d'autres personnages notables du royaume.

Cette déclaration donna lieu d'observer que M. le duc du Maine et M. le comte de Toulouse étaient mis au rang des grands et des notables seulement, et n'étaient plus qualifiés d'oncles du Roi.

— On commença à répandre dans le public des louis d'or à quatorze livres chacun et des écus à trois livres dix sols chacun, frappés au coin du roi Louis XV.

— Voici ce qui se passa au Parlement, lorsque le Roi y alla le 12 du même mois de septembre 1715, pour y tenir son lit de justice :

Le Roi partit de Vincennes après son dîner, à une heure et demie, précédé et suivi des deux compagnies des mousquetaires avec les officiers à leur tête, suivis d'un détachement de cinquante chevau-légers, après lesquels venaient quatre brigades des gardes du corps qui étaient suivis de hoquetons[1] de la prévôté de l'hôtel, puis des Cent-Suisses avec leurs habits de cérémonie qui entouraient les écuyers du Roi, qui étaient dans un carrosse à six chevaux, après lequel venait immédiatement le carrosse du Roi à huit chevaux pie, ou blancs ou noirs, et à côté, à droite et à gauche de ces deux carrosses, marchaient les valets de pied du Roi, dont une partie avait la livrée du Roi et les autres étaient vêtus de deuil; puis venait tout le guet des gardes du corps avec les officiers à leur tête, puis un détachement de cinquante gendarmes superbement vêtus de neuf qui fermaient la marche, puis un carrosse à six chevaux rempli d'officiers du Roi et un autre à six chevaux rempli de dames de la chambre du Roi, après lesquels suivaient les carrosses des princes du sang à huit chevaux chacun, et ceux des princesses de pareil attelage.

Le Roi marcha en cet ordre au pas, au travers d'une foule extraordinaire de peuple, à droite et à gauche, depuis Vincennes jusqu'au palais et le long des rues de ce passage. Les fenêtres des maisons étaient ornées de riches tapis et remplies de monde.

Le carrosse du Roi arrêta auprès du Trône qui est au

[1] On appelait *hoquetons* des gardes ou archers.

bout du faubourg Saint-Antoine du côté de Vincennes. Le duc de Tresmes [1], gouverneur de Paris, se trouva en cet endroit à cheval avec ses gardes aussi à cheval; ils baissèrent la bandoulière aussitôt qu'ils virent approcher les gardes du corps du Roi.

Le duc de Tresmes était avec M. Bignon, conseiller d'État et prévôt des marchands, suivi de quatre échevins, de tous les officiers de l'hôtel de ville, des quarteniers, des dizainiers, des juges-consuls et de plusieurs notables ou principaux bourgeois de la ville de Paris, tous à cheval.

Le Roi étant descendu de carrosse entre les bras de M. le duc de Villeroy, le prévôt des marchands ayant un genou en terre, ainsi que les échevins, lui présenta les clefs de la ville, et le complimenta sur la première entrée de Sa Majesté dans sa bonne ville de Paris, en lui souhaitant un règne heureux et de longue durée. Après l'avoir remercié, le Roi remonta en carrosse et continua sa marche dans le même ordre.

Les archers de ville avec leurs casaques, partie à cheval et partie à pied, étaient allés au-devant du Roi jusqu'à Vincennes.

Le duc de Tresmes, suivi de ses gardes, doubla le pas pour se rendre au palais avant l'arrivée du Roi.

Les archers du guet à cheval et à pied étaient en haie le long du faubourg Saint-Antoine.

Les inspecteurs de police, les archers de la connétablie, de la maréchaussée et de la prévôté, tous à cheval et magnifiquement vêtus de neuf, occupaient divers postes dans le même faubourg pour empêcher le désordre et la confusion de la populace.

Les deux régiments des gardes françaises et suisses bor-

[1] Fils du duc de Gesvres, devint gouverneur de Paris après la mort de son père. Il avait depuis longtemps la survivance de cette charge et la capitainerie de Monceaux. Leur nom de famille était Potier.

daient les rues depuis la porte Saint-Antoine jusqu'au palais, les premiers à droite, les autres à gauche.

Monseigneur le duc d'Orléans faisait jeter de l'argent au peuple, de temps en temps, en allant au palais et en revenant, par deux écuyers qui étaient aux portières du carrosse du Roi, et par un exempt des gardes du corps qui allait devant le carrosse.

Le Roi étant enfin arrivé avec les acclamations du peuple, au bas des degrés de la Sain.-Chapelle, le duc de Villeroy, capitaine des gardes du corps, le prit entre ses bras et le porta de cette manière jusqu'à la porte de la grand'-chambre, madame de Ventadour tenant la lisière. Le Roi était vêtu de deuil en violet foncé, avec un long manteau et un rabat de toile de Hollande. Là, le duc de Tresmes, comme premier gentilhomme de la chambre et faisant l'office de grand chambellan à la place du duc de Bouillon qui était indisposé, vint prendre le Roi et le porta jusqu'au trône qu'on avait préparé; madame la duchesse de Ventadour continuant de tenir la lisière et le duc de Villeroy portant le manteau. Le Roi étant placé sur le trône, se trouvant embarrassé à vouloir ôter son chapeau à cause de la longueur du crêpe qui y pendait, pour dire au Parlement le compliment que le duc de Villeroy lui suggéra trois ou quatre fois, conçu en ces termes : « *Je suis venu ici, Messieurs, étant bien aise de vous donner des marques de ma bienveillance; mon chancelier vous dira mes intentions.* » Il fallait être bien près du trône pour entendre ce compliment, parce que le Roi le dit assez bas.

La tenue du lit de justice étant finie, le duc de Tresmes reprit le Roi entre ses bras et le porta jusqu'à son carrosse, le duc de Villeroy portant le bas du manteau et madame de Ventadour tenant la lisière, et le Roi s'en retourna à Vincennes dans le même ordre qu'il en était parti.

Un escadron de mousquetaires étant arrêté devant l'abbaye royale de Saint-Antoine, trois jeunes mousquetaires s'avisèrent de coucher en joue, avec leurs fusils, les religieuses de cette abbaye qui étaient en grand nombre à des croisées de fenêtres pour voir passer le Roi et sa suite, croyant faire peur à ces religieuses qui n'en firent que rire, aussi bien que ceux qui virent la feinte de ces mousquetaires.

Pour être pleinement instruit de ce qui se passa à la tenue du lit de justice, on a cru devoir mettre ici un extrait authentique des registres du Parlement.

— Du jeudi 12 septembre 1715, de relevée, le roi Louis XVe du nom, tenant son lit de justice en son Parlement.

A ses pieds était le duc de Tresmes; sur un tabouret, à droite, au bas des degrés du siége royal, était le maréchal de Villeroy; sur un autre tabouret, à gauche, aussi au bas des degrés du siége royal, était la duchesse de Ventadour.

A droite du Roi, aux hauts siéges, étaient : le duc d'Orléans, régent; le duc de Bourbon, le comte de Charolais, le prince de Conti, le duc du Maine, le prince de Dombes et le comte de Toulouse, prince du sang.

A la gauche du Roi, aux hauts siéges, étaient les six pairs ecclésiastiques, savoir : l'archevêque duc de Reims, l'évêque duc de Laon, l'évêque duc de Langres, l'évêque comte de Beauvais, l'évêque comte de Châlons et l'évêque comte de Noyon.

Sur le reste du banc et sur deux autres qu'on avait mis jusqu'au comte de Toulouse, dernier des princes du sang, étaient assis les ducs qui suivent : le duc d'Uzès, le duc de Montbazon, le duc de la Trémouille, le duc de Sully, le duc de Saint-Simon, le duc de la Rochefoucauld, le duc de la Force, le duc de Rohan, le duc d'Albret, le duc de Piney-Luxembourg, le duc d'Estrées, le duc de Grammont, le duc de la Meilleraye, le duc de Mortemart, le duc de Noailles, le duc d'Aumont, le duc de Charost, le duc de Villars, le duc d'Harcourt, le duc de Fitz-James

[1715] SEPTEMBRE. 59

de Berwick, le duc d'Antin, le duc de Chaulnes, le duc de Rohan-Rohan, le duc d'Ostun.

A la gauche du Roi, aux hauts siéges, étaient, comme on l'a déjà dit, les six pairs ecclésiastiques, et sur ce qui restait du banc et sur un autre qui avait été mis devant, étaient les maréchaux de France, savoir : le maréchal d'Estrées, le maréchal de Château-Regnant, le maréchal d'Uxelles, le maréchal de Tessé, le maréchal de Tallart, le maréchal de Matignon, le maréchal de Bezons, le maréchal de Montesquiou.

Les maréchaux de France étaient venus avec le Roi.

Sur un banc particulier, près de la duchesse de Ventadour, au-dessous des six pairs ecclésiastiques, étaient : le duc de Villeroy, capitaine des gardes du corps en quartier, le marquis de Courtenvaux, capitaine des Cent-Suisses de la garde du Roi, et le marquis de Beringhem, chevalier de l'Ordre et premier écuyer du Roi.

En la chaise où se met ordinairement le greffier en chef aux audiences publiques, couverte du tapis du siége royal, était M. Voysin, chancelier de France, commandeur des Ordres du Roi, vêtu d'une robe de velours violet, doublée de satin cramoisi.

Sur le banc ordinaire de MM. les présidents, étaient : messire Jean-Antoine de Mesmes [1], chevalier de l'ordre du Saint-Esprit, premier président du Parlement, M. le président Potier de Novion [2], M. le président Le Charron [3], M. le président Lamoignon [4], M. le président Portail, M. le président Amelot [5], M. le président Le Pelletier [6], et M. le président de Bailleul [7].

[1] De Mesmes, reçu premier président le 12 janvier 1712.
[2] Potier de Novion, reçu le 20 novembre 1689.
[3] Charron (Jean-Jacques le), reçu le 6 janvier 1691.
[4] Lamoignon (Chrétien), reçu le 30 août 1706.
[5] Amelot de Gournay (Michel-Charles), reçu le 10 janvier 1712.
[6] Lepelletier de Rosambo (Louis), reçu le 15 janvier 1712.
[7] Bailleul (Nicolas-Louis), reçu en mai 1714.

Dans le parquet, sur deux tabourets, devant M. le chancelier, étaient : M. de Dreux[1], grand maître des cérémonies, et M. des Granges, maître des cérémonies.

Et au milieu du parquet, étaient, à genoux devant le Roi, deux huissiers, massiers du Roi, tenant leurs masses d'argent doré, et six hérauts d'armes.

Sur trois bancs couverts de tapisserie à fleurs de lis dans le parquet, et sur le banc du premier et du second barreau du côté de la cheminée, étaient MM. les conseillers d'honneur, les maîtres des requêtes, au nombre de quatre, en robes rouges, les conseillers de la grand'chambre, les présidents des enquêtes et des requêtes du palais.

Les conseillers d'honneur étaient alors MM. Benoise[2] et Le Clerc[3].

Les quatre maîtres des requêtes étaient : MM. Monnet, de Gourgues, Berrier, Carré.

Les présidents des enquêtes et des requêtes étaient : MM. Amelot[4], Gilbert, Lambert[5], Cochet[6], Frizon[7], de La Garde[8], Chevalier[9], de Saint-Vallier, Poncet[10], Roland[11],

---

[1] Grand maître des cérémonies en mars 1701, démissionnaire en 1741, mort en 1749. Dreux avait d'abord été conseiller au Parlement. Voyez, sur Chamillard et sur lui, l'anecdote racontée par Alissan de Chazet dans *Les mœurs, les lois et les abus*; Paris, 1829, in-8°.

[2] Benoise (Charles), reçu conseiller honoraire le 17 janvier 1673.

[3] Leclerc de Lesseville, reçu le 20 juillet 1671.

[4] Amelot (Charles), reçu le 16 mars 1687.

[5] Lambert (Nicolas), reçu le 12 février 1697.

[6] Cochet de Saint-Vallier (Melchior), reçu le 22 mai 1701.

[7] Frizon de Blamont (Nicolas-Remy), reçu le 10 août 1704.

[8] La Garde (Jean-Baptiste), reçu le 8 juillet 1704.

[9] Chevalier (Louis), reçu le 20 juillet 1704.

[10] Poncet de la Rivière (Pierre), reçu le 13 février 1706.

[11] Rolland (Germain-Pierre), reçu le 30 décembre 1708.

[1715] SEPTEMBRE. 61

Bochard[1], Dodun[2], Lambert de Thorigny[3], Berthier[4], Moreau[5], Leféron[6], Hénault[7] et du Tillet[8].

Les conseillers de la grand'chambre étaient : MM. Lenain[9], Chevalier, Portail[10], Le Meusnier, Godart[11], Dreux, Huguet[12], Leféron[13], Robert[14], de Verthamont[15], Dorieu[16], Boizard, de Bragelongne[17], de Creil[18], Brayer[19], Chassepot[20], de la Porte[21], Cadeau[22], Fragnier[23], Ferrand, de Paris[24],

[1] Bochart de Saron (Étienne), reçu le 11 août 1704.
[2] Dodun (Charles-Gaspard), reçu le 29 décembre 1709.
[3] Lambert de Thorigny (Alexandre-Jean-Baptiste), reçu le 30 avril 1712.
[4] Berthier (Louis-Remy), reçu le 9 juillet 1713.
[5] Moreau de Vassigny (Pierre-Jacques), reçu le 12 novembre 1713.
[6] Le Féron (Nicolas), reçu le 16 février 1709.
[7] Hénault (Charles-Jean-François), reçu le 6 juillet 1710, auteur de l'*Abrégé chronologique*.
[8] Du Tillet (Jean-Baptiste-Charles), reçu le 12 décembre 1714.
[9] Lenain (Jean), reçu le 26 septembre 1689.
[10] Portail (Antoine), reçu le 27 décembre 1696.
[11] Gaudart (Jean-Jacques), reçu le 16 avril 1682.
[12] Huguet (Augustin), reçu le 15 octobre 1684.
[13] Le Féron (Nicolas), reçu le 28 janvier 1703.
[14] Robert (Guillaume), reçu le 11 mars 1689.
[15] Verthamont (Antoine de), reçu le 1er février 1685.
[16] Dorieux (Claude-Henri), reçu le 15 juillet 1672.
[17] Bragelongne (Christophe-François de), reçu le 5 janvier 1674.
[18] Creil (Jean-François de), reçu le 4 janvier 1675.
[19] Brayer (Gaspard), reçu le 19 mars 1674.
[20] Chassepot de Beaumont (Jean-François), reçu le 31 janvier 1675.
[21] Laporte (Gabriel de), reçu le 6 juin 1675
[22] Cadeau (Alexandre), reçu le 29 juin 1675.
[23] Fragnier (Martin), reçu le 12 janvier 1706.
[24] De Paris (Nicolas), reçu le 20 juillet 1684.

Mandat, de Jassaud[1], Lucas[2], Morel[3], d'Armaillé[4], de la Grange[5], du Monceau[6], l'abbé Pucelle[7], de Vienne[8], Menguy[9], Joisel[10].

Au côté droit, sur deux bancs aussi couverts de tapisserie à fleurs de lis, étaient les conseillers d'État et les maîtres des requêtes qui avaient accompagné M. le chancelier[11], tous en robes de satin noir, et dont voici les noms : MM. Le Pelletier, d'Aguesseau, Gaumartin, Fleuriau, d'Argouges, de Harlay, Le Pelletier des Forts, Desmarets de Vaubourg, l'abbé de Pomponne et de la Rochepot.

Les maîtres des requêtes étaient : MM. d'Ernothon, de Fieubet, Le Mairat, Lefèvre de Boissy, Lefèvre d'Ormesson.

Les présidents des enquêtes et des requêtes du palais étaient mêlés parmi les conseillers de la grand'-chambre.

Sur un banc, en entrant, vis-à-vis MM. les présidents, étaient les secrétaires d'État, savoir : MM. Colbert de

---

[1] Jassaud (Guillaume), reçu le 20 février 1681.
[2] Lucas (Antoine-Jean), reçu le 31 décembre 1684.
[3] Morel (François-Philippe), reçu le 4 juin 1692.
[4] Armaillé (François de la Forêt d'), reçu le 9 janvier 1682.
[5] Lagrange (Michel-Louis de), reçu le 8 juin 1704.
[6] Monceau (Pierre-Albert du), reçu le 18 juillet 1706.
[7] Pucelle (René), reçu le 27 juillet 1684.
[8] Vienne (Louis de), reçu le 31 juillet 1684.
[9] Menguy (Guillaume), reçu le 3 mars 1688.
[10] Joysel (Pierre), reçu le 14 janvier 1690.
[11] Voysin (Daniel-François), né à Paris en 1654; conseiller au Parlement (1683), maître des requêtes et intendant du Hainaut (1688), conseiller d'État (1694), intendant de Saint-Cyr (1701), secrétaire d'État à la guerre (1709), chancelier (1714), mort en 1717.

Torcy[1], Phélypeaux de Pontchartrain[2] et Phélypeaux de la Vrillière[3].

Sur trois autres bancs, à gauche dans le parquet, étaient : MM. l'abbé d'Estrées, le comte de Gorre, le comte de Guiscard, le comte de Gœsbriant et le comte Albergotti, tous cinq chevaliers des ordres du Roi.

Le marquis d'Arpajon, le marquis de Nogent, le comte de Lautrec, le marquis de Saint-Germain Beaupré, le marquis de Vayrac, le comte de Grancey, le marquis de la Vallière, le comte d'Aubigny.

Sur un siège à part, le sieur Bellot, bailli du Palais.

A côté de la forme où étaient MM. les secrétaires d'État, était le sieur Dongois[4], greffier en chef du Parlement, revêtu de son épitoge, et à côté de lui était le sieur du Franc, commis au greffe.

Sur une forme ou banc derrière eux, était le sieur de la Baume[5], greffier en chef criminel, et les sieurs Mirey, Nouet et Ysabeau, tous trois secrétaires du Parlement.

Sur un tabouret, était le grand prévôt de l'Hôtel[6], et le premier huissier audiencier était dans sa chaise ordinaire, à l'entrée du parquet.

En leurs places ordinaires étaient les chambres assemblées, au bout du premier barreau, jusqu'à la lanterne de

---

[1] Torcy (Jean-Baptiste Colbert, marquis de), né à Paris (septembre 1665), succéda à M. de Pomponne son beau-père, au ministère; mort 2 septembre 1746.

[2] Pontchartrain (Louis-Phelypeaux, comte de), né en 1643; successivement conseiller au Parlement, premier président au Parlement de Bretagne, intendant des finances; secrétaire d'État et chancelier; mort 22 décembre 1727.

[3] Vrillière (Louis-Phelypeaux, marquis de la), né en 1672; ministre du département de la maison du Roi en 1715, mort en 1725.

[4] Dongois (Nicolas), reçu greffier en chef le 21 avril 1709.

[5] Baume (Pierre de la), reçu greffier en chef du criminel le 18 mars 1689.

[6] Le comte de Montsoreau, grand prévôt de France.

la cheminée, avec les conseillers de la grand'chambre et les présidents des enquêtes et des requêtes du palais.

Maître Guillaume-François Joly de Fleury [1], avocat général; maître Guillaume de Lamoignon [2], avocat général; maître Germain-Louis Chauvelin [3], avocat général; maître Henri-François D'Aguesseau [4], procureur général, lesquels quatre magistrats étaient ce qu'on appelle les gens du Roi.

Dans le surplus des bancs étaient les conseillers des enquêtes et des requêtes, savoir : MM. Canaye [5], de Ribaudon [6], Le Maistre [7], de Saint-Martin, Le Boindre [8], de Vrévin [9], Morel, d'Averdouin [10], de la Guillaumie [11], Bavyn [12], de Fortia, Simonnet [13], Molé [14], Doublet [15], de Chavaudon [16], Le Boistel [17], Pallu, Melliand [18], Delpech [19], de Rolinde [20], de Fourcy [21], Boutet, Duport [22], de Tournon [23], Gevert,

[1] Joly de Fleury, reçu le 18 janvier 1705.
[2] Lamoignon de Blancménil, reçu le 22 mars 1707.
[3] Chauvelin, reçu le 6 août 1715.
[4] D'Aguesseau, reçu le 7 janvier 1691.
[5] Canaye (Étienne), reçu le 28 décembre 1679.
[6] Ribaudon (Jean-Baptiste de), reçu le 9 décembre 1692.
[7] Lemaistre (Gilles), reçu le 29 janvier 1676.
[8] Leboindre (Jean-François), reçu le 29 janvier 1686.
[9] Vrévin (Louis-Nicolas de), reçu le 28 juillet 1691.
[10] Averdouin (Charles d'), reçu le 19 avril 1693.
[11] Laguillaumie (Nicolas-Pierre de), reçu le 11 décembre 1690.
[12] Bavyn (Prosper-André), reçu le 1er juin 1693.
[13] Simonnet (Louis-François), reçu le 30 novembre 1696.
[14] Molé (Jean), reçu le 5 mars 1683.
[15] Doublet (Pierre), reçu le 27 avril 1790.
[16] Chavaudon (Louis-Guillaume de), reçu le 29 janvier 1713.
[17] Leboistel (Claude), reçu le 22 mars 1685.
[18] Melliand (Blaise-Claude), reçu le 23 février 1698.
[19] Delpech (Jean), reçu le 25 mai 1691.
[20] Rolinde (Marc-Antoine-Valentin de), reçu le 25 juillet 1696.
[21] Fourcy (Balthazar-Achille de), reçu le 19 février 1699.
[22] Duport (Louis-Mathieu), reçu le 12 janvier 1701.
[23] Tourmont (Robert-Henri), reçu en novembre 1702.

[1715] SEPTEMBRE.

Coignet[1], Alexandre[2], Bouvart[3], Regnault[4], Dubos, Daguesseau[5], Nicolaï[6], de Louvancourt, le Begue, de Sève, de l'Estoile[7], de Vienne[8], Cadeau[9], Le Moine[10], Gorge[11], Aubry[12], de Goislard[13], Coste[14], Anisson[15], Lamblin[16], Le Vaillant, Boullet[17], Fornier, Rouillé[18], Lucas[19], Gaultier, Genoud[20], Lefébure[21], de la Fallière, de Mesgrigny, Soulet[22], de Pleurs[23], Nau[24], Fraguier, Monthulé[25], Tubœuf[26], Le Rebours[27], Sevin[28], de Ficubet[29], Dupuy[30],

[1] Coignet (Julien-Denis), reçu le 24 décembre 1706.
[2] Alexandre (Jacques), reçu le 9 septembre 1708.
[3] Bouvard de Fourqueux (Michel), reçu le 21 avril 1709.
[4] Regnault de Bazorne (Alexandre-Omer), reçu le 1er juin 1710.
[5] D'Aguesseau (Joseph-Antoine), reçu le 5 décembre 1700.
[6] Nicolaï (Antoine-Nicolas de), reçu le 20 janvier 1712.
[7] De l'Étoile de Grasville (Louis-Édouard), reçu en février 1706.
[8] Vienne (Pierre de), reçu le 7 octobre 1694.
[9] Cadeau (Jacques), reçu le 13 juin 1706.
[10] Lemoyne (Louis), reçu le 3 janvier 1697.
[11] Gorge (Chrétien-François), reçu le 15 juillet 1697.
[12] Aubry (Alexandre-René), reçu le 4 juin 1698.
[13] Goislard (Charles de), reçu le 8 mai 1701.
[14] Coste de Champeron (Gilles), reçu le 24 février 1703.
[15] Anison (Jean), reçu le 18 mars 1704.
[16] Lambelin (Jean-Baptiste-Corentin), reçu le 27 février 1706.
[17] Boullet (Nicolas), reçu le 24 septembre 1700.
[18] Rouillé (Antoine-Louis), reçu le 19 décembre 1711.
[19] Lucas (Antoine), reçu le 31 décembre 1684.
[20] Genoud (François), reçu le 16 mars 1691.
[21] Lefébure (François), reçu le 12 octobre 1689.
[22] Soulet (Nicolas), reçu le 11 janvier 1697.
[23] Pleurs (Nicolas de), reçu le 26 février 1700.
[24] Nau (Pierre-Charles), reçu le 8 décembre 1692.
[25] Monthulé (Jean-Baptiste de), reçu le 20 février 1706.
[26] Tubœuf (Simon-Joseph), reçu le 22 avril 1708.
[27] Le Rebours (Claude), reçu le 29 juillet 1672.
[28] Sévin (Jean-Louis), reçu le 23 février 1700.
[29] Ficubet (Louis-Gaspard de), reçu le 17 décembre 1712.
[30] Dupuis (Pierre), reçu le 19 décembre 1711.

Mallet[1], Glucq[2], Anjorrant[3], Nigot[4], Robert de Saint-Vincent[5], Du Jardin[6], Lecoq[7] et autres.

Et sur un cinquième banc, derrière ceux qui étaient occupés par les conseillers des enquêtes et des requêtes, gardé par ordre du grand maître des cérémonies, étaient : le prince de Salm et autres princes et seigneurs étrangers.

La lanterne du côté du greffe était remplie par les dames du service du Roi. Celle de la cheminée, par le nonce du pape, par M. le bailli de Mesmes, ambassadeur de Malte, par celui de Portugal, et par plusieurs autres ambassadeurs.

Le même jour de relevée, la Cour, toutes les chambres assemblées, en robes et chaperons d'écarlate, attendant la venue, les officiers des gardes du corps saisis des portes du Parlement, a eu avis, sur les deux heures et demie, que M. le chancelier venait en la Cour, sur quoi ont été députés pour l'aller recevoir au lieu accoutumé hors le parquet, MM. Robert et de la Porte, conseillers de la grand'chambre, qui l'ont conduit, marchant à ses deux côtés.

M. le chancelier avait une robe de velours violet, doublée de satin cramoisi, et il était suivi des conseillers d'État et maîtres des requêtes ci-dessus nommés, en robes de satin noir.

MM. les présidents se sont levés lorsque M. le chancelier a paru à l'entrée du parquet, et il a pris place sur le banc au-dessus de M. le premier président.

MM. les présidents sont allés prendre leurs mortiers et

---

[1] Mallet (Jacques-François), reçu le 18 mars 1713.
[2] Gluck (Claude), reçu le 20 juillet 1716.
[3] Anjorrant (Claude), reçu le 11 mars 1689.
[4] Nigot (Zacharie), reçu le 4 mars 1695.
[5] Robert de Saint-Vincent (Pierre-Nicolas), reçu le 11 avril 1708.
[6] Dujardin (Bénigne), reçu le 12 décembre 1711.
[7] Lecoq de Vesançois (Aymard), reçu le 7 août 1712.

SEPTEMBRE. [1715]

leurs fourrures en la quatrième chambre des enquêtes, et lorsqu'ils en ont été revenus, M. le premier président y est aussi allé.

M. le chancelier s'est levé de sa place quand MM. les présidents et M. le premier président sont rentrés.

Sur les trois heures après midi, un officier des gardes du corps est venu avertir la Cour que le Roi était à la Sainte-Chapelle. Aussitôt MM. les présidents Potier de Novion, Charron, de Lamoignon et Portail, et MM. Le Meusnier, Robert, Lenain, Chevalier, Gaudart et Huguet, conseillers, ont été députés pour l'aller saluer de la part de la Compagnie, et ils l'ont conduit en la Cour, marchant, les présidents à ses côtés et les conseillers derrière lui, et le premier huissier entre les deux massiers du Roi, immédiatement devant sa personne.

Le Roi était en habit violet et porté, lorsqu'il entra dans le parquet, par le duc de Tresmes, et soutenu par le duc de Villeroy, portant aussi la queue de son manteau, et par la duchesse de Ventadour, sa gouvernante, précédé de M. le duc d'Orléans, régent, des ducs de Bourbon, comte de Charolais, prince de Conti, duc du Maine, prince de Dombes et comte de Toulouse, princes du sang, suivis des ducs de Noailles, de Charost et de Harcourt, des maréchaux de France et autres seigneurs.

Lorsqu'il a été dans son siège royal, M. le chancelier est passé en sa chaise, sortant de dessus le banc de MM. les présidents.

Après que chacun a été placé suivant l'ordre ci-dessus marqué, le Roi, ôtant son chapeau et le remettant, a dit : « Messieurs, je suis venu ici pour vous assurer de mon affection ; M. le chancelier vous dira ma volonté. »

M. le chancelier est monté au siège royal, a mis le genou en terre et a demandé au Roi la permission de parler, puis il est revenu en sa place et couvert, a dit : « Messieurs, dans l'accablement de douleur où nous sommes, causée par la perte que nous venons de faire, c'est un grand sujet de consolation pour nous de voir revivre toutes nos espérances dans la personne du jeune Roi.

» Les grandes actions du Roi son bisaïeul ont fait pendant sa vie l'admiration et l'étonnement de toute l'Europe.

» Il a été encore plus grand et plus admirable dans les derniers jours qui ont précédé sa mort; on n'a jamais tant vu de fermeté de religion et de présence d'esprit qu'il en a marqué jusqu'à son dernier moment.

» Sa prévoyance et l'amour qu'il avait pour son peuple l'avaient engagé pendant qu'il était en santé à porter ses vues sur l'avenir.

» Ses dernières volontés, dont cette auguste Compagnie a été dépositaire, ont été lues; la conjoncture présente a fait connaître la nécessité d'y apporter plusieurs changements. Le Roi vient tenir son lit de justice pour les confirmer par sa présence et par son autorité.

» Ce que nous apercevons dans le successeur de la couronne du Roi défunt nous fait espérer qu'il sera aussi l'héritier de toutes ses vertus. On voit déjà paraître dans les premiers mouvements de la plus tendre jeunesse tout ce qui indique la bonté du cœur avec la vivacité de l'esprit, et on connaît, à ne s'y point tromper, qu'il ne lui manque que quelques années pour développer et porter ensuite jusqu'au plus haut degré de perfection les mêmes vertus qui brillaient avec tant d'éclat dans le Roi que la mort vient de nous enlever.

» Le Roi mourant a donné au Roi son arrière-petit-fils les dernières marques de sa tendresse, en l'instruisant en peu de paroles de ce qu'il aurait à faire pendant son règne pour rendre son peuple heureux [1]. Ces paroles et ces in-

[1] « Quelque temps après, il manda à la duchesse de Ventadour de lui amener le Dauphin; il le fit approcher et lui dit ces paroles devant madame de Maintenon et le très-peu des plus

structions demeureront pour toujours fortement gravées et imprimées dans le cœur et dans l'esprit du jeune Roi. Les personnes chargées du soin de son éducation lui en rappelleront souvent le souvenir. Quel modèle plus parfait, quelle règle plus sûre pourrait-on lui proposer?

» Tout ce que nous devons de reconnaissance à la mémoire du Roi défunt, tout ce que nous avons eu pour lui pendant sa vie de sentiments d'attachement, d'amour, de soumission, d'obéissance et de fidélité, tout doit être réuni dans la personne du jeune Roi.

» Son autorité sera exercée par un prince régent, auquel ce titre est dû par sa naissance; il renferme dans sa personne, avec un esprit pénétrant et sublime, toutes les grandes qualités que nous regardons depuis longtemps presque comme naturelles et héréditaires dans le sang royal : toutes ses vues se portent au soulagement du peuple, et son conseil sera composé des personnes qui ont le plus d'expérience et de capacité, en sorte que tout concourt à rendre cette autorité respectable, et elle doit avoir la même force et trouver le même esprit d'obéissance qui était rendue au Roi que nous venons de perdre.

intimement privilégiés ou valets nécessaires qui les recueillirent : « Mon enfant, vous allez être un grand Roi, ne m'imitez » pas dans le goût que j'ai eu pour les bâtiments, ni dans celui » que j'ai eu pour la guerre; tâchez au contraire d'avoir la paix » avec vos voisins : rendez à Dieu ce que vous lui devez; recon- » naissez les obligations que vous lui avez, faites-le honorer par » vos sujets. Suivez toujours les bons conseils, tâchez de soulager » vos peuples, ce que je suis assez malheureux pour n'avoir pu » faire : n'oubliez pas la reconnaissance que vous devez à ma- » dame de Ventadour. Madame, s'adressant à elle, que je l'em- » brasse! » Et, en l'embrassant, il lui dit : « Mon cher enfant, » je vous donne ma bénédiction de tout mon cœur. » Comme on eut ôté le petit prince de dessus le lit du Roi, il le redemanda, l'embrassa de nouveau, et levant les yeux au ciel, le bénit encore. » (Saint-Simon, t. XXIV, p. 49.)

« Tous les membres de l'État doivent être unanimement pénétrés de ce sentiment, qui est conforme à leur devoir; mais il est nécessaire que chacun s'efforce d'en donner plus particulièrement des marques, dans ce temps de minorité, pour ôter aux puissances étrangères toute idée de trouble et de division dans le royaume : c'est le seul moyen de maintenir l'honneur de la nation, et d'assurer le bonheur et la tranquillité des peuples. »

Ce discours fini, M. le premier président et tous MM. les présidents et conseillers ont mis le genou en terre. M. le chancelier les a fait lever sur-le-champ par l'ordre du Roi, et M. le premier président, découvert ainsi que MM. les présidents et conseillers, a dit : « Sire, la royauté est immortelle en France, quoique nos rois, comme les moindres de leurs sujets, soient tributaires de la nature; Louis le Grand, après un long et glorieux règne, en est la triste preuve.

» Ce cruel événement afflige et consterne tous les ordres du royaume, et pénètre de la plus vive douleur ce premier tribunal de l'État.

» Mais au moment fatal où le plus grand roi du monde cesse de vivre, Votre Majesté, par le droit de la naissance, commence de régner.

» C'est le motif de l'auguste cérémonie qui assemble aujourd'hui, dans ce sanctuaire de la justice, la cour des pairs et tout ce qu'il y a de plus grand dans le royaume. C'est ce qui y attire, par l'amour que nous avons pour nos rois et par la pompe du spectacle, ce concours extraordinaire de peuple de tout âge et de toute condition.

» Tous s'empressent à l'envi de vous contempler sur votre lit de justice, comme l'image visible de Dieu sur la terre, de vous y voir exercer la première et la plus éclatante fonction de la royauté, et recevoir les hommages, les soumissions et le serment solennel de l'inviolable fidélité de votre royaume.

» Outre cette protestation générale, le Parlement supplie Votre Majesté d'être persuadée qu'étant attaché aux intérêts de la couronne d'une façon plus étroite et plus immédiate, il considérera toujours comme le plus indispensable des devoirs d'en soutenir et d'en défendre les droits et les privilèges.

» Son dévouement pour continuer de donner l'exemple à tous les ordres du royaume répondra constamment à sa prééminence.

» La tendresse de votre âge, Sire, ne nous alarme point : la divine Providence, qui du haut des cieux tient les rênes de votre empire, a souvent pris plaisir à verser ses bénédictions sur la minorité de nos rois.

» Clotaire second, Philippe Auguste, saint Louis dont vous descendez, Louis le Juste, et Louis le Grand, votre bisaïeul, à qui vous succédez, en sont de mémorables et consolants exemples.

» Tout nous augure un pareil bonheur ; la nature, nos lois et nos suffrages ont déféré la régence et le gouvernement de votre royaume, avec un applaudissement universel, à M. le duc d'Orléans, que nous regardons comme l'ange tutélaire de l'État.

» La sagesse, la prévoyance de ce grand prince, son zèle pour le bien public, suppléant à l'âge et à l'expérience qui manque à Votre Majesté, nous font espérer qu'il n'aura rien plus à cœur que le soulagement de vos peuples, la défense des saintes libertés de l'Église gallicane, qui sont le plus ferme appui de votre trône et la splendeur de la justice.

» Ses projets sur les conseils, où il veut que la pluralité des suffrages décide, nous font espérer qu'il rétablira les affaires du royaume en affermissant notre repos et notre félicité.

» Votre éducation, qui sera le fondement de votre religion et de vos mœurs, doit être le chef-d'œuvre du sage et du pieux prince qui y préside, et de ceux qui y sont associés.

» Je finis en demandant à Votre Majesté pour son Parlement la continuation de la confiance et de la protection dont l'ont honoré les Rois vos ancêtres, et principalement dans ces derniers temps le feu Roi, en le commettant à la garde de son testament. C'est ce qui lui confirmera le droit et la possession où il est, depuis tant de siècles, de rendre la justice à vos peuples à votre décharge, en votre nom et par votre autorité, en suivant toujours fidèlement les lois et les ordonnances. »

M. le premier président ayant fini, M. le chancelier a fait ouvrir les portes, et il a ordonné au greffier en chef de lire l'arrêt de la Cour du deuxième de septembre, concernant la régence.

Puis il a excité les gens du Roi de prendre les conclusions qu'ils estimeraient convenables pour le bien de son service.

Les gens du Roi se sont mis à genoux, et Guillaume Joly de Fleury, avocat général, a fait un discours.

En finissant, les gens du Roi ont pris les mêmes conclusions que celles sur lesquelles était intervenu l'arrêt du 2 septembre, dont ils ont requis l'exécution et la publication.

Ce fait, M. le chancelier est monté au Roi, a pris ses ordres le genou en terre, et ensuite les avis du duc d'Orléans, régent, des princes du sang, des pairs laïques étant sur les bancs d'en haut, à droite; il est revenu passer devant le Roi, lui a fait une profonde révérence, et a été à gauche prendre l'avis des pairs ecclésiastiques et des maréchaux de France.

Puis, descendant dans le parquet, il a pris les voix de MM. les présidents de la Cour, de ceux qui étaient sur les bancs et sur les formes du parquet, qui ont voix délibérative en la Cour, et dans les barreaux celles des conseillers des enquêtes et des requêtes.

M. le chancelier est ensuite remonté au Roi pour lui rendre compte des avis de la Compagnie, et, étant redescendu en sa place et couvert, a prononcé : « *Le Roi séant en son lit de justice, de l'avis du duc d'Orléans et des autres princes du sang, pairs de France et officiers de la couronne, ouï et ce requérant son procureur général, a déclaré et déclare, conformément à l'arrêt de son Parlement du 2 du présent mois de septembre*[1]*, M. le duc d'Orléans régent en France, pour avoir, en ladite qualité, l'administration des affaires du royaume pendant la minorité du Roi; ordonne que le duc de Bourbon sera dès à présent chef du conseil de la régence, sous l'autorité de M. le duc d'Orléans, et y présidera en son absence; que les princes du sang royal auront aussi entrée audit conseil, lorsqu'ils auront atteint l'âge de vingt-trois ans accomplis. Et après la déclaration faite par M. le duc d'Orléans qu'il entend se conformer à la pluralité des suffrages dudit conseil de la régence dans toutes les affaires, à l'exception des charges, emplois, bénéfices et grâces, qu'il pourra accorder à qui bon lui semblera, après avoir consulté le conseil de régence, sans être néanmoins assujetti à la pluralité des voix à cet égard; ordonne qu'il pourra former le conseil de régence, même tels conseils inférieurs qu'il jugera à propos, et y admettre les personnes qu'il en estimera les plus dignes; le tout suivant le projet que M. le duc d'Orléans a déclaré qu'il communiquera à la Cour; que le duc du Maine sera surintendant à l'éducation du Roi; l'autorité entière et le commandement sur les troupes de la maison dudit seigneur Roi, même sur celles qui sont employées à la garde de sa personne, demeurant à M. le duc d'Orléans; et sans aucune supériorité du duc du Maine sur le duc de Bourbon, grand maître de la maison du Roi; ordonne que des duplicata du présent arrêt seront envoyés*

---

[1] Voyez la séance du Parlement du 2 septembre 1715 aux *Pièces justificatives*, n° 1.

aux autres parlements du royaume, et des copies collationnées aux bailliages et sénéchaussées du ressort, pour y être lues, publiées et registrées. Enjoint aux substituts du procureur général du Roi d'y tenir la main et d'en certifier la Cour dans un mois. Fait en Parlement, le Roi y séant en son lit de justice, le 12 septembre 1715.

» Signé : DONGOIS. »

TESTAMENT DU ROI LOUIS XIV.

Ceci est notre disposition et ordonnance de dernière volonté pour la tutelle du Dauphin, notre arrière-petit-fils, et pour le conseil de la Régence que nous voulons être établi, après notre décès, pendant la minorité du Roi.

Comme par la miséricorde infinie de Dieu, la guerre, qui a pendant plusieurs années agité notre royaume avec des ennemis différents et qui nous ont causé de justes inquiétudes, est heureusement terminée, nous n'avons présentement rien de plus à cœur que de procurer à nos peuples le soulagement que le temps de la guerre ne nous a pas permis de leur donner, de les mettre en état de jouir longtemps des fruits de la paix et d'éloigner tout ce qui pourrait troubler leur tranquillité. Nous croyons, dans cette vue, devoir étendre nos soins paternels à prévoir et à prévenir, autant qu'il dépend de nous, les maux dont notre royaume pourrait être troublé, si, par l'ordre de la Providence divine, notre décès arrive avant que le Dauphin, notre arrière-petit-fils, qui est l'héritier présomptif de notre couronne, ait atteint sa quatorzième année, qui est l'âge de sa majorité.

C'est ce qui nous engage à pourvoir à sa tutelle, à l'éducation de sa personne, et à former pendant sa minorité un conseil de régence capable par sa prudence, par sa probité et par la grande expérience de ceux que nous choisissons pour le composer, de conserver le bon ordre dans le gouvernement de l'État et de maintenir nos sujets dans l'obéissance qu'ils doivent au Roi mineur.

Ce conseil de régence sera composé du duc d'Orléans, chef du conseil, du duc de Bourbon, quand il aura vingt-quatre ans accomplis, du duc du Maine, du comte de Toulouse, du chancelier de France, du chef du conseil royal, des maréchaux de Villeroy, de Villars, d'Uxelles, de Tallart et d'Harcourt; des quatre secrétaires d'État et du contrôleur général des finances. Nous les avons choisis pour la connaissance de leur capacité, de leurs talents et du fidèle attachement qu'ils ont toujours eu pour notre personne, et que nous sommes persuadé qu'ils auront de même pour le Roi mineur.

Voulons que la personne du Roi mineur soit sous la tutelle et sous la garde du conseil de la régence. Mais comme il est nécessaire que sous l'autorité de ce conseil quelque personne d'un mérite universellement reconnu et distinguée par son rang soit particulièrement chargée de veiller à la sûreté, conservation et éducation du Roi mineur, nous nommons le duc du Maine pour avoir cette autorité et pour remplir cette importante fonction du jour de notre décès.

Nous nommons aussi pour gouverneur du Roi mineur, sous l'autorité du duc du Maine, le maréchal de Villeroy, qui, par sa bonne conduite, par sa probité et ses talents, nous a paru mériter d'être honoré de cette marque de notre estime et de notre confiance. Nous sommes persuadé que, pour tout ce qui a rapport à la personne et à l'éducation du Roi mineur, le duc du Maine et le maréchal de Villeroy, animés tous deux par un même esprit, agiront avec un parfait concert, et qu'ils n'omettront rien pour lui inspirer les sentiments de vertu, de religion et de grandeur d'âme que nous souhaitons qu'il conserve toute sa vie.

Voulons que tous les officiers de la garde et de la maison du Roi soient tenus de reconnaître le duc du Maine et de lui obéir en ce qu'il ordonnera pour le fait de leurs charges qui aura rapport à la personne du Roi mineur, à sa garde et à sa sûreté. Et en cas que le duc du Maine vienne à manquer avant notre décès ou pendant la minorité du Roi, nous nommons à sa place le comte de Toulouse pour avoir la même autorité et pour remplir les mêmes fonctions. Pareillement, si le maréchal de Villeroy décède avant nous ou pendant la minorité du Roi, nous nommons à sa place le maréchal d'Harcourt.

Voulons que toutes les affaires qui doivent être décidées par l'autorité du Roi, sans aucune exception ni réserve, soit concernant la guerre ou la paix, la disposition ou l'administration des finances, soit qu'il s'agisse du choix des personnes qui doivent remplir les archevêchés, les évêchés, les abbayes et autres bénéfices dont la nomination doit appartenir au Roi mineur, la nomination aux charges de la couronne, aux charges de secrétaire d'État, à celle de contrôleur général des finances, et à toutes celles des officiers tant des troupes de terre que des officiers de marine et des galères, aux offices de judicature, tant des cours souveraines ou supérieures que des autres, à celles des finances, aux charges de gouverneur, de lieutenants généraux pour le Roi dans les provinces, à celles des états-majors des places fortes tant des frontières que du dedans du royaume; aux charges de la maison du Roi, sans distinction de grandes ou de petites, qui sont à la nomination du Roi et généralement pour toutes les charges, commissions et emplois auxquels le Roi doit nommer, soient proposées et délibérées au conseil de la régence, et que les résolutions y soient prises à la pluralité des suffrages sans que le duc d'Orléans, chef du conseil, puisse seul et par son autorité particulière rien déterminer, statuer, ordonner et faire expédier aucun ordre au nom du Roi mineur, autrement que suivant l'avis du conseil de la régence.

S'il arrive qu'il y ait dans quelques affaires diversité de sentiment dans le conseil de la régence, ceux qui y assisteront seront obligés de se réunir à deux avis, et celui du plus grand nombre prévaudra toujours. Mais s'il se trouve qu'il y ait dans les deux avis un nombre égal de suffrages, en ce cas seulement l'avis du duc d'Orléans, comme chef du conseil, prévaudra.

Lorsqu'il s'agira de nommer aux bénéfices, le confesseur du Roi entrera au conseil de la Régence, pour y présenter le mémoire des bénéfices vacants et pour y proposer les personnes qu'il croira capables de les remplir. Seront aussi admis au même conseil extraordinairement, lorsqu'il s'agira de la nomination aux bénéfices, deux archevêques ou évêques de ceux qui se trouveront à la Cour, et qui seront avertis par l'ordre du conseil de régence, pour s'y trouver et donner leur avis sur le choix des sujets qui seront proposés.

Le conseil de la régence s'assemblera quatre ou cinq jours de la semaine, le matin dans la chambre ou dans le cabinet de l'appartement du Roi mineur; et aussitôt que le Roi aura dix ans accomplis, il pourra y assister quand il le voudra, non pour y ordonner et décider, mais pour entendre et pour y prendre les premières connaissances des affaires.

En cas d'absence ou d'empêchement du duc d'Orléans, celui qui se trouvera le plus ancien par son rang tiendra le conseil, afin que le cours des affaires ne soit pas interrompu, et s'il y a partage de voix, la sienne prévaudra.

Il sera tenu registre, par le plus ancien des secrétaires d'État qui se trouvera présent au conseil, de tout ce qui sera délibéré et résolu, pour être ensuite les expéditions faites au nom du Roi mineur par ceux qui en seront chargés.

Si avant qu'il plaise à Dieu nous appeler à lui, quelqu'un que nous ayons nommé pour remplir le conseil de la régence décède ou se trouve hors d'état d'y entrer, nous nous réservons d'y pouvoir nommer une autre personne pour remplir sa place, et nous le ferons par un écrit qui sera de notre main et qui ne paraîtra pareillement qu'après notre décès; et si nous ne nommons personne, le nombre de ceux qui devront composer le conseil de la régence demeurera réduit à ceux qui se trouveront vivants au jour de notre mort.

Il ne sera fait aucun changement au conseil de la régence, tant que durera la minorité du Roi; et si pendant le temps de cette minorité quelqu'un de ceux que nous avons nommés vient à manquer, la place vacante pourra être remplacée par le choix et par la délibération du conseil de régence, sans que le nombre de ceux qui doivent le composer, tel qu'il aura été au jour de notre décès, puisse être augmenté. Et le cas arrivant que plusieurs de ceux qui le composent ne puissent pas y assister, par maladie ou par autre empêchement, il faudra toujours qu'il s'y trouve au moins le nombre de sept de ceux qui sont nommés pour le composer, afin que les délibérations qui auront été prises aient le rang et la force d'autorité. Et à cet effet, dans tous les édits, déclarations, lettres patentes, provisions et actes qui doivent être délibérés au conseil de la Régence, et qui seront expédiés pendant la minorité du Roi, il sera fait mention expresse du nom des personnes qui auront assisté au conseil de la régence, dans lequel les édits, déclarations, lettres patentes et autres expéditions auront été résolus.

Notre principale application pendant la durée de notre règne a toujours été de conserver dans notre royaume la pureté de la religion catholique, apostolique et romaine, et d'éloigner toutes sortes de nouveauté; nous avons fait tous nos efforts pour réunir à l'Église ceux qui en étaient séparés; notre intention est que le conseil de la régence s'attache à maintenir les lois et les règlements que nous avons faits sur ce sujet, et nous exhortons le Dauphin, notre arrière-petit-fils, lorsqu'il sera en âge de gouverner par lui-même, de ne jamais souffrir qu'il y soit donné aucune atteinte; comme aussi de maintenir avec la même fermeté les édits que nous avons faits contre les duels, comme les plus utiles pour attirer la bénédiction de Dieu sur notre postérité et sur notre royaume, et pour la conservation de la noblesse, qui en fait la principale force.

Notre intention est que les dispositions contenues dans notre édit du mois de juillet dernier, en faveur du duc du Maine et du comte de Toulouse et de leurs descendants, aient pour toujours leur entière exécution, sans qu'en aucun temps il puisse être donné aucune atteinte à ce que nous avons déclaré de notre volonté [1].

Entre les différents établissements que nous avons faits dans le cours de notre règne, il n'y en a point qui soit plus utile que celui de l'hôtel royal des Invalides [2]. Il est bien juste que les soldats qui, par les blessures qu'ils ont reçues à la guerre, ou par leurs longs services et par leur âge, sont hors d'état de travailler et de gagner leur vie, aient une subsistance assurée pour le reste de leurs jours, et que plusieurs officiers qui sont dénués des biens de la fortune y trouvent aussi une retraite honorable.

---

[1] Édit par lequel le Roi déclare le duc du Maine, le comte de Toulouse et leur postérité masculine vrais princes du sang, en droit d'en prendre la qualité, rang et honneurs entiers, et capables de succéder à la couronne au défaut de tous les autres princes du sang. Donné à Marly en juillet 1714, registré en Parlement le 2 août suivant. Voyez l'enregistrement de cet édit, *Pièces justificatives*, n° 2.

[2] Établi par arrêt du Conseil, du 12 mars 1670.

Toutes sortes de motifs doivent engager le Dauphin et tous les Rois nos successeurs à soutenir cet établissement et à lui accorder une protection particulière. Nous les y exhortons autant qu'il est en notre pouvoir.

La fondation que nous avons faite d'une maison à Saint-Cyr[1] pour l'éducation de deux cent cinquante demoiselles donnera perpétuellement à l'avenir, aux Rois nos successeurs, un moyen de faire des grâces à plusieurs familles de notre royaume qui, se trouvant chargées d'enfants avec peu de bien, auraient le regret de ne pouvoir plus fournir à la dépense nécessaire pour leur donner l'éducation convenable à leur naissance. Nous voulons que si, de notre vivant, les cinquante mille livres de revenu en biens fonds de terre que nous avons donnés pour cette fondation ne fussent pas remplis entièrement, il soit fait des acquisitions le plus promptement qu'il se pourra après notre décès pour fournir à ce qui s'en manquera, et que les autres sommes que nous avons assignées à cette fondation sur nos domaines et nos recettes générales, tant pour augmentation de la fondation que pour doter les personnes qui en sortent à l'âge de vingt ans soient régulièrement payées ; en sorte que, en nul cas et sous quelque prétexte que ce soit, notre fondation ne puisse être diminuée, et qu'il ne soit donné aucune atteinte à l'union qui y a été faite de la manse abbatiale de Saint-Denis ; comme aussi qu'il ne soit rien changé aux règlements que nous avons jugé à propos de faire pour le gouvernement de la maison, et pour la qualité des preuves qui doivent être faites par les demoiselles qui obtiennent des places dans la maison.

Nous n'avons d'autres vues dans toutes les dispositions de notre présent testament, que le bien de notre État et de nos sujets. Nous prions Dieu qu'il bénisse notre postérité

---

[1] En 1685.

et qu'il nous fasse la grâce de faire un bon usage du reste de notre vie, pour effacer nos péchés et pour obtenir sa miséricorde.

Signé Louis[1].

Fait à Marly, le 2ᵉ d'août 1714.

[1] Le 27 août 1714, le Roi manda à Versailles MM. de Mesmes, premier président, et d'Aguesseau, procureur général du Parlement de Paris, et leur remit son testament : « Aussitôt, dit Saint-Simon, que le premier président et le procureur général furent de retour à Paris, ils envoyèrent chercher des ouvriers qu'ils conduisirent dans une tour du palais, qui est derrière la buvette de la grand'chambre et le cabinet du premier président, et qui répond au greffe. Ils firent creuser un grand trou dans la muraille de cette tour, qui est fort épaisse, y déposèrent le testament, en firent fermer l'ouverture par une porte de fer, avec une grille de fer en deuxième porte et murailles encore par-dessus. La porte et la grille eurent trois serrures différentes, mais les mêmes à la porte et à la grille, et une clef pour chacune des trois, qui par conséquent ouvrait chacune deux serrures. Le premier président en garda une, le procureur général une autre, et le greffier en chef la troisième. » (Saint-Simon, t. XXI, p. 53.)

PREMIER CODICILLE DU ROI DU 1ᵉʳ AVRIL 1715.

Par mon testament déposé au Parlement, j'ai nommé le maréchal de Villeroy pour gouverneur du Dauphin, et j'ai marqué quelle devait être son autorité et ses fonctions.

Mon intention est que du moment de mon décès jusqu'à ce que l'ouverture de mon testament ait été faite, il ait toute l'autorité sur les officiers de la maison du jeune Roi et sur les troupes qui la composent. Il ordonnera auxdites troupes, aussitôt après ma mort, de se rendre au lieu où sera le jeune Roi pour le mener à Vincennes, l'air y étant très-bon.

Le jeune Roi, allant à Vincennes, passera par Paris et ira au Parlement pour y être fait l'ouverture de mon testament en présence des princes, pairs et autres qui ont droit ou qui voudront y assister.

Dans la marche et pour la séance du jeune Roi au Parlement, le maréchal de Villeroy donnera tous les ordres pour que les gardes du corps, les gardes françaises et suisses prennent les postes dans les rues et au palais, que l'on a accoutumé de prendre lorsque les rois vont au Parlement, en sorte que tout se fasse avec la sûreté et la dignité convenables.

Après que mon testament aura été ouvert et lu, le maréchal de Villeroy mènera le jeune Roi avec sa maison à Vincennes, où il demeurera tant que le conseil de régence le jugera à propos.

Le maréchal de Villeroy aura le titre de gouverneur, suivant ce qui est porté par mon testament, aura l'œil sur la conduite du jeune Roi, quoiqu'il n'ait pas encore sept ans, jusqu'auquel âge de sept ans accomplis la duchesse de Ventadour demeurera, ainsi qu'il est accoutumé, gouvernante et chargée des mêmes soins qu'elle a pris jusqu'à présent.

SECOND CODICILLE.

Je nomme pour sous-gouverneurs Sommery[1], qui l'a déjà été du Dauphin, mon petit-fils, et Geoffreville, lieutenant général de mes armées.

Au surplus, je confirme tout ce qui est dans mon testament, que je veux être exécuté en tout ce qu'il contient.

TROISIÈME CODICILLE.

Je nomme pour précepteur du Dauphin le sieur de Fleury, ancien évêque de Fréjus, et pour confesseur le père le Tellier.

Ce 23 août 1715.

— On ne sera peut-être point fâché de trouver la pièce latine qui suit, dont l'auteur est anonyme :

TUMULUS LUDOVICI XIV REGIS CHRISTIANISSIMI.

Sub hoc sepultus lapide
Sibi, regnoque tandem requiescit
Ludovicus XIV
Re magnus et nomine
Si qualis ab initio vitæ processerat
Ad finem sibi constituisset.
Infirmo patre
Matre diu pro sterili habita
Votis omnium efflagitatus
In auras demum prodiit a Deo
Datus infans.

[1] Jacques-François Johanne, marquis de Saumery.

Nondum quinquiennius
Amisso patre
Ipse, regnumque sub tutela
Matris fuit rex subjectus.
Hispania imbellem insectante
Futurum dum jam formidante
Vindicem,
Suis etiam in perniciem conjuratis
Inter arma vagiit.
Lapis contradictionis puer
Sortitus fuerat animam non malam
Sed vim doctrina
Non promovente insitam,
Nec recto cultu naturam
Roborante,
Lupis ovinam pellem indutis
Sese credidit illiteratus
Adolescens.
Quantum ore, totoque corporis
Habitu decus eminebat,
Præclara specie
Indole laborum patiente,
Augusta fronte,
Oculis, blande ferocibus,
Alta statura
Toto demum corpore,
Ad inspirandum, cupiendumque
Libidinem factus
Vir mulierosus.
Ubi corporis motibus opus erat
Palmam omnibus eripuit

Factator elegans,
Equorum agitator impiger,
Venator ferire certus
Lusor soli Chamilliardo superabilis [1].
Uxorem duxerat scita forma,
Castis moribus
Mariam Austriacam.
Sed vir nequaquam uxorius
Profusæ libidini temperare non potuit,
Quin
Sollicitaret virgines,
Meretrices acciperet
Alienas uxores corrumperet,
Turpis adulter,
Hispanum regem primas
Ambientem sibi assurgere coegit.
Pyramide extructa Romanis
Legatum non reverentibus
Quid honoris Gallico regno debeant,
In memoriam revocavit.
Acerrimus injuriarum ultor
Cum bellum gerendum fuit
Nec Alexandris nec Cæsaribus impar,
Imperatoris simul ac militis

---

[1] On a attribué la faveur dont Chamillard a joui auprès de Louis XIV à son habileté au jeu de billard, jeu pour lequel le Roi avait, dit-on, beaucoup de goût.

On a fait sur Chamillard cette épigramme :

Ci-gît le fameux Chamillard,
De son roi le protonotaire;
Il fut un héros au billard,
Un zéro dans le ministère.

Officio functus.
Omnes omnino, prope modum
Europæ confederatos
In se, principes fudit,
Viribus spoliavit, profligavit
Belli fulmen.
Post exhausta bella, delassatis hostibus,
Productis regni limitibus,
Viribus integris
Pacem in leges confecit suas
Pacis arbiter.
Jacobi secundi Angliæ regis
Electorisque Bavarici
Infandos miseratus labores,
Illum restituere magnis sumptibus
Tentavit
Hunc in regiam restituit
Afflictorum principum robur.
Regiam Austriacam
Turcarum rapacium prædam
Brevi futuram,
Batavos beneficiorum non satis
Memores
Copiis opibusque juvit
Bono malum vincere præoptans
Quam socios relinquere :
Fidei datæ tenacissimus.
Quo subditorum necessitatibus
Consuleret
Imo ditaret subditos,
Portus construxit,

Maria sociavit,
Flumina conjunxit,
Piratas debellavit,
Mercatores honoravit,
Manufacturas instituit
Pater populi.
Expertus fragilem vincique
Facilem esse fœminam,
Non ignorans multo fragiliorem fore
Si pauperies premat,
Quæ facere, quid dici et pati jubet,
Ne puellæ nobilium degeneres
Animos conciperent
Tricenas in domo conclusas
Ali, vestiri, doceri curavit
Egressas dote donavit
Nobilitati studiosus [1]*.*
Testes Versalliæ, quam ingeniosas
Artes foverit
Quam in dijudicandis eorum operibus
Subtile ingenium habuerit,
Quantos in exornandis ædificiis
Sumptus impenderit
Magnificentissimi luxus spectator.
Ne miles in bello senescere [2]*,*
Nec in prælio lædi timeret,
Qui metus retardaret impetum,
Superbis ædibus constructis
Parari voluit

[1] Saint-Cyr.
Les Invalides.

Esurientibus cibum,
Nudis vestem,
Ægrotis remedium,
Sanioribus artes,
Indoctis documentum
Otiosis societatem
Piis templa,
Senibus otium
Oculos cæco, pedes clauso
Illius muneribus.
Omni victus cura, negotiisque
Expediti astrologi cœlum
Scrutati sunt [1];
Medici morbis remedia quæsierunt,
Physici naturam rimati sunt;
Botanistæ plantarum bonitatem
Expenderunt;
Anatomici corporis structuram
Enodarunt;
Chymici flamma rerum viscera
Dissolverunt ;
Academias de omni scientiarum
Genere suscitavit [2];
Ignarus scientiarum amator,
In ipsâ Lupara
Procul tumultu laureorum

[1] L'Observatoire.

[2] Les Académies : celle des inscriptions et belles-lettres (1663), l'Académie des sciences (1666), l'Académie de peinture et de sculpture (1648), l'Académie d'architecture (1671), celle de musique (1666).

SEPTEMBRE.

Umbra tectus
Sermonem gallicum sordibus
Purgavit
Novisque gratiis auxit.
Urbanus urbanitatis venator factus,
Ut lingua fieret princeps,
Qui armis fieri voluit
Universalis monarcha.
Quominus in viam redirent
Quos cremuerat ecclesia,
Per ipsum non stetit;
Promissis, muneribus, minis
Missis concionatoribus
Vi etiam adhibita,
Multos intrare compulit,
Reliquos regni finibus exterminavit.
Paternarum traditionum æmulator,
Singularis prælii furorem,
Quo reipublicæ, religioni
Corporibus, animis
Nulla pestis capitalior,
Severâ lege coercuit,
Suppliciis rescidit,
Religionis vindex [1].
Verum
O lubricam a virtute ad vitium
Viam !
Ab incunabulis inani Jansenii
Terriculo delusus,

[1] La révocation de l'édit de Nantes (1685).

Artificiosâ Loyolitarum fraude
Ad partem deteriorem applicitus,
Obcæcatus ambitiosis assentationibus
Præsulum quærentium quæ
Sua sunt, non quæ Jesu Christi,
Ex malis ad pejora præceps ruit [1],
Indignis sede male credulus,
Tum omnis ad aulam obseptus fuit
Additus veritati,
Maledicentiæ, calumniæ fores
Omnes apertæ;
Probis præsulis os obturatum
Improbis munera dignitatesque
Concessæ;
Erepta Sorbonnæ suffragiorum libertas
Nescio quo piabulo vociferante,
Cæteris præ metu vox hæret
Faucibus
Ut aqua flammaque torti,
Quæ nollent, proferunt.
Quod lamentabilius
Jus vitæ necisque committit
Carnificibus, bonorum, Jesuitis
Detestandæ societatis
Vilis administer.
Quot hinc mala eripuerunt memi-
nisse horret animus!

---

[1] On sait la part que prit Louis XIV dans les querelles des jansénistes et des jésuites, et les excès de rigueur auxquels il se laissa entraîner envers les premiers sous l'influence de ses confesseurs les PP. de la Chaise et le Tellier.

Pastores ab ovibus avulsi,
Doctores in exilium pulsi,
Asseclæ huc illuc dispersi,
Carceres bonis referti,
Virgines claustris exturbatæ [1]
Solo sacræ domus æquatæ
A sepulchris elata cadavera
Quorum ora cruenta ad cœlum
De terra clamabant :
Usquequaque, Domine, non vindicas
Sanguinem nostrum !
Hinc omnis visa est revera retro-
lapsa referri res Francorum.
Urbes olim cum laude captæ Domi-
num commutant ;
Nostra acies,
Quo quondam vexillis affixa
Regiis, velut alas amiserat ;
Populo stipendiis oppresso, nihilo
Ditior princeps fuit :
Præsides provinciarum insatiabiles
Ministri
Harpiæ manibus uncis terribiles,
Hirudines nisi plenæ cruoris
Non mittentes avem,
Immundo contactu fœdarunt omnia ;
Omnem populi succerunt sanguinem
Et hauserunt

---

[1] La destruction de Port-Royal (1709-1710); les sépultures violées et les ossements dispersés dans les cimetières.

Lutetiis advecta, Canadensis puella [1]
Formosa minus quam callida
Primum Scarroni nupta
Dein sine reginæ titulo conjux,
Post anus retorrida
Quo voluit impulit
Unde voluit voluntatem deduxit
Imbecillis senis.
Romanus pontifex [2]
Cujus toties reges Franciæ recude-
runt superbiam,
Ignominiam ignominiæ rependit;
Scripturarum oracula,
Patrum efflata,
Conciliorum doctrinam
Damnat :
Sanctissimum cardinalem [3] *diris*
Devovet,
Cum interim plerique præsulum
Ecclesiæ gallicanæ libertatibus
Cedentes cæci,
Ad mentitæ sanctitatis pedes
Humiliter provoluti
Supplices exosculantur crepidam.
Filius præmoritur [4]

[1] Madame de Maintenon avait dans son enfance suivi son père en Amérique, où il s'était établi; de là la qualification de *Canadensis* que le poëte lui attribue.

[2] Le pape Clément XI.

[3] Le cardinal de Noailles.

[4] Le grand Dauphin mort à Meudon.

[1715] SEPTEMBRE.

Sequuntur nepotes duo [1]
Plurimi nepotes iiidem cadunt
In quibus nostræ spes
Opesque erant sitæ.
Ipso tandem regno, conciliata pace [2]
Sceptro inter pueriles quinquennis
Pronepotis [3] *manus deposito*
Fratris filio [4]
Debito gubernatoris fraudatus
Munere,
Ecclesiis nulla
Nulla pauperibus
Nulla domesticis
Legata pecunia [5]
Anno Domini millesimo
Septingentesimo decimo quinto
Vitæ septuagesimo septimo
Inter manus Jesuitæ [6] *exhalat animam.*
Utinam
Requiescat in pace!
Amen!

— Comme toutes les lettres de cachet finirent à la mort du Roi pour n'avoir pas été renouvelées, on mit en liberté tous ceux qui avaient été mis à la Bastille, à

[1] Les ducs de Bourgogne et de Berry.
[2] La paix d'Utrecht (1713).
[3] Louis XV.
[4] Le duc d'Orléans.
[5] Allusion au testament de Louis XIV.
[6] Le confesseur du Roi, le P. le Tellier.

Vincennes et en d'autres prisons, à l'exception de ceux qui y avaient été enfermés pour cause de duel et pour d'autres crimes énormes.

Ainsi M. l'abbé Servien [1] sortit de Vincennes; le sieur Lenoir [2] sortit de la Bastille, où il était depuis huit ans, accusé de jansénisme; le père d'Albissy, jacobin qui avait prêché une partie du carême en 1715, en l'église de Saint-Benoît, accusé d'être contraire à la constitution *Unigenitus*, et un autre abbé [3], sortirent tous quatre ensemble de la Bastille, et montèrent dans un carrosse qu'ils trouvèrent auprès du pont de ce lieu célèbre et qui les mena chacun chez eux.

Plusieurs collecteurs des tailles et autres prisonniers sortirent en même temps de la prison de Saint-Éloi, où ils étaient détenus pour dettes.

M. le duc d'Orléans ordonna une somme de quinze mille livres pour mettre en liberté ceux qui étaient aussi pour dettes à la Conciergerie du palais, et une pareille somme en faveur de ceux qui étaient au For-l'Évêque pour une pareille détention.

— Le 13, on dit de nouveau dans le monde que les curés des paroisses de la campagne allaient être chargés d'asseoir les tailles selon les facultés de chacun de leurs paroissiens, comme les mieux informés, et que ces curés seraient obligés de donner avis à la Cour si telle paroisse pourrait payer la somme qui lui serait imposée; qu'en conséquence on devait supprimer les siéges d'élection, les receveurs et les collecteurs des tailles, dont le produit réglé serait porté par chacun des curés à la plus prochaine

---

[1] L'abbé Servien était fils du surintendant Abel Servien, mort en 1664.

[2] Claude Lenoir, entré à la Bastille le 16 novembre 1707.

[3] Probablement un sieur Duplessis, resté onze ans à la Bastille pour avoir contribué à la liberté du P. Quesnel, détenu prisonnier dans le palais de l'archevêque de Malines.

ville pour être remis sans frais dans les coffres du Roi; qu'on établirait un nombre des soldats de l'hôtel royal des Invalides aux portes et aux barrières de la ville et des faubourgs de Paris, avec quelques personnes notables et désintéressées, pour percevoir les droits sur les denrées et sur les marchandises, afin d'épargner ce qui se donne à un grand nombre de commis, qui ne pensent la plupart qu'à s'enrichir aux dépens du Roi et du public.

On disait aussi qu'un autre nombre d'invalides ferait de nuit la fonction du guet à pied et à cheval; on accusait le guet d'avoir plusieurs fois favorisé les larcins au lieu de s'y opposer.

— Le 21, on sut que quelques jours auparavant un gentilhomme de Périgord avait présenté un mémoire à M. le duc d'Orléans, régent, qui, voyant ce gentilhomme à genoux, lui dit avec bonté : « Levez-vous, monsieur, je ne parle à personne en cet état; remettez-vous quelques moments, et puis vous parlerez. » Ce qui ranima le gentilhomme, qui, saisi de frayeur, donnait au prince tantôt le titre de Majesté, tantôt celui d'Altesse Royale, et lui dit tout en tremblant : « Monseigneur, puis-je me croire ici en sûreté? je ne dis pas seulement en votre présence, mais pendant tout le temps que je serai obligé de rester à Paris? Oui, lui dit le prince, et je vous ordonne de revenir un tel jour, afin d'avoir réponse sur le contenu de votre mémoire. » On observa que M. le Régent en le lisant témoignait de l'indignation pour les vexations qui avaient été faites à ce gentilhomme, et qui étaient attestées par toute la noblesse de la province.

Entre autres choses, ils se plaignaient de ce qu'ayant député il y avait trois ans un autre gentilhomme pour représenter au Roi les vexations de l'intendant de la province, qui, au lieu d'une somme de soixante mille livres qu'il avait eu ordre de lever sur la noblesse de Périgord, en avait exigé cinq à six cent mille avec violence; que ce député s'étant adressé à M. Desmarets[1], contrôleur général, on n'avait plus ouï parler de ce gentilhomme, et l'on ignorait ce qu'il était devenu.

Le gentilhomme disait de bouche ces particularités à M. le duc d'Orléans sans savoir que M. Desmarets était présent; on vit le prince jeter des regards d'indignation sur ce ministre, et de temps en temps frapper du pied contre terre en lisant le mémoire; et après, il dit à M. Desmarets d'un ton terrible : « Cela est bien indigne, monsieur! » Puis il dit au gentilhomme : « Monsieur, prenez la peine de revenir ici tel jour; comptez que je vous rendrai bonne justice, et que vous serez en sûreté tant que vous resterez à Paris. »

— Le 24, madame de Maintenon était restée à Saint-Cyr, et ne s'était réservé qu'une fille de chambre, une cuisinière et un laquais, ayant congédié tous ses autres domestiques avec quelque récompense quelques jours avant la mort du Roi.

— Le même jour 24, M. le procureur général du Parlement fut, par ordre de M. le duc d'Orléans, dénoncer à M. Bentivoglio[2], nonce du Pape, qu'il eût à se retirer incessamment du royaume. Le nonce, surpris de cette nouveauté, fut au Palais-Royal pour en savoir la raison. M. le Régent lui dit : « Vous pouvez, monsieur, vous en tenir à ce que M. le procureur général vous a déclaré de ma part : le Roi est trop jeune pour penser si tôt à ce que le feu Roi avait commencé, et moi j'ai d'autres affaires plus pressantes; avec tout le respect que j'ai pour le Pape, il me paraît que Sa Sainteté s'est laissée abuser.

[1] Desmarets (Nicolas), neveu de Colbert, contrôleur général le 27 février 1708, mort en 1721. Il eut pour fils le maréchal de Maillebois.

[2] Ce nonce menait à Paris une vie assez scandaleuse; il entretenait une fille d'Opéra dont il eut deux enfants qu'on surnomma *la Constitution* et *la Légende*.

Depuis la mort du feu Roi, vous avez tenu des assemblées à Montlouis [1] et en d'autres endroits, ce qui est contraire aux lois du royaume; ainsi vous pouvez vous disposer à vous en retourner au plus tôt possible à Rome. »

— Le 25, M. le duc d'Orléans conduisit le Roi à Bercy [2], proche de Charenton, où M. de Bercy, intendant des finances, gendre de M. Desmarets, a fait bâtir une maison superbe et d'une agréable situation.

— On s'assembla en Sorbonne. On y proposa si l'on prierait M. le cardinal de Noailles de vouloir honorer la compagnie de sa présence pour se mettre à la tête lorsqu'elle irait rendre ses hommages au Roi. Le sieur Lemoine opina qu'on ne pouvait penser à Son Éminence, d'autant plus que le prélat était noté d'hérésie, par rapport à la difficulté qu'il avait toujours faite de recevoir purement et simplement la constitution *Unigenitus*. Trois autres docteurs ayant opiné du bonnet à ce sentiment, tous les autres s'écrièrent que le sieur Lemoine devait être biffé du rôle de la société de Sorbonne, et l'obligèrent d'en aller demander pardon à Son Éminence, et de l'apporter par écrit s'il ne voulait être biffé; à quoi le sieur Lemoine fut contraint de se soumettre, et ayant paru devant Son Éminence déjà informée du fait, ce prélat, qui n'a jamais eu de fiel, content de la soumission du docteur, le témoigna par écrit comme le demandait la compagnie.

---

[1] Montlouis, maison de campagne donnée par Louis XIV à son confesseur le P. de la Chaise; elle était située sur l'emplacement des rues de la Folie-Regnault et de la Roquette; après la mort du P. de la Chaise, elle demeura la propriété des jésuites de la maison professe. Le cimetière de l'Est, vulgairement appelé *le Père la Chaise*, est limitrophe de l'endroit où s'élevait Montlouis.

[2] Le château de Bercy fut bâti sous la conduite de François Mansart; après avoir successivement appartenu à la famille de Bercy et à la famille de Nicolaï, le château de Bercy fut démoli en 1863.

Le sieur Vitasse et plusieurs autres docteurs en théologie, qui avaient été exilés pour n'avoir pas aussi voulu accepter purement et simplement la Constitution, et même le père Quesnel [1], dont le livre a donné lieu à cette dispute, eurent la liberté de revenir à Paris.

— Le 24, on congédia environ cent suisses ou portiers, tant du parc de Versailles que de celui de Marly. On fixa une somme de huit mille livres par an pour tenir les allées du parc de Versailles en bon état, et cinq mille pour celles de Marly.

— Madame de Maintenon, à qui le feu Roi avait assigné une pension de quarante mille livres par an, pria M. le duc d'Orléans de ne lui en continuer que vingt-cinq mille livres, et de vouloir ordonner le surplus, montant à quinze mille livres, à madame la comtesse de Caylus [2], sa petite-nièce. Ce que le prince lui accorda très-obligeamment, en l'assurant que si ce qu'elle demandait ne suffisait pas elle pouvait compter sur une plus grosse pension. Ce prince fut la voir plusieurs fois dans la semaine précédente, ainsi que le duc du Maine, madame la duchesse du Maine, M. le comte de Toulouse, madame la princesse de Conti, l'ancienne douairière, et même madame la duchesse douairière d'Orléans.

— Le 23, madame la duchesse de Berry coucha pour la première fois au Luxembourg, et se divertissait à aller dans une chaise de poste à Saint-Germain en Laye, et en revenait le soir pour s'égayer.

---

[1] Quesnel (Pasquier), né le 14 juillet 1643, est devenu célèbre par son livre intitulé *Réflexions morales*, dont cent une propositions furent condamnées par la bulle *Unigenitus*; il mourut le 2 décembre 1719.

[2] Marthe-Marguerite de Murçay-Villette, née en 1673, épousa, à l'âge de treize ans, Jean-Anne de Tubière, marquis de Caylus. Elle a laissé, sous le titre de *Souvenirs de madame de Caylus*, des Mémoires pleins d'intérêt. Elle mourut le 15 avril 1729.

— M. le cardinal de Rohan et M. le cardinal de Bissy ayant représenté à M. le duc d'Orléans que le feu Roi les avait expressément chargés de finir au plus tôt l'affaire de la Constitution, ils venaient prendre là-dessus ses ordres; sur quoi ce prince leur dit : « Et moi, Messieurs, je vous en tiens déchargés; ainsi n'y pensez plus; il aurait été bien plus à propos que vous ne vous en fussiez pas tant mêlés. »

Compilation de tout ce qui s'est fait depuis vingt ans :

    Tristes et lugubres objets,
    J'ai vu la Bastille et Vincennes,
Le Châtelet, Bicêtre, et mille prisons pleines
De braves citoyens, de fidèles sujets.
    J'ai vu la liberté ravie,
De la droite raison la règle poursuivie;
    J'ai vu le peuple gémissant
    Dans un rigoureux esclavage;
    J'ai vu le soldat rugissant,
Crever de faim, de soif, de dépit et de rage.
    J'ai vu les sages contredits,
    Leurs remontrances inutiles;
J'ai vu des magistrats vexer toutes les villes
Par de criants impôts et d'injustes édits.
    J'ai vu, sous l'habit d'une femme,
    Un démon nous faire la loi;
Elle sacrifia son Dieu, sa foi, son âme
Pour séduire l'esprit d'un trop crédule roi.
    J'ai vu cet homme épouvantable,
Ce barbare ennemi de tout le genre humain,
Exercer dans Paris, les armes à la main,
    Une police abominable.
    J'ai vu les traitants impunis;
J'ai vu les gens d'honneur persécutés, bannis;
J'ai vu même l'erreur en tout lieu triomphante,
La vérité trahie et la foi chancelante.
    J'ai vu le lieu saint avili,
    J'ai vu Port-Royal démoli,
    J'ai vu l'action la plus noire
    Qui puisse jamais arriver.

7.

L'eau de tout l'Océan ne la pourrait laver,
Et nos derniers neveux auront peine à la croire.
J'ai vu, dans le séjour par la Grâce habité,
　　Des sacriléges, des profanes
　　Remuer, tourmenter les mânes
Des corps marqués au sceau de l'immortalité.
Ce n'est pas tout encor; j'ai vu la prélature
Se vendre et devenir le prix de l'imposture.
J'ai vu les dignités en proie aux ignorants;
J'ai vu des gens de rien tenir les premiers rangs.
J'ai vu de saints prélats devenir la victime
　　Du feu divin qui les anime.
O temps! ô mœurs! j'ai vu, dans ce siècle maudit,
　　Le cardinal, l'ornement de la France,
　　Plus grand encore et plus saint qu'on ne dit,
Ressentir les effets d'une horrible vengeance.
　　J'ai vu l'hypocrite honoré;
J'ai vu, c'est tout dire, le jésuite adoré.
　　J'ai vu ces maux sous le règne funeste
D'un prince que jadis la colère céleste
Accorda par vengeance à nos désirs ardents;
J'ai vu ces maux, et je n'ai pas vingt ans.

On attribua cette pièce au sieur d'Harouet [1], fils d'un notaire de Paris.

— Le 23 d'octobre, on fit à Saint-Denis le service funèbre du Roi, et M. l'évêque de Castres [2] y prononça l'oraison funèbre avec applaudissement.

— Le 26, on publia un arrêt du conseil d'État qui réduisit à vingt et un deniers les pièces de vingt-quatre deniers, et à quinze deniers celles de dix-huit.

[1] Arouet de Voltaire, fils de François Arouet, ancien notaire et receveur des épices de la chambre des comptes. M. Auger, dans sa notice sur Voltaire (*Biographie universelle*), nie que cette satire ait été faite par lui. Innocent ou coupable, le poëte n'en fut pas moins mis à la Bastille, où il resta près d'un an; c'est là qu'il termina sa tragédie d'*OEdipe* et qu'il commença la *Henriade*. Voyez *Pièces justificatives*, n° 3.

[2] Quiqueran de Beaujeu.

Extrait du sermon que le père de La Motte, jésuite, prêcha, le 20 de ce mois, en l'église cathédrale de Rouen :

« Hélas ! mes chers Frères, ce pieux monarque est mort dans un temps où nous avions le plus besoin de lui pour la destruction de l'hérésie. Il n'a pas plutôt été mort, que, quinze jours après, on a vu avec surprise des gens que la sagesse du Roi avait fait mettre dans les fers et dans les cachots, pour porter la peine due à leurs crimes et à leur rébellion, en sortir avec éclat et être élevés à des dignités dont quinze jours auparavant ils n'auraient osé regarder le titre. N'est-il pas surprenant de voir que ceux qui sont à la tête des affaires renversent aujourd'hui ce que la sagesse du Roi avait établi? N'est-il pas étonnant de voir ce petit homme bouffi d'orgueil, sans science et sans mérite, gouverner la religion et l'État? »

Cet extrait fut déposé, le même jour, à l'officialité de Rouen, par un particulier qui fut assigné pour en faire autant au gouvernement.

M. l'archevêque [1], M. le marquis de Beuvron, gouverneur, et M. le procureur général du parlement de Rouen, en firent faire aussitôt des informations.

Entre autres témoins qui furent ouïs, le sieur Pinard, marchand, déposa qu'il était au sermon auprès d'un jésuite qui anticipait et répétait tout ce que le prédicateur disait en chaire.

Le sieur Campion porta sa déposition par écrit; le sieur Caumont, prêtre, et la demoiselle Duval, déposèrent la même chose.

M. le marquis de Beuvron fit sur-le-champ conduire le prédicateur au vieux château. Le lendemain matin, on vit aux portes de l'archevêché, de l'officialité, de la maison

---

[1] Claude-Maure d'Aubigné.

des jésuites et en d'autres endroits de la ville, des placards affichés qui portaient ce qui suit :

« Le public est averti que l'insolent jésuite qui débita tant de sottises dans l'église Notre-Dame de Rouen, dimanche dernier, n'y prêchera pas aujourd'hui. Puisque le magistrat ne réprime point la fureur de ces pestes publiques et de ces meurtriers de nos Rois, tout bon Français doit faire main basse sur ces scélérats qui sont de la compagnie de Jésus comme Judas en était.

» Mis par moi, du Vivier, dit l'Apôtre rouge. »

Le lieutenant général de police de la ville de Rouen, ami et parent du père de La Motte, fit inutilement ce qu'il put pour savoir qui avait mis et fait ce placard, fit publier et afficher son ordonnance telle qu'on va la rapporter :

« De par le Roi et M. le lieutenant général de police :

» Sur ce qui nous a été remontré par le procureur du Roi de ce siége, que quelques particuliers, par un esprit de libertinage et de mutinerie digne des peines les plus capitales, affichent des placards écrits à la main, injurieux aux puissances et capables d'exciter des émotions populaires, pour quoi requiert sur ce être par nous vu; nous, faisant droit sur le réquisitoire du procureur du Roi, ordonnons qu'il en sera informé; et cependant, défendons à toutes personnes d'afficher ou de faire afficher de pareils placards, à peine d'être punis comme perturbateurs du repos public; et afin que personne n'en ignore, ordonnons que la présente sera lue, publiée et affichée où besoin sera. Ce fut fait et donné par M. François de Houppeville de Semilly, conseiller du Roi, lieutenant général de police du bailliage, ville et vicomté de Rouen, le mercredi 23 octobre 1715. »

Le père de La Motte, qui est de petite taille et âgé de trente-cinq ans, subit l'interrogatoire au parlement de Rouen, le 4 novembre après midi, pendant quatre heures, au milieu d'un nombre considérable de personnes; on assure qu'il a tout nié.

Quelques jours après, on fut étonné d'apprendre à Rouen que le père provincial des jésuites était allé porter une lettre du père de La Motte à son rapporteur, par laquelle il déclarait qu'il se retirait, sans renoncer aux vœux de sa société, pour se mettre à couvert de la persécution qu'on lui faisait.

M. l'archevêque de Rouen et M. l'intendant de la province[1], quoique portés pour les jésuites, ne purent se dispenser d'en écrire, avec M. le marquis de Beuvron, gouverneur, à M. le duc d'Orléans pour savoir sur cette évasion les ordres de Son Altesse Royale, qui, en étant informée, dit : « C'est peu de chose; mais les jésuites pourraient bien tenir une autre conduite, d'autant plus qu'ils ne sont pas aimés du peuple en beaucoup d'endroits. »

— Le même jour 20 octobre, un capucin prêchant en l'église Saint-Germain l'Auxerrois, à Paris, sur la médisance et sur la calomnie, en voulant donner l'explication de ces deux vices, dit : « La calomnie consiste à dire des faussetés contre le prochain, et la médisance à dire ses véritables défauts. Par exemple, on dira qu'un tel prince défunt a aimé l'argent, a eu une ambition démesurée; si cela est véritable, c'est médisance. On dira d'un prélat : Il a de la vertu, de la piété, mais s'il n'était pas si entêté dans ses sentiments, il donnerait la paix à l'Église; si la chose est vraie, n'est-ce pas de la médisance? »

CHANSON.

Je respecte la Régence;
Mais, dans mon petit cerviau,
Je m'imagine la France
Sous l'emblème d'un tonniau.

[1] M. Roujault, maître des requêtes.

De cette pauvre futaille
Le Régent tire sans fin,
Tandis qu'au fausset Noaille
Escamote un pot de vin.

Toi qui connais que malgré Rome
Les Ignatiens sont à bas,
Et qui voudrais savoir comme
Ils sortiront d'embarras,

Apprends que cette culbute
Ne les étourdira pas,
Car ces dindons, dans leur chute,
Sont de la race des chats.

— Le bruit courut alors qu'on allait répandre dans le public des billets de banque dont les moindres vaudraient dix livres chacun; à l'occasion desquels les maîtres et gardes des six corps des marchands de cette ville de Paris furent mandés au Palais-Royal pour en dire leur sentiment.

— Le Pape écrivit un bref à M. le duc d'Orléans pour le féliciter sur sa régence du royaume, et y insinua adroitement sa surprise de ce que Son Altesse Royale avait choisi M. le cardinal de Noailles pour chef du conseil de conscience. Sur quoi, on assura que M. le Régent avait témoigné à un ami de Son Éminence qu'il serait bien aise que l'affaire de la Constitution fût bientôt terminée à la satisfaction de la cour de Rome, avec laquelle il ne voulait pas se brouiller, à cause du respect qu'il avait pour le saint-siége et pour le Pape en particulier, et qu'il était étonné de ce qu'on lui faisait dire dans le monde des choses auxquelles il n'avait jamais pensé.

— Le 4 de novembre 1715 on publia un arrêt du conseil d'État qui obligea les traitants, sous-traitants et autres gens d'affaires, de rendre compte de leurs géries.

— On assurait que M. le duc d'Orléans était en balance

d'accepter les offres que les Hollandais faisaient de prêter au Roi une somme de quarante millions à dix pour cent d'intérêt, et cinquante millions de la république de Gênes sur le même pied, afin de répandre des espèces dans le public. On assurait aussi que pour attirer de l'argent dans le royaume, il avait résolu d'y donner cours aux monnaies étrangères d'or et d'argent, comme d'Espagne, d'Allemagne, d'Angleterre, de Hollande, etc.

— On fut aussi en délibération au conseil si on établirait une espèce de dîme royale de vingt sols par jour sur chaque clocher ou paroisse du royaume, ce que l'on prétendait devoir produire un plus gros revenu et plus fixe au Roi, et si peu onéreux au public, qu'on ne s'en apercevrait presque pas, personne n'en étant exempt, et sans avoir besoin de receveurs, ni de commis, ni de sergents pour en faire la recette ou la collecte.

— Le 8, la chambre des comptes fit poser le scellé sur les effets trouvés dans la maison qu'occupait le sieur Regnaut, receveur des tailles de la généralité de Paris, rue du Mail, proche la place des Victoires, pour être disparu depuis quelques jours par une banqueroute dont le caissier se trouvait embarrassé pour une somme de cent mille livres que plusieurs particuliers lui avaient confiée pour s'exempter des diminutions précédentes, le sieur Regnaut ayant tout emporté ou détourné à l'insu de son caissier.

— M. le duc d'Orléans ayant déclaré à M. Le Peletier de Souzy[1] que le conseil de régence avait jugé à propos de réunir au conseil de la guerre la direction des fortifications, comme elles étaient du temps de M. le marquis de Louvois, le même conseil l'en déchargeait : « Mais moi, ajouta le prince, je vous continue la pension de vingt

[1] Le Peletier de Souzy (Michel), né en 1640, mort en 1725, élu en 1701 membre honoraire de l'Académie des inscriptions et belles-lettres.

mille livres pour les bons services que vous avez rendus à l'État dans cet exercice. »

Sur quoi M. de Souzy lui dit : « Monseigneur, comme je sais dans quel embarras sont les affaires de l'État, je supplie très-humblement Votre Altesse Royale de trouver bon que je la remercie de la grâce qu'elle veut bien me faire, n'étant pas juste que je sois payé pendant que je ne ferai aucun travail. » Sur cela le prince dit obligeamment : « Il serait à souhaiter que je me visse obligé de faire, dans cette conjoncture, à bien des gens, l'éloge d'un désintéressement pareil au vôtre, qui augmente beaucoup l'estime que j'ai toujours eue pour votre personne. »

— M. le chevalier d'Asfeld[1], lieutenant général des armées du Roi, qui s'était si bien distingué en Espagne et ailleurs, fut chargé de la direction générale des fortifications, dont on assurait qu'il aurait une parfaite connaissance et aussi étendue que le maréchal de Vauban.

— M. de Bercy, intendant des finances et gendre de M. Desmarets, eut ordre de se retirer incessamment à trente lieues de Paris. On impute la cause de son exil à ce qu'étant chagrin de ce que le conseil de la régence avait résolu de lui ôter la direction générale des ponts et chaussées du royaume pour quelques malversations de sa part ou de ceux qu'il y employait, et d'en charger M. le marquis de Beringhem, premier écuyer du Roi, il avait eu l'imprudence de faire attendre dans une antichambre, pendant deux heures, M. du Terrat, chancelier de la maison de M. le duc d'Orléans, qui lui portait des ordres de la part de Son Altesse Royale, et au bout duquel temps étant venu dans l'antichambre, en habit même indécent, avait dit brusquement à M. du Terrat, et sans observer à son égard aucune civilité, comme s'il eût parlé à un crocheteur ou au moindre de ses domestiques et d'un

[1] Asfeld (Claude-François Bidal d'), nommé maréchal de France en 1734, mort le 7 mars 1743.

ton méprisant : « Qu'est-ce que c'est? » A laquelle impertinence M. du Terrat répondit doucement : « On n'a pas manqué de vous avertir que j'avais à vous parler; cependant, après m'avoir fait attendre durant deux heures dans votre antichambre comme un laquais, vous me demandez avec la dernière grossièreté : *Qu'est-ce que c'est?* Vous l'apprendrez de la bouche de Son Altesse Royale, qui m'avait chargé de vous porter ses ordres. » Puis M. du Terrat se retira sans attendre la réplique de M. de Bercy, dont on disait que très-peu de gens avaient lieu de se louer.

— M. le comte de Pontchartrain fut aussi alors démis de la charge de secrétaire d'État et de la direction générale de la marine, comme incapable de l'exercer, et n'ayant, disait-on, contenté presque personne pendant tout son ministère. On ajoutait qu'un jour, étant au Conseil, appuyé sur le dos de la chaise d'un des seigneurs qui le composaient, le jour étant sur son déclin, M. le duc d'Orléans l'ayant aperçu en cet état, lui dit sèchement : « Allez querir de la lumière. » A quoi ayant obéi, le prince ajouta : « Il faudra enfin chasser cet homme-là comme il le mérite, puisqu'il ne se rebute point de tout ce qu'on lui dit, et de tout ce qu'on lui fait. »

— Le chevalier de Saint-Georges[1], fils du feu roi d'Angleterre Jacques II, partit de Bar-le-Duc la nuit du 3 novembre, accompagné seulement de six de ses officiers, pour prendre le chemin de Calais, afin de s'y embarquer. Pour mieux cacher son départ, il avait, le jour précédent, fait une partie de chasse avec le prince de Vaudemont pour le lendemain; le matin, le prince de Vaudemont étant arrivé au château de Bar avec ses chiens et autres équi-

---

[1] Stuart (Jacques-Édouard-François), dit aussi le chevalier de Saint-Georges, fils aîné de Jacques II et de Marie de Modène, né à Londres le 10 juin 1688, mort le 2 janvier 1766. Il est connu dans l'histoire sous le nom du *Prétendant;* son fils est également désigné sous ce nom.

pages de chasse, et n'ayant pas trouvé le chevalier de Saint-Georges dans son appartement, il feignit de le faire chercher dans le jardin et d'en être fort inquiet; enfin il déclara aux officiers du chevalier de Saint-Georges qui étaient restés, qu'il était parti la nuit précédente; que son départ devait leur donner de la joie plutôt que de la tristesse, ayant eu de grandes raisons pour le cacher, et que personne n'eût à sortir de la journée hors du château, ainsi que le prince leur maître l'avait ordonné; qu'aussi bien les ponts en demeureraient levés jusqu'au lendemain.

Peu de jours après, on apprit de Cherbourg que le prince et les six officiers qui l'avaient accompagné y avaient paru tous vêtus de gros pinchina[1], et qu'ils s'y étaient embarqués sur deux vaisseaux suédois qui l'y attendaient pour le transporter en Écosse.

— Le comte de Stairs[2], ambassadeur d'Angleterre, ayant eu avis du départ du chevalier de Saint-Georges et de la route qu'il devait tenir, envoya des gens à lui sur cette route avec ordre de le tuer. Le plus grand danger que ce prince courut, ce fut près d'Anet, terre qui appartenait à feu M. le duc de Vendôme. Trois Anglais ou Écossais s'étaient logés dans une hôtellerie d'Anet, vis-à-vis la poste où ce prince devait absolument passer, parce qu'ils l'avaient rencontré à quelques lieues en deçà. Étant entrés dans une chambre où l'hôtesse les avait fait conduire, et cette femme ayant su qu'ils avaient aussitôt fermé la porte sur eux au verrou, elle y monta doucement, et ayant observé par le trou de la serrure qu'ils montaient des fusils à vis qu'ils avaient apportés dans leurs poches, elle en soupçonna quelque mauvais dessein. Peu après, ils

[1] Pinchina, étoffe de laine non croisée, sorte de drap gros et fort fabriqué à Toulon; la première fabrique de pinchina fut établie au dix-septième siècle par les sieurs Moreau et Darras.

[2] Stair (Jean Darlimpyle, comte de), né en 1673, mort le 7 mai 1747.

descendirent dans la cuisine et lui ordonnèrent de préparer
de quoi souper, de tout ce qu'elle pourrait avoir de meilleur, parce qu'ils attendaient un jeune seigneur qui ne
manquerait pas de descendre le soir en chaise de poste,
avec quelques gens à cheval qui l'accompagnaient.

Cette femme, sur le soupçon qu'elle avait formé en
voyant monter des armes, donna ordre à son valet et à sa
servante de travailler au souper, puis elle monta à cheval
et alla le long du chemin que ce jeune seigneur devait
tenir, et l'ayant rencontré par bonheur, elle s'approcha de
la chaise de poste et le pria de lui prêter l'oreille; elle lui
parla de ces trois étrangers dont elle croyait qu'il devait
se défier pour leur avoir vu monter des armes à feu. Le
prince lui sut bon gré de son avis et de sa course, et lui
ayant fait une largesse, il prit une autre route sans changer
de chevaux; et pour mieux duper ces trois espions qui
l'attendaient, il ordonna à un de ses gens d'aller avec la
même chaise descendre à l'hôtellerie de cette bonne
femme, et de déclarer à ces étrangers, s'ils parlaient de
lui, qu'il était allé saluer madame la duchesse de Vendôme[1] qui était alors au château d'Anet, et que le soir il
ne manquerait pas de venir le joindre à l'hôtellerie.

Les espions, ou plutôt les assassins, voyant arriver la
chaise, crurent d'abord que le prince ne leur échapperait
pas; mais ne l'y ayant pas vu, ils demandèrent à l'officier
qui avait pris sa place où il était. Celui-ci leur ayant répondu qu'il devait venir le rejoindre sur le soir au retour
du château d'Anet, ils crurent la chose de bonne foi, et là-
dessus étant remontés dans leur chambre, ils s'y endormirent, et pendant qu'ils dormaient, l'officier qui avait
ordre de se promener et de s'échapper de cet endroit
aussitôt qu'il le pourrait, ne manqua pas de profiter de

[1] « La duchesse de Vendôme mourut, dit Saint-Simon, à
quarante et un ans, brûlée par l'abus des liqueurs fortes. »
T. XXX, p. 1.

l'occasion en laissant la chaise dans l'hôtellerie, comme il en était convenu avec l'hôtesse, et fut rapidement rejoindre le prince son maître, qui était impatient de savoir la vérité du fait dont cette femme avait eu le bonheur et la prudence de le prévenir.

M. le duc d'Orléans, informé de la conduite du comte de Stairs à cet égard, lui en fit des reproches très-vifs, comme contraire au droit des gens. Cependant Son Altesse Royale, à l'instance de cet ambassadeur, envoya ordre au gouverneur de la Bastille de mettre en liberté un Écossais qui y avait été conduit pour avoir servi d'espion contre le chevalier de Saint-Georges.

M. le maréchal de Villars dit quelques jours après au comte de Stairs : « Sauf le respect que je dois à M. le duc d'Orléans, ici présent, vous êtes un fourbe. Car je sais de très-bonne part le contraire de ce que vous avancez à Son Altesse Royale, et que vous n'êtes point chargé de dire ce que vous avancez si mal à propos. » On prétendait alors que ce qui avait obligé cet ambassadeur de former l'horrible dessein de perdre le chevalier de Saint-Georges, était qu'il prévoyait que tous ses biens allaient être perdus pour lui, étant situés au voisinage du camp du comte de Marr, qui commandait les troupes du parti de ce prince. Par cette lâche et noire action, il fit assez connaître qu'il ne dégénérait en rien de son aïeul [1], qui fut le principal promoteur de la mort tragique du roi Charles Ier, et peut-être plus criminel que le fameux Cromwell.

— Lorsque les députés de l'assemblée du clergé furent saluer M. le Régent, Son Altesse Royale dit à M. l'archevêque de Bourges [2] : « On ne peut pas être plus mécontent que je le suis de vous; je n'aurais pas cru que sorti

---

[1] Stair (sir George) fut, dit-on, l'un des bourreaux masqués qui tranchèrent la tête au roi d'Angleterre Charles Ier. Voyez Laplace, *Pièces intéressantes et peu connues*, t. II, p. 187.

[2] Léon Potier de Gesvres.

d'une famille qui a toujours été fort attachée à la maison royale, vous eussiez tenu une conduite aussi opposée. »

Le bruit courut alors que les pères Tellier, Daniel[1], Doucin[2], Lallemand[3], Hardouin[4] et Gelmont, jésuites, avaient ordre de sortir incessamment du diocèse de Paris.

Sur quoi on disait plaisamment que le P. Tellier, de tout son équipage et de son carrosse, ne s'était réservé que la flèche, pour faire allusion au collége de la Flèche, en Anjou, où peu après il fut relégué, outre que sa pension, qui était de quatre mille livres, fut réduite à quatre cents par an, sa vie durant.

— Quelques jours auparavant, le conseil de la régence jugea à propos de réformer huit cents gardes du corps, en leur assignant à chacun dix sols par jour afin de les aider à subsister avec exemption de taille et des autres impositions, et avec ordre de se retirer chacun en son pays et de revenir continuer leurs services en cas que la guerre vint à s'allumer.

On fit en même temps une réforme de vingt hommes par compagnie des deux régiments des gardes françaises et suisses.

---

[1] Daniel (Gabriel), jésuite, né à Rouen en 1649, mort le 29 juin 1728. Le P. Daniel est célèbre par son *Histoire de France*, dont la première édition, en deux volumes in-folio, est de 1713.

[2] Doucin (Louis), jésuite, défenseur zélé de la Constitution, auteur de divers ouvrages, et entre autres de l'*Histoire du Nestorianisme*, de *la Divinité de Jésus-Christ* et de l'*Histoire de l'Origénisme*; il mourut en 1726.

[3] Lallemand (Jean-Philippe), jésuite, né vers 1660, mort en 1748, est l'auteur de *Réflexions morales sur le Nouveau Testament*, 13 vol.

[4] Hardouin (Jean), jésuite, né en 1646, à Quimper; célèbre par ses paradoxes. Il prétendait que l'*Énéide* n'était pas de Virgile, et qu'Horace n'était pas l'auteur des *Odes*; il mourut le 13 septembre 1729.

On réduisit les deux compagnies de mousquetaires à la moitié; on réduisit tous les dragons à pied comme l'infanterie, excepté les régiments à qui les chevaux furent conservés; on réduisit aussi tous les capitaines de dragons à la paye des capitaines d'infanterie, qui est de quatre-vingt-dix livres par mois.

— On intercepta pour lors une lettre que le P. Tellier et autres principaux des jésuites écrivaient au Pape à l'encontre de M. le duc d'Orléans.

— Le 4 de décembre, il tomba sur le soir une si grosse pluie que le convoi funèbre de madame la marquise de Louvois[1] en fut très-incommodé; elle était morte le 2. Ce convoi, qui partit de son hôtel, rue de Richelieu, pour aller à Saint-Roch, sa paroisse, et ensuite à l'église des Capucines, où elle fut inhumée dans le superbe mausolée du marquis de Louvois, ministre secrétaire d'État, était composé de cent prêtres de Saint-Roch, de cent capucins, qui tous avaient à la main un cierge d'une livre et demie chacun, de deux cents enfants des quatre hôpitaux, et de cent domestiques ou gens de livrée portant chacun un flambeau. Le corps était porté par huit prêtres, qui en furent fort fatigués pour la pesanteur, étant mis dans un cercueil de plomb revêtu d'un autre cercueil de bois de chêne, outre la pluie qui tombait en abondance. Il était suivi de M. le marquis de Courtenvaux, de M. l'abbé de Louvois, de M. le maréchal de Villeroy, de M. le duc de Villeroy, de M. le duc de La Rochefoucauld et de MM. leurs fils, qui étaient à pied, et qui ne furent pas moins mouillés que le reste du convoi.

— Le 29 de novembre, le P. Tellier, après avoir dit la messe, partit à six heures du matin de la maison professe des jésuites pour se retirer à Amiens, par ordre de la cour,

[1] Anne de Souvré, fille de Charles de Souvré, marquis de Courtenvaux, et de Marguerite Barentin, épousa Louvois le 19 mars 1692.

sans avoir dit adieu à personne. Avant son départ il avait vendu ses chevaux et son carrosse, et donné une année de gages à ses domestiques, pour les récompenser de leurs services, avec ce qui leur en était dû.

Le P. Doucin partit aussi pour Orléans; le P. Daniel et les trois autres dont on a parlé ci-dessus eurent la permission de rester à Paris, en s'abstenant d'écrire.

— Le 10 décembre, on fut en balance de résoudre que les plus anciens billets de la caisse des emprunts perdraient un quart de leur total, ceux d'ensuite la moitié, et ceux depuis trois ou quatre ans les trois quarts, et même d'anéantir les uns et les autres, et pour apaiser les intéressés dans ces sortes de billets, de supprimer le dixième et la capitation.

Le 14, on publia une déclaration du Roi qui ordonnait de porter au Louvre tous les billets des fermiers généraux, de la caisse des emprunts, de la douane, du sieur Legendre, de subsistance et autres, pour être visés par les sieurs commissaires nommés, pendant un mois à compter du jour de la déclaration, faute de quoi ils seraient réputés de nulle valeur. Les particuliers qui s'en trouvaient alors chargés étaient obligés de déclarer de quelle manière ils avaient acquis ces billets; qu'à l'égard de ceux qui les auraient acquis par agiotage ou par mauvais commerce, comme ceux de subsistance, etc., qu'ils avaient eus à soixante-dix livres et à quatre-vingt-onze livres de perte par cent, et qui ne seraient pas officiers dans les troupes, on leur en donnerait d'autres en échange, intitulés *billets de l'État*, pour leur valeur, mais qui dans la suite pourrait être réduite sur le pied qu'ils auraient acquis lesdits billets de subsistance.

— Le 24, on publia un arrêt du conseil d'État qui augmentait les louis d'or de quatorze livres à seize livres, et les écus de trois livres dix sols à quatre livres, et les demi et quarts à proportion jusqu'à la fin de janvier 1716, après lequel temps passé ces espèces seraient portées à la monnaie pour être converties en louis d'or de vingt livres et en écus de cinq livres au coin du roi Louis XV.

— Le même jour on publia un édit du Roi qui réduisit et supprima les rentes de l'hôtel de ville.

— Le 30, on apprit que le sieur Regnaut, receveur des tailles de la généralité de Paris, dont on a ci-devant parlé, offrait de payer ce qu'il devait à ses créanciers, moitié en billets de subsistance et autres papiers, et l'autre moitié en deniers comptants dans l'espace de quatre ans.

— Le même jour, on publia une déclaration du Roi en faveur des banqueroutiers, afin qu'ils entrassent en accommodement avec leurs créanciers.

— Le même jour, le Roi arriva de Vincennes au palais des Tuileries, pour y rester durant l'hiver, qui était très-froid.

— M. l'abbé d'Estrées [1] fut alors nommé à l'archevêché de Cambrai.

1716.

— Le 8 de janvier 1716, on apprit que le chevalier de Saint-Georges, étant arrivé à Dunkerque déguisé avec un officier écossais, l'avait suivi en cet état et avait marché deux jours à pied jusqu'à Ostende, où il s'était embarqué sur un vaisseau écossais qui l'avait débarqué à Dundley, d'où il avait joint le comte de Marr, dont l'armée était campée au voisinage de cette ville, et que peu de jours après

[1] Estrées (l'abbé d'), neveu du cardinal de ce nom, fut successivement ambassadeur à Madrid, après son oncle, membre de la junte composée par la princesse des Ursins, chevalier du Saint-Esprit, membre du conseil des affaires étrangères, et enfin archevêque de Cambrai en remplacement de Fénelon.

[1716] JANVIER. 115

il y avait eu une action entre cette armée et celle des Anglais commandée par le duc d'Argyle et milord Cadogan[1], que le comte de Marr avait eu l'avantage, et que milord Cadogan y avait été tué avec un grand nombre d'officiers et de soldats.

— MM. les évêques d'Auxerre[2], de Laon[3], d'Agen[4], de Séez[5], d'Avranches[6], d'Agde[7], de Montauban[8], de Saint-Omer[9], d'Acqs[10], de Poitiers[11], de Glandèves[12], de Riez[13], de Lavaur[14], de Mâcon[15], du Mans[16], de Noyon[17], de Cahors[18] et de Lombez[19], écrivirent conjointement une lettre à M. le Régent pour lui demander sa protection auprès du Pape, afin que Sa Sainteté eût la bonté de donner des explications de sa bulle *Unigenitus*, et, en cas de refus, que le concile national de l'Église de France fût convoqué pour examiner la matière à fond.

— Le 15, les marchands de bois et autres convinrent de donner une somme de cinq cents livres à des particuliers pour casser la glace entre le pont Neuf et le pont

[1] Cadhogan (le comte Guillaume), mort le 26 juillet 1726.
[2] Charles-Gabriel de Lévy de Tubières de Caylus.
[3] Louis Annet de Clermont de Chaste de Roussillon.
[4] François Hébert.
[5] Dominique-Barnabé Turgot de Saint-Clair.
[6] Roland-François de Querhoënt de Coëtenfao.
[7] Philibert-Charles de Pas de Feuquières.
[8] François d'Haussonville de Vaubecourt.
[9] François de Valbelle de Tourves.
[10] Bertrand d'Abadie-Arbocave.
[11] Jean-Claude de la Poype de Vertrieu.
[12] César de Sabran de Forcalquier.
[13] Louis-Balthazar Phelippeaux.
[14] Nicolas de Malézieu.
[15] Michel Cassagnet de Tilladet.
[16] Pierre Rogier de Crévy.
[17] François de Châteauneuf de Rochebonne.
[18] Henri de Briqueville de la Luzerne.
[19] Antoine Fagon.

Royal, afin de sauver leurs bateaux et leurs marchandises qui étaient en danger.

Les avis de Champagne disaient qu'on ne se souvenait pas d'avoir jamais vu tant de neige sur terre qu'il y en avait dans cette province, ce qui donnait lieu de craindre de nouvelles inondations.

— Le 22, le froid avait augmenté de telle sorte qu'il ne s'en fallait que d'un degré et demi pour que le thermomètre fût parvenu au dernier degré de froidure.

— Le 21, une partie du quai des Orfèvres, du côté du pont Neuf, écroula dans la rivière de la longueur de sept ou huit toises, ce qui fit un si grand bruit en tombant, que chacun craignit la chute de ce pont, sur lequel M. le duc d'Orléans passait en carrosse dans le moment de cet écroulement avec sa suite; sur quoi il ordonna de poser des gardes et de tendre des chaînes aux deux extrémités de ce quai, pour empêcher les carrosses et les autres voitures d'y passer; ce qui donnait aussi sujet de craindre la ruine du pont et des maisons bâties sur ce quai, lorsque les eaux de la rivière viendraient à grossir après le dégel.

— La nuit du 21 au 22, on trouva sur le rempart une jeune fille toute nue, attachée à un arbre et morte de froid.

— On assurait que depuis le commencement de ce mois il était mort plus de quinze cents personnes sur la paroisse de Saint-Sulpice, et plus de cinq cents sur celle de Saint-André des Arts, de misère et de froid.

— M. le duc de Bourbon fut alors déclaré chef du conseil de la guerre.

— M. le maréchal de Villars eut aussi ordre de se retirer à son gouvernement de Provence. On attribuait sa disgrâce au mépris qu'il paraissait avoir pour les personnes qui lui présentaient des mémoires ou placets, les recevant en sifflant, et faisant la même chose lorsqu'on revenait pour en recevoir la réponse : ce qui en fit porter des plaintes à M. le Régent. On l'attribuait encore à ce que le maréchal semblait prendre à tâche de contrarier Son Altesse Royale lorsque ce prince disait son sentiment sur ce qui se proposait au conseil. On l'attribuait enfin au refus que ce maréchal avait fait de consentir qu'un page de M. le duc de Bourbon eût une lieutenance dans un régiment que ce prince avait demandée pour ce jeune gentilhomme.

— M. Rouillé du Coudray[1] étant arrivé un peu tard au conseil des finances, M. le duc de Noailles lui dit en plaisantant : « Le vin de Champagne vous a peut-être trop arrêté ? Comme vous êtes un des principaux membres du conseil, il est bon de donner l'exemple d'une plus grande exactitude. » A quoi M. du Coudray répliqua sur le même ton : « Il est vrai que j'aime un peu le vin de Champagne, mais ce n'a jamais été jusqu'au pot-de-vin. » Ce qui fit un peu rougir le premier.

— M. le comte de Stairs s'étant plaint à M. le duc d'Orléans que le Prétendant tirait des secours de France, Son Altesse Royale lui demanda : « Qui soupçonnez-vous ? Est-ce moi ? — Non, dit l'ambassadeur, c'est un Espagnol qui est à Paris qui lui fait tenir de grosses sommes d'argent. — Il faut le faire venir, dit Son Altesse Royale, et savoir de lui la vérité. » Étant venu, l'Espagnol avoua la chose, et dit : « Il m'est permis de donner mon bien à qui je veux ; j'en ai gagné beaucoup, mes parents m'en ont aussi laissé beaucoup. Je suis bon catholique romain, c'est pourquoi je suis résolu de sacrifier mon bien pour le rétablissement de l'héritier présomptif de la couronne d'Angleterre, et je ferai mon possible d'y engager d'autres bourses avec la mienne. Personne ne peut m'en empêcher, la France n'a aucun droit de le faire, quoique je sois dans

---

[1] Rouillé du Coudray (Hilaire), d'abord procureur général de la chambre des comptes, puis directeur des finances (1701), mort le 4 septembre 1723.

le royaume. — A cela, dit le duc d'Orléans au comte de Stairs, vous n'avez rien à dire, ni moi non plus. »

— M. le cardinal de Noailles, informé qu'un grand nombre de calvinistes, de luthériens et même de nouveaux convertis allaient aux prêches, en ayant parlé à M. le duc d'Orléans comme d'une chose qui se pouvait empêcher facilement, ce prince lui dit : « Cela était bon dans l'autre règne ; mais dans celui-ci il semble qu'on doive plutôt penser à les convertir par la raison que par les voies dont on s'est servi en 1684. Souvenez-vous aussi, Monsieur le cardinal, que c'est encore par la raison qu'on veut tâcher de vous convaincre, et ceux de votre parti, sur ce qui concerne la Constitution. »

— On apprit alors que le chevalier de Saint-Georges avait été couronné roi de la Grande-Bretagne à Perth, en Écosse, où l'armée du comte de Marr était campée.

— Plus de trois cents ouvriers étaient occupés aux réparations du quai des Orfévres, à Paris, avec des fascines, de la terre et du moellon depuis le commencement de février.

— Le 6 de ce mois, les glaces s'étant détachées sur les trois heures après midi entre les ponts de cette ville, fracassèrent plusieurs bateaux, dont plusieurs blanchisseuses périrent et furent coupées en deux ; les têtes de quelques-unes paraissaient sur des glaçons et leurs corps étaient enfoncés en dessous, sans pouvoir leur donner aucun secours, ce qui faisait un triste spectacle.

— Le 7, la Seine parut augmentée à la hauteur de dix pieds de plus qu'elle n'avait, et la rivière des Gobelins inondait presque tout le faubourg Saint-Marceau.

— On apprit que le 13 de janvier 1716 la faculté de théologie de l'université d'Angers avait rendu un décret par lequel elle déclarait recevoir et accepter la constitution *Unigenitus* et l'instruction pastorale du clergé de France et la doctrine qui y est contenue.

— Par arrêt du conseil d'État, du 28 décembre 1715,

les sieurs Debeyne, curé de Saint-Jean et Saint-Sixte, Hillet, curé de Saint-Martin, et Geoffroy, curé de Saint-Symphorien de Reims, furent mis en liberté de poursuivre leur acte d'appel comme d'abus au Parlement contre M. l'archevêque de Reims, son official et son promoteur, qui les avaient excommuniés pour avoir refusé d'accepter purement et simplement la Constitution; par suite de ce refus ils avaient été mis au séminaire en vertu de lettres de cachet du 13 mars 1714, où ils étaient encore détenus lorsque cet arrêt du conseil d'État fut rendu.

— Le 6 de janvier 1716, la société de Sorbonne s'étant assemblée, refusa le doctorat au père Poisson, cordelier, pour s'être alors trouvé interdit de la prédication de la part de M. le cardinal de Noailles; sur lequel refus le père Poisson porta au Parlement son appel comme d'abus de son interdiction. Le Parlement ayant sur cela ordonné par son arrêt que la faculté de théologie nommerait six docteurs pour examiner la vie et les mœurs du père Poisson; lesquels commissaires, après s'en être exactement informés, rapportèrent entre autres choses que ce religieux portait dans sa cellule et dans les dortoirs une robe de chambre d'étoffe de soie de diverses couleurs, avait sur la table de sa cellule un tapis de velours rouge cramoisi enrichi d'une frange d'or avec d'autres ornements superbes, ce qui était absolument contraire à la règle de Saint-François et à la pauvreté évangélique qu'il avait embrassée, et que souvent il se régalait dans sa cellule avec des laïques et gens d'épée et qu'il y faisait apporter des viandes exquises de la boutique d'un rôtisseur et du vin du cabaret, etc.

— Un courrier d'Écosse, arrivé à Saint-Germain en Laye, rapporta à la reine d'Angleterre[1] que le prince, son fils, s'étant mis à la tête d'un détachement des troupes du comte de Marr, qui commençait à plier, pour ranimer les

---

[1] Marie de Modène, seconde femme de Jacques II.

soldats, avait poussé si vertement les ennemis commandés par milord Sunderland, au nombre de cinq mille hommes détachés de l'armée du duc d'Argyle, qu'après en avoir défait la plupart et fait trois mille prisonniers, le reste s'était dispersé, et que parmi les prisonniers milord Sunderland s'étant trouvé avec un autre milord, le prince leur avait fait dire que, quoiqu'il eût le droit de les punir pour leur rébellion, il voulait bien cependant user de clémence en leur endroit et des autres prisonniers, en les renvoyant tous sur leur parole et sur leur serment qu'ils se tiendraient dans une entière neutralité, à moins qu'ils ne voulussent rentrer dans leur devoir en le reconnaissant pour leur souverain légitime; sur laquelle offre ces deux milords ayant demandé jusqu'au lendemain pour se résoudre, ce jour venu, ils s'étaient jetés aux pieds du prince et lui avaient protesté de vouloir employer leurs biens et leur vie pour la défense de sa personne et de ses intérêts. Sur quoi le prince les ayant fait relever, les avait embrassés et les avait assurés qu'étant les premiers seigneurs anglais qui le reconnaissaient, ils seraient aussi les premiers à se sentir des grâces qu'il avait résolu d'accorder à tous ceux de ses sujets qui suivraient leur exemple.

— On travaillait alors à l'impression des billets royaux, ou de l'État, pour être distribués à la place des billets de la caisse des emprunts, de la douane, des fermiers généraux, de subsistance, etc., qui devaient porter intérêt à raison de cinq livres ou de sept livres dix sols par cent, et dont une partie devait être remboursée tous les ans, jusqu'à l'entier acquit des billets.

— On publia un arrêt du conseil d'État qui défendait absolument l'usage et le commerce des toiles peintes de coton, et des étoffes des Indes de soie avec or et argent, d'écorce d'arbres, de la Chine et du pays du Levant, et même les toiles peintes ou imprimées dedans ou dehors le royaume, et enjoignait aux particuliers qui en avaient en pièces, coupons, meubles ou habillements, de les faire marquer dans l'espace de quatre mois à compter du jour de la publication de cet arrêt, qui se fit le 31 janvier précédent, sous peine de trois mille livres d'amende encourue par ceux qui y manqueraient, et par les ouvriers et ouvrières qui en emploieraient, et par les colporteurs ou tous autres, tous par corps.

— Le 10 février, on apprit que le parlement et les états de Bretagne avaient refusé de payer davantage le dixième et la capitation, et qu'ils avaient retranché les quarante mille francs que la province payait aux jésuites, parce qu'on ne s'apercevait pas qu'ils rendissent d'assez bons services à la province pour mériter une somme si considérable.

— On apprit aussi que la Tamise était gelée si fortement, que les habitants de Londres avaient tenu des foires sur la glace de cette rivière; que les carrosses y roulaient et y avaient formé des ornières aussi profondes que sur la terre, et qu'on y avait fait rôtir deux bœufs entiers, le bois et le feu étant posés sur la glace.

— Par un courrier dépêché par l'électeur de Bavière [1] à M. le duc d'Orléans, on apprit que l'Empereur [2] avait renouvelé la ligue avec la république de Venise, avait déclaré la guerre au Grand Seigneur [3], et qu'il avait fait offrir trente mille hommes au Pape pour les opposer aux descentes que les corsaires de Dulcigno méditaient de faire sur les côtes de Notre-Dame de Lorette et d'Ancône.

— Le 5 de mars, le comte de Gassé [4] et le comte de

[1] Maximilien II (Emmanuel), mort en 1726.
[2] Charles VI, monté sur le trône d'Allemagne en 1711, mort en 1740.
[3] Ahmet III.
[4] Gacé (le comte de), fils du maréchal de Matignon, épousa la fille du maréchal de Châteaurenard, et fut gouverneur de la Rochelle et du pays d'Aunis.

Fronsac[1] furent mis à la Bastille pour s'être battus en duel.

— L'Empereur demandait à la république de Venise la restitution des villes de Vicence, de Brescia et de Bergame, avec leurs dépendances; au Pape, celles de Ferrare et de Ravenne; au grand-duc de Toscane, celle de Sienne, avec ses dépendances, et une somme de cent mille écus; et à la France, la restitution de l'Alsace comme fief de l'Empire : sur quoi on assurait que M. le duc d'Orléans avait fait réponse que le sort des armes en déciderait, si Sa Majesté Impériale persistait dans l'injustice de cette demande.

— On assurait que, depuis le mauvais succès de la tentative du chevalier de Saint-Georges en Écosse, on persécutait extraordinairement les catholiques en Angleterre; qu'on les obligeait de vendre tous leurs effets dans un espace de quinze jours, et de sortir du royaume.

— Le 9 de mars, on apprit que le maréchal de Villars n'avait pas été content de ce que le parlement d'Aix avait refusé d'aller en corps le recevoir à son arrivée, et de ce qu'il avait seulement envoyé des députés pour le complimenter.

On imputait la disgrâce de ce maréchal non-seulement à ce qu'on a rapporté ci-dessus, mais principalement à la fermeté qu'il avait eue de ne rien déclarer à M. le duc d'Orléans d'un article secret du traité de paix conclu à Rastadt, ainsi que le feu Roi le lui avait enjoint expressément, par lequel article il est stipulé ce qui suit : 1° « Qu'en cas que le jeune Dauphin, ou duc de Bretagne, arrière-petit-fils du Roi Très-Chrétien, vienne à mourir sans enfants, le roi Philippe V et les princes ses enfants quitteront

---

[1] Richelieu (Louis-François-Armand Duplessis, duc de), connu d'abord sous le nom de duc de Fronsac, né le 16 mars 1696, devint duc de Richelieu à la mort de son père, le 10 mai 1715. Il ne sortit de la Bastille que le 21 août suivant.

le royaume d'Espagne et dépendances, et succéderont à la couronne de France comme leur appartenant de droit naturel et légitime, nonobstant les actes de renonciation ci-devant faits pour parvenir à la paix générale, auquel cas le comté de Nice, le duché de Savoie et les États en deçà des Alpes seront unis et appartiendront dorénavant à la couronne de France;

2° » Que le duc de Savoie[1] quittera pour toujours le royaume de Sicile, le Piémont et tout ce qu'il possède en Italie pour aller jouir et prendre possession, pour lui et pour les princes ses fils et descendants, de la couronne d'Espagne et des Indes;

3° » Que l'Empereur, outre les Pays-Bas catholiques, aura le royaume de Naples et de Sicile, le Piémont, le Montferrat, et tout ce que le duc de Savoie possédait en Italie, pour en jouir les uns et les autres à perpétuité. »

Sans lequel article on assurait que l'Empereur n'aurait pas voulu donner les mains à la conclusion de la paix.

Voilà cet article qui a fait le principal sujet de la disgrâce du maréchal de Villars pour n'en avoir pas donné connaissance à Son Altesse Royale, qu'on assurait en avoir été extraordinairement surprise, d'autant plus que l'Empereur l'avait depuis peu remis entre les mains de M. le comte du Luc[2], ambassadeur de France à Vienne, pour l'envoyer à Paris afin d'être ratifié par le Parlement comme représentant les états du royaume, avec ordre à M. le duc d'Orléans de renoncer à la couronne de France en cas de mort du jeune roi Louis XV; ce que Son Altesse Royale fit d'une manière généreuse et désintéressée.

[1] Victor-Amédée II, né en 1665, mort en 1732.
[2] Luc (Charles-François, comte du), né en 1643, mort en 1740, fut successivement ambassadeur en Suisse, second plénipotentiaire à Bade, et enfin ambassadeur à Vienne. Il avait perdu un bras à la bataille de Cassel (1677). Le comte du Luc fut un des protecteurs de J.-B. Rousseau, qui lui a dédié une ode.

On assurait aussi que ce prince, n'ayant pu s'empêcher de faire des reproches assez vifs au maréchal de Villars de ce qu'il le lui avait dissimulé, ce maréchal avait supplié Son Altesse Royale de vouloir bien considérer qu'il avait cru être de son devoir indispensable de garder inviolablement un secret de cette importance, que le feu Roi lui avait expressément recommandé; qu'autrement il aurait passé pour le plus ingrat de tous les hommes, après toutes les grâces dont Sa Majesté l'avait comblé.

— On apprit alors que le chevalier de Saint-Georges avait eu le bonheur de se sauver d'Ecosse, et de débarquer le 1er de ce mois à Gravelines sur un vaisseau français; qu'avant son rembarquement, il avait fait savoir au duc de Gourdon [1] que, ne pouvant réussir dans son entreprise, comme on le lui avait fait espérer, il pouvait, lui et ceux qui avaient pris son parti, faire leur accommodement avec le nouveau Roi; sur lequel avis le duc de Gourdon avait aussitôt congédié les troupes qui lui restaient, et les avait renvoyées en leur disant qu'il n'avait plus d'argent à leur donner, le jeune Roi s'étant de nouveau retiré en France pour mettre sa vie en sûreté; que le comte de Marr et quelques autres seigneurs écossais avaient suivi ce jeune prince infortuné, qui, après avoir couché, la nuit du 5 au 6 de ce mois, à Saint-Germain en Laye pour se consoler avec la reine sa mère, reprit le chemin de Bar-le-Duc.

— Le 9, on conduisit à la Bastille le sieur Bourvalais [2], fameux maltôtier, le sieur Myot et trois autres de leurs associés. Le sieur Myot fut trouvé dans son grenier, où il s'était caché parmi des bottes de foin.

[1] Gordon (Cosme-Georges, duc de).

[2] Bourvalais (Paul Poisson de), d'abord laquais, puis facteur, puis huissier, puis piqueur à la construction du pont Royal, et enfin intéressé dans les affaires du *huitième*, mourut en 1719.

Il habitait, place Vendôme, l'hôtel occupé maintenant par le ministère de la justice.

— On fit défense à la poste de fournir aucune chaise ni chevaux à qui que ce fût sans la permission par écrit et signée de M. le marquis de Torcy, secrétaire d'État.

— Le parlement de Rouen étant venu se plaindre par la bouche du premier président [1] à M. le duc d'Orléans, que depuis plus de trois ans la compagnie ne recevait aucun payement de ses gages et augmentations de gages, ce prince lui fit expédier des assignations pour la somme de cinquante mille livres, en attendant qu'on pût les payer du restant.

— M. le président de Nouvion, accompagné de deux conseillers au parlement de Paris, ayant fait de pareilles plaintes, et que cependant la compagnie ne laissait que de payer le droit de la paulette [2] et de l'annuel, M. le Régent lui dit qu'il était juste qu'ils fussent payés de ce qui leur était dû, mais qu'il les priait de lui donner encore quinze jours, auquel temps il ferait donner huit millions pour payer les gens de robe et d'épée.

— Le 12, après dîner, le bourreau fustigea publiquement le marquis et la marquise de Montrival [3], attachés au

---

[1] De Pontcarré.

[2] *Paulette*, droit imaginé par un nommé Paulet, par lequel tous ceux qui avaient obtenu des charges de judicature payaient par an la soixantième partie du revenu de leurs charges, moyennant quoi elles étaient assurées à leurs héritiers. Ce droit s'appelait aussi *annuel*.

[3] Morival (Pierre-Alexandre Berlier de), et sa femme Anne-Élisabeth le Boucher, pour avoir débauché les filles Reine Dupré, âgée de dix-sept ans, Thérèse Fournier, de dix-neuf ans, Marguerite Ruzé, de vingt ans, Élisabeth Chamart, de dix-huit ans, Nicole Desprès, de dix-huit ans, et Marie Beaurepaire, de dix-sept ans. L'arrêt fut prononcé le 3 mars 1716. Morival et sa femme furent poursuivis par le Parlement sur les plaintes du prince de Conti, qui avait attrapé, en visitant leur sérail, ce que les satiriques d'alors nommaient plaisamment un *clou de Saint-Côme*. Voyez Boisjourdain, *Mélanges*, t. I, p. 290.

cul d'une charrette à côté l'un de l'autre, dépouillés jusqu'à la ceinture et ayant chacun sur la tête un chapeau de paille, et conduits dans cet état depuis la prison de la Conciergerie du Palais jusqu'au faubourg Saint-Martin, où ils étaient logés magnifiquement; à laquelle infamie ils avaient été condamnés par arrêt de la chambre de la Tournelle criminelle, et ensuite au bannissement pour neuf ans, pour avoir fait de leur maison une académie de débauche en corrompant de jeunes filles pour y attirer des jeunes gens de qualité et autres, afin de s'en divertir.

— Le même jour, on publia un édit du Roi qui établissait une chambre de justice composée de trente-deux magistrats, pour recevoir et pour examiner les comptes de tous ceux qui avaient été dans les affaires du Roi pour les fournitures des armées de terre et de mer depuis l'année 1689, avec défense à eux, sous peine de la vie, de s'éloigner du lieu de leur résidence de plus d'une lieue, soit à Paris ou dans les provinces, soit fermiers, sous-fermiers, traitants, sous-traitants croupiers, leurs caissiers et principaux commis.

— On accusait le sieur Bourvalais d'avoir fait depuis peu sortir du royaume la quantité de douze cent mille louis d'or à seize livres chacun, qui faisaient ensemble la somme de dix-neuf millions deux cent mille livres. On assurait qu'il avait fait entendre à M. le duc d'Orléans qu'il ferait en sorte d'acquitter pour cent millions de billets de l'État au profit du Roi, par les gens d'affaires qu'il connaissait, et qu'il y contribuerait aussi de son côté.

Le 20, M. Amelot[1], conseiller d'État, ayant été chargé de l'examen de ce célèbre maltôtier, envoya ordre à sa femme et à ses domestiques de sortir de la maison après lui avoir fait donner douze chemises et autant pour son

---

[1] Amelot, conseiller d'Etat, fut successivement ambassadeur en Espagne, puis à Rome.

mari. On trouva parmi ses papiers un mémoire instructif pour la recherche des gens d'affaires, avec leurs qualités et les affaires qu'ils avaient gérées. On y trouva aussi de quoi le convaincre d'avoir fait passer sous son nom, à la banque de Venise, une somme de huit millions.

— On mit à la Bastille le sieur Lenormand, qui demeurait proche la Croix du Bouloir, accusé d'avoir fabriqué quelques faux arrêts du Conseil, un entre autres concernant la communauté des charcutiers pour l'emprunt d'une somme considérable à laquelle ils étaient taxés par ce prétendu arrêt, à la faveur duquel on disait que les jésuites avaient prêté une somme de douze mille livres à cette communauté. On l'accusait aussi d'avoir fait plusieurs vexations aux autres communautés des marchands et des artisans, et d'avoir exigé vingt sols à son profit pour chaque brevet d'apprentissage des garçons et des filles.

— On mit en prison les sieurs Thévenot et Cabon pour avoir été dans les affaires.

— Le 23, on enleva de la maison du sieur Bourvalais six charrettes de meubles précieux dont trois étaient chargées d'argenterie, qui fut aussitôt portée à la Monnaie et mise en pièces, sans avoir aucun égard à la beauté dont elle a été façonnée.

— Le 21, on conduisit à la Bastille la veuve d'un conseiller au Parlement, que l'on disait favorite du sieur Myot, le fils de cette dame l'ayant dénoncée comme ayant en dépôt plusieurs effets considérables appartenant au sieur Myot, avec deux coffres-forts, l'un rempli d'espèces d'or, l'autre d'argenterie.

— Le 26, la chambre de justice condamna le sieur Bourvalais à financer de grosses sommes[1].

— Le sieur Vincent Le Blanc ayant paru à la chambre de justice où il avait été cité, on s'écria : « Voilà le plus

---

[1] Il fut taxé à quatre millions quatre cent mille livres.

grand agioteur de Paris. » A ces mots, sans se démonter, il dit : « Messeigneurs, je ne sais pas ce qu'on veut dire par ce mot d'agioteur, à moins qu'on ne veuille entendre que c'est donner du papier pour de l'argent ; c'est ce que j'ai fait, je le déclare de bonne foi. Mais de tout le corps qui compose cette auguste chambre, à qui pourrai-je bien donner par écrit les noms de dix-huits particuliers qui ont fait la même chose, et que je saurai bien prouver, si l'on veut me le permettre ? »

— Quelques dénonciateurs ayant avancé qu'il y avait de l'argent caché pour de grosses sommes dans la maison du sieur Souillot, proche du Temple, plusieurs commissaires du Châtelet s'y transportèrent par ordre de la chambre de justice, avec des archers et des manœuvres armés de pioches et de marteaux. On y fouilla partout, dans les chambres, dans les greniers, dans les caves, on dépava la cour, on ne trouva rien. Cela s'étant exécuté le premier jour de ce mois, on dit plaisamment : « C'est qu'on a voulu donner du poisson d'avril à la chambre de justice. »

— Un homme d'affaires qui logeait proche les Jacobins de la rue Saint-Honoré, s'avisa, par une délicatesse de conscience ou par un esprit de prudence, d'aller trouver M. Fourqueux, procureur général de la chambre de justice, et lui dit : « Je viens, Monsieur, vous dénoncer un homme qui a cinq millions de biens ; mais avant que de vous en dire le nom, je vous prie de m'en assurer le cinquième par un écrit signé de vous, puisque la déclaration du Roi le porte. » Ce que M. Fourqueux lui ayant expédié, il ajouta : « C'est moi-même, Monsieur, qui ai présentement cinq millions de bien, et je n'avais que la valeur de huit cents livres quand je commençai à exercer un emploi ; ainsi, conformément à la déclaration du Roi, voilà un million qui m'appartient pour ma dénonciation, qui est juste et sincère. Pour les quatre autres millions, il faudra voir si je les ai bien ou mal acquis dans les affaires où j'ai eu quelque part. » Laquelle proposition étonna M. Fourqueux, qui lui en sut si bon gré qu'il l'assura de plus qu'il serait traité favorablement. On a depuis assuré que ce particulier avait financé deux millions en deniers comptants, et que la chambre de justice l'avait déchargé de toute autre recherche.

— Le même jour, M. Fourqueux se transporta chez M. le chancelier de Pontchartrain, qui s'était retiré depuis quelques années en la maison de l'institution des pères de l'Oratoire, proche les Chartreux, pour lui dire de se disposer à faire une déclaration de ses biens, depuis qu'il avait été pourvu de la charge de contrôleur général des finances. Sur quoi M. de Pontchartrain lui dit : « Monsieur, je ne reconnais point la chambre de justice, d'autant plus que m'étant démis volontairement de la charge de chancelier de France, avec l'agrément du feu Roi, de glorieuse mémoire, Sa Majesté parut par là contente de mes services. Cependant, si le Roi d'aujourd'hui veut disposer de mes biens, il en est le maître, et je ne lui demande qu'une pension de deux mille livres par an, pour passer le reste de mes jours dans ma retraite, pour y prier Dieu en repos pour la conservation de Sa Majesté et pour la tranquillité du royaume. »

On prétendait alors que ce chancelier avait dix-huit cent mille livres de rente, et que M. le comte de Pontchartrain, son fils, était riche de sept cent mille livres de rente.

— La femme du sieur Bourvalais, forcée de sortir de sa belle maison de la place Vendôme, fut loger en la rue des Petits-Pères, chez un des commis de son mari, avec six francs par jour que la chambre de justice lui assigne pour sa subsistance, et quatre francs par jour à la femme du sieur Myot.

— M. Desmarets, ci-devant contrôleur général des

finances, fut obligé de comparaître plusieurs fois à la chambre de justice.

— Le sieur de la Vieuville, fameux traitant et sous-traitant, se trouvant à la Comédie sur le théâtre, un seigneur de qualité, qui mangeait souvent chez le maltôtier, comme faisant bonne chère, lui dit en ami : « Je m'étonne que vous soyez ici et hors de chez vous, n'y ayant pas de sûreté pour vous, après la déclaration du Roi qui ordonne à vous autres gens d'affaires de ne point sortir de vos maisons pendant quinze jours, afin de tenir vos comptes en état, et de Paris pendant six mois. » A quoi le maltôtier répliqua : « Je ne saurais me contraindre. » Puis il se mit à déclamer contre le gouvernement sans précaution. M. le marquis de Simiane[1], qui était proche, ayant ouï ce dialogue, s'approcha de ce maltôtier et lui dit avec sa franchise ordinaire : « Vous êtes un grand faquin et un vrai misérable, de parler de la sorte et avec si peu de respect pour le Roi; je conçois bien qu'en parlant comme vous faites, vous déclamez contre M. le duc d'Orléans ; comptez que sorti d'ici, vous ne vous en retournerez pas chez vous sans une charge de cinquante coups de bâton que je vous ferai, et que ce soir j'en informerai Son Altesse Royale. » Ce qui donna un tel rabat-joie à ce traitant, que son ami lui conseilla d'apaiser le marquis, qui était homme à faire ce qu'il avait dit; ainsi ayant employé le crédit d'un ami du marquis, ce marquis dit : « A votre considération, je le décharge des coups de bâton que je lui avais promis, mais cela ne m'empêchera pas de parler de son insolence au prince. » En effet, il le fit à son retour de la Comédie. Sur quoi, le traitant conseillé d'aller le lendemain au Palais-Royal, parut en posture humiliée devant M. le

---

[1] Louis de Simiane, marquis d'Esparron, gentilhomme du duc d'Orléans, lieutenant des gendarmes écossais, épousa en 1695 Pauline Adhémar de Monteil de Grignan, petite-fille de madame de Sévigné.

Régent, qui, le voyant, dit : « Le marquis de Simiane vous a déchargé des coups de bâton qu'il vous avait promis, et moi je vous décharge aussi des sottises que vous avez dites contre moi; mais je ne vous décharge pas de la recherche que la chambre de justice doit faire de vos malversations. »

— Un laquais ayant dénoncé que son maître, qui était un homme d'affaires, avait caché un million d'espèces dans un endroit de sa maison, M. le Régent lui en fit donner la dixième partie.

— Le sieur Sonnin, de la porte Richelieu, eut ordre de ne point sortir de sa maison.

— Le sieur Barangue, secrétaire du Roi, rue Montmartre, proche de Saint-Joseph, fut conduit à la Bastille, accusé d'avoir signé les faux arrêts fabriqués par le sieur Lenormant.

— Le sieur Gruet y fut aussi mené pour les vexations qu'il avait faites aux communautés des marchands et des artisans au sujet de la capitation.

— Le 31 mars, on vit des affiches qui annonçaient pour le lendemain la vente des chevaux du sieur Bourvalais, par arrêt de la chambre de justice; il y en avait une trentaine d'Espagne et d'Angleterre, très-beaux. Ce maltôtier fut encore le même jour interrogé en cette chambre; on le disait riche de quinze millions, de quinze mille livres de rente sur la banque de Venise, et on l'accusait d'avoir envoyé à Genève des louis d'or pour la valeur de huit millions, pour y être réformés.

— Le sieur Le Bas de Montargis, garde triennal du trésor royal, déclara avoir pour huit millions de biens.

— Le sieur Baumier, receveur des états de Languedoc, qui après avoir acheté l'hôtel de Pomponne, en la place des Victoires, le fit rétablir presque à neuf, était riche de quinze millions de biens, suivant la déclaration qu'il produisit à la chambre de justice. Il avoua en même temps que dans sa jeunesse il avait lavé la vaisselle dans un collége, à Paris, dont il avait été boursier et où il avait fait ses études et reçu la tonsure cléricale; qu'après ses études, ayant quitté le petit collet, il avait eu un emploi, puis en ayant obtenu de plus considérables et y ayant fait aussi des gains considérables, il était entré dans quelques parties d'affaires où il avait enfin amassé tout le bien qu'il possédait, en faisant en même temps valoir les deniers comptants qu'il se voyait entre les mains, dont il avait tiré de gros intérêts, et que la recette des états de Languedoc lui rapporta vingt-cinq mille livres par an.

— Le sieur de Saint-Jean, intéressé dans les vivres d'Italie et de Catalogne et dans les lits des troupes, fut conduit à la Conciergerie, et les scellés furent en même temps posés sur tous ses effets dans la maison qu'il occupait proche la porte de Montmartre.

— Un particulier présenta un paquet cacheté à M. le Régent; sur la seconde enveloppe il y avait : *A Son Altesse Royale Monseigneur le duc d'Orléans, régent du royaume, pour lui seul.* Ce prince l'ayant fait ouvrir après qu'on l'eut passée sur le feu de peur du poison, on fit la lecture assez haut du commencement. C'était une lettre datée des champs Élysées, écrite par le feu Roi; elle commençait en ces termes : « Mon neveu, je suis étonné d'apprendre ici que, contre mes intentions, vous soyez non-seulement régent de mon royaume, mais encore comme le maître absolu. Cependant, cela étant ainsi, je ne laisse pas d'en être bien aise. J'apprends aussi que vous faites la recherche des gens d'affaires, ce que j'aurais bien voulu faire, et si je l'eusse fait, mes jadis sujets s'en seraient d'autant mieux trouvés. Je suis bien aise aussi que vous l'ayez entrepris. Mais vous prenez un chemin qui n'est pas le plus facile pour en venir bientôt à bout. Je vous dirai donc, suivant les lumières et l'expérience que je crois avoir plus grande que vous, que c'est de la manière suivante qu'il faut que vous fassiez... » A ces mots, M. le duc d'Orléans lut tout bas le reste de la lettre, et après l'avoir lue il demanda où était le porteur, et ayant su qu'il était disparu après la lui avoir présentée, il dit : « Cet homme a tort de s'en être allé si vite, j'aurais été bien aise de le gratifier de sa peine et même de conférer avec lui. »

— Un homme d'affaires qui logeait proche les Capucins du Marais, tomba dans un si grand désespoir de ce qu'il était cité à la chambre de justice pour y rendre compte de ses concussions, que s'étant muni d'un couteau pointu et très-affilé, il se coupa les parties, s'ouvrit le ventre et s'en donna plusieurs coups étant dans son lit, et mourut de cette manière, dont sa femme ne fut pas peu surprise lorsqu'elle l'aperçut peu après baigné dans son sang.

— Le 5 avril, on porta le corps du duc d'Ossonne à l'église de Saint-Sulpice avec grande pompe, pour y rester en dépôt jusqu'à ce qu'il fût transporté en Espagne, pour être inhumé dans le tombeau de ses ancêtres. Il était revêtu d'un habit religieux de Carme déchaussé.

— Le 7, on publia une ordonnance de la chambre de justice qui faisait défense aux orfévres et aux joailliers d'acheter aucune argenterie ni aucune matière d'or et d'argent des gens d'affaires, et aux graveurs d'en effacer le nom et les armoiries sous peine de grosse amende et de punition corporelle; et aux particuliers de s'en charger pour en vendre à qui que ce fût, sous les mêmes peines, et promettant le cinquième de la valeur aux dénonciateurs.

— On publia aussi une ordonnance du Roi qui donnait un délai de huit jours, à compter du 4 jusqu'au 11 de ce mois inclusivement, aux gens d'affaires pour donner une déclaration de leurs biens devant un notaire, en leur domicile, signée d'eux et de deux témoins, avec le notaire, sans espérance d'être prolongé davantage. Dans laquelle déclaration on devait énoncer leur bien de patrimoine, celui de leurs femmes, s'ils étaient mariés, avec les biens qu'ils avaient acquis depuis leur entrée dans les emplois et dans les affaires, de finances, de marine, de fournitures de troupes, etc., après laquelle huitaine ils ne seraient plus reçus à faire de déclarations et condamnés comme contumaces.

— Le sieur Rivier fut déchargé par la chambre de justice de toutes recherches, en lui rayant deux millions qu'il prétendait lui être dus pour la fourniture des chevaux d'artillerie et autres chevaux, dont il était payé à raison de vingt-cinq sols par jour pour chaque cheval durant la campagne, et de cent cinquante livres pour chaque cheval qui venait à mourir pendant ce temps-là, par quelque manière ou accident que ce fût. On le disait riche de quatre ou cinq millions de biens, après avoir été dans sa jeunesse compagnon maréchal, lorsque M. le marquis de Louvois, ministre et secrétaire d'État, l'employa à acheter des chevaux pour les armées du Roi, en Suisse ou ailleurs.

— La même chambre de justice accorda une pareille décharge au sieur Charpentier, boucher, entrepreneur de la fourniture des viandes de boucherie pour l'armée de Flandre, en lui rayant aussi trois millions qu'il prétendait lui être dus pour cette fourniture; on le disait riche de huit ou neuf millions. On prétendait que cet accommodement du sieur Rivier et du sieur Charpentier s'était négocié par le crédit de M. le duc d'Elbeuf, qui dit là-dessus à M. le duc d'Orléans : « Que Votre Altesse Royale ne croie pas que j'ai agioté dans cette affaire : voilà tout ce qu'ils m'ont donné, » en montrant deux tabatières qui valaient quarante ou cinquante livres chacune, au plus.

— Le parlement d'Aix en Provence rendit un arrêt qui annulait un mandement de M. l'évêque de Toulon[1], comme contraire aux usages du royaume, en ce que ce prélat avait

---

[1] Louis de la Tour du Pin de Montauban.

déclaré qu'il ne recevrait point aux ordres sacrés les jeunes ecclésiastiques qui auraient fait leurs études aux facultés de théologie qui n'avaient pas reçu ni accepté la constitution *Unigenitus*.

La société de Sorbonne censura aussi le même mandement.

— Le sieur Vitasse, célèbre docteur et professeur en théologie, et de la maison de Sorbonne, y mourut le 11 de ce mois d'une violente attaque d'apoplexie, grandement regretté pour sa droiture et sa profonde érudition.

— On assurait que par ordre de M. le duc d'Orléans, un suisse était parti en Angleterre accompagné de quelques personnes pour retirer une somme de quatre millions en or, que ce suisse y avait conduite peu après la mort du Roi, et qu'il avait déposée à Londres chez un correspondant du sieur Bourvalais, au service duquel ce suisse était alors. On traduisait ce maltôtier presque tous les jours de la Conciergerie à la chambre de justice pour tirer de sa bouche les éclaircissements qu'elle voulait avoir à l'égard des gens d'affaires, qu'il connaissait mieux qu'aucun autre.

— Le chevalier de Saint-Georges, peu après son retour à Bar-le-Duc, prit la route d'Italie pour se retirer chez le duc de Modène, cousin germain de la reine douairière d'Angleterre, sa mère, selon les conseils que M. le duc d'Orléans lui en avait fait donner, afin de désabuser en quelque manière le comte de Stairs, et pour fermer la bouche à cet ambassadeur sur les plaintes qu'il faisait souvent au sujet des secours que ce prince avait reçus de France dans sa dernière entreprise d'Écosse; M. le Régent lui dit : « Comptez, Monsieur, que si je m'en étais mêlé, les choses auraient tourné bien autrement. »

— Le 16, on arrêta trente voleurs dans la rue de la Huchette et dans la rue des Maçons, accusés d'avoir volé le coche de Caen, où il y avait une somme de cinquante mille livres.

— Le 15, M. le marquis de Villeroy [1] épousa mademoiselle de Luxembourg.

— Le 10, jour du vendredi saint, le sieur Fontaine, marchand épicier proche la porte Saint-Michel, poussé de jalousie, frappa sa femme de plusieurs coups de couperet à la mamelle, à la gorge et sur le cou, après quoi il prit un essuie-main pour l'étrangler quoique évanouie des premiers coups; mais un enfant de quatre ou cinq ans s'étant alors écrié : « Mon père veut étrangler ma mère », il sortit à l'instant et s'en alla comme un furieux chez un clerc de notaire, proche l'église de la Madeleine, au bout du pont Notre-Dame, qu'il soupçonnait de galanterie avec sa femme, qu'il obligea de se lever pour aller, disait-il, ensemble entendre le service aux Chartreux. Le clerc s'étant baissé pour chausser ses souliers, l'épicier lui porta un coup de couperet derrière la tête, à dessein de la lui abattre entièrement; mais la perruque et le chapeau lui sauvèrent la vie, n'ayant été que légèrement blessé. À ce coup, le clerc s'étant écrié, l'épicier descendit, et pour se sauver plus vite il laissa son manteau sur l'escalier et le couperet sur un évier; il fut arrêté sur le soir. Mais pour assoupir cette affaire, on donna une somme de sept cents livres au clerc de notaire pour apaiser son émotion.

— La chambre de justice rendit alors un décret pour instruire criminellement le procès du sieur Bourvalais, qui ne pouvait retenir ses larmes chaque fois qu'il y entrait pour subir l'interrogatoire. On y manda trois fois un porteur d'eau, lequel déclara avoir aidé à la construction d'un caveau de quatre à cinq pieds en carré, revêtu de briques de tous côtés depuis le bas jusqu'en haut, très-bien pavé de pierre de taille et de briques par-dessus, et grillé par haut avec de grosses barres de fer; lequel caveau se

---

[1] Petit-fils du maréchal de Villeroy; il avait dû épouser d'abord la fille aînée du prince de Rohan.

trouvait directement au-dessous du cabinet du sieur Bourvalais; celui-ci disait aux ouvriers que cet endroit devait lui servir de lieux quand il serait à travailler dans son cabinet. Un des laquais déclara avoir aussi aidé un jour, bien tard, à porter six cents sacs de mille francs chacun dans le même cabinet, où le lendemain matin étant entré pour y nettoyer en présence du sieur Bourvalais, il n'y avait plus vu aucun sac. Ce qui donnait lieu de conjecturer que son maître les avait jetés lui-même dans le caveau.

— Le sieur Le Bigre, auditeur de la chambre des comptes, et le sieur de La Garde, l'un des principaux commis de M. Desmarets, furent alors arrêtés et mis à la Conciergerie.

— M. le nonce du pape ayant reçu plusieurs bulles pour les évêques et autres bénéficiers nommés, avec ordre de ne les point délivrer qu'après avoir signé une espèce de formulaire, et étant à l'audience de M. le Régent, ce prince lui parla d'une manière à persuader le Pape de prendre une voie plus pacifique.

— M. d'Aguesseau, procureur général du Parlement, étant allé par ordre de Son Altesse Royale chez le nonce, lui déclara qu'il avait des pièces toutes prêtes pour faire défense aux banquiers en cour de Rome d'y envoyer aucun argent ni autre chose, si le Pape persistait dans cette résolution.

— Le 20, le comte de Stairs, étonné de ce que s'étant présenté au Louvre, on lui avait refusé de l'admettre à l'audience du Roi, et étant allé ensuite au Palais-Royal en porter ses plaintes à M. le duc d'Orléans, ce prince lui déclara qu'il n'avait pas lieu d'être effarouché, puisque depuis son arrivée à Paris il n'avait pris aucun caractère ni produit aucune lettre de créance de la part du roi son maître, ce qui l'obligea de dépêcher un courrier à Londres.

— M. l'évêque d'Amiens[1] obligeait les ecclésiastiques de son diocèse qui avaient pris des degrés en l'université de Paris d'aller à Sens recevoir les ordres sacrés, avec défense de les recevoir de M. le cardinal de Noailles, archevêque de Paris.

— L'abbé Chevalier et le père de La Borde, de l'Oratoire, partirent le 17 pour aller à Rome tâcher de faire changer de sentiment au sujet de la Constitution.

— La nuit du 16 au 17, le guet arrêta un particulier qui avait planté une longue perche dans la place du Palais-Royal, au bout de laquelle il avait attaché un pigeon blanc au cou duquel il avait mis un ruban bleu avec un papier plié en forme de lettre, et quelques fusées volantes où ayant mis le feu, il s'était imaginé que le pigeon aurait été, par le moyen des fusées, porté dans le Palais-Royal, et qu'on aurait pris ce pigeon pour le Saint-Esprit descendu du ciel, qui serait venu, disait ce fanatique, inspirer à M. le duc d'Orléans la manière de bien gouverner le royaume. Il avait aussi fait une provision de cent cotrets pour les brûler sur la place comme un feu de joie de cette inspiration imaginaire. Le lendemain, ayant été mis en liberté par ordre de Madame la douairière, qui sur ce rapport jugea bien que c'était un insensé, il parut tranquille sur la même place en vendant sa provision de cotrets.

— Un autre laquais du sieur Bourvalais ayant dénoncé qu'il avait fait coudre dans la doublure de son habit quantité de billets payables au porteur, il fut visité, et l'on en trouva pour la valeur de cent cinquante mille livres. Depuis lequel jour on le gardait à vue dans la prison et en le conduisant par quatre exempts à la chambre de justice sans le laisser parler à personne.

— Le 23, on commença à plaider au Parlement, en la grand'chambre, l'affaire de trois chanoines et de trois

---

[1] Pierre Sabatier.

curés de Reims qui y avaient porté leur appel comme d'abus de la sentence d'excommunication fulminée contre eux par leur archevêque, pour avoir refusé d'accepter la Constitution. Le sieur Chevalier, avocat des trois chanoines de la cathédrale de Reims, commença son plaidoyer par une profession de foi qu'il prononça hautement, et représenta la crainte qu'il avait d'encourir la même censure en occupant pour des chanoines contre qui elle avait été fulminée.

— Le même jour, la Sorbonne s'assembla en grand nombre, et il y fut résolu d'appeler de cette Constitution au Parlement, au Roi, à M. le Régent, au concile général futur, au Pape et à tous les évêques du monde chrétien, suivant ce qui y avait été requis dans l'assemblée qui s'y était tenue.

— Le même jour, un particulier dénonça à la chambre de justice que le sieur Bourvalais lui avait confié une cassette qui renfermait des pierreries pour la valeur de deux cent mille écus ; on prétendait alors que ce partisan seul pourrait occuper cette chambre pendant plus de quatre ans, ayant eu part à plus de cent trente traités d'affaires, ce qui coûterait beaucoup, les magistrats qui la composaient ayant chacun une rétribution de dix mille livres par an pour leurs vacations.

— On assurait alors qu'il s'était déjà fait à la chambre de justice six mille déclarations de la part des gens d'affaires par lesquelles il était justifié qu'ils possédaient entre eux pour la valeur de douze cents millions de biens dans le royaume.

— M. le duc d'Orléans ayant été assuré par M. le comte du Luc, ambassadeur de France à Vienne, que l'armement de l'Empereur était destiné contre les Turcs, envoya ordre sur la frontière d'Allemagne de réformer une partie des trente mille hommes qu'il y avait fait avancer à tout événement, et de porter dix millions au trésor royal pour payer les gages des officiers de judicature et quatre millions à l'hôtel de ville pour payer les arrérages des rentes.

— Les députés de Sorbonne étant allés se plaindre à M. le Régent du contenu au mandement de M. l'évêque de Toulon, ce prince les assura qu'il avait écrit à ce prélat et qu'il espérait concilier les choses.

— M. l'évêque de Castres administrant la communion pascale aux chanoines de son église cathédrale et présentant la sainte hostie au théologal, dit : « *Corpus Domini nostri convertat te*, » au lieu de dire la suite ordinaire : « *Custodiat animam tuam in vitam æternam. Amen.* » Cette nouveauté excita le théologal et le chapitre à intenter procès contre ce prélat au parlement de Toulouse.

— Dans le mois d'avril dernier, on vit dans le golfe Adriatique, à quelque distance de Venise, un monstre marin qui avait la figure d'un homme ayant deux bras et une tête d'une grosseur extraordinaire, dont une partie du corps étant sortie de l'eau, qui parut avoir quinze pieds de grandeur, le reste étant dans l'eau qu'on ne vit point; il se mit à faire des hurlements effroyables pendant un long temps.

— Sur la fin du mois de mars précédent, à huit heures du soir, il fit à Gênes un orage si extraordinaire que le tonnerre étant tombé en quatre endroits, il tua et blessa dix ou douze personnes, principalement au faubourg d'Aréna, et ruina plusieurs maisons; il y tomba en même temps une grosse pluie de couleur sang, et le lendemain il fit un vent si impétueux que quantité de maisons de la côte furent renversées et qu'un grand nombre de vaisseaux périrent en mer et dans le port de Gênes.

— Ces deux événements donnèrent lieu à diverses conjectures, surtout à cause de l'armement des Turcs, que l'on disait être de huit cent mille hommes avec une flotte de deux cents voiles et destinée pour attaquer les États de Venise, Corfou et la Hongrie.

— Le 20, au matin, la chambre de justice condamna le sieur Paparel, trésorier d'une partie de la maison du Roi et des gardes du corps, qui demeurait devant l'hôtel Mazarin, à avoir la tête tranchée pour crime de péculat, et entre autres d'avoir exigé le dixième denier à son profit, de tous les payements qu'il avait faits aux officiers et aux gardes du corps, qu'on disait monter à sept cent mille livres, outre douze cent mille livres qu'il avait reçues, dont il n'avait rien payé.

— M. le marquis de la Fare[1], qui avait épousé la fille du sieur Paparel, ne manqua pas sur cela d'implorer la clémence de M. le Régent, dont il était favori, pour faire commuer la peine de mort en celle de prison perpétuelle.

— On doutait que le sieur Miot pût échapper à la potence pour avoir exigé de son chef, des habitants de Moret, dont il avait acquis la seigneurie, de grosses sommes pour contribuer aux frais de la maison superbe qu'il y avait fait bâtir.

— M. le nonce ayant reçu trois nouveaux brefs du Pape, écrits à M. le Régent, à M. le cardinal de Noailles et à la société de Sorbonne, portant excommunication en cas que la constitution *Unigenitus* ne fût pas acceptée dans un temps limité, Son Altesse Royale fit dire au nonce qu'il pouvait les communiquer aux secrétaires d'État, sans vouloir lui donner audience.

— Le même jour, on exécuta à la Grève plusieurs voleurs de coche dont on a ci-devant parlé.

— On publia une déclaration du Roi portant rétablissement des comédiens italiens.

— Le 28, on publia la vente des chevaux, des carrosses et des vins de Champagne, de Bourgogne, de Canarie et d'autres pays étrangers, des tableaux, des glaces et tru-

---

[1] La Fare (Charles-Auguste, marquis de), né en 1644, est connu par sa liaison avec le poëte Chaulieu.

meaux, de la batterie de cuisine et des meubles du sieur Paparel, par ordre de la chambre de justice; sur cela, M. le marquis de la Fare ne pouvant digérer cette infamie, pria M. le duc d'Orléans de lui permettre de se défaire de la charge de capitaine de ses gardes; ce qui lui fut refusé. La marquise, sa femme, que le mari ne pouvait plus souffrir, se retira dans une communauté de religieuses.

— On vit alors courir un quatrain tiré des prophéties de Nostradamus, tel qui suit, qui fait allusion au pape Clément XI, qui était natif de la ville d'Urbin, pays des Sabins, et dont le nom de famille est *Albani*.

> Par chapeaux rouges, querelles et nouveaux schismes
> Quand on aura exclu le Sabinois;
> On produira contre luy grands sophismes
> Et sera Rome lesée par Albanois.
> *Centurie 5e, article 46.*

— Le 27, on acheva de plaider à la grand'chambre l'affaire des trois chanoines et des trois curés de Reims, et l'archevêque fut condamné aux dépens du procès.

— M. l'évêque de Toulon publia un troisième mandement plus fort que les deux premiers.

— M. l'archevêque d'Arles [1] en publia un dans son diocèse où il disait que ceux qui refuseraient d'accepter la Constitution et de s'y soumettre en tout ce qu'elle contenait, étaient certainement plus excommuniés *que ne le fut Adam après avoir mangé du fruit défendu.*

— On assurait que les payeurs des rentes de l'hôtel de ville avaient ordre de supprimer les noms des prêtres, des filles majeures et des domestiques, dont plusieurs avaient dix mille livres de rente, et ce pour tâcher de découvrir s'ils n'auraient pas prêté leurs noms à des gens d'affaires, n'étant pas possible qu'un prêtre se soumette à gagner dix

---

[1] Jacques de Forbin-Janson.

ou douze sols pour sa messe, qu'une fille aille à journée pour une pareille rétribution et soit logée dans un grenier, ni qu'un laquais ou un cocher se soumette à servir, ayant l'un et l'autre de semblables revenus.

— Le 8 mai, par ordre de la chambre de justice, on afficha la vente des meubles de Jean Labatte, ci-devant intéressé dans les affaires du Roi; il demeurait rue Sainte-Anne, à la butte de Saint-Roch.

— Le même jour au soir le sieur Châtelain, pareil intéressé, demeurant à la porte de Richelieu, fut conduit en prison. Il avait depuis peu acheté l'hôtel de Nevers pour la somme de quatre cent mille livres, dont il avait payé la moitié au jeune duc de Nevers[1] qui portait alors le titre de prince de Vergagne, qui, par le contrat de vente, s'était réservé son logement, sa vie durant, dans cet hôtel. On assurait qu'en moins de dix ans il avait amassé pour onze millions de biens.

— Le même jour on arrêta le sieur de Mouchy, qui logeait en la place des Victoires.

— Le sieur Dumetz, président en la chambre des comptes, en traversant la même place, proche sa maison, dans une chaise à porteurs, fut obligé par un grand nombre d'archers de monter dans un fiacre et conduit en prison.

— Le 10, M. le duc de Noailles annonça à M. le Régent qu'il venait de recevoir avis de Schelestadt qu'on y avait arrêté quatorze charrettes chargées de vin que les charretiers conduisaient en Allemagne, selon leurs lettres de voiture, parce qu'on avait su que dans chaque tonneau de vin il y avait un baril plein de louis d'or qui y était suspendu, le tout montant à la somme de cinq millions, qui appartenaient à un banquier de Paris, à un autre de

[1] Philippe-Jules-François-Mazarini Mancini, né le 4 octobre 1676, avait épousé en 1709 la fille de Spinola, prince de Vergagne.

Strasbourg, à un autre de Bâle en Suisse et à quelques juifs de Metz; ils voulaient faire réformer ces louis en Allemagne, pour profiter de l'augmentation des espèces.

— M. de Pontchartrain s'étant plaint à M. le Régent de ce que la chambre de justice voulait l'obliger à une reddition de comptes et à faire déclaration de ses biens, Son Altesse Royale lui dit : « Monsieur, la charge de chancelier de France que vous avez exercée et dont vous vous êtes démis avec l'agrément du feu Roi sera toujours respectable; mais la chambre de justice vous demandera compte de celle de contrôleur général des finances que vous avez exercée avant celle de chancelier. » Sur quoi ce magistrat ayant travaillé à faire sa déclaration, il en avait chargé deux pères de l'Oratoire, qui, l'ayant présentée à cette chambre, furent renvoyés par elle avec l'observation qu'ils n'auraient pas dû se charger d'une chose qui ne les regardait pas. Ce qui obligea M. de Pontchartrain d'y présenter lui-même sa déclaration [1].

— M. du Gué de Bagnols, maître des requêtes, fut ensuite chargé d'observer M. de Pontchartrain et de le garder à vue, et quand M. de Bagnols était obligé de s'en retourner en sa maison pour y manger ou pour quelque autre affaire, il chargeait le supérieur de l'institution de veiller à sa place en son absence. On fit aussi défense à ce chancelier et à M. le comte de Pontchartrain, son fils, de s'absenter de Paris. On les obligea l'un et l'autre de produire leurs contrats de mariage avec l'inventaire des biens que le fils avait obligé son père à faire après la mort de madame la chancelière, avec l'inventaire que le fils avait

[1] On lit en marge : « Rien n'est plus faux que ce qu'on dit ici du chancelier de Pontchartrain; il avait refusé d'être président de la chambre de justice, et personne ne l'ignorait. Le Régent lui témoigna toujours la plus grande considération. Le Roi l'honora même d'une visite pendant la Régence. » Cette note est de Duclos.

fait avant que de se marier en secondes noces. Le premier se montait à deux millions de rente, et l'autre à sept cent mille livres de rente, ce qui parut étonnant dans une seule famille.

— M. le nonce Bentivoglio s'étant plaint à M. le Régent de ce qu'on avait permis l'impression d'un mémoire ou factum fait par vingt-cinq docteurs de la faculté de théologie, pour justifier les raisons qu'ils avaient d'avoir accepté la constitution *Unigenitus*, parce que ce factum ne manquerait pas de donner lieu à une réplique de la part des docteurs opposants, Son Altesse Royale lui dit : « Monsieur le nonce, ce sont vos gens qui ont commencé la querelle, il paraît juste que les autres se défendent. »

— Le régiment des gardes-françaises, vêtus de neuf, ayant tous une cravate noire et un nœud de ruban noir au chapeau, allèrent à l'église Notre-Dame faire bénir leurs drapeaux par M. le cardinal de Noailles, après avoir passé la revue devant le Roi, qui était sur un balcon du palais des Tuileries.

— On assurait que M. le Régent avait déclaré fortement à M. le nonce que si le Pape persistait à ne pas vouloir donner les bulles aux évêques nommés depuis la mort du Roi, on trouverait bientôt en France les moyens de les faire sacrer sans recourir davantage à Rome.

— Le sieur Prévôt[1], célèbre avocat, occupant pour les trois curés de Reims, dit dans son plaidoyer, qu'avant l'établissement des jésuites on ne voyait pas tant de cabales qu'il s'en était vu depuis cent cinquante ans, de la part d'une société, ajouta-t-il, « dont le nom, Messieurs, n'est pas encore écrit dans vos registres ». A ces mots, M. le premier président fit signe de la main à cet avocat comme pour lui dire de ne pas s'étendre là-dessus davantage.

[1] L'auteur du journal appelle plus haut cet avocat Chevalier.

— Le 18, les comédiens italiens commencèrent leur exercice à l'Opéra [1], où ils devaient continuer alternativement jusqu'à ce que leur ancien théâtre de l'hôtel de Bourgogne fût remis en état, et il y eut un si grand concours de personnes, qu'à deux heures après midi toutes les loges, l'amphithéâtre et le parterre se trouvèrent remplis.

— On arrêta le sieur Mélin, par ordre de la chambre de justice, pour avoir fait des gains immenses sur les blés en 1709 et 1710.

— Les sieurs de la Tuilerie et de Marcy furent aussi arrêtés pour avoir répandu un mémoire contre la conduite de cette chambre.

— On assurait que le sieur Paparel serait exécuté à mort, sans rémission, accusé et convaincu d'avoir fourni une somme de seize cent mille livres aux ennemis de la France pendant la dernière guerre, et d'en avoir tiré de gros intérêts, au lieu de payer les officiers comme il le devait. Les maréchaux de France et autres officiers généraux en poursuivaient vivement la punition exemplaire, et avaient fortement représenté à M. le Régent que c'était comme un miracle de la Providence que la plupart des officiers et des soldats n'eussent pas déserté, et que si ces malheurs fussent arrivés, la France aurait couru risque d'être mise au pillage, à feu et à sang.

— Le nommé Antoine Dubout, directeur des boucheries de l'armée de Flandre, pour le sieur Charpentier, auparavant greffier des chasses de Livry et demeurant à Chelles, fit amende honorable et fut ensuite condamné à un bannissement de sept ans à garder son ban sous peine des galères, et à une amende de cinquante mille livres par arrêt de la chambre de justice, pour ses malversations et pour avoir fait distribuer aux troupes de la viande provenant de bœufs, de vaches et de moutons morts de maladie

---

[1] La salle de l'Opéra était alors au Palais-Royal.

ou autrement, dont il s'était fait payer comme de bonne viande, et pour s'être servi de faux poids et de fausses romaines.

— Par le même arrêt, les nommés Bouchard et Jamin, principaux commis de ce directeur, furent décrétés pour de pareilles circonstances.

— La même chambre envoya garnison chez le sieur Charpentier, entrepreneur et pourvoyeur des viandes de boucherie des mêmes armées de Flandre.

— Les sieurs Prat et Sonnin, receveurs généraux des finances de la généralité de Paris, furent aussi arrêtés pour avoir soutenu à M. le duc de Noailles qu'ils manquaient absolument d'argent et pour s'être excusés de donner chacun une somme de quinze mille livres pour des besoins pressants : M. le duc de Noailles ayant mandé en même temps le caissier du sieur Prat, il lui dit d'abord : « Est-il vrai qu'il n'y a pas d'argent dans votre caisse? Prenez bien garde à ce que vous m'allez répondre. » Sur quoi le caissier, songeant un peu en lui-même, dit : « Puisque vous m'ordonnez, Monseigneur, de dire la vérité, je vous avoue qu'il y a encore actuellement dans ma caisse cent cinquante mille livres en nouvelles espèces et cinquante mille livres en vieilles. »

— Le sieur Moreau, trésorier des Invalides, s'étant aussi excusé de fournir une somme de quinze mille livres pour les besoins pressants de cette maison, M. le duc de Noailles le renvoya et le fit suivre. Étant arrivé chez lui, on l'obligea d'ouvrir sa caisse, où, s'étant trouvées cent quarante mille livres, il fut conduit en prison.

— Les sieurs Gruyn, Turmenyes de Nointel et de Montargis, gardes du trésor royal, triennaux et alternatifs, ayant aussi été mandés, M. le duc de Noailles leur dit en les congédiant : « Ne trouvez pas mauvais, messieurs, que je vous donne à l'un et à l'autre un huissier à votre garde, et de trouver garnison chez vous à votre retour. »

— M. le maréchal de Tessé[1] se voyant pressé le 1er de juin par madame la duchesse de Vendôme de lui payer une somme de cent mille écus qu'elle avait de retenue sur la charge de général des galères dont le feu Roi avait gratifié ce maréchal après la mort du duc de Vendôme, pour se libérer de cette dette, et pour prévenir le refus qu'on pourrait lui faire d'en donner la survivance à M. son fils, jugea plus à propos d'en donner sa démission entre les mains de M. le Régent, qui la conféra aussitôt à M. le chevalier d'Orléans[2], qui avait alors quatorze à quinze ans, fils de mademoiselle de Séry, comtesse d'Argenton[3], et assigna à ce maréchal une somme de deux cent mille écus à condition de payer la retenue à madame la duchesse de Vendôme.

— M. le chevalier d'Orléans étant arrivé au Palais-Royal, M. le Régent lui dit : « Vous commencez à devenir grand, ainsi vous devez penser à l'état que vous avez à embrasser. » Sur quoi ayant fait réponse qu'il ne se sentait pas de disposition pour l'état ecclésiastique : « Puisque cela est et que vous voulez être d'épée, je vous donne, reprit M. le Régent, la charge de généralissime des galères du Roi, et pour vous en bien acquitter, profitez des instructions qu'on vous donnera. »

— Le même jour on commença au bureau de M. Amelot, conseiller d'État, à travailler à l'établissement d'une taille réelle par tout le royaume.

[1] René de Froulai, comte de Tessé, maréchal de France, né vers 1650, mort le 10 mai 1725.

[2] Jean-Philippe, et selon d'autres François-Jean-Paul, chevalier d'Orléans, fils naturel du Régent, né en 1702, légitimé en juillet 1706, mourut à Paris en 1748.

[3] Marie-Louise-Madeleine-Victoire le Bel de la Boissière de Séry, comtesse d'Argenton, fut, de toutes les maîtresses du Régent, celle qu'il aima le plus; elle était née à Rouen vers 1680 : elle épousa en 1713 le chevalier d'Oppède, devint veuve en 1717, et mourut le 4 mars 1748.

— On faisait des prières publiques pour obtenir de la pluie, n'en étant pas tombé depuis plus de trois mois en Normandie, en Champagne, en Provence et ailleurs.

— Il y avait alors une si grande quantité de hannetons en Champagne, qu'on était obligé de payer quinze sols par jour à des gens pour les abattre des arbres et pour les tuer; ils en avaient mangé toutes les feuilles, ce qui faisait appréhender qu'ils ne se jetassent dans les vignes. On en remplissait des tonneaux et on les enterrait ainsi dans des trous que l'on faisait pour les étouffer à force de marcher par-dessus la terre dont on les couvrait.

— Pour célébrer la naissance du prince de Brésil [1], l'ambassadeur de Portugal, qui logeait alors dans l'île Notre-Dame en la maison de M. de Bretonvilliers, donna un grand repas qui fut suivi d'un bal, auquel régal il avait invité M. le duc d'Orléans, madame la duchesse de Berry, tous les princes, toutes les princesses du sang, tous les seigneurs et toutes les dames de la cour, les princes étrangers qui se trouvaient alors à Paris et tous les ambassadeurs et ministres étrangers, de la part du prince Emmanuel, frère du roi de Portugal [2], qui était alors logé chez cet ambassadeur. On peut dire que rien n'y fut épargné. Le lendemain il y eut un concert de voix et d'instruments avec un feu d'artifice dressé dans un grand bateau posté à la pointe de l'île, qui ne laissa pas de réussir malgré la violence du vent qui soufflait, et malgré la grosse pluie qui tombait, dont furent bien trempés tous les spectateurs qui bordaient en très-grand nombre de tous côtés la rivière. Lequel spectacle ayant fini à dix heures du soir, fut suivi d'une collation superbe que l'on avait disposée dans la galerie sur un buffet de trente toises de longueur, où se trouva de tout ce qu'il se pouvait désirer pour la

[1] Joseph Ier, ou Joseph-Emmanuel, mort en 1777.
[2] Jean V, roi de Portugal, né en 1689, monta sur le trône en 1705, et mourut en 1750.

bonne chère et pour la délicatesse, en viandes, en ragoûts, en confitures sèches et liquides, en eaux glacées, en vins exquis et en liqueurs de toutes les sortes, et en si grande profusion que l'on assurait y en avoir une quantité de huit muids, avec une si grande quantité de plats ou de bassins remplis de fraises qu'il avait fallu trente ou quarante femmes pour les éplucher.

Le prince Emmanuel de Portugal eut pour cette fête trois habits différents, qui revenaient à plus de quarante mille francs, tant pour la richesse des étoffes que pour la broderie.

— Le 9, il y eut encore un bal chez cet ambassadeur, qui dura jusqu'au lendemain sept heures du matin, où le buffet se trouva garni comme le jour précédent, et où se trouvèrent un très-grand nombre de gens masqués sans distinction de personnes.

— La procession du saint sacrement, de l'église paroissiale de Saint-Germain l'Auxerrois, entra le même jour dans le palais des Tuileries du côté du Carrousel. Les gardes du corps, les pages du Roi, les Cent-Suisses, et un grand nombre d'officiers de la maison du Roi accompagnèrent le saint sacrement avec des flambeaux. Le Roi était sur le balcon lorsque le saint sacrement entra, suivi de tout le clergé de la paroisse, dans la chapelle qui était richement ornée et éclairée d'une grande quantité de luminaires. On y chanta la messe en musique, après laquelle on donna la bénédiction. Les deux régiments des gardes françaises et suisses étaient sous les armes et bordaient tout l'espace du Carrousel et les rues voisines, et escortèrent ainsi la procession. Il y avait vingt-huit prisonniers pour dettes, hommes et femmes, qui suivaient immédiatement le porte-croix qui précédait le clergé, ayant chacun un cierge à la main, pour la liberté desquels le Roi avait fait payer cent mille francs à leurs créanciers. On avait pratiqué une espèce de rue au milieu de la place du

Carrousel avec de la charpente où l'on avait attaché les plus riches tapisseries de la couronne ainsi qu'à toute la cour de ce palais, dont la porte fut fermée à la bourgeoisie, pour empêcher la confusion.

— M. le duc d'Orléans assista le même jour à la procession de Saint-Eustache, sa paroisse, et ensuite à la grand'messe. Son carrosse et ses gardes à cheval suivaient à la queue de la bourgeoisie. Tous les officiers, les pages et les Suisses de sa maison y parurent avec un flambeau chacun. Ce prince était entouré de ses gardes à pied ayant le mousqueton sur l'épaule et un flambeau à la main qui marchaient des deux côtés, et Son Altesse Royale marchait immédiatement après le curé[1], et ensuite les marguilliers après ses principaux officiers. Après la bénédiction du saint sacrement, qui se fit au reposoir de la rue de Richelieu, au coin de la rue des Boucheries, Madame la douairière, qui était alors à une fenêtre du Palais-Royal, jeta par trois fois de l'argent à pleines mains à la bourgeoisie.

— Le 10, on enregistra au Parlement l'arrêt de la chambre de justice qui condamnait le sieur Paparel à être conduit à l'île de Sainte-Marguerite, en Provence, pour y finir ses jours avec une pension de mille francs par an, ses biens confisqués et adjugés au marquis de la Fare, son gendre, à la charge de payer ce qui était dû au Roi et à ses créanciers.

— Le sieur Menon, fermier général, fut deux fois mené à la chambre de justice pour y être interrogé.

— Un huissier allait tous les matins de la part de cette chambre chez les trois gardes du trésor royal pour examiner si rien ne se détournait et s'ils ne s'absentaient pas. Les sieurs Sonin, Prat, Lallemand, Bontin, Loubert de Vougny, de la Croix, Drollée et deux autres receveurs

---

[1] Secousse.

généraux des finances furent continués, par arrêt, les autres supprimés; lesquels, en attendant le remboursement de leurs charges, devaient en toucher les intérêts au denier vingt-cinq.

— Le même jour on publia un arrêt du conseil d'État qui ordonnait de passer contrat de constitution de rente au denier vingt-cinq, au profit des particuliers intéressés à la caisse des emprunts.

— Le Parlement voulant découvrir les auteurs de plusieurs écrits au sujet de la constitution *Unigenitus* qu'on appelait *Tocsins*, dont on soupçonnait le père Le Tellier, le père Doucin et quelques autres jésuites, on apprit d'Amiens qu'on en saurait la vérité à Orléans, où le substitut de M. le procureur général, voulant faire cette perquisition, le lieutenant général de police s'y opposa par ordre de M. l'évêque d'Orléans[1], et y assista quoique cette affaire ne parut pas être de la compétence épiscopale. Enfin, n'ayant rien trouvé chez les libraires d'Orléans, on s'avisa d'aller au collége des Jésuites de la même ville; on y trouva plusieurs presses qui servaient à l'impression de ces libelles, dont le père Doucin, qui y était relégué depuis quelques mois, parut être le véritable auteur, de concert avec le père Le Tellier; sur quoi l'évêque d'Orléans fut mandé à la cour pour rendre compte de son opposition.

— Le sieur Thébert, ancien docteur de Sorbonne, examinant la thèse d'un jeune bachelier et y lisant ces mots: *Excommunicationis fulmine tactus*, dit: « Voilà un beau latin, est-ce là du latin? où l'avez-vous pris? » Le bachelier répondit « Dans Virgile et dans Cicéron. — Bon, dit le docteur, un catholique doit-il parler comme un orateur païen et comme un poëte idolâtre? — Eh bien,

[1] Louis-Gaston Fleuriau, évêque d'Orléans, né à Paris en 1662, mort le 11 janvier 1733.

monsieur, répliqua le bachelier, il faut donc vous donner du latin de Paris? »

— Le 17, on publia un arrêt de la chambre de justice qui ordonnait que dans la suite les particuliers qui avaient des quittances signées du nommé Gruel, huissier au Châtelet, se disant préposé à la recette de la capitation des communautés des arts et métiers de Paris, au lieu et place des jurés et des syndics d'icelles, dans lesquelles quittances il serait fait mention de quadruple, de moitié en sus, de frais d'emprisonnement, de gite et de geôlage, eussent à les porter au greffe criminel de ladite chambre, dont il leur serait donné des reçus par le greffier ou commis au dépôt, afin de rendre au plus tôt contre ledit Gruel un jugement attendu du peuple et convenable aux concussions, malversations, violences et pilleries dont il était accusé, suivant le rapport de M. de Nicolaï, conseiller en ladite chambre et commissaire pour en informer.

— Le 20, on arrêta le caissier du sieur Paparel.

— On arrêta aussi le nommé Champy, exempt de M. d'Argenson, accusé de concussions.

— M. d'Ermenonville[1] céda alors sa maison de la Muette ou de la Gruerie du bois de Boulogne à madame la duchesse de Berry, qui devait en jouir, sa vie durant, en lui payant dix mille francs par an, et en même temps M. d'Ermenonville prit en échange le château de Madrid, qui est situé à l'extrémité de ce même bois du côté de Saint-Cloud. Quelques années auparavant, le feu Roi lui avait donné cette maison de la Muette en échange de celle de Rambouillet qu'il céda à M. le comte de Toulouse.

— On apprit alors qu'il s'était fait en Hongrie quelques hostilités entre les troupes de l'Empereur et celles des Turcs, que l'on disait avoir huit cent mille hommes sur

[1] Jean-Baptiste Fleuriau d'Armenonville, directeur général des finances (1702), ministre de la marine (1716), puis garde des sceaux, mourut au château de Madrid le 27 novembre 1728.

pied pour agir contre les Vénitiens et contre l'Empereur, qui n'avait que cent quatre-vingt mille hommes.

— On publia un arrêt du parlement de Dijon contre le mandement de M. l'évêque de Châlon-sur-Saône[1], qui défendait la lecture d'un livre intitulé *le Témoignage de la vérité dans l'Église*, et d'un autre intitulé *les Hexaples*, touchant la constitution *Unigenitus*.

— M. le procureur général écrivit à son substitut d'Orléans de faire ce qui était du devoir de sa charge, sous peine d'en être démis, au sujet de l'impression des *Tocsins* qui s'était faite au collège des Jésuites dont on a parlé.

— Le parlement de Paris députa, le 25 juin, deux commissaires à Orléans, pour informer sur ce qui s'était passé au sujet de l'impression des *Tocsins*, qu'on assurait avoir été faite en la petite ville de Meung, où l'on trouva même les planches encore toutes dressées, et que M. l'évêque d'Orléans, le père Fleuriau, jésuite, son frère, et le père Doucin avaient eu part à la composition et à la distribution de ces écrits, le château ou la maison de plaisance de ce prélat étant proche de Meung; sur quoi cet évêque fut mandé de la part de M. le Régent pour rendre compte de sa conduite à cet égard.

— Madame la princesse de Conti, l'ancienne douairière, acheta pour lors la belle maison de Choisy, qui avait été donnée à madame la marquise de Louvois en échange du château de Meudon.

— Le samedi 27, à onze heures et demie du soir, on pendit à la Croix du Tiroir, le nommé Saint-Léon et la demoiselle d'Arcy, sa concubine, lui pour avoir fait de la fausse monnaie et elle pour en avoir débité. Sa femme fut aussi pendue en effigie, s'étant sauvée adroitement lorsque les archers vinrent pour les arrêter tous trois. Ce malheureux était filleul du feu Roi et de madame la duchesse

---

[1] François Madot.

d'Orléans, la douairière; Sa Majesté lui avait donné grâce jusqu'à sept fois pour crimes qui méritaient la potence. Il avait été retiré des galères, il avait fait mal à propos condamner plusieurs personnes de distinction ou bourgeois à de grosses amendes, parce qu'on avait trouvé chez eux des jeux de cartes de bassette et d'autres jeux de hasard défendus, qu'il avait eu la malice de glisser, étant chez ces personnes, dans un bureau, dans une armoire et sur une table, faisant monter des archers qu'il tenait prêts pour faire dans le moment la visite. En un mot, c'était une peste publique. Il amusait les juges pour prolonger ses jours en accusant plusieurs personnes, et même deux heures avant que d'aller au gibet. Sa concubine s'était fort bien coiffée avec une très-belle garniture, comme si elle eût dessein de charmer la mort, comme elle avait eu le malheur de plaire à ce scélérat. Elle n'avait encore que vingt-deux ans, elle était fort belle, bien faite et de noble famille.

— Le Roi jouant seul avec son houssart, lui demanda s'il garderait le secret de ce qu'il allait lui dire, à quoi ayant répondu qu'il lui obéirait en tout ce que Sa Majesté voudrait bien lui ordonner, le Roi tirant sa montre, lui dit : « J'ai envie de te faire un présent de ma montre; tiens, tends ton gousset. » Et la fourra lui-même dans le gousset du houssart : « N'en dis mot à personne. — Non, sire, je n'en parlerai point, je vous en remercie très-humblement »; en faisant quelques gambades qui firent rire le Roi. Le soir, un valet de chambre ayant déshabillé le Roi, dit à madame la duchesse de Ventadour que la montre ne se trouvait pas. Cette dame envoya aussitôt chez le maître de pension du houssart savoir s'il avait la montre. On le fouilla et on la rapporta à la duchesse. Le lendemain, le Roi retrouvant sa montre, la jeta de dépit par terre en disant : « Madame, quand je donne quelque chose, je prétends qu'il soit donné et qu'on n'y trouve point à redire; on a repris ma montre du houssart à qui je l'avais donnée agréablement; c'était peu de chose, je lui donnerai quelque autre chose qui vaudra mieux. » Le Roi parut chagrin jusqu'à l'arrivée de M. le duc d'Orléans, à qui on avait raconté l'aventure, et auquel Sa Majesté conta aussi le sujet de son chagrin, que M. le Régent approuva, et l'assura qu'il aurait bientôt une montre plus belle que celle qu'il avait brisée. On admira là-dessus la fermeté de ce jeune monarque, et on en tira d'heureuses conjectures pour l'avenir.

— Le parlement de Toulouse ne voulut pas reconnaître les commissaires que la chambre de justice avait députés à Toulouse pour agir dans ce ressort contre les gens d'affaires qui s'y trouvaient domiciliés, ne voulant pas dépendre du parlement de Paris et prétendant que la chambre de justice devait être composée d'une partie du parlement de Toulouse et des autres parlements du royaume[1], ainsi qu'il s'était pratiqué dans l'établissement de la dernière chambre de justice[2] et même auparavant, et non pas comme on avait fait à l'égard de celle-ci. Sur quoi le parlement de Toulouse envoya des députés pour en faire des remontrances à M. le Régent et pour supplier Son Altesse Royale d'y faire attention.

— On assurait que dans le Berry personne ne voulait plus payer le dixième ni la capitation, et que les commis qui travaillaient à ce recouvrement en Berry, dans le Lyonnais et en d'autres provinces, s'étaient retirés de crainte d'être assommés, ce dont on les menaçait.

— On apprit alors que deux compagnies de dragons avaient déserté et s'étaient retirés à Namur, faute de paye-

---

[1] On sait que la chambre de justice était composée de maîtres des requêtes, de membres du parlement de Paris, de la chambre des comptes et de la cour des aides.

[2] Celle de 1661 à 1665, qui, entre autres affaires, jugea celle du célèbre surintendant Fouquet.

ment, après avoir commis de grands désordres dans les lieux du plat pays, et qu'ils avaient même tourné leurs armes contre leurs officiers, qui voulaient les obliger de rentrer dans leur devoir.

— Le 6 de juillet, la chambre de justice condamna le sieur Lenormand à une somme de vingt mille livres de dédommagement envers les communautés des arts et métiers, pour ses vexations, et à cent mille livres d'amende envers le Roi; à faire amende honorable à la porte de l'église Notre-Dame, aux Augustins et à la halle, et d'être exposé au pilori et aux galères perpétuelles, en réparation des faux arrêts qu'il avait fabriqués, et le reste de ses biens confisqués.

Par le même arrêt, le sieur de Barangue fut aussi condamné à être admonesté et à une amende de dix mille livres pour avoir signé ces faux arrêts sans avoir eu la précaution de se faire représenter l'original et la minute.

— La nuit du 5 au 6, le sieur Paparel partit dans un carrosse à quatre chevaux avec une escorte de plusieurs archers, pour rester à Saumur qui lui était destiné pour prison perpétuelle, suivant l'arrêt de la chambre de justice, qui lui adjugea deux mille livres par an, sa vie durant. Quelques domestiques voulurent le suivre dans son malheur, principalement son cuisinier.

— Le 8, on vendit ses chevaux et son carrosse.

— Le 11, le sieur Lenormand fit amende honorable, nu-pieds, tête nue et en chemise, tenant une torche allumée à la main. On lui avait attaché un écriteau devant et derrière, où l'on avait écrit : *Voleur du peuple*, en gros caractères. Lorsqu'il parut à la halle, auprès du pilori, les harangères lui firent une huée terrible en criant : *Au voleur! au fripon! il faudrait le pendre*. Puis ayant fait amende honorable en cet état, on lui donna ses habits, et étant vêtu, on le conduisit en carrosse à la Tournelle pour de là être mené aux galères, où le concierge l'attacha debout à un arbre au milieu de la cour, comme à un carcan, afin d'être mieux vu de tous ceux qui l'allaient voir en foule, et qui pour cette curiosité donnaient volontiers quatre sols chacun au geôlier, afin d'avoir le plaisir de lui faire des reproches sur ses concussions et sur les vexations qu'il leur avait faites, à quoi il ne faisait aucune réplique, quoique quelques-uns lui donnassent brutalement des coups de poing sur la tête.

— On apprit de Reims que le curé de Saint-Symphorien, disant la messe paroissiale le 5 de ce mois, il y avait eu un si grand empressement à l'offrande, qu'on ne croyait pas qu'aucun des paroissiens, grands et petits, des deux sexes, se fût dispensé d'y aller et de la faire chacun de son mieux, pour témoigner à ce curé la joie qu'ils avaient de son retour, de sorte que la cérémonie de l'offrande ayant été très-longue, la messe n'avait fini qu'à l'heure de vêpres, et que toutes les offrandes ayant été ramassées, on avait trouvé une somme de plus de huit cents livres, pour le dédommager d'une partie des frais de son voyage à Paris et du procès qu'il avait soutenu et gagné contre son archevêque.

— On ajoutait que le chapitre de l'église métropolitaine de Reims s'étant assemblé, avait résolu de tenir compte aux trois chanoines qui avaient essuyé le même procès, de tout le temps qu'ils avaient été absents, et de leur en payer incessamment à chacun la rétribution qui leur appartenait.

— Les avis de Rome assuraient que le Pape ayant tenu, le 15 de juin, un consistoire avec quarante cardinaux ou prélats, y avait proposé si l'on pouvait procéder à la déposition du cardinalat de M. le cardinal de Noailles; mais que les avis ayant été partagés, le Saint-Père avait remis le consistoire au mois suivant, dans lequel chacun des votants devait donner son avis par écrit.

— On ajoutait que l'abbé Chevalier, quinze jours après

son arrivée à Rome, avait conféré avec le cardinal Paulucci sur le sujet de sa mission, le Pape lui ayant refusé audience, indigné de ce qu'on lui avait renvoyé le bref adressé à M. le cardinal de Noailles.

— Le 16 juillet, le nommé Gruet fut condamné, par arrêt de la chambre de justice, à faire amende honorable, de la même manière qu'on a dit du sieur Le Normand, à être exposé au pilori trois jours de marché, et aux galères pour ses violences et ses concussions.

— Le 14, on conduisit à la Conciergerie le sieur Cosson, notaire à la pointe de Saint-Eustache de Paris, pour avoir agioté et malversé. On le disait riche de plus de six cent mille livres en très-peu d'années. Le 15, on transporta ses papiers, son argenterie et ses meilleurs effets à la chambre de justice; deux syndics de la communauté des notaires furent présents à l'inventaire des minutes qui étaient restées dans l'étude pour la sûreté du public et des particuliers qu'elles concernaient.

— On présenta pour lors à M. le duc d'Orléans un mémoire où l'on détaillait tous les biens qui appartenaient aux jésuites de France, que l'on faisait monter à cinq cent mille livres de rente, avec tous les bénéfices qu'ils avaient fait unir à leurs maisons ou colléges pendant qu'ils étaient en crédit à la Cour. On leur ôta le séminaire de Brest, qu'ils avaient fait unir à leur collége, en s'obligeant d'élever des religieux de leur société pour servir d'aumôniers ou de chapelains sur les vaisseaux du Roi, afin de satisfaire à la fondation de ce séminaire qui est de quinze ou seize mille livres de revenu; on y élevait avant cette union de bons ecclésiastiques qui rendaient de bons services, sans faire aucune difficulté, leur étant indifférent de servir sur un vaisseau petit ou grand; au lieu que les jésuites, depuis cette union, ne voulaient monter que sur l'amiral ou sur le vice-amiral.

— Il s'éleva pour lors une grande désunion entre M. le

duc de Bourbon et M. le duc du Maine. Le premier voulait faire casser l'édit registré au Parlement par l'autorité du feu Roi, fait en 1714, en faveur de M. le duc du Maine et de M. le comte de Toulouse, qui les admettait à la succession de la couronne après l'extinction des princes légitimes du sang royal.

On assurait qu'à ce sujet, M. le comte de Toulouse avait fait entendre à M. le duc de Bourbon que M. le duc du Maine ayant des enfants, il ne lui convenait pas de soutenir la querelle qu'il lui suscitait injustement, d'autant plus que le feu Roi leur père les avait l'un et l'autre appuyés de son autorité dans tous les biens et dans toutes les dignités qu'ils possédaient, mais que pour lui, comte de Toulouse, n'ayant pas de famille[1], il n'avait rien à risquer et qu'il était prêt à soutenir la justice de leur cause de quelque manière qu'il voudrait, si la voie du Parlement n'était pas suffisante.

— On disait aussi que M. le duc d'Orléans avait dessein de faire casser le testament de feu mademoiselle de Montpensier[2], pour ce qui concernait la principauté de Dombes, le comté d'Eu et autres biens qu'elle avait légués à M. le duc du Maine, prétendant que ces biens ne devaient pas être aliénés et devaient retourner à la ligne masculine, Son Altesse Royale étant le plus proche héritier de Gaston duc d'Orléans, père de feu mademoiselle de Montpensier.

— Le 22, le Roi se promena dans Paris, fit le tour de la place des Victoires et de la place Royale. Chemin faisant,

[1] Louis-Alexandre de Bourbon, comte de Toulouse, fils de Louis XIV et de madame de Montespan, épousa secrètement, en 1723, Marie-Victoire-Sophie de Noailles, veuve du marquis de Gondrin, fils du duc d'Antin. Ce mariage ne fut rendu public que quelques mois après. De cette union naquit le duc de Penthièvre.

[2] Anne-Marie-Louise d'Orléans, connue sous le nom de *Mademoiselle*, née en 1627, morte en mars 1693.

il admira une chaise où était la comtesse de Monastérol[1]; la chaise était soutenue par quatre pilastres d'argent; le dedans était enrichi d'une très-belle broderie d'argent sur un velours cramoisi avec une frange d'argent à l'entour de l'impériale; cette chaise ou phaéton, qui était d'un nouveau dessin, revenait à quarante mille livres.

— On travaillait à une autre chaise de pareil dessin, mais en or, pour M. le cardinal de Rohan[2], qui ne devait pas moins coûter, et à plusieurs carrosses très-superbes pour Son Éminence, qui était alors à Saverne, proche de Strasbourg, avec le jeune duc de la Meilleraye, âgé de quinze ans, qu'il y avait mené peu après lui avoir fait épouser mademoiselle de Rohan, fille du prince de Soubise, sa nièce, qui avait dix-neuf à vingt ans.

— Ce cardinal, en contractant ce mariage, s'était chargé de débrouiller les affaires du duc de Mazarin[3] et d'en acquitter les dettes, et pour y parvenir, Son Éminence avait fait consentir que ce duc se contenterait de vingt-quatre mille livres par an, et la duchesse son épouse de dix-huit mille livres, pour leur dépense et pour leur entretien, et que les nouveaux mariés jouiraient de quatorze mille livres par an, pendant cinq ans, après lequel temps le jeune duc de la Meilleraye aurait vingt-huit mille livres par an sur les biens de maison, et que le surplus des

---

[1] Veuve de M. de la Chétardie, gouverneur de Belfort; elle avait épousé M. de Monastérol, envoyé de l'électeur de Bavière. Madame de Monastérol était fort belle femme. (Voyez Saint-Simon, t. XI, p. 86.)

[2] Armand-Gaston de Rohan, né en 1674, mort le 19 juillet 1749.

[3] Armand-Charles de la Porte, duc de la Meilleraye, épousa en 1661 Hortense Mancini, nièce du cardinal Mazarin, sous la condition de prendre le nom et les armes de la famille dans laquelle il entrait. Cette union fut malheureuse. (Voyez A. Renée, *Les nièces de Mazarin*.)

revenus serait employé à en acquitter les dettes envers les créanciers.

— Le sieur Lenormand, qui était à la Tournelle en attendant l'arrivée de la chaîne de Rouen et de celle d'Amiens, ne pouvait s'empêcher de déplorer son infortune et de dire à ceux qui allaient le voir par curiosité, qu'il n'avait rien fait sans ordre de M. Desmarets et de M. d'Argenson.

— Le sieur Gruet répéta la même chose aux interrogatoires qu'on lui fit à la chambre de justice, mais il fut convaincu d'avoir excédé ces ordres et d'avoir tourné à son profit quantité d'extorsions.

— La femme du sieur Lenormand, qu'il avait épousée depuis dix-huit mois en secondes noces, et qui n'avait pas encore vingt ans, s'avisa trop tard d'aller se jeter aux pieds de M. le Régent pour le supplier de lui accorder une partie de la confiscation des biens de son mari, parce que ce prince en avait déjà disposé.

— M. Desmarets présenta pour lors un mémoire à Son Altesse Royale par lequel il rendait compte de son administration depuis l'année 1708, de l'état où il avait trouvé les finances et où il les avait laissées au commencement de la Régence; à la fin de ce mémoire, il avait insinué qu'au renouvellement du dernier bail des fermes il n'avait pas encore touché le pot-de-vin qui devait lui revenir.

— Selon les lettres de Rome, on assurait que de trente-six cardinaux que le Pape avait chargés de donner leur avis par écrit et cacheté, vingt-sept avaient déclaré que la constitution *Unigenitus* ne pouvait passer que pour obreptice et subreptice, et que le Pape ne pouvait, en matière de dogme qui regardait toute l'Église, en décider *ex cathedra*, et sans consulter auparavant le sacré collége et sans en avoir le consentement, ce qui ne s'était point pratiqué à l'égard de la constitution *Unigenitus*.

— Le Pape envoya enfin les bulles aux évêques nommés, sans y avoir fait aucune mention de cette Constitution.

— Le Roi avait depuis peu un jeune Indien dont le teint était basané, que l'on prétendait fils d'un roi iroquois, pour se divertir ; il parlait anglais et pas encore français. Le houssart en paraissait jaloux, le Roi lui dit : « Quoique j'aie pris cet Indien, je ne laisserai pas de t'aimer toujours, pourvu que tu sois sage. » Ce qui rassura le houssart, qui sut se gouverner en bonne intelligence avec l'Indien, qui était vêtu à la manière de son pays et des Orientaux.

— Le 2ᵉ d'août 1716, on commença la vente des meubles et des équipages du sieur Paparel, qui étaient dans sa belle maison de campagne à Vitry, par ordre de la chambre de justice.

— Le jour précédent on enleva les effets et les papiers du sieur Gouay, huissier au Châtelet, qui logeait en la rue Montorgueil dans une très-belle maison qu'il avait fait bâtir. On trouva parmi ses effets une somme de six cent mille livres en deniers comptants, et le tout fut transporté à la chambre de justice. On fut l'arrêter lui-même à la campagne où il se régalait avec sa femme et avec quelques amis. Il avait six enfants ; il était accusé de vexations semblables à celles du sieur Gruet.

— Le 6, un exempt, par ordre de la même chambre, alla signifier une taxe de huit cent mille livres au sieur Raffy, qui logeait en la rue et proche des Petits-Pères de la place des Victoires.

— Le sieur Germain Dubois de Grancey, receveur des tailles à Châlons en Champagne, fut démis de sa charge et taxé à deux cent mille livres. On le disait riche au moins de quarante mille livres de rente.

— M. le Régent donna ordre d'armer à ses dépens deux galères à Marseille. M. le duc du Maine et M. le comte de Toulouse en firent aussi armer chacun une à leurs dépens pour le secours de l'Italie, à tout événement, contre les Turcs.

— Le 15, on apprit au Palais-Royal, par un courrier dépêché par M. le comte du Luc, que le 5 du même mois, le prince Eugène [1], commandant de l'armée de l'Empereur en Hongrie, avait remporté une grande victoire [2] sur celle des Turcs, qui avait coûté vingt mille hommes à l'Empereur, et trente mille hommes au Grand Seigneur, et que ce général s'était avancé du côté de Belgrade pour en faire le siége.

— M. le cardinal de Noailles interdit alors la confession et la prédication aux jésuites du diocèse de Paris, à la réserve des confesseurs de la Cour, comme celui de M. le duc d'Orléans, de madame la Régente, de madame la douairière et de madame la duchesse de Berry et le père Martinot [3].

Les jésuites ont depuis avoué que cet interdit leur faisait tort au moins de deux cent mille livres par an.

— On assurait que le conseil de la Régence avait approuvé le projet de l'établissement de la taille réelle que M. Amelot et ses collègues avaient dressée.

— Le 28, on publia un arrêt de la chambre de justice par lequel le sieur Pierre du Moulin, trésorier de l'extraordinaire des guerres, était condamné aux galères pour avoir fait une fausse déclaration de ses biens et pour n'y avoir pas compris une somme d'argent considérable qu'il avait fait transporter chez son frère, chanoine de Notre-Dame de Paris.

---

[1] François de Savoie, appelé le *Prince Eugène*, né à Paris le 18 octobre 1663, mort à Vienne le 21 avril 1736.

[2] La fameuse victoire de Peterwaradin, chantée par J. B. Rousseau.

[3] Martineau (Isaac), né à Angers le 22 mai 1640, fut nommé, en 1682, professeur de philosophie au collège Louis-le-Grand, puis devint confesseur du duc de Bourgogne, père de Louis XV, et enfin du jeune roi Louis XV lui-même; il mourut en 1720.

— Les sieurs Miot, Châtelain, Bourvalais, plusieurs autres de leurs confrères, et la dame de La Fontaine, célèbre agioteuse, étaient détenus à la Conciergerie.

— Le sieur Gruet ayant voulu se désespérer, le geôlier eut l'ordre de ne lui laisser ni cravate ni jarretières.

— Madame la duchesse de Berry étant allée à la foire qui se tient à Bezons le premier dimanche de septembre, pour s'y divertir, il y eut un si grand concours de monde, qu'entre autres choses on y vendit jusqu'à dix charretées de petits moulins à vent, chacun en voulant avoir à l'envi, parce que cette princesse en avait acheté et en avait fait donner à toute sa suite.

— Le 3, madame la duchesse de La Feuillade, fille de M. Chamillard, ministre et secrétaire d'État, mourut de la petite vérole. Le duc de la Feuillade[1] l'avait épousée en secondes noces, et ne l'avait pas plus considérée que sa première femme, qui était fille de M. le marquis de la Vrillière, secrétaire d'État.

— Le sieur Silva[2], médecin de Bordeaux, pour avoir guéri M. le duc de Bourbon, eut six mille livres de récompense avec une pension de quatre mille livres par an et son logement à l'hôtel de Condé.

— Le 5, madame la duchesse de Berry ayant perdu au jeu une somme de dix-huit cent mille livres contre l'ambassadeur de Portugal, M. le Régent lui fit absolument défense de jouer davantage. Elle se fit faire un carrosse

---

[1] Louis, duc de Lafeuillade, fils de celui qui fit élever à Louis XIV une statue sur la place des Victoires, naquit en 1673, fut nommé maréchal de France en 1724, et mourut le 28 janvier 1725.

[2] Jean-Baptiste Silva, né à Bordeaux en janvier 1682, eut Chirac pour protecteur. Helvétius lui confia une partie de sa clientèle. Il fut nommé en 1724 médecin consultant du Roi, et mourut le 19 août 1742. « Silva, dit Voltaire, fut un de ces médecins que Molière n'eût pu ni osé rendre ridicule. »

des plus superbes, dont les soupentes et les harnais des chevaux étaient enrichis d'une broderie d'or.

— Le 7, on publia un arrêt du conseil d'État qui ordonnait le payement des arrérages de billets d'État.

— Le 6, on en avait publié un de la chambre de justice pour la vente des biens et des effets des partisans qui étaient alors en prison.

— Le 11, on vendit les meubles et les effets saisis sur le sieur du Moulin, trésorier de l'extraordinaire des guerres et receveur des finances de la généralité de Caen, qui logeait dans le cloître Saint-Germain l'Auxerrois.

— Le 7, on enregistra au Parlement une déclaration du feu Roi qui donnait à M. le duc d'Antin[1] la surintendance des bâtiments, et à M. de Torcy celle de surintendant des postes du royaume.

— Un chirurgien de village, passant dans le bois de Lusarches, fut arrêté par des voleurs qui, enragés de ce qu'ils ne lui avaient trouvé que cinq sols dans ses poches, s'avisèrent d'une barbarie extraordinaire en se servant de ses propres outils pour lui arracher toutes les dents de la bouche, et le laissèrent en ce triste état.

— Comme la chaleur était excessive et que la sécheresse continuait depuis plus de quatre mois, les processions de Saint-Prix, Pierrefitte et d'autres lieux de la campagne, allèrent à l'église de Sainte-Geneviève afin d'obtenir de Dieu un temps plus modéré avec de la pluie, par l'intercession de cette grande sainte, pour les biens de la terre et pour les vignes des environs de Paris, qui étaient comme rôties, et pour qui on avait lieu de craindre une mauvaise récolte.

— Mademoiselle de Valois, sœur puînée de madame la duchesse de Berry, ayant obtenu permission de M. le duc

---

[1] Louis-Antoine de Pardaillan de Gondrin, duc d'Antin, né en 1665, mort en 1736. Voyez, sur le duc d'Antin, les *Mémoires de Saint-Simon*.

d'Orléans, son père, d'aller à Chelles pour rendre visite à l'abbesse et à d'autres religieuses, se rendit à ce couvent où elle avait été pensionnaire, et y étant entrée et s'étant mise à la grille, elle dit aux domestiques qui l'avaient accompagnée, qu'ils pouvaient s'en retourner à Paris, parce qu'elle était résolue de finir ses jours avec ces dames, et leur donna une lettre pour Son Altesse Royale. Le lendemain, ce prince y alla en chaise de poste, mais il ne put la faire changer de résolution.

— Le 17, M. le duc d'Orléans tint le conseil de conscience, où assistèrent M. le cardinal de Noailles, M. le cardinal de Rohan et plusieurs autres prélats. On y fit lecture d'un corps de doctrine que la société de Sorbonne avait dressé, et il fut résolu qu'il en serait envoyé un exemplaire à chacune des universités du royaume, afin d'en avoir leur approbation. Il fut aussi résolu qu'on examinerait la constitution *Unigenitus* pour la conférer avec ce corps de doctrine.

— Un marchand de vins ayant fait saisir trois cents pièces de vin sur son beau-père, pour le payement de la dot de sa femme, le beau-père indigné du procédé du gendre s'opiniâtra dans la chicane, de sorte qu'ayant garnison chez lui, les huissiers se voyant les maîtres de la cave, ne pensèrent qu'à boire, et personne n'ayant pris garde au vin, toutes les pièces se trouvèrent corrompues, à tel point que quand on en fit la vente le 17 de ce mois, on fut obligé de les vendre aux vinaigriers à raison de cent sols la pièce.

— Le sieur Prondé [1], président en la chambre des comptes, et auparavant intéressé dans les fermes, où il s'était enrichi extraordinairement, fut taxé, le 19, à une

---

[1] Prondé ou Prondre. Sa fille Marguerite-Pauline Prondre épousa le comte de Clermont-Tonnerre, qui fut nommé maréchal de France en 1717; elle mourut le 29 juillet 1756. (*Vie privée de Louis XV*, t. I, p. 186.)

somme de dix-huit cent mille livres par la chambre de justice. Sa belle maison de Guermande, où il avait mis pour un million de meubles, fut aussi saisie en cet état et mise en vente.

— On apprit d'Allemagne ce qui suit, par une lettre écrite de Nider-Elde, le 17 juillet 1716 :

Le marquis de Langalerie [1], si fameux, qui était à Hambourg depuis quelques semaines, et qui a passé ensuite à Staden, où il a été arrêté par ordre de l'Empereur, est parti aujourd'hui pour Hanover, et suivant ce qu'on débite, il doit être livré à l'Empereur.

On a trouvé parmi ses papiers un traité qu'il avait conclu avec un aga turc, qui était en Hollande depuis longtemps, pour lui et pour le prince de Linange, dont voici la traduction :

1° Que MM. de Langallerie et de Linange seront très-bien reçus à Constantinople;

2° Qu'il leur sera accordé à Constantinople et dans les terres du Grand Seigneur, des logements suivant leur caractère.

3° Liberté de conscience pour eux et pour leurs domestiques.

4° Qu'ils seront entretenus pendant six ans aux dépens du Grand Seigneur.

5° Qu'ils jouiront de tous les priviléges que le Grand Seigneur accorde aux souverains ou à leurs ambassadeurs, pendant tout le temps qu'ils seront à son service.

6° Qu'il sera rendu un ordre par Sa Hautesse par lequel il leur sera permis, à Constantinople, d'armer, de recruter et d'exercer, selon leur manière, un corps de dix mille cavaliers, tant français qu'allemands, chrétiens ou pro-

[1] Philippe de Gentils, marquis de Langallerie, né en 1656 en Saintonge, mort le 20 juin 1717, à Vienne selon les uns, selon les autres à Raab, en Hongrie, où il avait été renfermé par les ordres de l'Empereur.

testants, comme aussi une flotte de cinquante vaisseaux, qu'ils auront sous leur commandement en qualité de général et d'amiral, pour agir contre le Pape.

7° Pour marquer la considération et l'affection du Grand Seigneur envers ces messieurs, tous les esclaves chrétiens seront délivrés et mis en liberté, à condition qu'ils serviront sous leurs ordres contre le Pape.

8° Tous les chrétiens qui voudront se rendre sur les terres du Grand Seigneur auront liberté de conscience et franchise de tous tributs; de même les juifs y seront tolérés.

9° Si la ville de Rome est conquise, il leur est promis par le Grand Seigneur, parole de Mahomet, de leur céder certaines îles et provinces dans la mer Méditerranée, dont ils seront faits souverains, et de les déclarer pour rois d'Orient, auxquels titres leurs héritiers et descendants succéderont.

10° Que le Grand Seigneur leur fera donner satisfaction pour rentrer dans les biens et terres qu'ils ont en Europe et principalement en France, lesquelles doivent leur avoir été confisquées suivant les plaintes qui ont été faites au Grand Seigneur.

11° Dès l'heure du présent traité, lesdits sieurs de Langallerie et de Linange seront reçus et maintenus sous la protection et amitié du Grand Seigneur.

12° Toutes les puissances sont priées, et il ordonne à tous ses sujets, sous peine de la vie, d'aider ces deux seigneurs dans leur expédition, et d'avoir pour eux toute sorte de complaisance, d'égard et de respect.

Donné à la Haye, le 15 du mois de zilhezzi de l'an 1128 de l'hégire.

Signé : OSMAN, aga.

Confirmé et registré par SOLIMAN, secrétaire de l'ambassade.

On ajoutait que le comte ou prince de Linange, qui s'était retiré de Hollande en Frise, avait été arrêté par le comte de Freyssac, conseiller de la chambre impériale, et l'on assurait qu'on avait trouvé en sa possession huit caisses d'argent et un double du traité ci-dessus en original.

Mémoire présenté au Roi par M. le duc de Bourbon,
Le 2 août 1716.

Sire, Louis-Henri, duc de Bourbon, prince de Condé, Charles de Bourbon, comte de Charolais, Louis-Armand de Bourbon, prince de Conti, princes de votre sang, sont obligés de représenter à Votre Majesté qu'encore que la qualité de prince du sang qui donne seule la capacité de succéder à la couronne ne puisse être attachée qu'aux princes issus de la maison royale par le droit d'une naissance légitime, néanmoins Louis-Auguste de Bourbon, duc du Maine, et Louis-Alexandre de Bourbon, comte de Toulouse, légitimés, ont obtenu du feu Roi votre bisaïeul un édit du mois de juillet 1714, qui ordonne que si dans la suite des temps tous les princes légitimes de la maison de Bourbon viennent à manquer, en ce cas, la couronne soit dévolue et déférée de plein droit à ses fils légitimés et à leurs enfants et descendants mâles à perpétuité, nés et à naître en légitime mariage exclusivement à tous autres. Ce même édit leur donne et à leurs descendants mâles les mêmes honneurs, rangs et entrée en séance qui appartiennent aux princes du sang; il a été suivi d'une déclaration, du 23 mai 1715, qui porte qu'ils prendront la qualité de princes du sang en tous actes judiciaires et autres, et que soit pour le rang, la séance et toutes sortes de prérogatives, ils seront traités également, après néanmoins le dernier prince du sang, et qu'il ne sera fait aucune différence entre les princes du sang royal et les princes légitimés. Ces deux titres ont été registrés en votre Parlement.

Mais ni l'autorité de cet édit, ni quelque loi que ce puisse être, ne peuvent communiquer des titres et des avantages si relevés dont il n'y a que la seule naissance qui puisse rendre capable. Personne n'ignore dans votre royaume qu'il n'y a que le mariage légitime dans la maison royale qui soit la source des princes du sang. Votre Parlement, instruit des droits de la couronne et des lois fondamentales de votre État, pénétré que la qualité de prince du sang, les honneurs qui y sont attachés et la capacité de succéder à la couronne, ne pouvaient s'acquérir que par une filiation légitime, a bien fait connaître par les termes du procès-verbal d'enregistrement, qu'il obéissait à la volonté et aux ordres précis du Roi votre bisaïeul, dans un temps où la voie des remontrances était interdite. Les mêmes raisons ont étouffé les justes plaintes des princes du sang pendant la vie du feu Roi, et ont obligé les princes de Condé et de Conti à être présents à l'enregistrement de cet édit, le respect pour l'autorité royale ne leur permettant pas de s'opposer à un Roi actuellement sur le trône, qui régnait depuis si longtemps et si glorieusement, dont les volontés étaient des ordres, et dont personne ne pouvait lui demander raison, assurés que leur silence, dans un temps où leur réclamation n'eût pas été écoutée, ne pourrait préjudicier aux lois de l'État ni aux droits de leur naissance.

La même prudence leur fit préférer le bien public à leurs intérêts les plus pressants dans l'assemblée de votre Parlement du 2 septembre 1715, dans laquelle il s'agissait de déférer la régence à M. le duc d'Orléans, et de régler le gouvernement du royaume pendant la minorité de Votre Majesté, quoique tous les vœux publics semblassent attendre avec empressement la simple déclaration des princes du sang pour faire détruire ces mêmes titres qui avaient donné une si grande atteinte aux lois fondamentales de l'État. Les mêmes motifs les engagèrent lorsque

Votre Majesté vint en son Parlement pour autoriser par sa présence les délibérations qui avaient été prises dans cette assemblée, à ne point interrompre ni suspendre par le mélange d'aucune autre affaire, quelque importante qu'elle pût être, des décisions si pressantes et si nécessaires à l'État.

Mais présentement, les princes du sang ne peuvent, sans trahir l'honneur de leur nom, l'intérêt de leur postérité et sans dégénérer de la vertu de leurs ancêtres, se dispenser d'arrêter le cours d'une nouveauté si dangereuse, capable de diminuer la splendeur de la maison royale par la multitude des princes légitimés, de leurs descendants et de ceux qui peuvent, par la succession des temps, se faire jour pour y entrer par la même voie, et ôter à la nation le droit de déférer la couronne à celui qu'elle jugerait à propos, au défaut des princes du sang. Ce nouvel ordre de succession à la couronne entraîne des conséquences dangereuses qui peuvent, à la vérité, être détruites par les lois les plus sacrées de l'État, mais qui sont tirées des termes mêmes de l'édit qui paraît conserver aux princes du sang leur rang de succession, mais qui en leur égalant les princes légitimés et les rendant capables de succéder à la couronne, va jusqu'à déclarer que le motif de cette incroyable faveur n'est autre que l'honneur et l'avantage qu'ils ont d'être issus du défunt Roi. Ils sont donc, aux termes de cet édit, en même temps princes du sang et fils du Roi. Que ne doit-on point craindre de la réunion de ces deux qualités dans les personnes des princes légitimés ? L'une les introduisant dans la maison de Bourbon, l'autre les plaçant au premier degré de la ligne directe du feu Roi, conséquences si importantes et si pernicieuses, que non-seulement les princes du sang, mais la France entière, ont un égal intérêt que les princes légitimés rentrent dans l'ordre d'où ils sont sortis.

Toute la nation fut convaincue lorsque cet édit et cette

déclaration parurent, qu'ils blessaient directement les lois fondamentales du royaume et ne pouvaient subsister par le défaut de pouvoir du législateur. Le droit de succéder à la couronne est attaché à la seule maison que la nation a choisie pour régner sur elle, et par là elle a dès lors rejeté comme incapables tous ceux qui n'en sont point. Cette incapacité emporte celle de prendre la qualité et le titre de princes du sang, parce que ce titre suppose une descendance de la maison royale qui ne peut jamais se rencontrer dans ceux qui n'en sont pas issus légitimement, et quand elle manque, la nation rentre dans tous ses droits pour se choisir un maître. Quelque étendu et quelque respectable que soit le souverain pouvoir des rois, il n'est pas au-dessus de la nation même et de la loi fondamentale de l'État. C'est à cette sainte et inviolable maxime et à ses généreux défenseurs, que la France fut redevable de son salut sous Charles VII, c'est à elle que la maison de Bourbon doit la couronne. Ceux qui demeurèrent fidèles à Henri le Grand n'eurent point de meilleure raison pour empêcher l'attentat de la Ligue lorsqu'elle se disposait à élire un roi, que la forme inviolable du gouvernement, qui ne permet de reconnaître pour rois que ceux qui sont issus de la maison royale. L'âge des rois ne diminue ni n'augmente leur pouvoir. Les lois de l'État sont le fondement de leur autorité, et quand ils s'y conforment, il est inutile de demander à quel âge ils le font. La sagesse de ceux que la loi rend dépositaires de leur autorité supplée à tout ce qui pourrait manquer à leur âge. Ainsi, c'est à Votre Majesté à anéantir dans son lit de justice un édit si extraordinaire et qui renverse les lois les plus saintes de l'État. Rien n'est plus digne d'elle que d'employer son autorité souveraine à rétablir et à maintenir les lois fondamentales de la couronne, et de conserver l'honneur des princes de son sang dans la pureté qui leur est la plus sensible et la plus précieuse.

A ces causes, Sire, plaise à Votre Majesté de révoquer et annuler dans son lit de justice l'édit du mois de juillet 1714, qui donne à Louis-Auguste de Bourbon, duc du Maine, et à Louis-Alexandre de Bourbon, comte de Toulouse, et à leurs descendants, le droit de succéder à la couronne et tout ce qui y est porté, ensemble la déclaration du 23 mai 1715, qui leur donne le titre, les honneurs et le rang des princes du sang.

Signé : Louis-Henri de Bourbon, Charles de Bourbon et Louis-Armand de Bourbon.

— Le 20 septembre, on fut fort alarmé au Palais-Royal de voir M. le duc de Chartres[1] attaqué de la petite vérole, d'autant plus que M. le duc et madame la duchesse d'Orléans ne l'avaient jamais eue.

— Le père Céladon, jésuite, ayant été nommé pour confesseur des dames de Saint-Cyr, on proposa plaisamment d'établir un coche et des voitures publiques pour ceux qui auraient dévotion d'y aller à confesse.

— Les religieux de Picpus du faubourg Saint-Antoine se voyant réduits à trois confesseurs, le père gardien ayant dit là-dessus par imprudence à M. le cardinal de Noailles qu'il allait donner l'obédience à ces trois religieux réservés, Son Éminence lui répliqua : « N'allez pas si vite, prenez bien garde à ce que vous ferez, et cependant je vous interdis aussi vous-même, pour vous apprendre votre devoir à l'égard de votre archevêque. »

— Deux particuliers furent condamnés à mort par le lieutenant criminel de Rouen, sur la fin du mois d'août, pour pour avoir étranglé une demoiselle et l'avoir ensuite volée

[1] Louis, duc de Chartres, fils du Régent, né à Versailles le 4 août 1703, devint duc d'Orléans en 1723, et mourut le 4 février 1752. Depuis 1742, il s'était fixé à l'abbaye de Sainte-Geneviève.

chez elle, dont l'un se nommait Jor, qui avait feint de la rechercher en mariage, jusqu'à se promettre réciproquement de s'épouser l'un l'autre à peine de trois mille livres payables par l'une des deux parties qui se dédirait au profit de l'autre. Un jésuite commis pour les confesser avant que de les conduire au gibet, se trouvant parent de celui qui portait le nom de Jor, eut, disait-on, l'imprudence de conseiller à ce criminel de se dire innocent du crime énorme par lui commis et avoué dans les interrogatoires qu'il avait subis. Le juge étonné de ce que ce criminel voulait revenir contre ses aveux, jugea à propos de députer un religieux carme de grande probité pour confesser de nouveau ces deux criminels, à qui le carme sut si bien remontrer l'énormité de leurs crimes et de leur parjure, qu'ils dirent qu'ils n'avaient nié que par la mauvaise instigation du jésuite. Ce qui donna lieu au parlement de Rouen de rendre un arrêt qui fit défense de se servir dorénavant des jésuites de cette ville pour confesser aucun criminel.

— Le 21, on publia une déclaration du Roi, rendue le 18, qui donnait dix jours pour tout délai aux traitants ou gens d'affaires, à leurs croupiers et participes pour donner une déclaration de leurs biens et de leurs effets au vrai, et pour rectifier celles qu'ils pouvaient avoir données, à peine de subir la rigueur des ordonnances ci-devant rendues à ce sujet, et qu'après avoir payé ce à quoi ils seraient taxés, ce qui leur resterait de bien ils seraient obligés de reconnaître et d'avouer qu'ils l'auraient reçu comme une pure grâce de la bonté du Roi, sans l'avoir méritée, et que la chambre de justice aurait toujours la même autorité sur eux en général pour examiner dans la suite s'ils auraient déclaré juste.

— La nuit du 24 au 25 et toute la journée, il fit un vent si violent que quantité de gros arbres en furent fracassés et arrachés sur les remparts, au Palais-Royal, aux

Tuileries, au Cours de la Reine, aux Champs-Élysées, au Luxembourg et ailleurs, et que plusieurs cheminées en furent aussi renversées dans la ville et dans les faubourgs. Le même vent ayant continué de souffler le jour et la nuit suivante avec la même furie, il causa de grands dommages à la campagne.

— Les jacobins de Chambéry ayant été rétablis dans leur ancien privilége d'enseigner publiquement la philosophie et la théologie, que les jésuites s'étaient fait attribuer pendant que cette ville et la Savoie étaient au pouvoir de la France, et les jacobins l'ayant fait publier et afficher par toute la ville, les étudiants du collége des jésuites déchirèrent les affiches et les brûlèrent au milieu de la place publique au son des violons. Sur quoi les jésuites allèrent aux jacobins s'excuser de cette entreprise comme n'y ayant aucune part. Le roi de Sicile[1] étant peu après arrivé à Chambéry, faisant le tour et la visite de ses États, le père prieur des jacobins, dans une audience de trois quarts d'heure, l'informa au long de cette insulte comme rejaillissant sur Sa Majesté pour les avoir rétablis dans leur ancien privilége. Sur quoi ce prince l'assura qu'il s'en souviendrait, ajoutant qu'il était bien aise de savoir encore cette nouvelle démarche des jésuites.

— Un jacobin prêchant à Lyon, dans l'église de l'abbaye de Saint-Pierre, après l'*Ave Maria*, lut un billet qui exhortait les fidèles d'aller un tel jour à l'église des jésuites, où l'on devait solenniser la fête du bienheureux François Régis. Après cette lecture, il dit : « Il est bon, messieurs, de vous éclairer sur ce sujet. Le bienheureux François Régis est mort quinze ans après avoir quitté l'habit de la société des jésuites, et curé de tel endroit où il a fini ses jours dans une pénitence très-austère. » Après le sermon, les jésuites en ayant informé M. l'archevêque de

---

[1] Victor-Amédée.

Lyon¹ qui était alors à sa maison de campagne à Neuville, comme d'une chose dite à dessein de décrier la société, ce prélat interdit aussitôt le jacobin de la prédication. Sur quoi le jacobin alla prévenir l'abbesse du sujet de son interdiction ; l'abbesse indignée du peu de fondement de l'accusation des jésuites, en écrivit à l'archevêque son parent. Le jacobin étant allé à Neuville avec cette lettre, et le prélat l'ayant lue lui dit : « Si vous n'avez pas dit autre chose, allez, mon père, vous pouvez continuer de prêcher. »

— Le 22, on conduisit à la Conciergerie trois exempts de M. d'Argenson, dont l'un se nommait Pommereu ; M. le Régent envoya l'ordre d'élargir Pommereu. La chambre de justice députa sur-le-champ deux commissaires pour représenter à ce prince que Pommereu n'étant pas moins coupable que les deux autres exempts, elle croyait devoir instruire le procès de l'un comme celui des autres. Le prince ayant insisté sur l'élargissement de Pommereu envoya une lettre de cachet au lieutenant général de police pour le mettre en liberté, ce que ce magistrat exécuta ; il eut en même temps la précaution d'emporter une cassette qui contenait les papiers trouvés chez Pommereu. La chambre de justice en étant informée, elle députa son président, M. de Lamoignon, et son procureur général, M. Fourqueux, avec les lettres patentes de l'érection de cette chambre ; sur quoi M. le Régent dit : « Que la chambre fasse donc prendre Pommereu où il se trouvera. » Mais il s'était évadé².

¹ François-Paul de Neuville de Villeroi.

² Pommereu fut sauvé, dit-on, par le Régent lui-même ; le lieutenant de police d'Argenson avait fait observer au Régent que la cassette trouvée chez l'exempt contenait des papiers compromettants relatifs à un cordelier nommé Chaudon ou Marchand, accusé d'avoir voulu empoisonner le roi d'Espagne, à l'instigation du Régent. (Voyez Lescure, *les Philippiques*, p. 272 et 284.)

— On écrivait de Brest qu'un particulier revenant des Indes en 1708, peu après son arrivée à Brest y était tombé malade et avait fait venir un jésuite pour le confesser, lequel jésuite et un compagnon qu'il avait n'avaient presque point perdu de vue le malade jusqu'à sa mort qui arriva peu de jours après. On ajoutait que ces deux jésuites avaient profité des pierreries et des autres effets du défunt pour la valeur d'environ quinze cent mille livres, et qu'ils avaient seulement donné à son valet deux diamants estimés six mille livres. Les héritiers de ce marchand n'osèrent alors attaquer les jésuites à cause de leur grand crédit à la cour; mais depuis la mort du Roi, voyant qu'il n'était pas plus difficile d'obtenir justice contre eux que contre d'autres particuliers, les firent assigner et constituer prisonniers ainsi que le valet de chambre et l'hôte chez qui le marchand était mort à Brest, afin de déclarer ce qu'ils savaient de cette affaire que les héritiers avaient portée au conseil privé du Roi. Le sieur Lottier, avocat au conseil, dans le factum qu'il en fit, rapportait un fait dans lequel il avait été employé quelque temps auparavant, et pour lequel le conseil avait condamné les jésuites d'Aix en Provence à restituer une somme de cent mille livres aux héritiers d'un particulier qui l'avait léguée aux jésuites par un testament qu'ils lui avaient suggéré pour servir au bâtiment d'une nouvelle église, et pour acquitter ce legs en quelque manière, ils avaient seulement fait réparer à neuf celle qu'ils ont à leur collége d'Aix, à quoi le conseil n'avait eu aucun égard.

— Le 5 octobre, on présenta un mémoire à M. le Régent, où l'on faisait voir que les jésuites avaient actuellement quarante mille hommes de guerre sur pied dans le Paraguay, qui est d'une étendue de cent vingt lieues et qui comprend plus de deux cent mille familles, et dont le peuple est comme l'esclave des jésuites, portant tout ce qu'ils recueillent dans les magasins de ces religieux qui distribuent tous les samedis à ces pauvres gens de quoi subsister pendant la semaine. Dans ce pays, quarante jésuites commandent les troupes, qui montent à quarante mille hommes bien armés, comme feraient ailleurs des généraux d'armée.

— On apprit de Londres que M. d'Iberville[1], envoyé de France, avait présenté un mémoire au prince de Galles[2], le roi son père étant alors dans son électorat de Hanovre, afin que l'Angleterre se désistât de la déclaration de guerre qu'elle avait faite depuis peu au roi de Suède[3], qu'autrement la France se croirait en droit d'en prendre la défense comme de son ancien allié. Sur quoi le prince de Galles avait fait réponse qu'en attendant celle du roi son père, il fallait aussi que M. le Régent du royaume de France donnât ordre de démolir le fort de Mardick.

— On assurait que par ordre de Son Altesse Royale il marchait un grand nombre de troupes du côté de la Rochelle; on ne savait à quel dessein.

— Le Pape augmenta de quatre cent mille écus la pension qu'il faisait au chevalier de Saint-Georges, qui continuait sa résidence à Avignon; le vice-légat, M. Salviati, fit défense aux habitants de faire aucune insulte ni de troubler en aucune manière les Anglais de la suite de ce prince dans l'exercice de la religion protestante que plusieurs d'entre eux professaient.

— Le bruit courut alors d'une ligue offensive et défensive entre la France, le roi de Sicile et les États-Généraux des Provinces-Unies, contre l'Empereur et les Anglais en faveur du roi de Suède, afin d'empêcher l'Empereur de se rendre plus puissant et pour le restreindre à ses États

---

[1] D'Iberville, d'abord ambassadeur à Mayence, était, selon Saint-Simon, un diplomate des plus distingués (*Mémoires*, t. III, p. 94).

[2] Charles-Auguste, né le 30 octobre 1683.

[3] Charles XII.

héréditaires, auquel cas les Pays-Bas seraient partagés entre la France et les Hollandais; le roi de Sicile aurait le royaume de Naples, avec le duché de Milan et le Piémont; la Savoie serait unie à la France avec la Lorraine, et en échange le duc de Lorraine aurait le duché de Mantoue avec le Montferrat.

— D'un autre côté, on assurait que M. d'Iberville, à Londres, et M. l'abbé Dubois, à Hanovre, avaient conclu une ligue offensive et défensive entre la France et l'Angleterre, afin d'empêcher le roi d'Espagne de revenir en France ni aucun prince de ses enfants, en cas que le jeune roi vînt à mourir sans laisser de postérité légitime. On ajoutait par réflexion que si cette ligue avait lieu, la cour de Vienne ne manquerait pas de s'en plaindre comme contraire au traité de Radstadt qui conserve à l'Empereur et au roi d'Espagne leurs prétentions sur les couronnes de France et d'Espagne.

— On travaillait alors chez M. le cardinal de Rohan à un ouvrage à trois colonnes; dans celle du milieu on plaçait les cent une propositions condamnées par la constitution *Unigenitus*, à gauche on mettait les sens réprouvés, erronés et contraires à la foi, et à droite on spécifiait les sens orthodoxes et conformes aux explications que M. le cardinal de Noailles en avait déjà données. On doutait cependant que la cour de Rome voulût donner les mains à cet ouvrage, comme fait sans sa participation et comme pour donner la leçon au Pape.

— On assurait aussi depuis quelque temps que M. le cardinal de Noailles, rebuté de la longueur de ce différend, était résolu de le finir de son côté en acceptant la Constitution pour complaire au Pape et à M. le duc d'Orléans, sur ce que ce prince lui avait fait entendre qu'il ne voulait pas se brouiller avec la cour de Rome, d'autant plus que le Pape lui avait accordé tout ce qu'il désirait en faveur de M. le chevalier d'Orléans au sujet du grand prieuré de

France dont Son Altesse Royale voulait le faire revêtir par la démission de M. le grand prieur de Vendôme[1], qui faisait solliciter à Rome la dispense de ses vœux afin de pouvoir se marier.

— Il y avait alors une affaire sur le barreau qui faisait grand bruit; en voici le sujet : M. le marquis de Goesbriant[2], lieutenant général des armées du Roi, gendre de M. Desmarets, contrôleur général des finances, pour s'approprier, disait-on, tous les biens de sa maison, avait en 1706 obtenu du feu Roi une lettre de cachet pour faire enfermer son père au château de Pierre-Encise de Lyon, sous prétexte qu'il dissipait tous ses biens en débauches et en prodigalités, de laquelle prison le marquis de Goesbriant père ne sortit qu'après la mort du Roi; y ayant souffert beaucoup, soit par de mauvais aliments qui nuisaient à sa santé ou autrement, dont se plaignant un jour au geôlier, cet homme lui avait répliqué brusquement : « Ah! vraiment, si je vous traitais comme on me l'a ordonné, vous auriez encore bien plus de sujet de vous plaindre. » Ce marquis enfin, se voyant en liberté, porta ses plaintes à M. le Régent, après en avoir informé madame la douairière, dont Leurs Altesses Royales parurent si indignées contre le fils, que sa conduite envers son père fut regardée comme celle d'un fils dénaturé. Cette affaire s'agitait alors au parlement de Rouen.

— Le 12 octobre, M. l'abbé de Vayrac[3] fut mandé par M. d'Argenson, lieutenant général de police, pour avoir

[1] Philippe de Vendôme, frère du célèbre duc de Vendôme, né le 23 août 1655, mort le 24 janvier 1727.

[2] Le marquis de Goesbriant fut commandant à Aire, et chevalier de l'ordre. Il avait marié sa fille au marquis de Châtillon. (Saint-Simon; t. XVI, *passim*; XXIX, p. 34; XXXI, p. 158.)

[3] L'abbé Jean de Vayrac, né à Vayrac en Quercy, habita vingt ans l'Espagne. Il vint à Paris en 1711. Il est l'auteur de divers ouvrages historiques, et entre autres d'une relation du sacre de Louis XV, insérée dans le *Mercure*.

fait imprimer une seconde réponse à la *Lettre d'un Espagnol à un Français*, touchant l'affaire des princes du sang et des princes légitimés. L'abbé ne nia point et dit à ce magistrat : « Quoique je l'aie fait sans ordre, je ne crois pas, monsieur, avoir péché en écrivant pour une si bonne cause. » Sur quoi M. d'Argenson dit : « Ne trouvez pas mauvais que je me transporte dans le moment chez vous pour visiter vos papiers. » — « J'y consens, dit l'abbé, mais permettez-moi d'y être présent, parce que vos fripons d'exempts ou d'archers pourraient y glisser quelque pièce sur laquelle on me ferait couper la gorge mal à propos. » Ainsi, M. d'Argenson députa un commissaire du Châtelet pour cette visite et pour en dresser procès-verbal.

— M. le duc de Bourbon, informé de cette chicane, alla trouver M. le Régent, et lui dit : « Il est étonnant que M. d'Argenson laisse vendre et débiter impunément, depuis quatre ou cinq mois, une lettre écrite par un prétendu Espagnol qui me déchire, et que cependant il obtienne de vous une lettre de cachet pour arrêter un homme qui a écrit en ma faveur, à mon insu. » Sur quoi le magistrat eut ordre aussitôt de ne plus inquiéter l'abbé de Vayrac.

— Le 14 octobre 1716, on continuait d'assurer qu'il y avait une ligue conclue, offensive et défensive, entre la France, la Sicile, l'Angleterre et la Hollande, pour affermir d'autant plus la paix de l'Europe, et par ce traité il était stipulé que M. le duc d'Orléans ferait son possible pour retirer des mains du Pape et du Saint-Siége le comtat d'Avignon pour le réunir à la France et à la Provence, afin d'obliger le chevalier de Saint-Georges, ou le Prétendant, de se retirer à Venise ou à Rome, et, pour cet effet, d'engager le roi d'Espagne à céder les places qu'il possédait encore en Italie, sur les côtes de Toscane, au Pape et au Saint-Siége, par échange du comtat d'Avignon, et pour dédommager le Roi Catholique, la France devait lui céder quelques places du côté de Bayonne pour équivalent. On regardait alors ce traité comme commun entre la maison d'Orléans et celle de Hanovre pour se soutenir réciproquement contre les prétentions du roi d'Espagne, Philippe V, en cas de mort du jeune roi sans laisser de postérité, et contre les entreprises du chevalier de Saint-Georges pour faire valoir leurs droits incontestables sur la couronne de France et sur celle d'Angleterre.

— On assurait que la chambre de justice avait jusquelà réglé pour la somme de neuf cent et tant de millions de taxes sur les gens d'affaires et sur les agioteurs, dont plusieurs étaient taxés à quatre et cinq millions chacun, et les moindres à quatre cents livres.

— M. Brunet de Rancy, ci-devant garde du trésor royal, à l'hôtel d'Albret, rue des Francs-Bourgeois, fit déclaration de ses biens suivant laquelle ils se montaient à la valeur de vingt-deux millions.

— Le 14, l'abbé de Brancaccio, frère du duc de Brancas[1], âgé d'environ quarante ans, qui logeait proche les Théatins, riche de trente mille livres de rente, étant sorti de sa maison entre onze heures et midi, et étant au milieu du pont Royal, quitta son manteau, sa perruque et son chapeau qu'il mit au bas du parapet, sur lequel étant monté, il se précipita dans la rivière. Quelques bateliers l'ayant vu tomber dans l'eau, coururent avec leurs nacelles à force de rames et l'en retirèrent heureusement. On le porta chez lui dans un triste état, à demi suffoqué. Après l'avoir déshabillé on le mit dans un lit bien chaud, après lui avoir fait dégorger l'eau qu'il avait avalée depuis sa chute; il revint à son bon sens et témoigna de grands repentirs de son désespoir qu'on ne savait à quoi attribuer. On lui administra les sacrements, et il mourut trois jours

[1] Louis de Brancas, marquis de Céreste, maréchal de France en 1740, mort en 1750. Le nom patronymique de cette famille était en effet Brancaccio.

après ce malheur. On disait qu'un batelier qui l'avait retiré de ce précipice lui avait appliqué deux soufflets pour le faire rentrer en lui-même, voyant qu'il voulait encore s'étrangler avec le mouchoir dont il s'était enveloppé les yeux avant que de se jeter dans l'eau, honteux et confus de se voir en cet état entre les mains d'un batelier.

— Le receveur des francs fiefs d'Orléans, ayant eu ordre de l'intendant de se disposer à rendre ses comptes à la chambre de justice, se précipita ce soir dans le puits de la maison où il logeait, où il fut découvert le lendemain matin par une servante qui voulait tirer de l'eau. Avant de descendre de sa chambre, il avait eu la précaution de mettre dix louis d'or sous un chandelier, sur la table, avec son diamant, sa montre et sa tabatière. La justice, informée de ce désespoir, condamna le cadavre retiré du puits à être pendu par les pieds et à être ensuite traîné sur une claie. Mais le frère du défunt en ayant appelé au parlement de Paris, la sentence fut infirmée avec permission de l'inhumer, ce qui se fit avec beaucoup de pompe.

— Le 21, madame la duchesse d'Olonne mourut de la petite vérole, âgée de vingt-trois ans; madame, sa mère, fille du duc d'Uzès, en était aussi morte à l'âge de vingt et un ans. Elle était fille de M. le marquis de Barbezieux, secrétaire d'État. En 1713, elle avait épousé M. le duc d'Olonne, fils de M. le duc de Châtillon et neveu de M. le duc de Luxembourg et de M. le prince de Tingry, et n'en avait point eu d'enfants. On la regretta pour sa sagesse et pour ses autres rares qualités, aimant la lecture des bons livres, dont elle faisait des extraits, à quoi elle passait la plus grande partie de son temps depuis l'âge de sept ou huit ans. Elle savait si bien l'histoire sacrée et profane que les plus savants ne pouvaient lui rien apprendre en ce genre, dont elle raisonnait si juste qu'ils en étaient étonnées comme d'un prodige pour le sexe. M. le duc d'Olonne, son époux, étant attaqué de cette maladie, elle fut rendre visite quinze jours auparavant à M. l'abbé de Louvois, son oncle, qui l'aimait tendrement pour son mérite, et lui dit : « Je ne crois pas, mon cher oncle, vous voir davantage, je vais m'enfermer avec mon mari qui est malade; il en guérira, et moi je crois en mourir, si j'en suis une fois attaquée. » Ce qui arriva comme elle l'avait pressenti. Elle reçut le saint viatique le 20, à trois heures du matin, avec une très-grande résignation à la volonté de Dieu. Elle fit ensuite son testament, par lequel tous ses domestiques reçurent des marques de sa bonté et de sa charité. La demoiselle de La Croix, fille très-sage, âgée de quarante-cinq ans, qui avait toujours été auprès d'elle depuis son enfance, et qui l'avait élevée sous les yeux de madame la marquise de Louvois, son aïeule, en eut une pension viagère de dix-huit cents livres par an avec une somme de mille livres comptant, son valet de chambre une pension de cinq cents livres; celui de M. le duc d'Olonne en eut une de trois cents livres, etc.

— Par le traité de ligue offensive et défensive conclu entre la France et l'Angleterre, négocié à Londres par M. d'Iberville, et à Hanovre par M. l'abbé Dubois, de la part de M. le Régent, il était convenu de ce qui suit :

1° Que le port de Mardick serait comblé aux frais et dépens de l'Angleterre, de telle sorte qu'il ne pourrait plus y entrer que des bâtiments au plus de cent cinquante tonneaux.

2° Que le Prétendant ou chevalier de Saint-Georges serait contraint de se retirer d'Avignon avec tous ceux de sa suite, au nombre de cinq cents personnes, au delà des Alpes, sans pouvoir jamais remettre le pied en France.

3° Que tous les Anglais, Écossais ou Irlandais qui étaient en France actuellement, qui avaient suivi le parti de ce prince dans son expédition d'Écosse, seraient aussi obligés de sortir incessamment des terres de France.

4° Que l'Angleterre s'obligeait de faire entrer les États-Généraux des provinces unies de Hollande dans le même traité.

5° Que M. le duc d'Orléans, régent, promettait et s'obligeait, en ce cas, de rétablir le tarif de 1664 en faveur du commerce des Anglais et Hollandais.

— Le sieur Langlois, imprimeur et libraire, fut conduit à la Bastille pour avoir imprimé un livre intitulé *les Amours de M. le duc d'Orléans, régent*, que l'on disait fort injurieux à ce prince et à son gouvernement, et parce qu'il travaillait aussi alors à l'impression d'un autre livre intitulé *le Renversement des libertés de l'Église gallicane*.

— Un autre libraire[1] eut le même sort pour de pareils ouvrages.

— Le père de La Ferté[2], jésuite, devant prêcher le jour de la Toussaint devant le Roi, en fut empêché par une interdiction qui lui fut signifiée de la part de M. le cardinal de Noailles; sur quoi le jésuite écrivit à Son Éminence qu'il s'en allait à Rouen pour être exempt de sa juridiction, et où il espérait d'avoir une entière liberté.

— Un ecclésiastique interdit de prêcher de la part de Son Éminence, craignant de l'être aussi de dire la messe, se retira chez son frère, chanoine de Saint-Nicolas du Louvre, et ayant obtenu de M. le cardinal de Rohan la permission par écrit de dire la messe en l'église des Quinze-Vingts, M. le cardinal de Noailles en écrivit aussitôt à M. le grand aumônier, comme d'une entreprise sur sa juridiction, et soutenant que le Roi même était du nombre de ses diocésains comme archevêque de Paris, quoique lui, arche-

---

[1] François Barrois, libraire, mis à la Bastille pour ouvrages séditieux. (Voyez *Bastille dévoilée*.)
[2] Louis de la Ferté, frère du duc de ce nom, né en 1659, entra chez les jésuites en 1677, et mourut à La Flèche en 1732.

vêque de Paris, fût du nombre des sujets de Sa Majesté : qu'ainsi M. le cardinal de Rohan, quoique grand aumônier de France, ne pouvait exercer dans Paris, ni dans tout le diocèse, aucun acte de juridiction sans son consentement comme archevêque diocésain.

— Le 5 novembre, on mit en prison un grand nombre de colporteurs et de nouvellistes pour tâcher de découvrir l'auteur des *Amours du duc d'Orléans*.

— Il se répandit alors un lardon de Hollande qui se vendait un écu chaque copie, où l'auteur faisait voir que la France, pendant tout le règne du feu roi Louis XIV, ne s'était jamais vue dans une situation si fâcheuse pour la rareté des espèces, que depuis la mort de ce grand monarque, nonobstant toutes les guerres qu'il avait soutenues, les affreuses stérilités dont le royaume avait été affligé.

— La comtesse de Sagonne, fille du sieur Samuel Bernard[1], banquier très-riche, et femme de M. de Sagonne, fils de M. Mansart, mourut le 6, de la petite vérole, âgée de vingt-cinq ans.

— Madame la duchesse de Richelieu[2], en mourut le 7, âgée de vingt et un ans.

— Le même jour, on signifia un rôle de cinquante taxes pour autant de partisans. Cette taxe fut imposée par la chambre de justice à ceux dont les noms suivent.

---

[1] Samuel Bernard était le fils du fameux graveur de ce nom; sa fortune considérable commença sous Chamillard; ses enfants, quittant le nom de leur père, s'appelèrent l'un le président de Rieux, l'autre le comte de Coubert; une de ses filles épousa le président Molé. Samuel Bernard mourut en 1739.

[2] Mademoiselle de Noailles, nièce du cardinal, avait épousé Richelieu; ce mariage ne fut pas heureux : le duc de Richelieu ne considéra jamais mademoiselle de Noailles comme sa femme. On a dit de lui à ce sujet qu'il fut le mari de toutes les femmes, à l'exception de la sienne.

Premier rôle contenant les taxes des gens d'affaires.

M. de Menon............................	3,000,000 l.
Le Gendre...............................	440,000
Sa femme...............................	40,000
Chapelle.................................	160,000
Gabout..................................	230,000
Beaujour................................	280,000
Aubert, président en la chambre des comptes de Rouen.....................	1,200,000
Chatelain...............................	2,500,000
Farlet [1]...............................	900,000
Ardillier................................	20,000
Carelos.................................	320,000
Adine...................................	210,000
Le chevalier Ogier [2].................	105,000
Philippe de la Vieuville...............	330,000
Béraut..................................	75,000
André...................................	420,000
André Aucéroy.........................	370,000
Aubert Poulletier [3]..................	350,000
Arnault [4].............................	18,000
Audiger de Courcerin..................	122,782
Avril [5]................................	190,000

[1] Farlet ou Ferlet. « On a écrit de lui qu'il était un des plus cruels ennemis de la France. » (*Vie privée de Louis XV*, t. I, p. 178.)

[2] Mort receveur général du clergé, père d'Ogier, président en Parlement, et depuis ambassadeur en Danemark. Ogier était fils d'un notaire de Paris. (*Vie privée de Louis XV*, t. I, p. 178.)

[3] De lui vint : Poulletier, maître des requêtes, intendant de Lyon, conseiller d'État. (*Vie privée de Louis XV*, t. I, p. 178.)

[4] Père d'Arnault de Boex, maître des requêtes. (*Vie privée de Louis XV*, t. I, p. 178.)

[5] De l'Opéra. (*Vie privée de Louis XV*, t. I, p. 178.)

Pierre Acart	220,000 l.
La veuve Aubry	356,000
Aubouin	8,000
Aviat.[1]	110,000
Charles Écuyer	12,000
François Ainé	6,000
Étienne Avignon	7,000
Joseph Abbey	20,000
François Aubert[2]	70,125
Jean Bezançon	235,000
Blanchard de Bauveville	50,000
François Bruneau	140,000
Bonneau	400,000
Barbier	130,000
Barjavel de Saint-Louis	100,000
Baudouin de Paran	140,000
Bazin[3]	180,000
Lamelin	42,000
Béguin	195,000
Boutart	300,000
Chauvalier	150,000
Bouffier	220,000
Baraly	887,000
Carillon[4]	720,000
Les héritiers de Cousin[5]	370,000

[1] Receveur des tailles de Paris; a depuis fait banqueroute de deux ou trois millions. (*Vie privée de Louis XV*, t. I, p. 178.)

[2] De lui vint : Aubert de Tourny, maître des requêtes, intendant de Limoges et de Bordeaux, conseiller d'État. François Aubert avait été intendant du chancelier Phelyppeaux. (*Vie privée de Louis XV*, t. I, p. 179.)

[3] Parent du maréchal Bazin de Bezons. (*Vie privée de Louis XV*, t. I, p. 179.)

[4] Père de la Carillon, fameuse catin courant les hommes en 1735. (*Vie privée de Louis XV*, t. I, p. 179.)

[5] Son fils, procureur général des requêtes de l'hôtel, a fait

Chalmet. . . . . 319,000 l.
Godmel. 400,000
La succession de Chabert. 100,000
Fourrier. 490,600
Maringue. 150,000
M. Poulletier. 800,000

Le total se montait à dix-sept millions cinq cent vingt-six mille neuf cent sept livres.

— Le 10, la chambre de justice, par un arrêt, ordonna que tous les gens d'affaires seraient obligés de payer les quatre cinquièmes de leurs biens acquis depuis qu'ils avaient eu part aux affaires du Roi, en leur réservant ce qu'ils avaient de bien avant que d'y entrer, qu'ils justifieraient par leurs contrats de mariage de leur côté et de celui de leurs femmes.

— Nonobstant ce qu'on a dit ci-devant de l'interdiction du père de La Ferté, il ne laissa pas de prêcher le jour de la Toussaint devant le Roi. Dans son sermon, il apostropha le jeune Roi en disant : « Il me semble, Sire, voir l'âme du Roi votre bisaïeul à genoux au pied du trône du Dieu tout-puissant, lui demandant de donner à Votre Majesté le même zèle et la même fermeté qu'il a eue pendant toute sa vie pour défendre et pour protéger l'Église de France contre toutes sortes d'hérésies nouvelles, et surtout contre celles qui l'affligent actuellement. » Ce qu'un prélat voisin de la chaire du prédicateur ayant ouï, dit, en frappant du pied, à un seigneur de distinction : « N'est-il pas étonnant que le père de La Ferté n'ait pu s'empêcher de parler d'une chose qu'on l'avait prié de passer sous silence ? »

bâtir le beau château de Villette, et est mort gueux pour les suites de son procès avec Michel d'Ennery, fils d'un procureur de Metz à qui il avait marié une nièce, fille de sa femme, laquelle nièce était sa concubine. (*Vie privée de Louis XV*, t. I, p. 179.)

Il est à remarquer que madame la duchesse de Ventadour et madame la duchesse de La Ferté[1] avaient représenté à M. le Régent que ce serait une tache à leur famille si le père de La Ferté ne prêchait pas ce jour-là, d'autant plus, disaient-elles, que M. le grand aumônier l'avait nommé, et que par cette raison elles ne croyaient pas que M. le cardinal de Noailles, comme archevêque de Paris, eût aucune juridiction dans la maison royale où la personne du Roi se trouvait; de sorte que Son Altesse Royale, pour complaire à ces dames, avait permis à ce jésuite de prêcher, quoique dans le fond le père de La Ferté en eût témoigné de la répugnance, de peur de déplaire à M. le cardinal de Noailles.

En effet, dans cette incertitude, l'abbé Couturier eut ordre de se disposer à prêcher; quand il fut arrivé à la chapelle du Roi, on fut étonné de voir le père de La Ferté monter en chaire; aussi l'abbé en fut quitte pour sa comparution.

M. le prince de Rohan avait écrit, le 31 octobre, au père de La Ferté une lettre en ces termes : « Monseigneur le duc d'Orléans m'ayant chargé de vous porter l'ordre d'avoir à prêcher demain devant le Roi, je ne vois pas que vous ayez des raisons particulières qui vous empêchent d'obéir. »

M. le cardinal de Rohan lui avait écrit la même chose.

— Le sieur Guérin, très-habile chirurgien de l'hôpital de la Charité de Paris, étant allé à Avignon avec la permission de M. le Régent, le 15 octobre, fit l'opération de la fistule au chevalier de Saint-Georges; ce prince la supporta sans témoigner la moindre douleur. Elle lui était venue pour avoir trop souvent et trop longtemps monté à cheval à la chasse; il fut guéri en peu de temps.

---

[1] Femme de Henri-François, duc de la Ferté, et belle-sœur du prédicateur.

— En conséquence de la ligue conclue entre la France et l'Angleterre, on déclara au chevalier de Saint-Georges qu'il serait obligé de sortir du comtat d'Avignon et de toute la France et de se retirer en Italie, et que sur le refus qu'il en témoigna, on lui déclara que s'il ne le faisait dans un temps qu'on lui limita, on retrancherait la pension de six cent mille livres que la France faisait à sa mère. Ce qui ayant été signifié aussi à cette princesse, elle avait dit qu'elle était résolue à tout ce qu'on voudrait, mais que si l'Angleterre voulait aussi que sa personne sortît de France, il était juste que son douaire lui fût payé, qui est de cinquante mille livres sterling, qui font six à sept cent mille livres de France.

— Le 12 de ce mois de novembre, on fit signifier dans les formes au père Martineau, alors provincial des jésuites, au père Richebourg, supérieur de la maison professe, et aux supérieurs du collége et du noviciat l'interdit qui suit :

« Louis-Antoine de Noailles, par la permission divine cardinal-prêtre de la sainte Église romaine, du titre de Sainte-Marie de la Minerve, archevêque de Paris, duc de Saint-Cloud, pair de France, etc. A nos chers frères les provincial de la province de France et supérieurs de la maison professe du noviciat et du collége des Jésuites de cette ville de Paris. Nous avons été informé que quelques religieux de votre compagnie croient qu'il leur est permis d'exercer encore les pouvoirs que nous leur avions ci-devant donnés de prêcher et de confesser dans notre diocèse, quoique ces pouvoirs fussent limités à certain temps présentement expiré, et qu'en effet frère Louis de La Ferté, l'un desdits religieux, après l'expiration des pouvoirs que nous lui avions donnés, s'en est servi comme par une espèce de continuation tacite, présumée de notre volonté, sous prétexte que ces pouvoirs n'ont pas été expressément révoqués à l'expiration du terme. Ce qui pourrait dégénérer en abus, tromper les âmes qui nous sont confiées et causer un grand trouble dans la discipline ecclésiastique, sur quoi, le chapitre de notre église métropolitaine et les curés de cette ville de Paris nous ont fait leurs remontrances et leurs plaintes, nous priant d'y remédier; plusieurs prélats même nous ont aussi fortement pressé de ne laisser donner aucune atteinte au droit sacré de l'épiscopat.

» A ces causes, nous avons cru vous devoir faire connaître sur ce nos intentions d'une manière si précise qu'il n'en puisse rester aucun doute. Nous vous déclarons donc par ces présentes que nous n'entendons en aucune manière que ceux des religieux de votre compagnie dont les pouvoirs de confesser et de prêcher dans notre diocèse sont expirés, puissent continuer à les exercer; et en outre nous avons expressément révoqué et révoquons par ces dites présentes tous les pouvoirs ci-devant donnés par nous et de notre autorité, tant à vous qu'à tout autre religieux de votre compagnie, soit pour un temps, soit à notre volonté, par écrit ou de vive voix, pour administrer le sacrement de pénitence et annoncer la parole de Dieu dans notre diocèse. Faisons à chacun de vous très-expresse inhibition et défense de s'ingérer à l'avenir desdites fonctions en aucune église, chapelle, oratoire ou autre lieu généralement quelconque sous quelque prétexte que ce soit, dans toute l'étendue de notre diocèse, à peine contre les contrevenants de suspension *ipso facto*, et d'être procédé extraordinairement et par les voies qu'il appartiendra. Enjoignons à chacun de vous, aussitôt que ces présentes vous auront été notifiées, vous ayez à en déclarer le contenu à tous et à chacun des religieux de votre compagnie qui sont présentement résidants dans notre diocèse, et nommément audit frère Louis de La Ferté; comme aussi que vous ayez à faire entendre nos intentions ci-dessus à tous autres religieux qui viendront dans la suite dans notre diocèse, sitôt qu'ils y seront arrivés. Mandons à notre promoteur général de vous faire signifier lesdites présentes.

» Donné à Paris, le 12 de novembre 1716.

» *Signé :* Louis-Antoine de Noailles,
archevêque de Paris.

» Et plus bas :

» Par Son Éminence, Chevalier. »

« L'an 1716, ledit jour douzième novembre, avant midi, à la requête de M. l'abbé Aubonnet, chanoine de l'Église de Paris et promoteur général de l'archevêché de Paris, ayant fait élection de domicile en sa maison, cloître de Notre-Dame. J'ai, Jean Maurice, huissier en l'officialité de Paris, y demeurant audit cloître Notre-Dame, soussigné, baillé les présentes dont copie est ci-dessus et des autres parts au père Martineau, provincial des jésuites de la province de France, en son domicile à Paris, en la maison professe desdits jésuites, rue Saint-Antoine, en parlant au révérend père Richebourg, supérieur de ladite maison professe, qui a promis lui rendre à ce que du contenu d'icelles ledit père provincial n'en ignore et ait à y satisfaire, et lui ai parlant que dessus réitéré les défenses y portées et laissé ces présentes pour copie.

» *Signé :* Maurice. »

— On assurait alors que M. le duc d'Orléans avait réservé douze des principaux fermiers généraux ou receveurs généraux des finances, dont le sieur Menon et le sieur Prondé étaient du nombre, pour n'être point taxés par la chambre de justice par un privilége particulier, comme on verra par la suite, surtout à l'égard du sieur Prondé.

— Le 11 de ce mois, M. le Régent approuva la proposition que lui fit M. l'abbé de Louvois pour que la Bibliothèque du Roi fût transportée à l'hôtel de Nevers, que M. le comte de Nevers, fils du feu duc de Nevers, avait vendu, en 1715, au sieur Châtelain, pour une somme de trois cent soixante-dix mille livres, et d'autant plus que ce partisan était taxé par la chambre de justice à deux millions cinq cent mille livres, dont cet hôtel pouvait faire partie; on assurait alors que le même partisan était encore en 1701 valet d'écurie dans un couvent de religieux à Metz, et qu'en 1715 il avait proposé d'établir un droit d'entrée sur les blés dans Paris; c'était dans ce dessein que ce maltôtier avait acheté l'hôtel de Nevers pour en faire des magasins de blé, et que peu avant la mort du Roi il y avait fait provision de soixante selles et autant de harnais de chevaux pour servir à des commis qu'il devait envoyer dans les provinces pour y acheter des blés.

— M. le Régent voulant exempter des recherches de la chambre de justice les sieurs Menon, Lebas de Montargis, Fargès, les deux Crozat [1], Samuel Bernard, les quatre Pâris [2], Prondé et un autre, M. le duc de Bourbon insista fortement en disant que si quelque partisan en était excepté, les autres ne manqueraient pas de se récrier,

---

[1] Crozat et son fils aîné. Antoine Crozat, marquis du Châtel, né en 1655, mort en 1738, fut d'abord receveur du clergé, puis trésorier de l'ordre et enfin cordon bleu. A sa mort, le titre de marquis du Châtel passa à son fils aîné. Son second fils, Antoine-Joseph Crozat, est célèbre par son goût pour la gravure. Outre ces deux fils, Antoine Crozat avait encore une fille, Marie-Anne Crozat, qui épousa le comte d'Évreux, colonel général de la cavalerie légère de France, troisième fils du duc de Bouillon.

[2] Antoine Pâris, Pâris la Montagne, Pâris-Duverney et Pâris-Montmartel. Ce dernier fut le père du célèbre marquis de Brunoy, si connu par ses folles dépenses, par son goût pour les cérémonies religieuses et par son interdiction.

Pour les frères Pâris, voyez Luchet, *Histoire de MM. Pâris.*

d'autant plus que ceux que Son Altesse Royale voulait favoriser passaient pour avoir amassé le plus de bien. Sur quoi M. le Régent se relâcha et les abandonna comme les autres.

— Le 10, la femme du sieur Samuel Bernard [1] mourut de la petite vérole, qui la surprit au faubourg Saint-Antoine, où elle s'était réfugiée pour l'éviter, voyant la comtesse de Sagonne sa fille qui en était attaquée et qui en mourut pour avoir voulu changer trop tôt de linge.

— Madame d'Armenonville en mourut aussi dans le même temps; on disait aussi que c'était de chagrin d'avoir été obligée de céder sa belle maison de la Muette du bois de Boulogne à madame la duchesse de Berry.

— Le 2 de décembre, M. le Régent fit dépêcher un courrier à Rome, avec ordre au cardinal de La Trémouille de déclarer au Pape que si par le retour du même courrier Son Altesse Royale apprenait que Sa Sainteté persistât encore à refuser les bulles aux évêques de France qui les attendaient depuis longtemps, on ne les lui demanderait pas davantage, et que l'on prendrait les mesures convenables dans le concile national qu'il ferait assembler.

— Il y avait une émulation entre les sieurs Samuel Bernard, Crozat l'aîné, Menon et Prondé, au sujet de leurs taxes.

Le sieur Crozat l'aîné se voyant taxé à la somme de six millions six cent mille livres, représenta à M. le Régent et à la chambre de justice que le sieur Prondé devait supporter une pareille taxe, n'ayant pas moins amassé de biens que lui, et que cependant on n'avait taxé le sieur Prondé qu'à un million neuf cent mille livres.

Le sieur Samuel Bernard ayant obtenu la liberté de se cotiser lui-même, s'obligea à une somme de neuf millions

---

[1] Elle se nommait Marie Clergeau. « Elle était fille de la bonne faiseuse de mouches de la rue Saint-Denis. » (*Journal* de Mathieu Marais, t. 1, p. 376, publié par M. de Lescure.)

[1716] DÉCEMBRE. 197

et insista pour que le sieur Crozat, qui n'avait pas moins de richesses que lui, pouvait aisément porter une pareille contribution ; et les sieurs Crozat et Samuel Bernard insistèrent aussi, disant que le sieur Menon, qui était taxé seulement à deux millions sept cent quarante-deux mille livres, pouvait aussi aisément au moins porter le double.

Second rôle contenant les taxes des gens d'affaires.

Du 14 novembre 1716.

Guyon de Marquais.	300,400 l.
Mallet de Batilly.	190,000
François des Portes.	50,000
Foubert de Fagères.	100,000
Antoine Dehem.	160,000
Charles Boucher.	50,000
Hurtaud de Mérole.	112,500
Denis Le Mein, caissier.	400,000
Donat.	70,000
Pierre du Tremblay.	158,000
Claude de Beaufort.	100,000
Benoit de La Combe.	68,000
Bertrand de Herbaut.	73,000
Jacques des Hayes.	200,000
Jean Pigeon de Saint-Paterne.	118,000
Chardon de Renier.	156,000
Jean Doré.	40,000
Jacques du Flossac.	133,000
Charles-Remy de Jully.	330,582
Jean-Pierre Leduc, entrepreneur.	25,000
Germain Leduc, *idem*.	50,000
Pierre Lemeignan.	172,000
Pierre Le Juge de Fougère.	126,000
Nicolas Dandelle.	60,000
Edmond Serelle.	78,000

Beucon, agent de change.	33,000 l.
Jemeling, traitant.	212,000
Denis Souëffe de Villefavreuse.	138,000
Laurent de Villers.	89,000
Anne Breton, veuve de Pierre Masson.	336,000
La succession de François Verrier [1].	352,725
Pierre de Lorme de Parisis.	168,062
Guillaume de Rochefavion.	185,300
Mery de Lessonel.	108,800
Jacques Manière de Saint-André.	50,000
Javoye de Brivadis.	158,000
Pierre de Saint-Maur, étapier.	33,000
Jean Thévenin [2].	400,000
François Capitain.	225,000
Martin-Pierre Champion, agioteur et ancien copiste public.	90,000
Jean Chape.	100,000
Antoine Cagny.	57,504
Claude Caquet de Murcy.	50,000
François Enicheron.	50,000
François Chevalier.	44,000
Coste de Champeron.	125,004
Claude Remon de Berse.	339,000
Jean Guyon.	440,000
Paul de Javoye.	479,000
Gilles Le Masson.	1,200,000

[1] La veuve de ce François Verrier était de Vendôme et s'appelait Dey de la Chapelle; elle se remaria en secondes noces au chevalier de Béthune, de la branche de Charost, et n'en eut point d'enfants. (*Vie privée de Louis XV*, t. I, p. 180.)

[2] Ce Thévenin avait acheté la terre et le magnifique château de Tanlay en Bourgogne, qui a été gravé par Silvestre. Sa terre n'était pas achevée d'être payée en 1743, et j'ai vu ses fils, seigneurs de Tanlay, solliciter la remise d'un reliquat assez considérable chez le contrôleur général Orry. (*Vie privée de Louis XV*, t. I, p. 181.)

[1716] DÉCEMBRE. 199

Succession du sieur Poulletier.	800,000 l.
Silhouette[1]	350,000
Succession du sieur Nozières.	340,000
Dumoulin.	40,000
Succession du sieur de Saint-Amand.	600,000
Louis Éraud[2]	200,000
Nicolas Fillion de Villemur[3]	44,000
Parad de Puyneuf[4]	315,000
Jean-Baptiste de Saint-Léger.	239,888
Brache.	940,000
Jean de Bommier, receveur des états de Languedoc.	100,000
Durey de Vieucourt, président au grand conseil.	3,200,000

[1] Ancien homme d'affaires de la maison de Noailles, puis receveur des tailles à Limoges et secrétaire du Roi en 1712. Étienne Silhouette, son fils, a publié en 1731, à l'âge d'environ vingt-deux ans, l'*Idée du gouvernement* ou la *Morale des Chinois*, et les *Réflexions politiques de Balthazar Graccais*, traduites de l'espagnol avec notes. Il a depuis épousé la fille d'Astruc, riche médecin de Paris; pourvu d'une charge de maître des requêtes en 1745, fait chancelier du duc d'Orléans en 1748, jusqu'en 1757, époque où il passa au commissariat de la Compagnie des Indes; enfin nommé contrôleur général des finances le 4 mars 1759, après la disgrâce de Jean Boullongne, place dont il fut destitué le 24 novembre de la même année. (*Vie privée de Louis XV*, t. I, p. 181, 182.)

[2] Riche marchand de bois né à Rouen, père de René Hérault, maître des requêtes, intendant de Tours, puis lieutenant de police à Paris. (*Vie privée de Louis XV*, t. I, p. 181.)

[3] Originaire de Reims, sous-fermier en 1708, fermier général en 1718. (Voyez quelques détails scabreux sur Fillion de Villemur, *Vie privée de Louis XV*, t. I, p. 253 et 254.)

[4] Fils d'un marchand de vins d'Orléans. A été commis aux postes, ensuite aux aides, est mort millionnaire et a laissé sa succession à son neveu Paral de Mongeron, receveur général des finances en 1737; lequel a épousé …Dumas, parente de Grimot et des Orry. (*Vie privée de Louis XV*, t. I, p. 182.)

Total des taxes ci-dessus, se montant à treize millions cinq cent quarante mille deux cent neuf livres.

— On assurait que pour traverser le traité de ligue offensive et défensive conclu entre la France et l'Angleterre, dont on a ci-devant parlé, l'Empereur avait fait déclarer au roi Georges, qui était alors à Hanovre, que s'il sortait de son électorat il serait mis au ban de l'Empire; suivant lequel traité de ligue, la France et l'Angleterre devaient s'assister réciproquement d'un corps de vingt-cinq mille hommes de troupes, en cas que l'une ou l'autre de ces deux puissances se trouvât attaquée par quelque autre.

Et comme l'Angleterre avait stipulé par le même traité qu'elle ferait son possible d'engager les États-Généraux de Hollande d'y entrer, M. le duc d'Orléans envoya ordre à M. l'abbé Dubois, qui était alors à Hanovre en qualité d'envoyé extraordinaire de France auprès du roi Georges, de prendre le titre d'ambassadeur extraordinaire auprès de ce prince, avec lequel cet abbé avait négocié ce traité de ligue, et de passer en cette qualité à La Haye afin d'agir de concert avec M. le marquis de Châteauneuf, ambassadeur extraordinaire de France, et avec l'ambassadeur d'Angleterre, pour faire résoudre les États-Généraux à vouloir y entrer.

— Le lendemain de la signification de l'interdit des jésuites, un crieur d'arrêts passant sur le quai des Orfévres et publiant cet interdit, un ecclésiastique lui demanda : « Qu'est-ce que tu cries là? » Le crieur lui dit : « C'est une ordonnance de monseigneur le cardinal de Noailles contre les jésuites. » L'ecclésiastique l'ayant prise, la déchira et donna deux soufflets et quelques coups de pied au crieur. Un orfévre dit dans le moment à l'ecclésiastique : « Par quelle autorité, monsieur, frappez-vous le crieur? Vous est-il permis de vous faire justice à vous-même et de maltraiter cet homme? » Puis il dit au crieur : « Courez après cet abbé et le menez à l'archevêché. » Le crieur le suit, et ayant rencontré deux de ses confrères à qui il raconta son aventure, ils courent ensemble après l'abbé, puis étant secondés par d'autres crieurs, au nombre de vingt-cinq ou trente, ils menèrent l'abbé comme un prisonnier à la boutique du libraire de Son Éminence, et l'y firent entrer de force, où se trouvaient alors M. de La Coste, M. Darnodin, curé de Saint-Denis, et un autre docteur avec lesquels l'abbé eut un dialogue sur ce qui venait de se passer, et dit : « Il faut bénir Dieu de tout, c'est aujourd'hui vendredi, un jour de souffrance. » Cependant on lui conseilla de faire quelque largesse au crieur pour le consoler des coups qu'il avait reçus, et pour le dédommager de l'ordonnance déchirée.

— Le 10, on vit une médaille frappée à l'occasion de la recherche des gens d'affaires et des agioteurs, par la chambre de justice, sur laquelle était d'un côté le portrait du roi Louis XIV, au bas duquel était pour légende : *Esurientes implevit bonis*, et de l'autre côté était celui du roi Louis XV, avec ces mots au bas : *Divites dimisit inanes*.

Troisième rôle contenant les taxes des gens d'affaires.

Du 21 novembre 1716.

Paul-Étienne Brunet de Rancy, garde du trésor royal.	4,200,000 l.
Succession du sieur Bohin de Lormery	400,000
Louis Carel, président à la chambre des comptes de Rouen.	440,000
Marguerite Vauclin, veuve du sieur Caul.	500,000
Marguerite......, veuve du sieur Chevalier.	500,000
Anne Chevalier, veuve du sieur Levieux.	25,000
Armand Chevalier.	50,000

JOURNAL DE LA RÉGENCE.

Marguerite Chevalier, veuve de Vauclin.	66,000 l.
Michel et Nicole Cousin.	570,000
Daniel Chapchure de Borgé.	70,000
Philémon Cadet.	260,000
François Carnalat.	40,000
Mathieu Courtiade.	90,000
Succession de Nicolas Coquille.	60,000
Marie Mabile, veuve du sieur Chamblin.	180,000
Geneviève Trois-Dames, veuve du sieur Dalencé.	133,500
Marie Daubigny.	320,000
Antoine Rosny.	360,000
Coste de Champeron.	44,000
Jean Castel.	100,000
Samuel Frémont.	196,000
Daniel Froment.	244,450
La dame Ébrard.	300,000
Alexandre Ourseau de la Blonière.	2,800,000
François Ourseau des Arènes.	550,000
Jean Ourseau de Passy.	350,000
La veuve et succession de Pierre Ourseau.	270,000
Louis Ourseau [1].	480,000
Anne-Geneviève Goëffy Pajot-Bouchet.	504,400
Succession de Robert Parent.	325,000
Gilbert, veuve du sieur Blain.	80,000
Veuve de Jean Baquet.	200,000
Jacques Bellaud.	550,000
Bernard Barrie.	60,000
Mathurin Bernier.	94,825
Charles Bougys.	40,000
Nicolas Brulé.	123,000
François Boileau.	93,000

[1] Orceau. De lui vint Orceau de Fontette, maître des requêtes en 1745, puis intendant de Caen (*Vie privée de Louis XV*, t. I, p. 183.)

[1716] DÉCEMBRE. 203

Jacques Buisson.	100,000 l.
Succession de Jacques Bailleuf.	20,065
Boutaud.	54,000
Antoine Bertaud.	226,000
Poitevin de Montégly.	280,000
François Revol.	240,000
Joseph Revol.	180,000
Revol, femme du sieur des Grattières.	190,000
Romanet, fermier général.	4,453,000
De Jausson, ci-devant fermier général.	576,000
Coste de Champeron, fermier général.	450,000
Michel Le Bel, fermier général.	460,000
François Daly[1], fermier général.	390,000
Le sieur Charpentier, boucher de l'armée.	3,031,860
Jules et André Flacourt frères.	278,000
Borat du Plantier.	125,000
Jean Dutaud.	35,000
Basile Daine.	80,000
Joseph de Vilien.	233,000
Jeanne Croizat, veuve de Nicolas Daquin.	264,000
Dulac du Beck.	110,000
Castet, caissier du tabac.	36,000
Fradet, entrepreneur[2].	240,000
Claude Faucherol.	10,000
Louis de Laroque.	70,000
Olbac, banquier.	52,469
Jacques Doré.	80,000
Enteillart de la Forêt.	180,000

[1] Dazy. Il y a eu un abbé Dazy, janséniste, qui fut exilé, qui est Paul son fils. (*Vie privée de Louis XV*, t. I, p. 181.)

[2] Fradel. Il y a eu un Fradel, geôlier du Fort l'Évêque, fripon contre lequel Le Noble a fait *la Fradine* et *les Ongles rognés*. (*Vie privée de Louis XV*, t. I, p. 184.) Le Noble, auteur connu, est célèbre par son histoire avec Marie-Gabrielle Pereau, femme de Louis Semitte de la Croix, dite *la Belle épicière*.

Méré de Sainte-Marthe [1].	566,231 l.
Élisabeth Le Petit de Lavaux, veuve du sieur Guigon.	58,000
Le veuve de Guy, femme du sieur Plessis-Moreau.	6,000
Michel Ganot.	146,000
Henri, ci-devant trésorier des galères.	750,950
Succession de Pierre Gibert.	55,600
Grimodet et sa femme.	123,000
Jeanne-Marie Bautru, veuve du sieur Carlier.	230,000

Le total se monte à vingt-quatre millions six cent vingt-sept mille neuf cent cinquante et une livres.

Quatrième rôle contenant les taxes des gens d'affaires.

Du 28 novembre 1716.

Paulin Prondé, président en la chambre des comptes de Paris, auparavant intéressé dans les affaires du Roi.	1,900,000 l.
Il fut, depuis, encore obligé de rembourser un million à la ville de Lyon.	
Antoine Crozat l'aîné.	6,600,000
Il paya cette somme en peu de jours.	
Thomas Rivier.	3,300,000
Pierre Ogier.	1,677,000
Jacques Menon.	2,742,000

[1] Il a été dans les affaires sous le nom de Méré, et je sais de lui-même qu'il a eu un million de biens avant la révolution des billets. Il vivait encore en 1758, et avait alors quatre-vingt-trois ou quatre-vingt-quatre ans. Il avait été mis dans les affaires par Caumartin, intendant des finances, qui avait épousé une demoiselle de Sainte-Marthe. (Voyez la *Bibliothèque du Poitou*, t. V, — *Vie privée de Louis XV*, t. I, p. 184.)

[1716] DÉCEMBRE.

Jacques-Roland Moreau.	97,000 l.
Michel Le Gras.	186,022
Simon Montagnon.	215,000
Nicolas Moreau.	60,000
Baillart.	26,000
Nicolas Trinquant.	108,000
La femme de Richard.	20,000
Adrien Bouvillon.	280,000
J. Charles.	18,000
Bénigne Du Jardin.	269,050
Chomelet de Beauregard.	114,000
Charles Le Lierre.	88,000
Jean Pujol.	100,000
Joseph Provin.	130,000
Jean Geoffroy.	40,000
Hardy Du Plessis.	61,000
Lorme de Fontenay.	126,000
Étienne Cornet.	589,000
Jacques Daras, caissier du tabac.	550,000
Jean Goujon [1].	1,349,560
Saint-Remy le fils [2].	13,000
Broutin.	60,000
Hyacinthe.	60,433
Coste de Fois.	60,000
Tabourot.	36,250
Henri Delpesche.	1,500,000
Paul Delpesche et sa femme.	1,500,000
Victor Legris [3].	80,000
Succession de Pierre Montier.	228,000

[1] Père de Goujon de Gaville, maître des requêtes, intendant de Rouen. (*Vie privée de Louis XV*, t. I, p. 184.)
[2] Surirey, son fils, receveur général des finances, a fait banqueroute. (*Vie privée de Louis XV*, t. I, p. 186.)
[3] Père de Legris de Touville, retiré à Chartres. (*Vie privée de Louis XV*, t. I, p. 186.)

François Mérard.	46,000 l.
Succession de Magoulet.	38,500
Charles Savalet.	90,000
Richer de Rodée.	18,000
La femme de Rodée.	20,000
Le sieur Ammonio [1].	600,000
Chopin [2].	22,500
Guillaume Grenel.	410,000
Antoine Bourry [3].	225,000
Pierre Garnot.	100,000
Antoine Le Clerc.	110,000
Nicolas Le Vasseur.	93,000
Charles Pioger.	40,000
Étienne Portier.	92,000
Provin.	107,000
Pierre de Beille.	36,625
Louis de Norcault.	9,000
Hamel.	130,000
Succession du sieur Hubert.	90,000
Goinel du Clos.	107,000
Guillaume Le Noir.	106,000
Charles Legendre.	15,000
Henri Landry.	18,000
Succession de Poisson.	180,000

[1] Italien venu en France en qualité de garçon apothicaire à la suite de Mazarin. J. B. Rousseau a dit :

> J'ai vu, disait Marot en faisant la grimace,
> J'ai vu l'élève de Clio
> *Sedentem in tribonio,*
> Je l'ai vu calculer, rabattre
> Et d'un produit au denier quatre
> Raisonner mieux qu'Ammonio.
>   (*Vie privée de Louis XV*, t. I, p. 186.)

[2] Chappin de Gonzampré, premier président de la cour des monnaies, reçu le 15 août 1727.

[3] Bourry, avocat, fils d'un boulanger de Paris.

[1716] DÉCEMBRE. 207

Boutet.	40,000 l.
Béguin.	69,000
Duret de Noinville [1].	460,000
Louis Barbier.	283,000
Jacques Castin.	500,000
Chapelet de Ville.	41,000
Vomor de Villefrit.	400,000
Philippe-Antoine Chevalier.	240,000
Vincent Vallier.	8,437
La veuve Thomé.	621,000
Louis Thomé.	200,000
Adrien-Romain Thomé [2].	55,000
Pierre Thomé.	139,000
Pierre du Quesnoy.	100,000
La veuve J. Pierre.	18,800
Claude Cambray.	7,000
Pernot de Buatte.	35,219

Le total se monte à vingt-neuf millions huit cent trente-neuf mille trois cent quatre-vingt-seize livres.

Cinquième rôle contenant les taxes des gens d'affaires.

Du 5 décembre 1716.

Jean Glot ou Claude Sanglon.	19,000 l.
Louis Taboureau, receveur des tailles à Angoulême.	66,000
Jean-Baptiste Marchand.	150,000
Michel Albin ou Hablin.	3,000
Guillaume Gart de La Lande.	133,000

[1] De lui vint Durey de Noinville, auteur de l'*Histoire des secrétaires du Roi*, dit le président de Noinville. (*Vie privée de Louis XV*, t. I, p. 185.)

[2] Conseiller au Parlement, fameux dans le parti janséniste. (*Vie privée de Louis XV*, t. I, p. 185.)

Nicolas Sézille.	43,000 l.
Jean Regnoult.	180,000
André Loubas.	10,000
Michel Sonnier Sommaise.	74,000
Jean-Baptiste Regnault.	80,000
La veuve Simon Jean.	45,000
Jacques-François Brunot.	6,000
François Coquille de Hauterive.	20,000
Jacques Denizet.	2,000
Jean Baudenet.	8,000
Claude-César Le Rasle fils, trésorier de la chambre aux deniers.	68,000
Gabriel-François Bourdelet.	65,000
Pierre Boyer.	45,000
Claude Le Rasle père.	55,000
Charles-François Boutin.	15,000
Les héritiers de Martelière.	4,000
Charles Rizet.	3,000
François Bourget.	10,000
François Chevalier.	9,825
Jean-Joseph de Veillac.	6,500
Charles Cressé.	27,000
François Campion.	36,600
Dominique Cavalier.	33,000
Joseph Coulondre.	16,000
Charles-Simon Rouillant.	7,000
Pierre L'Hommelay de Beauregard.	114,000
Guillaume Huret Quevelle.	41,000
Antoine Néret et sa succession.	600,000
Paul Faget, conseiller en la cour des aides, héritier de Denis-Jean Bartet, caissier des fermes.	200,000
Barangue le fils, conseiller au Châtelet.	48,114
Charles Vireau des Espoisses, trésorier de la chambre aux deniers.	380,000

[1716] DÉCEMBRE. 209

Philippe de Mouchy, fermier général. . .	480,000 l.
Jean-Pierre Chaillon, fermier général. .	1,400,000
Moinet.	508,000
Jean-Louis Prondre de La Sibillière, frère de Paulin Prondre.	108,000
Vincent du Flot.	117,000
Jean-Baptiste Dyon de Saint-Ivry, payeur des rentes.	32,000
La veuve de Beaucousin.	34,500
Louis Faiste de Noisy.	106,000
Philippe Bouret, secrétaire du Roi. . . .	37,300
François Baraton de Villeneuve.	33,000
Gaillard de La Boissière, agent de change.	174,000
Jean-Julien de La Faye.	225,000
Philippe Corvisière.	10,000
Nicolas Hanet.	20,000
Guillaume Meinard.	34,000
Veuve et succession de Charles Néret. .	100,000
Léonard Pouget.	114,000
Henri Giraud.	100,000
Jean Jamel.	23,100
Succession et veuve de Lenormand, fermier général.	300,000
Aimé-Guillaume Lenormand, fils de ladite veuve.	25,900
Charles-François-Paul Lenormand, frère du précédent [1].	41,000

[1] De lui vint Lenormant de Tournehem, fermier général, fait en 1745 directeur ordonnateur des bâtiments, mort le 27 novembre 1751, âgé de soixante-sept ans, oncle de Lenormand d'Étiolles, son héritier et successeur dans le poste de fermier général, ex-mari de Jeanne-Antoinette Poisson, dite la marquise de Pompadour. (*Vie privée de Louis XV*, t. I, p. 189.) On sait que Lenormand d'Étiolles ne s'accommoda pas des grandeurs de sa femme, et que peu s'en fallut qu'il ne renouvelât la scène

Les héritiers de Heuslin Paquet.	25,000 l.
Laurent David.	57,000
La veuve et héritiers d'Étienne Jaunet.	43,000
Étienne Aubry des Lombards.	4,000
Charles-Henri-Arnaud de Bellecombe.	8,000
Antoine Aubet.	4,000
Pierre Arnauld.	6,000
Simon-Charles Bernard.	15,500
Thomas Bille, caissier du clergé, puis receveur des tailles.	27,500
Jacques Aubert.	3,000
Gilles Brodeau.	3,000
Nicolas Breton.	15,500
Etienne Bourret.	6,000
François Bourret [1].	46,000
Philibert Docq.	35,000

des *pleureuses* de M. de Montespan. Lenormand d'Étiolles se consola, avec mademoiselle Rem de l'Opéra, de l'infidélité de sa femme; il l'épousa même après la mort de madame de Pompadour. On fit à ce propos l'épigramme suivante :

> Pour réparer *miseriam*
> Que Pompadour fit à la France,
> Lenormand, plein de conscience,
> Vient d'épouser *Rem publicam*.

Lorsque le marquis de Marigny, frère de madame de Pompadour, lui demanda s'il se porterait héritier de cette dernière, Lenormand répondit :

> Je ne veux pas d'un bien qui coûta tant de larmes.

Le marquis de Marigny, moins scrupuleux, hérita de sa sœur. (Voyez les *Mémoires de madame du Haussel*.)

[1] Bourret, ancien notaire au Châtelet de Paris, reçu secrétaire du Roi le 30 juillet 1685, en remplacement de M. de Formont, eut pour répondants, lors de l'information de vie et mœurs que l'on faisait subir à chaque récipiendaire : François de Montmignon, docteur en théologie de la faculté de Paris et curé de Saint-Nicolas des Champs; Pierre Maissat et Claude Dumas, tous les deux secrétaires du Roi.

Jean Toutun.	219,000 l.
Jacques-François Berthaud.	8,000
Louis Bernard.	6,000
Jean Coutand.	288,000
François Antoine.	6,000
Jean-Baptiste Touzard.	3,300
Veuve et héritiers de Heuslin, receveur général des finances de Soissons.	300,000
Pierre Dauvert.	3,000
Joseph Charles.	8,525
Simon-Louis Tarteron.	4,000
Antoine Courtial.	7,000
La veuve Pierre Binard.	3,000
Louis Durand.	3,000
François-Nicolas Raffy.	520,000
Georges Raffy.	204,000
Antoine-Alexis Raffy [1].	366,000
La veuve de Gaspard Dodun [2].	8,000

[1] Fils de François Raffy, receveur général des domaines en la généralité de Metz, et reçu secrétaire du Roi le 2 septembre 1695. Il avait eu pour répondants, lors de l'information de vie et mœurs, Philippe de Lamet, docteur en théologie, vicaire de Saint-Eustache; Jacques Richer et Pierre de Maridat, tous deux conseillers au parlement de Metz. Suivant les Mémoires sur la succession de François-Nicolas Raffy de Bazoncourt (1760), ancien maître d'hôtel du Roi et grand maître des eaux et forêts du Poitou, la taxe fut de quatre cent mille livres, dont Raffy de Bazoncourt obtint la décharge en épousant la fille de Bonnet de Saint-Léger, valet de chambre et favori du Régent, mort depuis pourvu de la charge de grand maître des eaux et forêts du Poitou, qui a ensuite passé à Raffy de Bazoncourt, mort sans enfants, et dont la riche succession a passé à deux de ses parents maternels, Daniel-Jean-François-Antoine Morel, du parlement de Metz, et Charles-Joseph de la Vallée de Pinerdan. (*Vie privée de Louis XV*, t. 1, p. 190.)

[2] De lui vint Charles-Gaspard Dodun, président au Parle-

Antoine Charpentier.	2,000 l.
Bonnet d'Orscars.	2,000
Étienne Coysteux de Vivien.	6,800
Léonard du Chuzel de La Chabrerie.	8,000
Succession de Louis Chopin, ou héritiers de Champagne.	7,900
Succession de Carissin d'Armencourt.	3,465
Jean de La Porte.	6,000
Germain de Mercy.	6,000
La veuve de Nicolas Coquille.	10,000
Charles Dajot.	4,000
Durand de Lujène.	520,000
Jean-Remy Hénaut [1].	1,100,000

Le total se monte à la somme de huit millions six cent soixante-quatre mille vingt-neuf livres.

Sixième rôle contenant les taxes des gens d'affaires.

Du 12 décembre 1716.

Denis Aubry.	138,000 l.
François Brunet.	180,000
La veuve de Jacques Bouvart.	400,000
Barthet de Guignonville.	148,000
Louis de Rougier.	25,000
François Boulat.	400,000

ment, puis contrôleur général sous le ministère du duc de Bourbon, déposé en 1726, mort sans enfants. La terre d'Herbault, près de Blois, fut érigée en marquisat pour lui. (*Vie privée de Louis XV*, t. I, p. 190.)

[1] Receveur général des finances, père de J. F. Hénault, président au Parlement, auteur de l'*Abrégé chronologique*; ce Remy Hénault était fils ou petit-fils d'un riche laboureur. (*Vie privée de Louis XV*, t. I, p. 190.)

[1716] DÉCEMBRE.

Moïse-Augustin Fontanieu, trésorier général[1] de la marine.	500,000 l.
Guillaume de Saint-Vallier, président aux requêtes du palais.	555,000
Pierre Langlois, président.	750,000
Charles de Grandval Dupuy, fermier général, ou Charles Potel.	400,000
Jean-Baptiste Langlois.	360,000
Raymond de La Renouillère.	437,000
Jacques du Monstier, bailli de Pontoise.	33,000
Louis-Remy Adine, fils du sieur Adine, fermier général.	20,000
Jean-Baptiste Laugeois.	10,000
Pierre Pelart.	10,000
Philippe Thomé, conseiller, fils du fermier général.	150,000
Charles Salaberry.	360,000
Jean Dury.	66,000
Pierre de Saint-Laurent.	42,000
Samuel de Milly.	30,000
Succession et veuve de Henri Chamblin.	390,000
Antoine-Nicolas Sommery.	600,432
Le sieur Dron.	400,000
François Prat, receveur général des finances de la généralité de Paris.	758,000
Charles-César du Ruau-Palu, conseiller au parlement de Paris[2].	180,000

[1] Père de Moïse-Gaspard Fontanieu, successivement maître des requêtes, intendant de Grenoble, conseiller d'État, contrôleur général des meubles de la couronne, si célèbre par son amour pour l'histoire et par son *Recueil de titres*, conservé aujourd'hui à la Bibliothèque impériale.

[2] On ne trouve pas de conseiller au Parlement de ce nom; il y eut en 1710 un nommé Palluau, peut-être est-ce le même.

Antoine Poitevin, sous-caissier de la douane de Paris.	174,000 l.
Pierre-Louis Rouillé de Beauvoir.	10,000
René Rouillé du Péray.	45,000
La veuve de Brunet de Saverne.	375,000
Jacques-César Parat de Vareille [1].	6,600
Mathieu Radix.	60,000
Héritiers de Charles Rossignol.	150,000
Jean-Étienne Volant, caissier.	106,000
François Baudin de La Chesnaye.	250,000
Succession et veuve de Rocheron.	48,000
François Chamblin.	31,000
Michel-Arnaud Racine le fils.	130,000
Marc-Antoine de Bonnefin.	5,000
Jean-Amédée des Noyers de l'Orme.	10,000
Jean Cavelet.	36,000
L'abbé Coste de Champeron.	4,400
Le Maire du Vivier.	54,000
Élisabeth Dougny, sa femme.	3,000
Joseph Bonnerat de La Brosse [2].	25,000
Jean Bartel, caissier de la douane de Paris.	174,000
Henri Crozat de Ramon.	35,000
Claude-François de Besse.	15,000
Damien Chauvin.	48,000
Veuve de Jean Coppinet.	9,000
Louis de Mailleron.	25,000
Nicolas du Montier.	30,000
Jacques de Delay.	65,000
Antoine Derneuve [3]	300,000

[1] Mort imbécile, père de Paral de Mongeron. (*Vie privée de Louis XV*, t. I, p. 192.)

[2] Ou plutôt Boureau; le savant Boureau des Landes était de la même famille. (*Vie privée de Louis XV*, t. I, p. 192.)

[3] Ou de Vienne, son frère, est mort conseiller-clerc de la grand'chambre. (*Vie privée de Louis XV*, t. I, p. 192.)

[1716] DÉCEMBRE. 215

Claude Le Bel.	320,000 l.
Eustache de Villiers.	25,000
Jacques Colondre.	30,000
Jean Châtelain.	3,000
Joachin-David Chartier.	10,000
Les héritiers de Charles de Longpré.	86,000
Marie Durand, veuve de Jacques du Ryt[1].	280,000
Thomas Chanderlau.	27,000
François Levieux[2].	180,000
Louis-François Mouffle de Champigny, trésorier général de la marine.	780,000
Daniel Fontaine de La Crochinière, d'Amiens.	80,000
La veuve de Henri Mercier.	62,000
François-Joseph de La Rivière.	150,000
Jean-Baptiste Le Rauvillois.	213,000
Les héritiers de Nicolas Boudart de Tours.	600,000
Nicolas Leleu.	260,000
Jean-Charles Rollin de Launoy.	100,000
Edme Boudard.	1,000,000
Charles-Henri Adam.	600,000
Philippe-Pierre Bouvart.	83,000
Pierre Ruel, agent de change.	256,000
François Léfébure, caissier de M. Lallemand, receveur général des finances de Champagne.	250,000
Jacques-André de Vaux et Joseph de Vaux.	60,000
Claude-Henri Châtelain de Rancy.	66,000
Melchior de Blair, fermier général.	240,000
Le président de Chailly.	250,000
André-Nicolas Sonning, receveur général des finances de Paris.	600,000

[1] Receveur des tailles d'Étampes.
[2] Receveur des tailles de Crespy.

Jean-Baptiste Langlois, de Saint-
Quentin. . . . . 380,000 l.
Jean-Baptiste Langlois, fermier général. 360,000
Claude-Jacques de Vienne. 32,000

Le total se monte à treize millions cinq cent quatre-vingt-un mille huit cent trente-deux livres.

Septième rôle contenant les taxes des gens d'affaires.

Du 20 décembre 1716.

Pierre-Louis Nivelle de La Chaussée. . . . 250,000 l.
Succession de Jean Galdy. 33,000
Succession d'Étienne Lenain. 2,000
André Fournier. 33,000
Les héritiers de Louis Langlois 10,000
Jean-Maurice Durand de Chalas. . . . 417,000
Héritiers de Léonard. 123,500
Louis-Abraham Coustard. 48,000
François Mailleaux. 21,000
Jean-Baptiste Durand de Romilly. . . . 280,000
Jean-Baptiste Nivelle de La Chaussée. . 125,000
François Maignard Beauval. 43,000
Charles Bourguin. 15,000
Les héritiers de Jacques de Douilly. . . 168,000
Les héritiers de Foulques de Douilly. . 52,000
Veuve et succession de Launay. 50,000
Jean Bonaventure Leley de Villemarets. 420,000
Veuve Antoine Pelletier. 76,000
Les héritiers d'Antoine Pelletier. . . . 10,000
Les héritiers de Charles-Joseph de Cour-
celles. 62,000

[1716] DÉCEMBRE. 217

Pierre Nivelle de La Chaussée, fermier général [1].	11,000 l.
Antoine Hubert.	39,000
Pierre Guichon.	41,000
La veuve de Charles-Joseph de Courcelles.	16,000
Claude Lhuillier.	36,000
Du Plessis-Senneterre.	19,869
François du Plessis.	169,000
Antoine Claustrin.	50,000
Jean Milhaud.	102,000
François Vieil.	20,000
Noël-Hyacinthe Raulin de Faverolle.	58,000
François Rouillé d'Orgemont.	117,000
Urbain de La Barre.	21,000
Pierre-François Heulde.	119,000
Héritiers d'Anne Portier.	25,000
Nicolas Sauret.	55,000
Jean-Auguste Bourret.	10,000
Veuve et héritiers Léonard Le Droit.	25,000
La veuve de François Regnauld.	8,000
Philippe Marron.	9,600
Charles-Alexandre Negret.	6,500
Philippe Lefèvre, fermier général.	210,000
La veuve de Pierre Alexandre.	234,000
Les héritiers de Pierre Alexandre.	232,000
Les héritiers de Carré de Champeron.	33,000
Les héritiers de Chevalier.	340,000
Jean-François de La Porte, fermier général.	144,000
Lazare-Louis Thiroux, fermier général [2].	400,000

[1] Oncle de Pierre-Claude Nivelle de La Chaussée, auteur dramatique, né en 1692, mort en 1754.

[2] De lui vinrent Thiroux d'Houaville, maître des requêtes (1740), et Thiroux d'Esportennes, aussi maître des requêtes (1742). Il

Pierre-Philippe-Jacques de Vitry, fermier
général. . . . . 143,000 l.
Jacques Le Courtois d'Auverly, fermier
général. 192,000
Pierre Surrif de Saint-Remy. 23,500
Jean-Marie de Vougny, receveur général. 2,644,000
François-Christophe La Live [1]. 1,200,000
Pierre Moreau de Chaulieu. 36,000
Charles Baramé. 30,000
Antoine-Étienne de Belair. 12,500
Étienne Chabannest du Dimont. . . . 45,000
René Boutin, receveur général [2]. . . 1,188,607
Charles Lallemant, receveur général des
finances de Champagne. 1,390,000
Simon Coquet, fermier général. 214,000
André Montmarquet, fermier général. 480,000
Louis Vaubert, fermier général. 356,000
François Guyot de Chenizot. 835,000
Louis Lhéritier. 519,000
François-Nicolas Maigret. 570,000
Pierre de La Ménardière Le Riche. . . 464,000
François Gallois. 150,000
André Mailly du Breuil, receveur gé-
néral [3]. 1,000,000
La veuve et héritiers de Bellard. . . . 6,000

est père de Thiroux de Lailly, fait fermier général en 1721. Il passait pour avoir beaucoup plus d'esprit que de bonne foi. (*Vie privée de Louis XV*, t. I, p. 193 et 268.)

[1] Père de la Live de Bellegarde, fermier général et secrétaire du Roi. Grand dévot, fort charitable et très-honnête homme. (*Vie privée de Louis XV*, t. I, p. 258.)

[2] De lui vint le maître des requêtes commissaire de la compagnie des Indes en 1759, à la place de Silhouette, ensuite intendant de Bordeaux. (*Vie privée de Louis XV*, t. I, p. 194.)

[3] Sa femme était une demoiselle Deschiens. (*Vie privée de Louis XV*, t. I, p. 194.)

[1716] DÉCEMBRE.   219

Pierre Robert,	15,000 l.
Jacques Le Mercier.	10,000
Charles Michau.	20,000
Les héritiers de Jean-Baptiste Lucot.	10,000
Claude-Balthazar de Marsy.	20,000
Gaspard Fayard, banquier.	40,000
La veuve de Pierre Le Tellier, fermier général.	46,000
La veuve de Jean-Baptiste Lucot.	39,000
Laurent-François de Villeneuve.	1,020,000
De Tournières, receveur général, et sa charge de trésorier général de la maison du Roi perdue.	3,330,000
François Lescamp.	25,000
Jean-Pierre Penaut Lombard.	10,000
Pierre-Christophe Lenoir.	56,000
François Legendre, caissier.	20,000
La veuve de Nicolas Fillion.	9,000
Jacques Mordelet.	7,000
Claude Martin.	8,400
Louis Péan.	139,000
Gabriel Héro, receveur des tailles.	20,000
Nicolas Nivelle de La Chaussée.	4,000
Le sieur Poirier.	420,000

Le total se monte à dix-huit millions cent quatorze mille huit cent quatre-vingt-seize livres.

Huitième rôle contenant les taxes des gens d'affaires.

Du 2 janvier 1717.

Legendre, fermier général.	300,000 l.
Pelletier de Saint-Gervais [1].	20,000

[1] De lui vint le Pelletier de La Houssaye, contrôleur général, prédécesseur de Dodun. (*Vie privée de Louis XV*, t. 1, p. 196.)

Charles Legrand.	60,000 l.
Jean de Vougny.	25,000
Alexandre Le Riche [1].	522,000
Charles Ruau du Tronchot.	300,000
Claude Thiroux de Villeroy.	164,000
Jean-Baptiste Visinier.	48,000
Gratien Capronnier.	10,000
Thomas Mansion.	285,000
Succession de Claude Guédon.	45,000
Nicolas de Lucé.	200,000
Pierre Dodun [2].	500,000
Philippe Langlois.	1,238,000
Jacques de La Croizette.	17,000
Nicolas Fouchet.	30,000
Jean Dagout de La Grange.	15,000
Jean de La Mothe.	6,500
La femme de Nicolas Ferlet.	54,000
André Vol.	18,000
Charles Geoffroi [3].	9,200
Jean Dupuis.	105,000
Pierre Colin.	27,000
François-Thomas Daudebert.	7,500
Philippe-Aubertin de La Roche.	21,000
Alexandre Dumas.	6,200

[1] De lui vint Le Riche de la Pouplinière, fermier général. (*Vie privée de Louis XV*, t. 1, p. 196.) La Pouplinière avait épousé la fille de Mimi Dancourt. On connaît la mésaventure du fermier général, et l'histoire de la cheminée qui fit l'admiration de Vaucanson.

[2] Frère de Gaspard Dodun.

[3] Geoffrin, et non Geoffroi, était un paysan qui fut d'abord clerc de procureur, puis commis à la Verrerie, puis dans les affaires; sa veuve vit et fait le bel esprit. (*Vie privée de Louis XV*, t. 1, p. 197.) Madame Geoffrin, célèbre par son salon, naquit en 1699 et mourut en 1777. Sa fille épousa le marquis de la Ferté-Imbault.

[1716] DÉCEMBRE.

Doubleau de Mouchy.	20,000 l.
De Meurier de Saint-Léon.	17,000
Jacques de Prinier.	8,230
Mathurin Vallercourt.	6,800
Thomas Fleury.	6,000
Simon de Lautel.	6,400
Louis-Antoine Charlot de Charlière.	11,000
Sa femme.	6,000
Pierre-Nicolas de La Croix.	9,000
Jacques de Lage.	252,000
Georges de Cara.	22,500
Bernard Maigret.	4,000
Pierre Rollée, receveur général.	450,000
Claude Berthe.	20,000
Joseph-Marguerite du Mesnil.	11,200
Marin de La Haye[1].	6,400
La veuve et succession de Chantereau.	900
Louis de La Borde.	21,250
François Dubois et sa femme.	185,000
Louis-Guillaume de Fontenay.	6,000
Pierre des Portes.	9,000
Succession de Vincent de Maucourt.	10,000
Claude de La Bouffière.	7,600
Jérôme de La Guerre.	10,000
Etienne de La Cour.	44,330
Louis Alloust.	22,500
Pierre Cavernon.	8,000
Pierre de Bonnin.	17,000
Laurent Grévin de Saint-Thierry.	11,000
François-Jean Regnaut et sa femme	18,500

[1] Mort fermier général. Son fils, aussi fermier général (1753), avait acheté et occupait le magnifique hôtel Lambert, une des curiosités de Paris, qu'il avait acheté cinq cent mille livres de Dupin son confrère. Ce Marin La Haye était alors un des caissiers des fermes. (*Vie privée de Louis XV*, t. I, p. 197.)

Regnaud Forbet, ... 18,430 l.
Joseph Lenoir, ... 165,000
Michel-François Goupy de Béhagne, .. 20,400
André Geslin de Saint-Martin, ... 4,000
Jean-Baptiste Berthaut, ... 25,000
Bonaventure Mortier. 26,000
Louis Mogniac. 15,000
Jean-Simon Ledagre. 43,000
Joseph Favry. 2,000
La veuve de Jean de La Font. 10,000
Pierre-François Arcot. 80,000
Pierre Rousseau. 900,000
Jacques Le Vineux. 15,200
Jacques Lenormand. 17,500
Jean Girard. 6,800
Jacques Lenfant. 12,000
Claude Quillery. 7,000
Adrien-Eustache File. 4,000
Charles-Jacques du Montoire. 4,000
Pierre Le Neveu de Beauval. 37,000
De La Potterie. 44,000
Henri Berthe. 27,000
François Houssart de Sauvray. 40,000
Louis Pannetier de La Tour. 65,000
Augustin-Berthe de Malzieu de Montgabat [1] 7,000
La veuve de Jérôme Laufen. 25,000
Édouard de Magneux. 100,000
Thibaud Forquin. 25,000
Jean-Baptiste de Naverte. 16,000
Roland Pestel. 200,000

[1] Mort en 1747, ancien chevalier d'honneur au bureau des finances de Paris, très-habile dans la matière des fermes; son dernier travail les a fait rehausser de plus de dix millions. (*Vie privée de Louis XV*, t. I, p. 198.)

[1716] DÉCEMBRE.

Jean-Baptiste Jaquinot.	10,000 l.
Dominique-Nicolas Lefouin.	17,500
Louis Moreau[1].	200,000
Michel Bonnard.	38,000
Jean Le Franc de Brunpré.	22,500
Gabriel Marot.	8,000
Étienne Le Vassor de Lucé.	230,000
Louis de Poix de Perigny.	180,000
Pierre Pinon.	60,000
Théophile Péclavet.	48,000
Philippe Renoult.	60,000
Le Noble du Petitbois.	76,000
Pomponne de Lautange.	19,000
Anne-François Gaze.	6,000
Gaspar Balade.	132,000
Joseph Le Bert.	7,000
La veuve et héritiers de Denis Le Feu.	40,000
Toussaint Berthaud.	22,500
Léonard Berton.	35,000
François de Lorne.	24,000
La veuve de Claude d'Appougny.	20,000
La veuve d'Isaac Le Maistre.	25,000
Mouffle de La Tuilerie.	60,000
Nicolas Godefroy, receveur général.	400,000
Jean-Louis Héron, receveur général.	335,000
Jean-François Masson, receveur général.	500,000
Jean-Baptiste-Jacques Pernet.	80,000
Jacques-André de Pilles, receveur général.	82,400
Jean-Paul Courtain.	80,000
La veuve de François Le Gendre.	183,000
Paul-Édouard Duchauffour[2].	157,000

[1] De ces Moreau viennent les Moreau de Séchelles, fait contrôleur général en 1755; les Moreau du Parlement et les Moreau du Châtelet. (*Vie privée de Louis XV*, t. I, p. 199.)

[2] Brûlé à Paris le 10 juillet 1725. Son jugement porte

Anne-Alexis Carqueville, receveur général. .... 350,000 l.
Jean-Baptiste Loubert, receveur général. 493,000
Claude Pattu. 87,000
Michel Racine, receveur général. 200,000
Gérard Durey de Poligny. 350,000
Gérard-Michel de La Jonchère, trésorier général de l'extraordinaire des guerres[1]. 600,000
Pierre-Nicolas Gaudion, trésorier général de la marine. 200,000
Le Bas du Plessis, trésorier de l'extraordinaire des guerres. 1,504,415
Joseph Durey du Sauroy, trésorier de l'extraordinaire des guerres. 1,000,000
Philippe Milieu, inspecteur général des étapes, vivres et fourrages. 1,200,000
Pierre-François Le Mercier. 540,000
Laurent Verzura, Génois. 230,000
Joseph Le Gendre d'Armigny. 300,000
Louis Bille. 18,000
Alexandre-Bertrand du Rau Pallu. .. 100,000
Les héritiers de René Aubry. 887,000
Antoine Grimaud[2]. 150,000

Déchauffour. Il avait une sœur mariée au marquis de Pont Saint-Pierre, et une autre au sieur Aubron, commissaire des guerres à Wissembourg, dont est né Aubron, directeur des fermes, à Metz, en 1740. (*Vie privée de Louis XV*, t. I, p. 200.) Duchauffour fut brûlé pour crime de sodomie.

[1] Son fils est auteur d'un nouveau système sur les finances. (*Vie privée de Louis XV*, t. I, p. 200.)

[2] De lui vinrent Grimod du Fort et Grimod de la Reynière, fermiers généraux. Ce dernier a marié sa fille au fils du chancelier Lamoignon. Grimod de la Reynière fut nommé fermier général en 1721, et fut aussi fermier général des postes; sa femme était très-impertinente. Un jour, au sermon à l'église Saint-André des Arts, elle avait pris deux ou trois chaises pour

[1716] DÉCEMBRE.

Les héritiers de Jacques Fermé, sa veuve, fille de Lebel, fermier général	300,000 l.
Pierre-Benoit Pouget	25,000
Pierre Arthaud	300,000
Hilaire Mareschal	15,000
Nicolas du Change	20,000
Les héritiers de Claude-Antoine Dupré [1]	8,000
Pierre Pougin de Noiron	53,000
Jean-François Février	10,000
Jacques-Nicolas Boucher	25,000
Henri-Marie Benoist	44,000
Antoine Le Clerc de La Motte	6,000
Louis Le Petit	30,000
Jean-François Le Roi	17,000
La succession d'Edme Dudoyer	110,000
Jean-Armand Piet	98,000
François-Nicolas Aubourg	440,000
Hubert Véron	30,000
Jean Oursin, receveur général [2]	2,600,000
François Donneur	250,000

elle seule; elle dit tout haut qu'elle voudrait qu'on fit payer les chaises un louis. Un vieil officier qui était derrière elle lui dit : « Vous avez raison, ma mie; vous paraissez avoir plus d'écus que de cervelle. »

Grimod du Fort fut aussi nommé fermier général en 1721. Il avait épousé en secondes noces une demoiselle de Caulaincourt. (*Vie privée de Louis XV*, t. I, p. 200 et 255.)

Le fameux Alexandre-Balthazar-Laurent Grimod de la Reynière, né en 1758, mort en 1838, si connu par ses saillies et par son *Almanach du gourmand*, était fils ou petit-fils du premier.

[1] De lui vint Dupré de Saint-Maur, traducteur de Milton. (*Vie privée de Louis XV*, t. I, p. 200.)

[2] Natif de Caen, fils d'un chandelier; sa fille a épousé Chauvelin, intendant d'Amiens, de plus intendant des finances, mort le 14 mai 1767, remplacé par Boutin son gendre. (*Vie privée de Louis XV*, t. I, p. 201.)

Charlotte Broutin, sa femme.	57,000 l.
Mathieu Randon.	225,000
Joseph Thérisse.	150,000
Augustin Feriole.	150,000
Vincent Lemay, gendre du sieur de La Garde, commis de M. Desmarets.	38,000
La succession de Jean Jolly.	15,000
Les héritiers de Marcou Le Noir.	18,500
Denis d'Appougny.	44,000
Romain Dru de Mongelas.	1,500,000
Étienne Landais.	330,000
Louis Le Bas de Giranzy.	330,000
Claude Le Bas de Montargis, garde du trésor royal triennal, avec sa charge supprimée.	1,700,000
La veuve de Claude Accault.	270,000
Les héritiers de Claude Accault.	444,000
Pierre-Richard Brochet.	25,000
Noël Alevin.	130,000
François Gabriel.	120,000
Nicolas des Noyers.	133,000
Raphaël de Castille.	672,000
Pierre Durey d'Arnoncourt, receveur général.	174,000
Guillaume Juillet, receveur général des finances de la généralité de Lyon.	185,000
François Lebas.	250,000
Charles Le Queux d'Offroy.	10,500
Jean Lamy.	86,000
François de Ganeau.	75,000
Sa femme.	2,200
La veuve Le Tessier.	6,000
Nicolas Mailly Charneuil de Franconville.	48,000
François Bovid.	29,000
Isaac Monmerqué.	8,000

[1716] DÉCEMBRE.

Bernard Girardin[1].	6,000 l.
Jean Refrégé.	15,000
Charles-Claude Ladosseur de La Baume.	100,000
Thomas du Baret.	20,000
René Pastel.	43,000
La veuve de Florent Robillard.	250,000
Jean Halma.	6,300
François Roblâtre.	10,000
Jacques Senaut.	15,000
Raoul Poultier[2].	3,000
Pierre Gallois.	94,000
Simon Sézille.	26,000
Antoine Claris, contrôleur de l'ordinaire.	462,330
Pierre Remond.	102,000
Jean Vieil.	103,201
Jean-Jacques du Vieil et Jérémie Plantier.	200,000
Langlois, fermier général.	200,000
Jean Paze.	124,500
Joseph Pichon.	216,000
Jean Dequoy.	90,000
Jean de Saint-Auron.	60,000
Goujon.	66,000

Le total se monte à la somme de trente et un millions sept cent soixante mille huit cent cinquante-six livres.

[1] Père du maître des requêtes Girardin de Vauvray, qui a eu ordre de se défaire de sa charge. (*Vie privée de Louis XV*, t. I, p. 202.)

[2] Père de Poulletier, intendant de Lyon. (*Vie privée de Louis XV*, t. I, p. 202.)

Catalogue de livres débités à la foire de Francfort à la fin de l'année 1716.

De morte cardinalis de Tournon, opera et studio patrum societatis Jesu.

— Traité de la nécessité de recevoir les constitutions des Papes en France, et de les rejeter en Chine, par le R. P. Le Tellier.

— Traité du commerce et des manufactures pour le progrès de la foi dans les Indes, par le P. Fontenay, jésuite, de retour en France pour avoir fraudé les douanes de la Chine.

— De la foi due aux anciens livres tant sacrés que profanes, par le P. Hardouin, pyrrhonien de la même compagnie, ouvrage continué par le P. Germon [1].

— Les travaux apostoliques pour rétablir la foi catholique, non chez les infidèles mais dans les communautés religieuses, comme celles des Oratoriens, Jacobins, Bénédictins, Feuillants, etc., par M. l'abbé Henriot, missionnaire, député au chapitre général des Feuillants, et nommé par le feu Roi à l'évêché de Lisieux pendant deux heures au moins.

— Entretiens pacifiques sur les matières du temps, par le R. P. Doucin, jésuite, retiré à Orléans, avec un appendix sur l'utilité des *Tocsins* pour empêcher la division des bons catholiques.

— La Théologie du P. Porée [2], jésuite, ouvrage fort vanté, mais qui n'a pas encore paru.

— Modèle de lettres pour bien écrire en français, par le

---

[1] Le P. Barthélémy Germon, né à Orléans en 1663, mort dans la même ville le 2 octobre 1718, célèbre par ses attaques contre le *De re diplomatica* de Mabillon.

[2] Le P. Charles Porée, né en 1675 à Vendes, près Caen, mort le 11 janvier 1741, fut le professeur de Voltaire.

[1716] DÉCEMBRE.

même, 2ᵉ édition, revue et corrigée par M. Grenan[1], professeur de rhétorique au collége d'Harcourt.

— De cæco zelo, dissertatio pertinacissima, auctore eodem.

— Du respect dû aux compagnies souveraines, par le P. Cicaut, jésuite, avec la relation de son amende honorable au grand Conseil.

— L'équité des Parlements dans les jugements rendus au sujet de la société et de ses membres; traduction de l'ouvrage latin du P. Jouvency[2], par le P. Buffier[3], jésuite.

— Summa conciliorum recognita, emendata, partim aucta, partim contracta, nonnumquam plane mutata, cum indice locupletissimo ad usum doctorum, opera et studio R. P. Harduini et aliorum societatis Jesu.

— Le moyen d'exercer l'inquisition dans le royaume de France, par le P. Lallemand, jésuite, désigné qualificateur[4] du saint office.

— Questions problématiques sur les moyens d'étendre les pouvoirs de confesser, trop limités par les ordinaires, mis au jour par les confesseurs de la compagnie de Jésus.

— Vie des saints prélats persécutés pour la défense de la religion, continuation de l'ouvrage de M. Baillet[5].

[1] Le P. Bénigne Grenan, né à Noyers en Bourgogne, mort en 1722, est connu par son ode en latin sur le vin de Bourgogne, qu'il mettait au-dessus du vin de Champagne.
[2] Le P. Joseph Jouvency, né le 14 septembre 1643, mort le 29 mai 1719, fut un des plus célèbres membres de la société de Jésus; il a donné des éditions de quelques auteurs latins expurgés des passages qui choquent la morale, et enrichis de notes excellentes.
[3] Le P. Claude Buffier, né en Pologne le 25 mai 1661, mourut en 1737, participa à la rédaction du *Journal de Trévoux*.
[4] On appelait *qualificateur* un théologien préposé pour qualifier les propositions soupçonnées d'erreur au point de vue religieux.
[5] Adrien Baillet, né près de Beauvais le 13 juin 1649, mort

— Recueil des brefs tout dressés pour les puissances séculières et ecclésiastiques, universités, facultés, docteurs, etc., par le P. Jouvency, secrétaire apostolique, traduit du latin par le P. Tournemine [1], jésuite.

— Histoire de France à l'usage de Rome, par le P. Daniel, jésuite.

— Le chemin de la Cour et la manière de s'y faire voir, par le P. du Trévoux, jésuite.

— L'art de donner du lustre aux faces du collége de Clermont, par le P. de Linière, jésuite.

— Comédies françaises et autres ouvrages burlesques du P. du Cerceau [2].

— Opéra nouveau, par le P. Du Halde [3], préfet de la congrégation des Laquais, ci-devant secrétaire du P. Le Tellier et auteur de l'opéra de Narcisse, représenté au collége de Clermont en 1707.

— De l'utilité de la congrégation des Laquais pour découvrir les secrets de leurs maîtres, par le même.

— Liste des prélats qui ont officié chez les jésuites aux grandes fêtes, jusqu'à l'année 1716 exclusivement.

— De l'utilité de l'orfévrerie pour faire naître la dévotion dans les âmes aux fêtes solennelles, par les préfets des congrégations.

— L'art de servir Dieu sans faire tort à la dignité de son rang dans les différentes congrégations d'ecclésiasti-

en 1706, auteur de divers ouvrages, et entre autres de l'*Histoire des démêlés du pape Boniface VIII avec Philippe le Bel*.

[1] Le P. Joseph Tournemine, né le 26 avril 1661, mort le 16 mai 1739, fut un des directeurs du *Journal de Trévoux*.

[2] Le P. Jean-Antoine du Cerceau, né à Paris le 12 novembre 1670, mort par accident le 4 juillet 1730, tué à la chasse par le prince de Conti, dont il était précepteur. Le P. du Cerceau est célèbre par ses poésies latines.

[3] Le P. Jean-Baptiste Duhalde, né le 1er février 1674, mort le 18 août 1743, auteur des *Lettres édifiantes et curieuses écrites des missions étrangères*, et d'une *Description de la Chine*.

ques, de messieurs, de pensionnaires, d'artisans, de valets de chambre et de laquais, par les mêmes PP. préfets.

— Le vrai moyen de gagner des soldats à la Vierge Marie et à la compagnie de Jésus, par les pères préfets de la congrégation de Lille en France.

— Idée de la ligue, revue, corrigée et mise en meilleure forme dans les associations établies parmi les soldats, par les RR. PP. de la compagnie de Jésus en France.

— Traité de l'humanité, par le P. Martineau, provincial des jésuites de la province de France.

— Le parfait missionnaire, par le P. Le Comte [1], jésuite, missionnaire de la Chine.

— L'art de prêcher sans être écouté, par le P. Pallu [2] et autres de ses confrères.

— La sagesse et la modération d'un prédicateur évangélique, mise dans tout son jour dans les sermons des PP. de La Mothe et de La Ferté.

— Oraison funèbre du Roi, prononcée par le P. Porée et commentée par un professeur de l'université de Paris.

— Traité du pardon des ennemis, démontré et mis en pratique dans la destruction de Port-Royal et dans la construction des loges de Bicêtre, par le P. Le Tellier.

— Le dogue fidèle aboyant pour la défense d'Israël dans l'assemblée des docteurs, par le P. Tournély [3], professeur de Sorbonne.

---

[1] Le P. Louis Lecomte, né à Bordeaux, fut l'un des six missionnaires mathématiciens envoyés en Chine en 1686. A son retour, il fut nommé confesseur de la duchesse de Bourgogne; il mourut en 1729.

[2] Le P. Martin Pallu, né à Tours en 1661, mort le 20 mai 1742, fut directeur de la congrégation de la Sainte-Vierge, établie dans la maison professe des Jésuites, rue Saint-Antoine.

[3] Honoré Tournély, docteur et professeur de Sorbonne, né à Antibes le 28 août 1658, mort en 1729. On lui a attribué la rédaction des ouvrages de Languet, évêque de Soissons.

— Traité des négociations en cour de Rome, par M. l'abbé de Targny[1], avec des notes par M. Chevalier.

— Modèle de résignation dans la mort chrétienne du P. Guignard[2] pour servir dans les temps de tribulation, par le P. Sanadon[3], directeur du noviciat.

— Le parfait sacristain, ou l'art de faire servir les décorations et les machines de théâtre aux parements des autels, par un frère de la maison professe.

— Des revenus collégiaux ou l'art de les faire valoir, ouvrage qui rapporte cent mille livres de rente au seul collége de Clermont, par le P. Le Clerc[4], procureur des pensionnaires.

— De arte lesinandi jesuitica, opus posthumum R. P. Megret, principalis collegii Claromontani, nuper editum a P. Paulon, ejus successore.

— De modo dandi quatuor pro sex et accipiendi sex pro quatuor, auctore P. Pouget[5], Claromontani collegii ministro.

— Dissertation économique à commencer par le ménage

---

[1] Louis de Targny, garde de la bibliothèque du Roi, mort le 3 mai 1737.

[2] Jean Guignard, régent et bibliothécaire au collége de Clermont, fit l'éloge du régicide après l'attentat commis par Jean Châtel sur Henri IV. Il fut condamné par le Parlement à être pendu, le 7 janvier 1595.

[3] Le P. Noël-Étienne Sanadon, né à Rouen le 16 février 1676, mort le 22 octobre 1733, succéda au P. du Cerceau dans l'éducation du prince de Conti, puis fut bibliothécaire du collége Louis-le-Grand.

[4] Le P. Paul Leclerc, né à Orléans le 19 juin 1657, mort le 29 décembre 1740, devint procureur des Jésuites. Il est l'auteur d'un *Abrégé de la vie du bienheureux Jean François Régis*; Lyon, 1711.

[5] François-Aimé Pouget, docteur en Sorbonne, né à Montpellier le 28 août 1666, mort le 4 avril 1723; fut appelé auprès du fabuliste La Fontaine lors de sa maladie. Pouget faisait partie de l'Oratoire depuis 1696.

des bouts de chandelles, par le P. Blainville, préfet des classes du même collège.

— Le fripier français pour les habits de bal et de théâtre, par le même, sur les avis du P. Savalet.

— Recueil des plus beaux airs à boire, mis en latin pour la commodité des étrangers, par le P. Sanadon, régent de rhétorique.

— La manière de réciter dévotement les litanies pour demander à Dieu et à la sainte Vierge l'exaltation de la compagnie de Jésus et l'extirpation de ses ennemis, avec le récit de la mort des papes, rois, prélats et autres aventures tragiques, par le P. Tarteron[1], jésuite.

— Stratagemata jesuitarum; secunda editio, aucta notis et monumentis abbatis de Margon[2].

— De l'utilité de la protection des jésuites pour parvenir aux dignités ecclésiastiques, par M. l'abbé d'Argentré[3], revu et corrigé par M. l'abbé de Saron, Rouen, 1716.

— Du secret aussi utile que rare de teindre le noir en violet, et le violet en rouge, par le P. Le Tellier.

— Placet raisonné pour demander l'établissement du chant de l'office divin dans les trois maisons des jésuites de Paris, présenté au supérieur général de la société, par les PP. de ces trois maisons interdits de la prédication et du confessionnal.

— Le 10 décembre, on commença à observer que de-

[1] Le P. Jacques Tarteron, né à Paris le 7 février 1664, mort le 12 juin 1720, traduisit les *Épîtres* et les *Satires* d'Horace.

[2] Guillaume Plantavit de la Pause, abbé de Margon, né vers la fin du dix-septième siècle dans le diocèse de Béziers, est célèbre par ses écrits satiriques. Le gouvernement de Louis XV le fit enfermer aux îles de Lérins et au château d'If. Il mourut en 1726.

[3] Charles du Plessis d'Argentré, né le 16 mai 1673, docteur en Sorbonne, aumônier du Roi et évêque de Tulle, mourut le 27 octobre 1740.

puis qu'on avait quitté le deuil du Roi, on portait de gros nœuds de ruban aux épées de trois sortes : celle de la *Régence*, ainsi nommée parmi les marchands, était de trois couleurs, blanc, rouge et jaune ; celle de la *Minorité* était aussi de trois couleurs, blanc, rouge et gris de lin, et celle de la *Constitution* était seulement de deux couleurs, noir et rouge. Ainsi les marchands de rubans du Palais et d'autres endroits demandaient de quelle sorte on en voulait : à la *Régence*, à la *Minorité* ou à la *Constitution*. Laquelle distinction donnait alors matière à plusieurs conjectures, comme si on eût dû voir bientôt renaître l'esprit de la ligue, qui fut si funeste à la France.

— Le 12, le sieur Gruet, dont on a ci-devant parlé, fit amende honorable devant la porte de l'église Notre-Dame et à la chambre de justice, ayant un écriteau devant et derrière, puis il fut exposé au pilori pendant deux heures, nu-tête et nu-pieds, où il ne manqua pas de souffrir à cause du grand froid, contre lequel il avait eu la précaution de boire deux pintes de vin et un demi-setier d'eau-de-vie, avant que de sortir de la Conciergerie, comme un pénitent de sa sorte. Étant arrivé devant Notre-Dame, il poussa la torche allumée qu'il tenait à deux mains, à droite et à gauche, et il en brûla le visage d'une femme et la perruque à deux hommes richement vêtus, et renversa comme un furieux plusieurs personnes à coups de pied. En cet état de furibond, après avoir demandé pardon à Dieu à haute voix, il s'obstina à ne vouloir point demander pardon au Roi, disant qu'il n'avait rien fait de ce qu'on lui avait imputé, qu'en exécution des ordres qu'on lui avait donnés de sa part, et, que si Sa Majesté vivait, elle ne souffrirait pas qu'on lui fit un pareil traitement. Étant arrivé proche du pilori, devant l'image ou statue de la sainte Vierge, après avoir demandé pardon à Dieu, il refusa de le demander à la justice en proférant des paroles des plus obscènes. Étant mis à la roue du pilori, qui se tourne de tous côtés pour être vu du public, les vendeuses de la halle, harengères et autres, lui firent des huées, dont tout autre que lui aurait été démonté, en criant de toutes leurs forces : *Au voleur! au voleur!* et lui jetèrent de la boue et des trognons de chou. Après avoir été ainsi exposé durant deux heures on le fit descendre du pilori tout tremblottant de froid, et on le conduisit à la Tournelle pour être ensuite envoyé aux galères. Le 16 et le 19, qui étaient aussi des jours de marché, on lui fit faire la même démarche, et chaque fois il eut une pareille réception de la part des femmes de la halle et essuya la rigueur du froid.

— M. le nonce alla chez M. le maréchal d'Uxelles[1], et lui donna copie d'une lettre que trois cardinaux, chefs des trois ordres qui composaient alors le sacré collége, avaient écrite à M. le cardinal de Noailles pour exhorter Son Éminence à se soumettre à la volonté du Pape en recevant et en acceptant la Constitution, avec menaces de suspension et d'interdit en cas de refus, et copie de trois brefs du Saint-Père, l'un adressé aux évêques de France qui devaient bientôt s'assembler à Paris au sujet de la même Constitution, pour les exhorter à faire leur possible pour terminer cette affaire importante; l'autre à M. le Régent, que Sa Sainteté exhortait aussi à se servir de son autorité pour la même fin, et le troisième aux universités et facultés de théologie de Paris, de Nantes et de Reims, que Sa Sainteté menaçait de révoquer les anciens priviléges qui leur avaient été accordés par le Saint-Siége, en cas qu'elles refusassent de se rétracter de ce qu'elles avaient fait contre la même Constitution. M. le maréchal d'Uxelles en ayant informé le Régent, ce prince fit défense aux évêques et aux universités du royaume de recevoir aucun bref

[1] Nicolas de Blé, marquis d'Uxelles, né en 1652, maréchal de France en 1703, mort en 1730.

de Rome, indigné de ce qu'on traversait par ce moyen les mesures qu'il prenait pour procurer la paix à l'Église en général, et à celle de France en particulier.

— On assurait alors que l'Empereur avait chargé son ambassadeur à Rome de déclarer au Pape que Sa Majesté Impériale avait résolu d'appuyer de toutes ses forces le Saint-Siége, pour obliger le duc de Savoie, roi de Sicile, de se soumettre aux décisions apostoliques en ce qui regardait le différend qui régnait depuis quelques années entre ce prince et la cour de Rome, au sujet des immunités violées en Sicile.

— Le 17, les curés du diocèse de Paris, après s'être assemblés, dressèrent une lettre qu'ils signèrent tous et qu'ils envoyèrent par leurs députés à M. le cardinal de Noailles, par laquelle ils protestaient que comme Son Éminence demandait avec instance à Rome des explications de la Constitution, ils étaient résolus de ne la point accepter sans explications, ni même avec des explications, quand même le Pape en donnerait, et suppliaient Son Éminence de ne pas trouver mauvais la déclaration qu'ils lui faisaient de ne pouvoir lui obéir en cela.

Les curés de la ville de Paris prirent entre eux la même résolution.

— M. l'évêque de Montpellier[1], frère de M. le marquis de Torcy, écrivit alors à M. l'évêque de Châlons en Champagne[2] de ne pas perdre de vue M. le cardinal de Noailles, son frère, afin que Son Éminence ne se laissât point aller à l'acceptation de la Constitution, quand même la cour de Rome en donnerait des explications.

— M. le Régent ordonna à M. l'abbé de Maupeou, agent du clergé, d'écrire de sa part aux évêques du royaume de ne recevoir aucun bref ni aucune lettre de

[1] Charles-Joachim Colbert de Croissy.
[2] Jean-Baptiste-Gaston de Noailles.

Rome sans lui en avoir donné communication, et ce prince dressa lui-même le modèle de la lettre que les agents du clergé devaient écrire à ces prélats.

— Le 18, on publia un arrêt du Parlement qui faisait défense aux évêques du royaume de recevoir aucun bref de Rome sans en avoir aussi donné communication à la Cour ou à M. le Régent.

— Ce prince dit quelques jours auparavant à M. le cardinal de Bissy[1] : « Je sais qu'un évêque a écrit depuis peu à Rome une lettre qui rompt toutes mes mesures ; si vous le connaissez, comme je n'en doute pas, vous ferez bien de lui déclarer que je pourrai bien un jour lui faire sentir tout le poids de mon indignation. » On attribuait cette lettre au cardinal de Bissy et à onze autres évêques qui l'avaient écrite conjointement ; dans cette pièce, on insinuait au Pape que Sa Sainteté n'avait qu'à se tenir ferme au sujet de la Constitution, si elle voulait en avoir un bon succès.

— On assurait aussi que M. le duc d'Orléans avait encore dit dans le même temps à M. le cardinal de Rohan : « Je m'étonne qu'un homme comme vous, de votre rang et de votre mérite, soit à la tête d'un tas de brouillons. »

— Le 18, on commença, en vertu d'un arrêt de la chambre de justice, à vendre les meubles et les équipages du sieur Lenormand, condamné aux galères quatre mois auparavant, qui étaient à une maison de campagne.

— Le 19, en conséquence d'un autre arrêt de la même chambre, on vendit ceux du sieur Châtelain, en sa maison, rue Richelieu, vis-à-vis celle de Saint-Marc.

— Le même jour, le sieur Gruet fut exposé pour la troisième fois au pilori, et comme le froid était fort vif, on lui permit d'avoir une calotte de cuir sur la tête et des gants de laine aux mains, et toujours attaché au cul d'une

[1] Henri de Thiart, cardinal de Bissy, évêque de Meaux.

charrette. Les harengères ne manquèrent pas de lui faire des huées à leur mode au moment qu'il parut à la halle, et pour surcroît de peine, elles avaient eu la malice d'arrêter l'écoulement des eaux des ruisseaux de son passage, pour l'obliger de marcher nu-pieds dans l'eau et dans la boue.

La chambre de justice, par un motif de compassion et de charité, assigna une pension viagère de huit cents livres à sa femme, et autant à chacun de ses trois enfants, avec faculté à la femme de la résigner à l'un ou à l'autre de ses trois enfants, et aux trois enfants de se la résigner à l'un ou à l'autre avant leur mort.

— Le 25, M. le cardinal de Noailles envoya à Rome les explications qu'il avait dressées au sujet des cent une propositions condamnées par la bulle *Unigenitus*, avec une lettre des plus respectueuses au Pape, afin que Sa Sainteté daignât les approuver.

— Le 29, par arrêt de la chambre de justice, on vendit les meubles et les autres effets du sieur Marquis, rue des Petits-Champs, proche l'hôtel Pontchartrain.

— Suivant les avis de La Haye du 29 décembre 1716, on apprit que les États-Généraux avaient signé le traité de ligue entre la France, l'Angleterre et la Hollande.

1717.

— Au commencement de janvier 1717, le Roi envoya trois grosses caisses de livres de l'impression du Louvre, magnifiquement reliés, au roi d'Espagne pour ses étrennes.

— Le 28 du mois précédent, M. le cardinal de Noailles donna à dîner à MM. les évêques de Mirepoix[1], de Mont-

---

[1] Pierre de la Broue.

pellier et de Senez[1]; sur la fin du repas, M. le duc de Noailles et M. d'Aguesseau arrivèrent. La compagnie étant auprès du feu, M. le duc de Noailles dit : « Pendant que voilà messieurs les principaux chefs de la Constitution, il faut ici la brusquer. » Sur quoi, M. l'évêque de Montpellier dit : « On ne brusque pas ainsi ce qui regarde l'Église, comme on a ci-devant brusqué la campagne de Catalogne. » Enfin M. d'Aguesseau fit un long discours sur les raisons qu'il y avait de ne point accepter la Constitution ou de la faire accepter. Ayant fini de parler, M. l'évêque de Mirepoix dit en s'adressant à M. le cardinal de Noailles : « J'aurais été bien aise d'être averti de ce que M. d'Aguesseau devait faire, afin de me disposer plus que je ne suis. » Cependant, en regardant M. le procureur général : « J'accepte la première partie de votre discours, et j'en rejette la seconde, comme ne pouvant pas se soutenir. » Le savant prélat rapporta alors avec autant de talent que de raison ses observations, ce qui le fit admirer de toute cette illustre compagnie. M. l'évêque de Montpellier prenant la parole, dit : « En vérité, je ne reconnais plus monsieur d'Aguesseau de 1714, d'avec celui de 1716. » Puis, s'adressant à M. le cardinal de Noailles, il ajouta : « Est-il possible que Votre Éminence veuille changer de sentiment et abandonner le parti de la vérité, vous que nous avons jusqu'à présent regardé comme notre chef, sur qui nous pouvions compter comme une colonne inébranlable, malgré les efforts qui se sont passés encore en 1715? — Que voulez-vous que je fasse en cette conjoncture? répliqua le cardinal; M. le duc d'Orléans me presse de me déclarer et d'accommoder cette affaire qui l'inquiète; plusieurs évêques me pressent, ma famille me presse : voilà ce qui m'embarrasse. » L'assemblée finit avec ces paroles.

[1] Jean Soannen.

— Deux jours après, M. l'évêque de Montpellier eut une audience assez longue de M. le duc d'Orléans, dans laquelle il dit : « Votre Altesse Royale peut compter en sûreté sur ma personne, sur tout ce que je possède au monde ; ma vie même vous est dévouée en cas de besoin ; mais, pour ma conscience, c'est à Dieu seul que je la réserve comme le maître de mon âme ; ainsi je ne puis changer de sentiment à l'égard de la Constitution, par toutes les raisons que je viens d'avoir l'honneur de vous exposer. »

— Le 11 de janvier 1717, M. Fraget reçut du Trésor royal pour la valeur de vingt-cinq millions de billets de l'État, pour les distribuer à ceux à qui ils étaient dus, et ces billets étaient alors à quarante-huit et cinquante livres par cent de perte.

— On en avait, disait-on, contrefait pour deux millions en augmentant les chiffres, afin d'en recevoir de plus gros arrérages en imitant la signature de M. Boucaut et celle de son collègue, ce qui causait de l'embarras dans le commerce de ces billets.

— On arrêta à Rouen le fils d'un procureur au parlement de Paris, et deux fils de notaires de Paris qui se sauvaient en Hollande, accusés de cette falsification.

— Le 5, le 6 et le 7, on arrêta plus de quarante voleurs, hommes et femmes, dans le quartier de la Ville-Neuve, proche la porte Saint-Denis et au voisinage, qui volaient et dépouillaient la nuit les personnes qu'ils surprenaient dans les rues. On trouva dans leurs chambres et dans les caves quantité d'habits et de hardes très-riches, pour hommes et pour femmes, de montres d'or et autres choses de grand prix.

— Le 11, on examina chez M. le cardinal de Rohan les explications dressées par M. le cardinal de Noailles, pour ce qui concerne la Constitution, lesquelles furent trouvées très-orthodoxes et très-doctes, contenant deux cents pages d'écriture.

— Le 12, il y eut une nombreuse assemblée de prélats au Palais-Royal, en présence de M. le Régent, sur le même sujet.

— Le même jour, la Sorbonne alla en corps à l'archevêché, au nombre de cent trente-deux docteurs, où ils protestèrent que, nonobstant les bruits qui se répandaient alors d'un prochain accommodement de M. le cardinal de Noailles, la Faculté était résolue de persister à soutenir le parti de la vérité, laquelle suppliait Son Éminence de ne la point abandonner. Ce cardinal était alors avec six évêques du parti contraire.

— Le 18, après dîner, il y eut une nombreuse assemblée de cardinaux et d'autres prélats au Palais-Royal. On assurait que M. le duc d'Orléans avait dit qu'il était résolu de finir cette affaire de manière ou d'autre, de renvoyer la Constitution ou de la faire accepter, et qu'après avoir congédié la compagnie, il avait dit en riant : « Je pourrai bien venir à bout de la mitraille, mais la prêtraille m'embarrasse ! »

— Les trois cents curés du diocèse de Paris écrivirent trois lettres signées d'eux tous, et qu'ils firent imprimer, où ils déclaraient à M. le cardinal de Noailles qu'ils avaient résolu de ne point recevoir la Constitution avec explications, quand même il en viendrait de Rome, non plus que sans explications, et suppliaient Son Éminence de ne point trouver mauvais s'ils n'obéissaient pas dans la suite aux mandements qu'il pourrait faire à ce sujet.

— Les cinquante-deux curés de Paris lui écrivirent une semblable lettre, et la firent imprimer aussi pour la rendre publique.

— Les Bénédictins de l'abbaye de Saint-Germain des Prés, du prieuré de Saint-Denis de la Chartre, de celui de Saint-Martin des Champs, du couvent des Blancs-Manteaux et de l'abbaye de Saint-Denis ; les Augustins, les Prémontrés, les Jacobins des trois maisons de Paris, et les Cordeliers, écrivirent aussi à Son Éminence pour protester, chaque ordre en son nom, de la résolution où ils étaient de vivre et de mourir dans la défense de la vérité, quand même Son Éminence voudrait changer de sentiment.

— Le 18 janvier, madame la duchesse de Berry étant déguisée en masque au bal de la Comédie française, un masque étranger de nation s'étant approché de cette princesse, qu'il ne connaissait pas, lui dit quelques mots de galanterie, et s'émancipa jusqu'à la prendre par le menton pour l'embrasser; dont elle se crut si fort offensée que, s'étant aussitôt démasquée, elle ordonna à ses officiers d'arrêter cet inconnu, de le démasquer, de le déshabiller et de l'exposer en cet état, sur le théâtre, à la risée de tous ceux qui s'y trouvaient alors en très-grand nombre, ce qu'ayant essuyé quelque temps, on lui permit de reprendre ses habits et son masque.

— Le 19, un masque s'étant fait distinguer au bal de l'Opéra par son habileté à la danse et par son habillement extraordinaire qui ressemblait à celui d'une pauvre mendiante de profession, le plus misérablement vêtue avec des haillons et des chiffons salés et déchirés de tous côtés, M. le duc d'Orléans et M. le duc de Bourbon, qui étaient du nombre des masques, l'ayant remarquée, s'en approchèrent par curiosité. Le premier, soupçonnant quelque mystère sous un habit si bizarrement accoutré, lui demanda avec instance à l'oreille qui elle était. Le masque, après quelques difficultés que fit exprès cette femme ainsi déguisée, pour augmenter l'empressement qu'avait M. le Régent de savoir qui était ce masque et ce qu'il prétendait désigner par sa gueuserie manifeste, le contenta en lui disant : « *Je suis la dame du royaume.* » Sur quoi M. le Régent se retira, jugeant bien par ces mots que c'était une allusion à la misère publique, que causait alors la rareté des espèces, le prix excessif des denrées et la cessation du commerce.

— Le 16, M. le duc d'Orléans ayant reçu par un courrier dépêché de La Haye par M. l'abbé Dubois, la nouvelle que les États-Généraux avaient enfin signé le traité de ligue entre la France et l'Angleterre, en fut si content que Madame la douairière étant survenue dans le moment, il lui dit agréablement : « Ma mère, permettez-moi de vous embrasser pour la joie que me cause la nouvelle que je viens d'apprendre de la triple alliance. » On assura même que Leurs Altesses Royales baisèrent ce traité et qu'ils le firent aussi baiser au maréchal d'Uxelles, pour marquer d'autant plus la satisfaction particulière que l'un et l'autre en ressentaient.

— Le sieur Simonneau[1], célèbre graveur, ayant alors présenté à Leurs Altesses Royales le portrait de Madame la douairière qu'il avait gravé et dont on avait tiré quatre cents estampes, on les trouva si bien achevées qu'il en fut aussitôt envoyé quelques-unes au roi Georges, à Hanovre, au prince et à la princesse de Galles[2], à Londres, et à La Haye, aux principaux membres des États-Généraux.

— Comme le Roi est d'une vivacité extraordinaire, Sa Majesté demanda à M. Bentivoglio, nonce du Pape : « Monsieur le nonce, combien y a-t-il eu de papes jusqu'à présent ? » Le nonce ayant hésité et n'ayant pu en dire le nombre au juste, le Roi répliqua : « Vous ne savez pas le nombre des papes, et moi je sais bien combien il y a eu de rois en France jusqu'à moi, qui suis encore un enfant. » On fut étonné de l'entendre les nommer l'un après l'autre suivant leur chronologie.

— Le Roi ou M. le Régent nomma alors vingt-trois commissaires pour travailler à l'établissement de la taille réelle proportionnelle et de l'industrie, suivant quelques

[1] Il y eut au siècle dernier deux graveurs célèbres de ce nom : Charles Simonneau, né en 1639, mort en 1728, et Louis Simonneau, mort en 1734.
[2] Guillelmine-Charlotte de Brandebourg, née le 1er mars 1685.

mémoires que des particuliers avaient présentés et dont on disait que l'exécution était assez facile et fort avantageuse au Roi et d'un grand soulagement pour les sujets.

— Le 28, un bâtiment hollandais étant arrivé à onze heures du matin au-dessous du pont Royal de cette ville de Paris, et après avoir jeté l'ancre, il fit une décharge de vingt et un canons ou pierriers dans le moment que le Roi était sur la terrasse du palais des Tuileries. Ce bâtiment était chargé de morue, de saumon, de beurre, de fromage de Hollande et d'autres marchandises.

— Le 30, M. l'abbé de Castres[1] fut nommé à l'archevêché de Tours, nonobstant tout ce qui s'était passé en 1714 et 1715 à l'égard de M. le cardinal de Noailles, au sujet de la Constitution; cet abbé n'avait pas cessé de voir souvent Son Éminence, de sorte que ce cardinal lui disait quelquefois sérieusement : « En vérité, monsieur l'abbé, je serai enfin obligé de vous faire fermer ma porte, de peur que les fréquentes visites que vous avez la bonté de me rendre ne vous fassent un jour tort à la cour. — Non, monseigneur, répliquait l'abbé, ne craignez pas plus que moi là-dessus, parce que je suis bien aise au contraire que chacun sache que l'attachement et la vénération que j'ai toujours eus jusqu'à présent pour votre personne ne sont pas mal fondés. »

— On assurait que pour cimenter le traité de ligue dont on a ci-devant parlé, on avait répandu jusqu'à vingt-cinq millions en Angleterre et en Hollande parmi ceux qui composaient alors le Parlement et les États-Généraux.

— Le premier jour de février de cette année 1717, M. le chancelier Voysin régalant sa famille à souper, quand on eut servi le fruit, la fourchette lui échappa de la main en voulant prendre d'une compote de pommes, sans pouvoir la reprendre, puis se laissant aller sur le dossier

[1] Armand-Pierre de la Croix de Castries. On prononçait Castres.

de sa chaise, il se trouva surpris d'une attaque d'apoplexie, sur les neuf heures du soir, si violente qu'il en mourut à minuit.

— Le lendemain, à six heures du matin, M. de La Rochepot, maître des requêtes, fit éveiller M. le Régent pour lui remettre la cassette qui renfermait les sceaux de France avec les clefs d'or.

— Peu après, M. le duc de Noailles étant arrivé au Palais-Royal, dit à ce prince : « Votre Altesse Royale peut brusquer cette affaire et se déterminer au plus tôt sur le sujet qu'elle juge digne de remplir la charge de chancelier de France, pour ne pas être accablée de sollicitations. » Sur quoi, le prince dit aussitôt à un gentilhomme d'aller chez M. D'Aguesseau, procureur général, qui entendait alors la messe de paroisse en l'église de Saint-André des Arts. Ce magistrat, qui ignorait pour quel sujet on le mandait, dit au gentilhomme : « Vous voyez, monsieur, que j'entends la messe; aussitôt qu'elle sera finie je ne manquerai pas d'obéir aux ordres de Son Altesse Royale. » Le gentilhomme ayant fait ce rapport, M. le duc d'Orléans le renvoya avec ordre d'amener M. D'Aguesseau en diligence, lequel ayant paru, le prince, sans lui rien expliquer, lui dit d'un air riant et engageant : « Tenez, monsieur D'Aguesseau, gardez les clefs de la chancellerie jusqu'à ce que je vous les redemande. » Ce magistrat voulant s'étendre en compliments, le prince lui répliqua : « Tenez, encore une fois, prenez-les et ne faites pas tant le benêt. Il suffit que je connaisse ce que vous savez faire. » Peu après, M. le Régent alla au Louvre présenter le nouveau chancelier au Roi, pour prêter le serment ordinaire à l'avènement de cette charge importante[1], dont les appoin-

---

[1] *Formule du serment prêté le 3 février 1717 par M. d'Aguesseau, nommé chancelier de France par lettres patentes du 2 du même mois.*

« Vous jurez et promettez à Dieu, sur la part que vous pré-

tements sont de soixante mille écus par an, outre les émoluments des sceaux.

— M. le duc d'Orléans avait en même temps mandé M. Joly de Fleury, avocat général au Parlement, lequel ayant paru, le prince lui dit d'abord : « Bonjour, monsieur le procureur général, je m'assure que vous remplirez parfaitement le poste de M. D'Aguesseau. »

— Le nouveau chancelier manda le sieur de Laurière[1], célèbre avocat au Parlement et lui dit : « Vous savez, tendez en Paradis, que bien et loyaument vous servirez le Roi en l'état et office de chancelier de France qu'il vous a commis et commet présentement ; que vous garderez et observerez, ferez garder et observer inviolablement de tout votre pouvoir les droits et autorités de sa justice, de sa couronne et de son domaine, sans faire ni souffrir faire aucun abus, corruption ni malversation ou autre chose qui soit ou puisse être directement ou indirectement contraire ou préjudiciable à iceux.

» Que vous n'expédierez, accorderez ou ferez sceller aucune lettre incivile ou déraisonnable, ni contre le commandement ou pouvoir de Sa Majesté, ou qui puisse préjudicier à ses droits, autorités, prérogatives, privilèges, franchises et libertés de son royaume.

» Que vous tiendrez la main à l'observation de ses ordonnances, mandements et écrits, et à la punition des transgresseurs et contrevenants à iceux.

» Que vous ne prendrez ni accepterez d'aucun roi, potentat, prince, seigneur, communauté ni autre personne, pensions, présents ni bienfaits, si ce n'est du consentement de Sa Majesté, et si aucuns avaient été promis, vous les quittez et y renoncez.

» Que vous garderez et observerez les règlements faits par Sa Majesté sur le fait de votre charge, de son conseil, et généralement ferez exécuter, exécuterez et accomplirez tout ce qu'un bon et loyal chancelier de France peut et doit faire pour son devoir en la qualité de sa charge.

» Ainsi le jurez et promettez. »

[1] Eusèbe-Jacob de Laurière, né le 31 juillet 1659, mort le 9 janvier 1728; avocat et jurisconsulte, auteur de savants travaux sur les anciennes coutumes de France, et d'un *Glossaire du droit français*.

monsieur, que je vous ai prié plusieurs fois de ne vous pas éloigner de moi, et aujourd'hui, je vous ordonne de ne me point quitter, et de prendre part à ma fortune. »

— M. l'abbé de Louvois étant allé le complimenter sur sa nouvelle dignité, lui dit entre autres choses : « J'espère, monseigneur, que vous voudrez bien me permettre de venir vous saluer avec la même liberté que ci-devant. — Oui, monsieur l'abbé, dit M. D'Aguesseau, je le tiendrai comme une faveur de votre part, et je souhaite de bon cœur pouvoir vous donner des marques de la manière que je tâcherai d'imiter M. le chancelier Le Tellier[1], votre grand-père. — Ce ne serait pas, répliqua cet abbé, le plus mauvais parti que vous auriez à prendre. »

— Le 4, M. le duc d'Orléans envoya à M. Joly de Fleury, nouveau procureur général, une gratification de cent mille livres en or pour l'aider à payer cette charge, pour laquelle M. D'Aguesseau avait payé huit cent mille livres.

— Le 6, on publia une déclaration du Roi, qui réduisit les pensions accordées par le feu Roi, qui étaient au-dessus de mille francs, aux deux cinquièmes.

— Le premier de ce mois, on dépêcha un courrier à Rome pour donner au Pape avis du projet d'accommodement qui se traitait alors pour l'affaire de la Constitution.

— Le 15, le Roi ayant atteint la septième année de son âge, M. le Régent, tous les princes, les princesses, les seigneurs et les dames de la cour se rendirent le matin au palais des Tuileries, en habits et en équipages des plus superbes, pour y faire la cérémonie de dépouiller le Roi tout nu, afin qu'ils fussent tous témoins du bon état de Sa Majesté, qu'il est mâle, nullement blessé et bien nourri. Après avoir été visité de la sorte, on l'habilla de neuf, on

---

[1] Michel Letellier, né en 1603, mort en 1685, chancelier en 1677, père du célèbre Louvois. On voit son tombeau à l'église Saint-Gervais, derrière l'hôtel de ville.

le retira des mains des dames et on le confia en celles de M. le duc du Maine, de M. le maréchal de Villeroy, de M. le duc de Villeroy et de ceux qui étaient commis à son éducation; puis on mena le Roi revêtu d'habits neufs dans un autre appartement où il trouva les officiers qui devaient servir Sa Majesté, jusqu'à un suisse âgé de six ans et demi, fils du suisse de M. le maréchal de Villeroy, vêtu de neuf à la manière des Cent-Suisses, tenant à la main une hallebarde dont la lame était d'argent et le manche de bois d'ébène.

— Madame la duchesse de Ventadour profita alors des habits et de la dépouille du Roi, de tout le linge et des hardes qui lui servaient et de tout l'ameublement de la chambre, de toutes les autres choses d'argenterie ou autrement qui étaient à l'usage de Sa Majesté.

— La nuit du 15 au 16, un marchand cirier ou épicier de la rue Saint-Martin, au coin de la rue Neuve-Saint-Merri, travaillant avec ses trois garçons de boutique à une fonte de cire mêlée de poix-résine pour en former des flambeaux, dans une chaudière au-dessus d'un grand brasier de charbon, le mélange surmonta la chaudière, et étant tombé dans le brasier, le feu s'alluma tout à coup avec furie, de telle sorte que n'ayant pu l'éteindre à eux quatre durant deux heures dans la chambre du second étage où ils travaillaient, l'épicier descendit dans sa chambre du premier étage, où ayant pris ses meilleurs effets en argent, en papiers et en argenterie comme il put, il sortit de la maison et cria : *Au feu ! au feu !* mais un peu trop tard, parce que le feu se communiqua bientôt à trois autres maisons voisines qui en furent consumées et ruinées. L'incendie était des plus terribles chez le cirier, le feu résistant à l'eau qu'on y jetait à force par le moyen des pompes de la ville, parce que le feu s'était mis aux huiles, à la cire, à la poix-résine, aux eaux-de-vie et à d'autres drogues combustibles qui étaient dans les caves et dans la boutique. Deux garçons de boutique périrent dans l'incendie pour n'avoir pu sortir de la maison, ainsi que plusieurs autres personnes. On disait cet épicier riche de plus de cent mille écus, dont il avait besoin pour réparer tous ces dommages et pour dédommager les locataires de ces maisons ruinées de tout ce qu'ils perdirent par sa faute.

— La nuit suivante, le feu prit aussi chez une lingère, vis-à-vis Saint-Paul, ce qui causa la ruine de ces deux maisons.

— Le 20, on apprit que le 10 de ce mois le chevalier de Saint-Georges était parti d'Avignon et avait pris la route de Piémont pour se rendre à Bologne accompagné du duc d'Ormond [1], du comte de Marr et de quelques autres seigneurs anglais et écossais.

— Le 22, les ducs et pairs présentèrent requête au Roi où entre autres choses il était énoncé que si M. le duc du Maine et M. le comte de Toulouse ne pouvaient pas défendre la capacité de succéder à la couronne, le titre, ni la qualité de princes du sang qui leur avaient été donnés par l'édit de 1714 et par la déclaration de 1715, ils ne pouvaient pas avoir de meilleures raisons pour se maintenir dans le rang et dans les prérogatives qui leur étaient attribuées par la déclaration de 1674 et par l'édit de 1711.

Que les pairs souhaiteraient que le mérite qu'ils reconnaissent dans la personne de M. le duc du Maine et de M. le comte de Toulouse fût soutenu par une naissance légitime, mais que n'y ayant que Dieu seul qui pût la donner, et suivant ce que les princes du sang avaient si bien établi par les lois fondamentales du royaume, par l'aveu de tous les siècles et par la reconnaissance perpé-

---

[1] Jacques Butler, deuxième duc d'Ormond, né à Dublin le 29 avril 1665, mort en 1747.

tuelle de la nation, les pairs soutenaient que M. le duc du Maine et M. le comte de Toulouse ne pouvant conserver le titre de princes du sang ils ne pouvaient avoir de rang que celui des dignités dont ils étaient revêtus : *Chacun sied premier, selon que premier a été faict pair.* Ce principe incontestable fut reconnu tel au procès de Robert d'Artois.

Le roi Louis XIV étant mineur, en son lit de justice tenu en 1651 au parlement de Paris, ne donna au duc de Beaufort que le rang du jour de l'érection du duché-pairie de Beaufort, ce qui fut confirmé au lit de justice tenu au même Parlement en 1663.

La légitimation ne lave pas l'opprobre de la naissance et ne donne pas le droit de succéder à la couronne, non plus que l'édit de 1714. Les rois peuvent être mineurs, mais leur autorité ne l'est jamais, *ne fussent-ils âgés que d'un jour*, ainsi que le Parlement le jugea ou l'écrivit au roi Charles IX. Ainsi la présente affaire pourrait être jugée dans ce temps de minorité où les lois seules sont consultées, où l'on pèse le droit et les raisons, sans être prévenu par aucune passion.

Si les princes légitimés refusent d'être à présent jugés, c'est qu'ils ne voudraient l'être jamais. Les princes du sang ne refusent rien pour terminer cette affaire, toutes manières leur sont bonnes, ce temps leur convient et leur est indifférent comme dans un autre temps de majorité.

Mézeray, au tome I*er* in-folio de son *Histoire de France*, page pénultième, dit qu'une des principales causes de la ruine de la seconde race de nos rois fut la multitude des enfants bâtards, qui tranchaient de souverains dans les terres qu'on leur donnait pour leur subsistance et allaient de pair avec les enfants légitimes.

Mézeray finit ce volume en souhaitant que tous ceux qui sont appelés au gouvernement de cet État puissent tirer d'utiles résolutions, afin que cet arbre que Dieu a mis à la place de celui qui ne portait pas de bons fruits, étende sa durée jusqu'à la fin des siècles et sa gloire jusqu'au bout du monde.

— Le jour du mardi-gras, deux jeunes gens masqués ayant pris querelle au bal de l'Opéra, en sortirent pour se battre : l'un d'eux qui était déguisé en femme fut tué; sa maîtresse, qui l'avait suivi, le voyant par terre, prit son épée pour venger sa mort et eut le même sort que son galant, et furent tous deux exposés à la morgue du Châtelet en cet état.

— On surprit alors dans la rue des Jeûneurs, proche la porte de Montmartre, dix particuliers qui travaillaient dans une cave à réformer des vieux louis d'or en ceux de trente livres chacun, et furent conduits en prison avec tous leurs outils.

— Le 18, on publia une ordonnance du Roi qui diminua les droits sur les denrées de quatre sols pour livre.

— Le 20, on afficha un nouveau tarif du sel, qui réduisit le minot de sel à quarante-quatre livres dix sols, la livre de sel à neuf sols trois deniers, et le litron à quatorze sols pour Paris, avec la faculté aux particuliers de payer en billets de banque le sel dont ils auraient besoin au grenier à sel, ce qui causa un si grand concours de gens au grenier à sel pour profiter de cette diminution et d'y employer les billets de banque, principalement ceux de dix livres chacun, que les porteurs de sel ne savaient à qui répondre, et que ces porteurs de sel et plusieurs particuliers et même des femmes, passaient la nuit pour retenir leurs places à la porte du grenier à sel, afin d'être plus tôt expédiés, et que les places s'y agiotaient à raison d'un écu de trois livres au profit de ceux qui voudraient bien céder leur rang à d'autres, mais cela dura seulement un mois.

— Le sieur Liévin, notaire, rue Saint-Martin, proche la rue Michel-le-Comte, par arrêt de la chambre de justice, fut condamné à faire amende honorable et à être exposé au pilori trois jours de marché, deux heures durant chaque fois, avec quatre tours de roue et au bannissement du ressort du parlement de Paris, pour avoir dissipé ou tourné à son profit les deniers du public, lorsqu'il était préposé à la recette générale du fonds des loteries qui se tiraient alors en faveur de plusieurs églises ou communautés religieuses, pour faciliter les réparations ou l'achèvement de ces églises; s'étant trouvé dans sa caisse des billets de la caisse des emprunts pour la valeur de cent soixante-cinq mille livres, qu'il avait achetés à vil prix. Lorsqu'il fut conduit de la prison au pilori et y étant exposé, on le voyait fondre en larmes, que le bourreau avait la bonté de lui essuyer de temps en temps avec un mouchoir, tant il était pénétré de son malheur. Il était fils d'un architecte qui fut condamné avec un autre associé, tous deux nommés dans le même arrêt, comme ses complices, à acquitter les lots échus à cinq particuliers par préférence aux églises dénommées, s'il ne se trouvait pas de quoi les satisfaire dans la confiscation des biens et des effets dudit notaire.

— Le Roi étant sur le point de sortir de la tutelle des dames qui étaient préposées aux soins de la personne de Sa Majesté, M. le Régent régla avec madame la duchesse de Ventadour les pensions qui suivent : Madame de Villefort et madame de La Lande, sous-gouvernantes, furent gratifiées d'une pension annuelle de six mille livres, avec quinze cents livres pour leur logement chacune. Les quatre premières femmes de chambre en eurent une de deux mille livres, avec huit cents livres pour leur logement chacune. Les seize autres femmes de chambre en eurent une de douze cents livres, et six cents livres pour leur logement chacune. Les trois valets de chambre furent conservés comme surnuméraires, avec leurs gages et leur nourriture comme auparavant, avec les autres valets de chambre du Roi; un garçon de la chambre se retira étant fort âgé, avec quinze cents livres de pension, et les deux autres furent conservés. On conserva aussi les deux porte-malles du Roi.

[1717] FÉVRIER.

— Le 26, on arrêta une quarantaine de gens d'affaires pour n'avoir pas payé leurs taxes dans le temps qui leur avait été fixé par la chambre de justice, qui refusa d'accepter la démission de leurs charges à compte de ces taxes, voulant de meilleurs effets ou des billets de l'État afin d'en diminuer la quantité.

— Le même jour, il y eut au Palais-Royal une nombreuse assemblée de prélats où M. le maréchal d'Uxelles ayant représenté d'abord que comme M. le Régent voulait la paix de l'Église aussi bien que celle de l'État, il fallait pour ainsi dire commencer par écraser les curés des diocèses qui s'opposaient le plus à l'acceptation de la constitution *Unigenitus*. M. l'évêque de Mirepoix remontra avec autant de force que de modération que ce n'était point là le moyen de prévenir les troubles, que ce serait plutôt les exciter, parce que c'étaient les curés qui dirigeaient la conscience de leurs paroissiens et qui en avaient la confiance. Mais que le moyen le plus court, comme il avait dit en 1713 et en 1714, était de renvoyer la Constitution à Rome sans en vouloir entendre parler davantage. « Il est vrai, reprit le maréchal, que Son Altesse Royale est persuadée comme moi qu'elle n'est pas recevable et que jamais il n'en est venu de Rome une semblable. »

— On assurait que M. le Régent voyant les prélats si peu d'accord entre eux sur ce point, leur avait dit de n'y plus penser et de s'en retourner chacun dans son diocèse.

— M. le duc de la Feuillade se disposait alors à partir bientôt pour son ambassade de Rome ; ses équipages devaient être des plus superbes ; il devait avoir seize carrosses, dont le principal revenait à quatre-vingt mille livres.

— M. l'abbé Dubois, qui arriva le 9 de ce mois de son ambassade de Hollande, fut nommé à l'abbaye de Saint-Ricquier, qui est de vingt-cinq mille livres de rente.

— Le 1ᵉʳ jour de mars 1717, à sept heures du matin, le sieur de Sallène, receveur des tailles, à Clamecy en Bourgogne, prisonnier en la Conciergerie, chagrin et au désespoir de ce que la chambre de justice l'avait taxé à une somme de cent cinquante mille livres en deniers comptants, et non en billets de l'État ni autrement, se coupa la gorge avec son couteau, ce qu'ayant fait en partie, il appela à son secours le sieur Monnerat, qui était aussi prisonnier avec lui dans la même chambre : celui-ci l'ayant vu en cet état, cria et appela les geôliers, en présence desquels le sieur de Sallène avoua ce qu'il venait de faire sur lui-même par désespoir, pour la décharge du sieur Monnerat. Il vécut seulement deux jours, parce que le gosier était ouvert de cette blessure. Cependant, pour ne point diffamer la famille d'un conseiller au Parlement, qui avait épousé la fille du sieur de Sallène, qu'on estimait riche de plus de six cent mille livres, on permit de l'inhumer honorablement. On l'accusait d'avoir retenu trop longtemps des collecteurs en prison, et de s'être enrichi par des prêts trop usuraires.

— On trouva dans l'église Notre-Dame, dans celle des Carmes de la place Maubert, et dans celle de Saint-Germain l'Auxerrois, des paquets de linge qui renfermaient des tronçons de corps humain.

— Dans une rue du faubourg Saint-Marceau, on trouva le corps d'une fille, rôti et embroché, la broche sortant au travers de la tête.

— Un particulier qui disait avoir été officier, vêtu d'écarlate, estropié des deux jambes, monté sur un petit cheval, demandant l'aumône en cet état à Paris, et étant à deux lieues de Versailles, la demanda à un charretier qui passait avec sa voiture, lequel lui présenta un sol en lui disant : « Rendez-moi trois liards. » — « Ce n'est point cela, dit l'estropié, donnez-moi de l'argent. » Le charretier répliqua : « Je suis un pauvre homme, je ne peux vous donner que ce que je vous offre. » L'estropié lui présenta un pistolet pour le tuer, qui ne prit pas feu, non plus que son autre pistolet ; ce qui effraya le charretier, de telle sorte qu'il se mit à courir pour s'échapper. L'estropié le poursuivit, un poignard à la main. Mais le charretier ne lui voyant plus d'armes à feu, reprit courage et lui fit un collier de son fouet, dont il le tira en bas de son cheval, se jeta sur lui, se saisit du poignard et l'en tua ; après laquelle expédition, allant rejoindre sa charrette, il fut rencontré par une brigade d'archers de la maréchaussée, dont le commandant, ayant vu le charretier tout effrayé, lui en demanda le sujet, et après lui avoir donné le temps de se remettre les sens, le charretier lui conta son aventure. « Si cela est comme tu le dis, reprit l'officier, il ne te sera rien fait ; mène-nous seulement où tu as laissé le corps. » Où étant, on le fouilla, on trouva dans les poches du mort trente louis d'or, et autant dans un bourson de la selle de son cheval, avec un sifflet, sur quoi l'officier dit au charretier : « Rassure-toi, mon ami, voilà ton absolution » en lui montrant le sifflet. « Suis-nous seulement et ne crains rien ; voilà deux archers qui garderont ta charrette jusqu'à ce que nous soyons revenus. » Puis s'étant avancé vers un petit bois, l'officier se servit du sifflet : aussitôt il parut quatre voleurs qui furent bien étonnés de se voir attaqués et environnés de la maréchaussée, qui les prit tous quatre et les mena au Châtelet, puis le commandant congédia le charretier avec sa voiture pour continuer son chemin.

— Par ordre de la chambre de justice, on vendit alors les meubles, les chevaux et les carrosses du sieur Balalud, dit de Saint-Jean, intéressé dans la fourniture des vivres des armées du Roi en Italie et en Catalogne, lequel était actuellement prisonnier à la Conciergerie et demeurait à l'entrée des Porcherons.

— M. le chancelier divisa le secrétariat de la chancellerie qu'avait M. Dupuis seul, en trois, à raison de sept mille livres par an chacun, afin que les affaires fussent plus promptement expédiées, et réserva le titre de premier secrétaire à M. Dupuis, qui jouissait auparavant de tout cet émolument, qui allait à vingt et un mille livres par an.

— M. le chancelier nomma M. l'abbé d'Aguesseau, son frère, pour approuver les livres qui s'imprimeraient, comme était M. l'abbé Bignon [1] sous M. le chancelier de Pontchartrain.

— Madame la duchesse d'Albret [2], âgée de trente-six ans, mourut le jour précédent. On attribuait sa mort à la complaisance qu'elle avait eue de boire quantité de liqueurs avec madame la duchesse de Berry.

— Le 1ᵉʳ de ce mois, les évêques de Mirepoix, de Montpellier, de Senez et de Boulogne [3], passèrent un acte authentique devant deux notaires du Châtelet de Paris, par lequel ils appelaient comme d'abus au futur concile général prochain de la constitution *Unigenitus*, et de tout ce qui s'en était ensuivi jusqu'alors, soit par le Pape, soit par les évêques de France qui l'avaient acceptée. Le 5, ils se transportèrent tous quatre à la Sorbonne, où ils exposèrent cet acte et les raisons qui les avaient obligés de le faire. M. l'évêque de Montpellier appuya ces raisons par un long discours, et après qu'il eut cessé de parler, le sieur Ravechet, syndic de la Sorbonne, en fit un autre sur

---

[1] Jean-Paul Bignon, abbé de Saint-Quentin, l'un des quarante de l'Académie française, naquit en 1662; il mourut le 14 mai 1743. Il était membre honoraire des Académies des sciences et des inscriptions et belles-lettres.

[2] Le duc d'Albret se maria quatre fois : 1° avec mademoiselle de la Trémouille; 2° avec mademoiselle de Barbezieux; 3° avec mademoiselle de Gordes, et 4° avec la fille du comte d'Harcourt-Lorraine.

[3] Pierre de Langle.

le même sujet. Le même acte d'appel fut ensuite enregistré avec le décret de la société de Sorbonne, rendu par cent cinq docteurs qui s'y trouvèrent, tous adhérents à cet acte d'appel, à la réserve seulement de onze docteurs qui gardèrent le silence, sans s'opposer ni à l'acte ni au décret.

— Le 1ᵉʳ d'avril 1717, le sieur Le Grand, huissier au Châtelet de Paris, arriva du voyage qu'il avait fait à Rome par ordre des évêques de Mirepoix, de Montpellier, de Senez et de Boulogne. Pour dérober sa marche, il partit de Paris le 6 de mars, sous prétexte d'aller, à son ordinaire, à la campagne faire quelques exploits d'assignation ou de saisie. Il prit la poste à douze lieues de Paris, et continua sa course en diligence jusqu'à vingt milles ou six ou sept lieues de Rome, où ayant quitté la poste, il acheva son voyage à pied jusqu'à Rome, comme un pèlerin. Le lendemain de son arrivée il fut au palais du Vatican, qui tient à l'église de Saint-Pierre, après dîner, et se glissa parmi ceux qui eurent audience du Pape, où, après avoir à son tour baisé la pantoufle du Saint-Père, il lui présenta un papier que Sa Sainteté remit entre les mains du cardinal Paulucci, son premier ministre d'État, pour lui en rendre compte une autre fois et pour y faire réponse, croyant que c'était un placet ou mémorial : puis l'huissier se retira, et la nuit suivante, à minuit, il afficha deux copies de l'acte d'appel desdits quatre évêques à côté de la principale porte de l'église de Saint-Pierre, et une autre copie au Champ de Flore ou *Campo di Fiore*, au bas desquelles copies il se dit huissier au Châtelet de Paris, et avoir signifié ledit acte d'appel de ces quatre évêques au prochain concile général œcuménique à notre Saint-Père le pape Clément XI, en parlant à la personne de Sa Sainteté ; la nuit même il sortit de Rome et reprit la poste, et, ayant rencontré le courrier que M. le nonce Bentivoglio avait dépêché de Paris avec l'avis du même appel, ce courrier lui ayant demandé ce qu'on disait à Rome, le sieur

Le Grand lui dit ingénument : « Quand vous y serez, vous apprendrez bientôt ce que j'y ai fait. »

— On assurait que M. le maréchal d'Uxelles, ayant appris la course de cet huissier, en avait été fort indigné contre lui, et contre les quatre évêques qui l'avaient chargé de la faire.

— On apprit de Rouen que l'archevêque y avait publié un mandement, par lequel ce prélat défendait à tous ses diocésains de lire ni de faire lire la *Gazette de Hollande*, sous peine d'excommunication *ipso facto*, parce qu'elle parlait avec trop peu de respect de la constitution *Unigenitus*, et qu'il y était rapporté des faits que ce prélat ne jugeait pas à propos qu'ils vinssent à la connaissance de toutes sortes de personnes.

— Le 3 de ce mois, M. l'abbé Dubois entra pour la première fois au conseil des affaires étrangères, qui était alors composé de M. le maréchal d'Uxelles, de M. l'abbé d'Estrées, nommé à l'archevêché de Cambrai, de M. le marquis de Canillac [1] et de M. le comte de Chiverny.

— Comme M. l'abbé Dubois était déjà conseiller d'État, en cette qualité M. le Régent avait réglé qu'il prendrait place au-dessus du marquis de Canillac et du comte de Chiverny. Mais pour ne point causer de jalousie ni de division dans le conseil pour le rang, Son Altesse Royale jugea à propos de faire expédier, le 4 avril, un brevet d'expectative de conseiller d'État à M. l'abbé d'Estrées, au marquis de Canillac et au comte de Chiverny.

— Le clergé de Châlons-sur-Marne publia son adhésion à l'acte d'appel des quatre évêques, de la même ma-

[1] Canillac, d'abord simple colonel, devint l'un des favoris du Régent et l'un de ceux que l'on nommait *Roués*; il entra au conseil de régence, mais bientôt, ne s'entendant plus avec le cardinal Dubois, il se fit donner la lieutenance générale du Languedoc. Canillac ne revint à Paris qu'après la mort de Dubois.

nière que la Sorbonne avait fait, après avoir fait consulter quatre des plus savants docteurs de la faculté de théologie de Paris, pour savoir si cet acte d'appel pouvait suspendre tout ce qui s'était fait et tout ce qui pourrait se faire au sujet de la Constitution, jusqu'à ce que le concile général en eût décidé, et après avoir été certifié que ces quatre docteurs avaient répondu affirmativement.

— Le sieur Ravechet, syndic de Sorbonne, fut exilé à Saint-Brieuc en Bretagne pour cet acte d'appel.

— Le 6, M. le cardinal de Noailles tint son synode avec tous les curés de cette ville et de la banlieue de Paris, dans lequel il loua beaucoup ceux qui avaient adhéré à l'appel des quatre évêques comme ayant fait une chose très-canonique; que pour lui il ne jugeait pas encore à propos de se joindre à ces prélats à cause de la place qu'il occupait au conseil de conscience; que cependant il les exhortait tous à prendre communication du corps de doctrine qu'il avait dressé, et dont il remit dans le moment un exemplaire au sieur Hideux, curé des Saints-Innocents, comme doyen des curés, et un autre au curé de Saint-Nicolas des Champs [1], de s'assembler et de mettre par écrit les difficultés qu'ils y observeraient, pour en rendre compte à Son Éminence dans un mois, auquel temps Son Éminence espérait de tenir le synode avec tous les curés du diocèse; puis il ajouta qu'il attendait de jour en jour les explications de Rome au sujet de la Constitution.

— Quelques jours auparavant, M. Rouillé du Coudray étant à la Comédie italienne, où se représentait la *Guerre des Philistins*, dont un acteur faisait le personnage d'un Roi ayant une couronne sur la tête, ce magistrat, par un travers d'esprit, sortit de sa loge, alla prendre cette couronne et fut la présenter à M. le duc d'Orléans, qui y assistait, en lui disant par un autre vertigo plus extrava-

[1] Bonnet.

gant : « Voilà, Monseigneur, ce qui vous appartient. » Le prince en fut si étonné qu'il sortit dans le moment de la Comédie, et étant retourné au Palais-Royal, quoiqu'il jugeât bien que par un excès de vin de Champagne ce magistrat avait passé les bornes de la sagesse, il lui envoya dire de se retirer au Coudray, et M. Amelot, conseiller d'État, ci-devant ambassadeur à la cour d'Espagne, eut ordre en même temps de siéger au conseil des finances à la place de M. du Coudray.

— Le 13, un courrier de Rome étant arrivé, M. le Régent tint conseil avec M. le chancelier, M. le premier président du Parlement, M. le maréchal d'Uxelles, M. Joly de Fleury, procureur général du Parlement, et M. de Blancmenil, avocat général, sur ce que le Pape refusait de recevoir M. le duc de La Feuillade, ni autre, pour ambassadeur de France, à cause de l'appel des quatre évêques.

— M. l'évêque de Verdun [1] et M. l'évêque de Pamiers adhérèrent à cet appel par un acte particulier.

— Le clergé du diocèse de Paris et de celui de Reims firent la même chose.

— Le 12, on apprit par des lettres de Rome, que sur l'appel des quatre évêques, le Pape avait tenu congrégation, où plusieurs cardinaux avaient dit que cette affaire étant des plus importantes, et pouvant avoir des suites très-fâcheuses à l'Église, ils étaient d'avis que pour les empêcher, il serait bon que Sa Sainteté déclarât au plus tôt qu'elle avait été surprise dans l'exposé qu'on lui avait fait, ce qu'ils avaient soutenu en présence du cardinal Fabroni, que l'on disait auteur de la Constitution, pour complaire aux jésuites qui l'en avaient sollicité ; à quoi le père d'Aubenton [2] n'avait rien oublié suivant les instruc-

[1] Hippolyte de Béthune.
[2] Guillaume Daubenton, né à Auxerre le 21 octobre 1648, mort à Madrid le 7 août 1723, fut le confesseur du roi d'Espagne Philippe V.

tions qu'il en avait du père Le Tellier, mais que dans cette congrégation rien n'avait été décidé, le Pape ayant remis l'affaire à une autre congrégation beaucoup plus nombreuse.

— M. le Régent donna ordre à M. de Saint-Olon [1] d'aller sur les frontières de Flandre, avec quelques gardes du corps du Roi, pour recevoir le czar de Moscovie [2] et la princesse [3], son épouse, à qui l'on destina l'hôtel de Lesdiguières [4] pour leur logement à Paris.

— Le sieur Miot fut élargi de la Conciergerie moyennant une taxe de quinze cent mille livres.

— La maison du sieur Bourvalais, sise en la place de Vendôme, fut destinée pour servir dorénavant de logement à M. le chancelier et à ses successeurs dans cette charge.

— M. l'évêque de Lombez, fils de M. Fagon, premier médecin du feu Roi, ayant envie de joindre au jardin de l'évêché celui du doyen de la cathédrale, qui y est contigu, ce doyen lui représenta que si ce jardin lui appartenait en propre, il le lui offrirait volontiers pour en disposer comme il lui plairait, mais que n'en étant que l'usufruitier, et appartenant au chapitre, il n'était pas en son pouvoir de lui donner cette satisfaction sans le consentement du même chapitre. Le chapitre s'étant assemblé deux jours après cette proposition, le doyen dit que ce

[1] François Pidou de Saint-Olon, né en 1640, mort en 1720, fut également envoyé au-devant des ambassadeurs de Siam en 1684, et de l'ambassadeur de Perse Riza-Beg en 1714.
[2] Pierre le Grand, né à Moscou le 11 juillet 1672, mort le 28 janvier 1725.
[3] Catherine Ire, morte le 27 mai 1727. — Elle n'accompagna pas le czar à Paris.
[4] L'hôtel de Lesdiguières était situé rue de la Cerisaie. Il avait été bâti par Sébastien Zamet. Il fut acheté aux héritiers de ce fameux financier par François de Bonne, duc de Lesdiguières et connétable de France.

jardin étant de peu de conséquence, on pourrait le céder à M. l'évêque, qui en avait envie, pour le joindre à celui de l'évêché, si le chapitre le jugeait à propos. Sur quoi le chapitre, d'une voix unanime, en fit refus, disant que tout le chapitre y était intéressé, chacun des chanoines pouvant être doyen à son tour. Le lendemain, le doyen, qui était fort âgé, en rendit compte au prélat, disant : « Monseigneur, je proposai hier la chose au chapitre, et je tâchai de le persuader à consentir que le jardin du doyenné fût joint à celui de l'évêché, d'autant que vous le souhaitez, mais le chapitre le refusa tout d'une voix. » Sur quoi le prélat s'emporta de telle sorte qu'il donna deux soufflets au doyen en lui disant : « Vous êtes bien insolent d'avoir fait cette proposition à mon insu et sans mon ordre. » Puis il commanda à ses domestiques de chasser le doyen et de le traiter comme il le méritait; à quoi ils obéirent en traitant fort indignement le doyen, sans avoir aucun égard à son grand âge. Lequel, étant sorti, fit aussitôt assembler le chapitre, auquel il exposa ses plaintes. Le chapitre prit sur-le-champ le fait et la cause de son doyen. L'affaire portée au parlement de Toulouse, ce tribunal décerna ajournement personnel contre l'évêque, et décret de prise de corps contre les domestiques, qui furent conduits en prison.

— Le 14, on porta à la Monnaie la belle vaisselle d'argent du sieur Châtelain, pour la valeur de trente mille francs.

— Le 18, M. le Régent ayant tenu conseil avec M. le chancelier, les gens du Roi du Parlement et M. le maréchal d'Uxelles, au sujet de l'appel des quatre évêques, leur ordonna de mettre par écrit leurs raisons pour et contre, et de les lui apporter au premier jour.

— Le 20, on publia un arrêt du Parlement qui supprima la *Lettre d'un curé de Châlons en Champagne à un curé de Reims*, avec le plaidoyer du sieur Grossart, avocat du Roi au présidial de Châlons.

— Le même jour, on publia un arrêt du conseil d'État qui ordonnait aux receveurs des tailles et autres, de recevoir en payement des droits dus au Roi les billets de la banque générale qui leur seraient présentés, et d'acquitter ceux qui seraient tirés sur eux, des premiers deniers de leur caisse, dès la première vue, s'ils en avaient, ou aussitôt qu'ils auraient des fonds, pour quelque somme que ce fût; y ayant déjà de ces sortes de billets de la valeur de trois mille livres, de six cents livres, de quatre cents livres, de cent livres et de trente livres chacun.

— Le 19, on commença la vente des meubles du sieur Châtelain, en sa maison rue de Richelieu.

— Le 22, on plaida pour la seconde fois en la grand'chambre du Parlement, à huis clos, la cause du chapitre de l'église cathédrale, de l'université, du séminaire et du corps de l'hôtel de ville de Reims, contre M. l'archevêque de cette ville, pour avoir publié, le 20 mars, un mandement par lequel ce prélat déclarait excommuniés tous ceux qui n'auraient point accepté la constitution *Unigenitus* dans l'espace de quinze jours; duquel mandement ils avaient appelé comme d'abus. Il y avait quatre avocats célèbres avec celui de l'archevêque.

— Sur l'avis que le Czar, sous le nom de comte de Pétersbourg, et la princesse, son épouse, étaient partis de Bruxelles le 17 de ce mois, M. le Régent envoya ordre dans tous les lieux de leur passage, de tenir toutes choses prêtes pour leur réception et pour les bien régaler.

— Le sieur Ravechet, syndic de Sorbonne, allant à son exil de Saint-Brieuc, tomba malade d'une rétention d'urine, à Rennes, chez les Bénédictins, qui en prirent un grand soin, et on lui administra les sacrements, et il y mourut le 24, regretté pour son mérite et pour sa profonde érudition.

— Les pourvoyeurs de la maison du Roi conclurent un

marché de quinze cents livres par jour, pour la fourniture de la table du Czar et de sa suite.

— M. le prince de Dombes[1], allant servir en Hongrie contre les Turcs, avec l'agrément du Roi et de M. le duc d'Orléans, étant arrivé à Châlons en Champagne, ses palefreniers ayant bu avec excès, se mirent à fumer dans l'écurie et y mirent le feu par accident, de sorte que s'étant endormis, il y eut dix-sept ou dix-huit chevaux de main de ce prince étouffés. Toute l'hôtellerie de l'*Écu de France* et quelques maisons voisines furent consumées par cet incendie; ce qui obligea les propriétaires de ces maisons de se transporter à Paris, pour obtenir de M. le duc du Maine le dédommagement de tout ce qu'ils avaient perdu.

— M. le Régent donna le gouvernement de Toul en Lorraine, de trente mille livres de rente, vacant par la mort du marquis Albergotti[2], lieutenant général des armées du Roi, fort estimé pour sa valeur, à M. le prince de Conti, pour le détourner de l'empressement qu'il avait d'aller servir en Hongrie dans les troupes de l'Empereur, et il lui permit d'assister au conseil de la régence, afin de prévenir les différends qui seraient indubitablement arrivés entre lui et le prince de Dombes, lorsqu'ils se seraient trouvés tous deux en Hongrie, à cause du procès entre les princes du sang et les princes légitimés.

— Le 25, M. le Régent tint une longue conférence au sujet de l'appel des quatre évêques, avec M. le chancelier, M. le premier président, M. le procureur général, les avocats généraux, M. Portail, M. Le Nain, M. l'abbé Pucelle, M. Menguy, conseillers au Parlement, et M. le maréchal

---

[1] Louis-Auguste, prince de Dombes, fils aîné du duc du Maine.

[2] Albergotti obtint, à la mort de M. de Magalotti son oncle, le régiment de Royal-Italien, devint le favori du duc de Vendôme, prit part aux guerres d'Italie et de Flandre, et fut nommé chevalier de l'Ordre.

d'Uxelles, et la nuit suivante un courrier fut dépêché à Rome, avec ordre de faire cette course en sept jours.

— On travailla à meubler l'hôtel Lesdiguières et à y tendre les tapisseries de la Couronne pour y recevoir le Czar, pour la table duquel prince et de ceux de sa suite M. le Régent fixa la dépense à trois mille francs par jour. Toutes les maisons de la rue de la Cerisaie, où cet hôtel est situé, furent marquées à la craie pour y loger les officiers destinés pour le service de cet empereur de Moscovie, au-devant duquel le maréchal de Tessé fut sur la frontière de la Flandre française, avec ordre de l'accompagner partout, de la part du Roi et de M. le duc d'Orléans.

— M. le cardinal de Noailles reçut alors un bref écrit de la main du Pape, rempli de tendresse, pour engager Son Éminence à recevoir la Constitution.

— Le 7e jour de mai 1717, le Czar arriva sur les dix heures du soir au Louvre, avec une escorte de trois cents grenadiers à cheval lestement vêtus. Il avait dîné au château de Nointel, proche de Clermont en Beauvoisis, puis on le conduisit à l'hôtel de Lesdiguières, où tout était disposé pour le souper avec une magnificence qui surprit ce prince.

— Le 10, le Roi, accompagné de M. le duc du Maine, de M. le maréchal de Villeroy et d'autres seigneurs, escorté des gardes du corps, alla visiter le Czar, qui fut le recevoir à son carrosse, et lui donna la main comme pour lui servir d'écuyer. Le Czar était accompagné de son chancelier, du prince Kourakin[1], son ambassadeur, et de ses autres principaux officiers. Le Czar baisa les mains du Roi, l'embrassa tendrement, mania sa chevelure blonde, et parut charmé de voir un si beau prince. Le Roi le com-

[1] Boris-Ivanovitch Kourakine, né le 18 août 1677, mort le 17 octobre 1727.

plimenta sur sa bienvenue en France, avec une gravité et une présence d'esprit dont chacun fut étonné aussi bien que le Czar. Le Czar dit au Roi qu'ayant ouï parler si avantageusement de la France, et que ce royaume avait toujours été gouverné par de si grands princes et en dernier lieu par le feu Roi, qui avait fait durant toute sa vie l'admiration de tout le monde, il n'avait pu s'empêcher de quitter pour un temps ses États, quoique fort éloignés de la France, pour contenter l'empressement qu'il avait depuis longtemps de voir par lui-même un royaume si florissant.

— Le mardi 11, le Czar alla sur les six heures du soir au palais des Tuileries pour saluer le Roi.

— Le 12, il alla aux Gobelins, où ayant admiré la beauté et la richesse des ouvrages de tapisserie qui s'y font, fit déjà connaître son peu de générosité, n'ayant donné qu'un écu de cent sols aux ouvriers pour boire à sa santé.

— Le 13, il alla voir la manufacture de glaces établie au faubourg Saint-Antoine[1].

— Le 14, au matin, il alla se promener au jardin des Tuileries, et l'après-dînée il alla voir l'hôtel royal des Invalides, où il fut reçu par tous les vieux soldats qui étaient sous les armes, et on lui fit voir tout le détail de cette maison superbe, qu'il admira avec étonnement pour le bon ordre qu'on y observe.

— Plusieurs marchands allaient presque tous les jours à l'hôtel de Lesdiguières et y portaient des draps, diverses

---

[1] La manufacture de glaces du faubourg Saint-Antoine était située rue de Reuilly. Eustache Grammont et Jean-Antoine d'Autonneuil obtinrent, le 1ᵉʳ août 1634, pour dix ans, le privilége de fabriquer des glaces à Paris. Ils le cédèrent le 29 mars 1640 à Raphaël de la Planche, trésorier des bâtiments du Roi ; mais cette entreprise languissait quand Colbert la releva à force d'argent et la transforma en manufacture royale.

[1717] MAI.

étoffes, des bas de soie et d'estame[1], et autres marchandises, à ce prince, qu'il faisait payer comptant après être convenu du prix avec eux, au meilleur marché qu'aurait pu faire un simple particulier.

— Le 24 d'avril précédent, M. le cardinal de Noailles fit enregistrer en son officialité de Paris son acte d'appel de la constitution *Unigenitus* au futur concile général, et son adhérence aux quatre évêques, auxquels ceux de Sisteron[2] et d'Agen adhérèrent pareillement, avec ceux de Verdun et de Pamiers.

— Le 15, au matin, le Czar fut au Palais-Royal, où M. le duc d'Orléans lui en fit voir les beautés et les appartements, puis il alla se promener aux Tuileries, et après dîner il alla coucher à Petit-Bourg, où M. le duc d'Antin avait fait disposer toutes choses pour recevoir ce prince et pour le bien régaler.

— Le lendemain il fut à Fontainebleau, où M. le comte de Toulouse le reçut pour lui faire voir les magnificences de ce château.

— Le 17, il fut à Sceaux, où M. le duc et madame la duchesse du Maine le reçurent, et de là il fut à la maison de la Muette, au bois de Boulogne, où madame la duchesse de Berry le reçut, et ensuite au palais du Luxembourg.

— Le 19, il se rendit à Versailles, où l'on avait tenu les appartements en bon état, et tous les jardins du parc, pour les lui faire voir.

— Ce prince fut ensuite à la Ménagerie, où après avoir vu ce qu'il y a de curieux, il donna une pièce de vingt-cinq sols au fontainier, qui, confus de cette largesse, se

[1] Estame, laine tricotée avec des aiguilles, ouvrage de fils de laine, passés, enlacés par maille les uns dans les autres. On faisait aussi des gants, des chemisettes et des bonnets d'estame.
[2] Louis Thomassin.

repentit de ne l'avoir pas bien fait mouiller en faisant jouer les eaux souterraines avec son robequin[1].

— Le 15, on publia une ordonnance du Roi qui fit défense à toute la noblesse de tenir aucune assemblée sans la permission de Sa Majesté, sous prétexte de traiter de ce qui la concernait contre les ducs et pairs.

— M. le Régent nomma vingt commissaires pour examiner l'affaire des princes du sang et des princes légitimés. M. le duc de Bourbon en récusa quatre, dont était M. l'abbé de Castries, nommé à l'archevêché de Tours, pour être aumônier de madame la Régente.

— Le 19, le lendemain des fêtes de la Pentecôte, le Czar passa par les Invalides en revenant du château de Meudon, où l'on disait que l'envie lui ayant pris d'aller à la selle, et étant sur une chaise percée, il demanda du papier au valet qui la lui avait apportée, lequel n'en ayant point à lui donner, ce prince se servit d'un écu de cent sols pour y suppléer, et le présenta ensuite au valet qui s'excusa de le recevoir parce que le concierge lui avait fait défense de rien prendre de personne, ce que voyant le Czar, après lui avoir dit plusieurs fois de le prendre, il le jeta plein de vilainie par terre. Le concierge ayant ouï ce récit du valet, lui dit en riant de bon cœur : « Va, va, quand tu auras lavé l'écu, il sera aussi bon qu'un autre ; je suis bien aise que le papier t'ait manqué pour profiter de cet écu, pour te donner moyen de boire à la santé du prince avec tes camarades. »

— Le 20, ayant eu de la fièvre, cela l'empêcha d'aller à Saint-Cloud, où M. le Régent l'attendait et y avait fait préparer à souper splendidement en gras et en maigre.

— Le 21, il fut au palais du Luxembourg, où madame la duchesse de Berry le reçut avec toute sa cour.

— Le 23, il se rendit à Saint-Cloud, où M. le duc

---

[1] Sans doute robinet.

d'Orléans le reçut et le traita avec magnificence, et sur les neuf heures du soir, il vint au Palais-Royal, où il rendit visite à madame la Régente. Ce palais avait été tenu fermé de tous côtés depuis midi, pour empêcher le monde de s'y attrouper, parce que le Czar n'aimait pas d'être vu. En descendant des appartements, on observa qu'il baissait la tête ayant le visage dans son chapeau; et étant au bas de l'escalier, il traversa de cette sorte la salle des gardes.

— On se louait peu de sa générosité. Étant aux Gobelins, on lui demanda ce qui lui avait paru le plus beau parmi toutes les tapisseries qu'il avait vues. Ayant dit que c'étaient celles qui représentaient l'histoire facétieuse de Don Quichotte et de Sancho Pança, cette tenture lui fut portée le lendemain par ordre du Roi, et cependant il oublia de faire aucune largesse à ceux qui lui présentèrent cette tenture, qui contenait six pièces de tapisserie dont les personnages et les paysages étaient au naturel avec une broderie d'or en bosse, le tout d'une beauté parfaite.

— Le 28, l'affaire de Reims fut jugée au Parlement, qui condamna cet archevêque aux dépens du procès avec des dommages-intérêts envers les chanoines de sa métropole, les curés, la faculté de théologie, l'université et le présidial de Reims; ce qui montait à plus de douze mille livres, et ordonna que l'arrêt serait inséré dans les registres de l'officialité de Reims, où l'on bifferait les actes qui avaient donné lieu au procès.

— Le 29, le Czar fut à la Bibliothèque du Roi à onze heures du matin, accompagné du prince Kourakin, qui se tint debout derrière Sa Majesté, et de son vice-chancelier, qui se tint aussi debout de l'autre côté de la table. Le Czar était assis dans un fauteuil. M. l'abbé de Louvois, bibliothécaire du Roi, lui fit voir plusieurs anciens manuscrits grecs, enrichis de très-belles miniatures, dont quelques-unes de piété lui plaisaient, et les approchait de sa joue pour les baiser. On lui fit voir les pièces les plus rares et les plus curieuses qui se conservent dans cette nombreuse bibliothèque, et entre autres le tombeau de Childéric, père de Clovis, premier roi chrétien. On lui fit remarquer un gros cachet d'or en manière de bague qui se met au doigt, dont on prétend que ce prince scellait ses lettres, parce qu'on lit autour de ce cachet ces mots bien gravés : *Childerici regis*, avec beaucoup d'autres pièces d'or du même tombeau, une tête de bœuf très-bien faite, émaillée de rouge, que l'on s'imagine avoir été son idole, plusieurs pièces de monnaie romaines d'or, et plusieurs fleurs de lis d'or; sa hache d'armes, que le Czar appliqua sur ses deux joues par une manière de vénération pour la valeur de cet ancien monarque des Français; après quoi, le Czar se retira avec M. du Libois, gentilhomme de la chambre du Roi, qui avait ordre de l'accompagner partout. Le Czar était alors vêtu simplement d'un surtout de bouracan gris assez grossier, tout uni, avec une veste d'étoffe de laine grise dont les boutons étaient de diamant, sans cravate et sans manchettes ni dentelle aux poignets de sa chemise, ayant une perruque brune à l'espagnole, dont il avait fait couper le derrière pour lui avoir paru trop longue, et sans être poudrée. Il avait un petit collet à son surtout, comme celui d'un voyageur. Il avait un ceinturon garni d'un galon d'argent, par-dessus son surtout, auquel pendait un coutelas à la manière des Orientaux. Ce prince était de haute taille, assez menu, plus maigre que gras, ayant le teint un peu pâle, sans aucun vermillon; la vue un peu effarée, et clignant fort souvent des yeux, ce qu'on attribuait alors à l'effet du poison que des malheureux avaient trouvé moyen de lui faire prendre.

En arrivant à la Bibliothèque du Roi, il fit seulement un petit penchement de tête à l'abbé de Louvois qui lui fit une profonde révérence, et qui lui donnait le titre de Majesté chaque fois que ce prince lui faisait quelque question. Il oublia aussi de faire aucune largesse en cette bibliothèque. Il y avait une brigade de douze soldats du régiment des gardes françaises à la porte, sans armes à feu, qui se mirent en haie lorsqu'il y arriva et qu'il en sortit.

— Le lendemain, il fut à Versailles, à Marly, à Trianon, à la Ménagerie et à Saint-Cyr[1]. Il parut étonné de la machine de Marly pour l'élévation des eaux, de sorte qu'à son retour à Paris, étant à table, on le vit faire des mouvements de corps et figurer cette machine avec une cuiller et une fourchette. Étant dans les jardins de Versailles, il fut étonné de n'y voir personne, et en ayant demandé la raison, on lui représenta que c'était à cause des rigoureuses défenses pour ne pas l'incommoder. Sur quoi il dit : « Il est vrai que je n'aime pas à être suivi d'un tas de canailles, mais je suis bien aise de voir les honnêtes gens. » Ainsi le lendemain il y trouva bonne compagnie de personnes des deux sexes, proprement vêtues.

— Le 31, il fut encore à Petit-Bourg, où M. le duc d'Antin le régala splendidement comme la première fois. Le lendemain il fut à Fontainebleau, où il trouva le vin si bon qu'il s'enivra comme il avait fait à Petit-Bourg. Étant sorti de table et retiré dans la chambre où il coucha, il se fit encore apporter quatre bouteilles de vin de Champagne qu'il but avec son vice-chancelier et avec le prince Kourakin, avant de se mettre au lit. Le lendemain, après avoir parcouru les beautés du château de Fontainebleau, il se mit à table, où il s'enivra de même, de sorte qu'il fallut se mettre quatre pour le porter dans le carrosse qui

---

[1] A Saint-Cyr, le Czar demanda à voir madame de Maintenon ; celle-ci se mit dans son lit pour se dispenser du cérémonial. Pierre Ier entra dans la chambre, alla droit au lit, en tira les rideaux de façon à bien voir les traits de celle qui y était couchée, et, après l'avoir contemplée quelques instants, se retira sans avoir proféré une parole. Voyez Duclos, *Mémoires secrets*, et Marmontel, *Histoire de la Régence*.

devait le ramener à Petit-Bourg. Le duc d'Antin prévoyant ce qui allait arriver, monta dans un autre carrosse. Dans la traversée de Fontainebleau à Petit-Bourg, le Czar, qui avait bu et mangé avec excès à dîner, s'endormit et vida ses entrailles dans sa culotte. Il fallut le descendre du carrosse comme on l'y avait mis, les fumées du vin n'étant pas encore évaporées de son cerveau. On fit venir deux femmes de village pour le nettoyer; on le mit au lit, où après avoir achevé sa cuvée il se fit habiller. On se mit à table, et il recommença à se remplir le ventre. Après dîner il s'embarqua sur une galiote que le duc d'Antin avait fait préparer, dans laquelle il arriva avec sa suite, par eau, à Paris, sur le soir. Le lendemain, il remonta dans cette galiote et fut ainsi jusqu'à Sèvres et en revint de même sur la rivière pour se divertir. On n'avait pas oublié de mettre de quoi bien boire et bien manger dans la galiote, durant cette navigation.

— Le 4 de juin, il retourna à Versailles, dont il admirait chaque fois les beautés et la magnificence.

— On publia une ordonnance du Roi qui fit défense d'imprimer et de débiter aucune chose sans permission, sous peine de mille livres d'amende contre les libraires et imprimeurs et de clôture de leurs boutiques, et sous peine de la Bastille et des galères contre les colporteurs.

— Le 2, M. le Régent tint conseil avec M. le cardinal de Noailles, M. le chancelier, M. le maréchal d'Uxelles et autres seigneurs.

— Les billets de l'État perdaient alors soixante et une livres par cent.

— Le sieur Le Rouge, syndic de la Sorbonne, et le sieur Tornelli, ayant été exclus de cette société avec vingt autres docteurs, poursuivaient cette affaire au Parlement pour en avoir raison contre les autres docteurs qui les en avaient exclus.

— Les princes du sang et les princes légitimés eurent

ordre de donner tout ce qu'ils avaient à produire et à écrire entre les mains des vingt commissaires nommés pour juger cette grande affaire au commencement de ce mois.

— Le 5, on commença la démolition des fortifications du port de Mardick, suivant le traité fait avec l'Angleterre.

— M. le cardinal de Noailles fit enregistrer à son officialité de Paris les actes d'appel de M. l'évêque de Condom[1] et de M. l'évêque d'Agen.

— Le 6, le sieur Bourvalais fut élargi de la Conciergerie après avoir payé sa taxe. On lui laissa seulement la jouissance de vingt mille livres de rente; il se logea dans une maison de la place des Victoires, où peu de jours après sa sortie de prison il lui arriva plusieurs charretées de vin de Bourgogne.

— Un curé du faubourg de Neuville d'Orléans fut condamné au feu pour avoir étranglé de ses propres mains et jeté dans un puits une fille de seize à dix-sept ans, dont il avait abusé, et qui était grosse de sept mois. On le surprit au moment où il venait de la précipiter dans le puits. Il avoua son crime, et dit qu'il méritait la mort et même d'être brûlé pour ses crimes. On déplorait le malheur de ce curé, qui auparavant avait beaucoup de piété, de capacité et de talent pour la controverse, ayant contribué à convertir plusieurs personnes et à faire abjuration de l'hérésie de Calvin, et ayant même converti cette jeune fille, qui eut le malheur de servir d'instrument au démon pour pervertir l'un et l'autre. M. l'évêque d'Orléans, connaissant le mérite de cet ecclésiastique, l'avait pourvu de cette cure, et l'estimait beaucoup. Il était fils d'un cordonnier de Paris qui se nommait Huart.

— Le 12 de juin, de grand matin, M. le marquis de

[1] Louis Milon.

Brillac, premier capitaine des grenadiers du régiment des gardes françaises, fut éveiller M. de Contades, major du même régiment, qui logeait auprès du cul-de-sac des Feuillants, proche la porte de Saint-Honoré, pour le défier de se battre en duel avec lui. M. de Contades s'étant habillé, ils descendirent et allèrent se battre à l'épée dans le cul-de-sac. Les cordiers qui travaillaient ordinairement le long du mur de cet endroit étant arrivés à cinq heures du matin pour commencer leur ouvrage, étonnés de voir M. de Contades étendu comme mort et l'ayant reconnu, ils le portèrent en sa maison, percé de plusieurs coups d'épée dans le ventre et en d'autres endroits. Il était marié et avait cinq enfants. Il jouissait de cinquante-cinq mille livres de rente des bienfaits du Roi, qui auraient été perdus après sa mort. Ce duel fit grand bruit [1]. Ces deux officiers [2] avaient soupé la veille chez M. le duc de Guiche, avec le prince Charles de Lorraine [3], fils du prince d'Armagnac, grand écuyer de France, et avec plusieurs autres personnes de distinction. Étant à table, ils se piquèrent de paroles l'un et l'autre et parurent résolus à en venir aux mains après souper. Pour les en empêcher, le prince Charles les fit monter dans son carrosse et les reconduisit chacun chez eux. M. le Régent, informé de ce duel, déclara qu'il n'y avait pas de grâce à espérer ni pour l'un ni pour l'autre, et trouva mauvais que le prince Charles ne

[1] L'affaire s'arrangea : le marquis de Brillac fut nommé gouverneur à l'île d'Oléron, poste qui exigeait la résidence, et, malgré les menaces du Régent, il ne fut plus question de ce duel.

[2] M. de Contades était, dit Saint-Simon (t. IX, p. 203), fils d'un gentilhomme d'Anjou, dont le père était connu de Louis XIV pour lui avoir fait présent de plusieurs belles chiennes de chasse. Il guérit de ses blessures.

[3] Le prince Charles de Lorraine était fils du duc d'Armagnac, grand écuyer, dit *Monsieur le Grand*. Saint-Simon a tracé un curieux portrait de ce duc. Le prince Charles avait épousé une demoiselle de Noailles.

les eut pas obligés de rester chacun dans sa maison pour éviter ce malheur, et pour chercher les moyens de les réconcilier.

Le marquis de Brillac était frère du premier président du parlement de Bretagne.

L'édit du feu Roi qui défend absolument le duel, porte que le mort sera pendu publiquement par les pieds et ensuite traîné sur la claie, et confiscation des biens de tous ceux qui se seront battus en duel.

— Le 13, le Czar soupa chez M. le duc d'Antin, en son hôtel, proche la porte Gaillon.

— Quelques jours auparavant, on trouva dans les filets du pont de Saint-Cloud le frère du gouverneur des pages de M. le duc d'Orléans, tout habillé et percé de plusieurs coups d'épée ou de poignard. On l'avait sans doute jeté à la rivière après l'avoir frappé. Il y avait quatre jours qu'on ne savait ce qu'il était devenu.

— Le Czar étant à Versailles et à Trianon fit venir seize joueurs d'instruments qui le divertirent pendant quatre jours, principalement le soir jusqu'à trois et quatre heures du matin; au bout duquel temps il les fit renvoyer à Paris sans leur faire donner aucun payement. Il y a apparence que la générosité n'est pas beaucoup en usage en son pays, vertu si louable et qui se pratique si noblement en France avec tant d'avantages par-dessus les autres nations qui ne laissent pas que d'en être convaincues, surtout quand elles en ressentent elles-mêmes les effets et les douceurs.

— Voici une autre particularité qui ne sera peut-être pas oubliée dans l'histoire.

Pendant que le Czar était à Versailles, il ne manqua pas de se donner carrière avec des femmes ou filles accoutumées à faire largesse de leurs faveurs et à se prêter à qui veut en goûter; de sorte que ce prince et les seigneurs de sa suite en ressentirent bientôt les influences qui ne manquent pas de suivre de près les plaisirs de Vénus. Ainsi on fut obligé de consulter les disciples d'Hippocrate et de Galien qui se transportèrent en diligence à Trianon, ce lieu délicieux et plein de charmes où Cupidon a tant de fois triomphé et où il venait encore de terrasser un des plus grands princes du monde en la personne du Czar et de ses compagnons de voyage. Ces experts ayant fait leur visite, l'un d'entre eux déclara qu'il n'entreprendrait point la cure à moins de quatre cents pistoles pour ses peines. Ce qui effraya beaucoup le prince, peu habitué à prodiguer ses trésors immenses.

— On disait aussi qu'il s'était délassé avec la fille d'un marchand et avec celle d'un vinaigrier de Paris.

— Les billets de l'État balançaient depuis 58 livres 10 sols, 61 livres, 62 livres, 64 livres et jusqu'à 68 livres de perte par cent.

— Le Parlement condamna le sieur Minet[1], greffier de la chambre de justice, à déposer au trésor royal une somme de cent cinquante mille livres, et lui fit défense de s'absenter de Paris jusqu'à ce que son procès fût fini.

— Le 14 au matin, le conseil se tint au palais des Tuileries devant le Roi, où assistèrent M. le Régent, M. le chancelier, M. le duc de Bourbon, M. le duc du Maine, M. le comte de Toulouse et autres seigneurs; on fut étonné de les voir tous en sortant avoir la tristesse peinte sur le visage, ce qu'on ne savait à quoi attribuer.

— Le 17, après dîner, on fit aux Champs-Élysées la revue des deux régiments des gardes françaises et suisses, des chevau-légers et des mousquetaires, en présence du Czar, qui était à cheval et qui parcourut tous les rangs avec M. le duc d'Orléans, M. le prince de Conti, M. le duc du Maine, M. le comte de Toulouse et M. le maréchal de Villars qui était superbement vêtu, tous à cheval. Ce

---

[1] Mesnet, greffier civil, demeurant à Paris, rue Christine, près la rue Dauphine.

maréchal s'y fit distinguer pour y avoir paru à la tête de soixante ou quatre-vingts officiers bien montés et tous vêtus magnifiquement. Après cette revue, le Czar et M. le duc d'Orléans entrèrent dans le jardin des Tuileries par le pont tournant, depuis peu construit du côté du cours de la Reine, pour saluer le Roi qui s'amusait à voir travailler des ouvriers qui faisaient un jeu de mail, et un petit bâtiment de marbre au milieu pour un jeu de billard, au même endroit où il y avait auparavant deux amphithéâtres de maçonnerie où se jouait la comédie, qu'il fallut démolir pour y pratiquer ce jeu de mail.

— Le Czar, après avoir salué le Roi, entra dans une loge de suisse avec M. le duc d'Orléans, où ils restèrent environ une demi-heure en conférence avec l'interprète du Czar, qui était Anglais de nation.

— Le 18, on publia un édit du Roi qui supprima les rentes créées sur l'hôtel de ville de Paris, depuis l'année 1650 jusqu'en 1658, dont les contrats n'avaient pas été renouvelés et dont le fonds avait été payé plusieurs fois par les arrérages qui en avaient été reçus.

— Un détachement de mousquetaires et de chevau-légers, de vingt hommes par compagnie, fut ordonné pour escorter le Czar jusqu'à Soissons, d'où les grenadiers à cheval devaient l'escorter jusque sur les frontières du royaume. Ce prince fut dire le soir adieu au Roi, et le lendemain matin le Roi fut lui souhaiter un bon voyage; il devait prendre le chemin de Spa, dans le duché de Limbourg, pour y prendre les eaux, que l'on assure être propres à rétablir les forces épuisées au jeu d'amour.

— Le sieur Arouet, âgé de vingt-trois ou vingt-quatre ans, fils d'un notaire de Paris et ensuite receveur des épices de la chambre des comptes, fut condamné à être transféré à Lyon pour être renfermé le reste de ses jours dans le château de Pierre-Encise. Il avait été mis à la Bastille le jour de la Pentecôte, pour avoir fait des satires trop piquantes contre des princes, princesses et autres personnes de distinction, et auparavant il avait été relégué et exilé à Issoudun, en Berry.

— Le 15, le Parlement s'assembla extraordinairement dans la grande salle Saint-Louis du Palais, y ayant mandé toutes les chambres qui le composent et y ayant fait inviter la chambre des comptes, le grand conseil, la cour des aides et la cour des monnaies, et y ayant aussi mandé les principaux des quatre corps des marchands et plusieurs banquiers considérables, pour délibérer, disait-on, au sujet du sieur Law[1], et des nouvelles espèces d'or et d'argent.

— Le grand conseil et la cour des monnaies firent refus de s'y rendre et en informèrent M. le Régent, sur quoi ce prince écrivit au Parlement, où la chambre des comptes et la cour des aides s'étaient déjà rendues.

— Après l'assemblée, entre midi et une heure, M. le président de Lamoignon et trois conseillers du Parlement allèrent au Palais-Royal pour y donner part des délibérations qu'on y avait prises.

— Le 19, le Parlement s'assembla de la même façon.

— Le 20, il s'assembla de nouveau, à six heures du matin, en la grand'chambre, dont les portes furent fermées jusqu'à deux heures après midi, puis il se rendit en corps au Palais-Royal.

— La nuit du 17 au 18, on posa cinquante soldats du régiment des gardes françaises à la Monnaie, et un pareil nombre chez le sieur Law, afin que rien ne pût s'en détourner. On fabriquait à Paris pour huit cent mille livres de nouvelles espèces par jour.

— Le 17, au matin, on refusa les nouvelles espèces d'or en payement des rentes à l'hôtel de ville.

— On trouva pour lors, sous l'assiette de M. le Régent,

---

[1] Jean Law, né à Édimbourg en 1671, suivant les uns, et en 1668 ou 1681 suivant les autres, était fils d'un riche orfèvre.

à table, un billet par lequel on menaçait de mettre le feu aux quatre coins du Palais-Royal : *Pour te brûler, toi et ta pétarde*, concluait cet écrit, voulant désigner ce prince et Madame la douairière sa mère, qui en étant informée parut fort alarmée ; cependant il n'y eut pas d'autres suites.

— Le 21, on publia un arrêt du conseil d'État qui ordonnait l'exécution de l'édit du mois de mai dernier, touchant le prix, la valeur et la refonte des monnaies, selon sa forme et teneur ; cassait et annulait l'arrêt que le Parlement avait rendu le même jour, comme attentatoire à l'autorité royale, en ce qu'il faisait défense de donner et recevoir en payement aucune espèce d'or et d'argent de la nouvelle fabrique. Cet arrêt du conseil d'État fut envoyé le matin au Parlement de la part de M. le Régent, avec une lettre de cachet pour le faire enregistrer. Le Parlement renvoya l'un et l'autre par les gens du Roi, sans vouloir ouvrir la lettre de cachet, disant que la cour ne reconnaissait point d'arrêt du conseil sans être revêtu de lettres patentes du Roi.

— L'après-dînée, le Parlement s'étant de nouveau assemblé, rendit un arrêt qui cassa celui du conseil.

— Le premier arrêt du Parlement n'ayant pu être imprimé à cause des défenses que les imprimeurs en avaient eues sous peine de la vie, fut affiché le soir du 20, écrit à la main sur papier timbré, à la porte de la grand'chambre, en plusieurs endroits du palais et au coin des carrefours des environs, avant l'arrivée des soldats qui avaient ordre de tirer sur les afficheurs.

— Le 22, on publia et on afficha par tout Paris un arrêt du conseil qui évoquait à ce tribunal les causes et les différends qui surviendraient au sujet de l'augmentation ou de la diminution des espèces d'or et d'argent, et en ôta la connaissance au parlement de Paris.

— Le parlement de Rouen rendit un arrêt qui portait

défense de continuer la fabrication des espèces sous peine de la vie. Les coins se cassèrent en y travaillant.

— Celui d'Aix en Provence se transporta à l'hôtel des Monnaies, et, après y avoir fait l'inventaire des outils, il le fit fermer et se saisit des clefs; puis il rendit un arrêt qui défendait la fabrique desdites espèces et d'en donner et recevoir à plus haut prix que de cent sols par écu, et de trente livres par louis d'or, sous peine de la vie.

— Celui de Bordeaux et celui de Bretagne firent la même chose.

— Le bruit courut qu'il s'était fait à ce sujet un soulèvement de la populace à Besançon, où plusieurs personnes avaient été tuées et blessées.

— Le 27, à onze heures et demie, le Parlement fut au Louvre faire ses remontrances au Roi par la bouche du premier président, qui fit un discours d'une demi-heure, qui fut admiré de tous ceux qui l'entendirent, après lequel M. d'Argenson, nouvellement fait garde des sceaux, dit que le Roi trouvait agréables les remontrances de son Parlement, auxquelles Sa Majesté ferait réponse par écrit dans peu de jours.

— On continuait cependant ici la fabrique des nouvelles espèces, que l'on disait devoir être fixées à dix-sept livres par louis d'or, et à quatre livres cinq sols par écu.

— M. le président Ferrand, M. l'abbé Pucelle et M. l'abbé Menguy, conseillers au Parlement, estimés pour leur capacité et pour leur probité, furent alors exclus des conseils de la régence pour s'être opposés à l'édit du mois de mai, touchant les monnaies dont il s'agissait.

— Le 30, la chambre des comptes et la cour des aides firent aussi des remontrances au Roi sur le même sujet.

— Le 1er juillet, le meunier du moulin voisin du pont au Change, après avoir bu avec excès, signa un acte de rétrocession du temps qui restait de son bail. Le lendemain on lui fit signifier cet acte afin qu'il eût à vider les lieux pour le terme courant. Le meunier surpris, d'autant plus qu'il ne se souvenait pas de l'avoir signé, se détermina à ne point sortir du moulin, et ne répondant pas à l'assignation, la partie adverse obtint sentence, qui lui fut signifiée avec décret de prise de corps pour les loyers échus. Un commissaire en est chargé, et il se fait accompagner de plusieurs archers pour l'arrêter prisonnier. Le meunier étant sur le bord de l'eau leur échappa en regagnant son moulin à la nage; là, il se retrancha avec des pierres dont il avait fait provision. Le commissaire ordonne aux archers de faire main basse; ceux-ci tuent d'abord un soldat aux gardes, parent du meunier, et blessent dangereusement deux garçons meuniers, qui deux heures après en moururent.

Le marquis de Montarand, capitaine au même régiment, informé du malheur de son soldat, qui n'était allé dans ce moulin que pour rendre visite au meunier, son cousin, et qui quelques jours auparavant lui avait offert une somme de cinq cents livres pour avoir son congé; ce capitaine fut en diligence avec une brigade de soldats qu'il mit en garnison chez le commissaire, qu'il fit conduire en prison au Châtelet, et fit faire un procès-verbal et des informations sur cet incident par un autre commissaire, qui se transporta dans le moulin où étaient ceux qui étaient morts ou blessés, mais les archers n'attendirent pas cette formalité pour s'enfuir.

— Le 20 juin, le sieur Rondet, joaillier, arriva de Londres, où il était allé en chaise avec une somme de deux millions cinq cent mille livres en or, escorté par sept grenadiers à cheval, des plus braves et des mieux armés, pour la valeur d'un diamant[1] de la grandeur d'un écu de cent sols et de la grosseur d'un œuf de pigeon, que l'on

---

[1] Le *Régent*; avant cette acquisition, le plus gros diamant de la couronne était le *Sanci*.

assurait être le plus beau qui se soit jamais vu pour la grosseur et pour l'éclat, lequel diamant avait ci-devant appartenu au beau-père de milord Stanhope[1], général des troupes anglaises en Espagne. Le sieur Rondet remit ce diamant entre les mains de M. le duc d'Orléans, qui l'avait envoyé exprès en Angleterre pour faire cette acquisition et pour le conserver parmi les pierreries de la couronne. On en avait offert trente-cinq mille guinées; on le voulait vendre quarante-cinq mille guinées, qui, à raison de vingt livres monnaie de France chaque guinée, faisaient la somme de neuf cent mille livres. On prétendait que ce diamant était le troisième de cette grosseur et de cette beauté dans tout le monde, dont l'un est au trésor du grand-duc de Toscane, l'autre en la possession du Grand Mogol, et le dernier au Roi, par l'acquisition qu'en a faite M. le duc d'Orléans même dans un temps assez difficile pour la couronne de France.

— Le 30, au matin, les députés du Parlement allèrent au Palais des Tuileries, où M. le Régent se trouva avec le Roi et M. le chancelier, pour supplier Sa Majesté de déclarer ses sentiments sur l'affaire des princes et de la noblesse, sur quoi Sa Majesté dit qu'il les leur enverrait déclarer par son chancelier.

— L'après-dînée, M. le chancelier se rendit sur les trois heures à la grand'chambre, toutes les autres assemblées, où ayant pris sa place, dit : « Le Roi m'a chargé de venir en sa cour de Parlement pour vous déclarer, messieurs, que Sa Majesté vous sait bon gré du zèle que vous avez pour que tous les ordres du royaume soient dans les règles, et qu'au premier jour elle vous fera savoir là-dessus ses intentions. »

— On apprit alors de Nantes, que le 24 de ce mois, trois jeunes étourdis étaient allés chez une dame de dis-

---

[1] Jacques, comte de Stanhope, né en 1673, mort en 1721.

tinction où l'un des trois voulut attenter à son honneur ; sur quoi la dame s'étant récriée, il lui tira un coup de pistolet, et en avait fait autant au fils de la dame qui était accouru au cri qu'elle avait fait, puis ils se retirèrent tous trois et prirent la fuite. La mère ni le fils n'étaient pas morts du coup, mais dangereusement blessés : dont on faisait information.

— Le 28, le sieur Gobert, maître à danser, âgé de cinquante-cinq ans, après avoir un peu trop bu avec deux amis, voulut se baigner, malgré eux, au bas de la place aux Veaux; étant déshabillé, il se jeta dans la rivière, la passa à la nage pour aller insulter des femmes qui étaient dans un bain couvert, et après quelques bouffonneries, il se remit à la nage pour gagner le côté de ses habits; mais lorsqu'il fut dans le courant de l'eau, les forces lui manquèrent et l'eau le suffoqua bientôt.

— Les chevau-légers et les mousquetaires qui avaient escorté le Czar jusqu'à Soissons arrivèrent le 2 juillet à Paris, mécontents de ce que cette course leur avait coûté à chacun cinquante livres, et de ce que leurs chevaux étaient si fatigués qu'ils semblaient être fourbus, sans que ce prince leur eût fait donner aucun rafraîchissement, malgré la chaleur excessive de la saison, quoiqu'il parût charmé de les voir voltiger à l'entour de sa chaise, si lestes, si magnifiques, si bien montés, et si bien faits de leurs personnes.

— L'Électeur de Bavière[1] fit présent de quarante chevaux à M. le comte de Charolais, en passant à Munich pour aller en Hongrie joindre l'armée impériale.

— Le prince Eugène lui fit, à son arrivée à l'armée de l'Empereur, un accueil extraordinaire, et l'engagea de ne point manger ailleurs qu'à sa table, ni de prendre d'autre logement que le sien, et de ne point épargner sa bourse,

---

[1] Maximilien II (Emmanuel).

l'assurant qu'elle lui serait toujours ouverte, en reconnaissance, disait ce général, des deux cents pistoles que les deux princes de Conti, oncles de M. le comte de Charolais, lui avaient données en revenant de Hongrie, pour lui donner le moyen de retourner à Vienne, où l'empereur Léopold Ier lui donna d'abord un régiment.

— Les docteurs en théologie de la faculté de Paris, au nombre de quatre cents, présentèrent alors une requête à M. le Régent, pour qu'il leur fût permis de s'assembler à l'occasion d'une thèse que les jésuites du collége de Paris avaient soutenue, quelques jours auparavant, au sujet de la grâce victorieuse du jansénisme par rapport à la constitution *Unigenitus*.

— M. le duc et madame la duchesse du Maine parurent inconsolables pour le mauvais succès de leur affaire, auquel ils ne s'attendaient nullement, d'autant plus qu'on voulait leur retrancher, et à M. le comte de Toulouse, les honneurs dont ils jouissaient en qualité de princes du sang, avec l'habileté de jamais succéder à la Couronne, ni leurs descendants.

— Le 5, l'édit concernant l'affaire des princes du sang et des princes légitimés fut porté au Parlement, toutes les chambres étant assemblées en la grand'chambre ; il y eut soixante-dix voix qui opinèrent à différer cette affaire jusqu'à la majorité du Roi, et cent treize à l'enregistrement de cet édit ; ainsi il fut enregistré sur-le-champ.

— L'arrêt porte révocation de l'édit de 1714 et de la déclaration de 1715, et les déclare inhabiles à succéder à la Couronne, avec défense à eux de prendre la qualité de princes du sang dans aucun acte. Et par une grâce spéciale, le Roi leur accorde de nouveau les honneurs et le rang de princes du sang légitimés, dont ils avaient joui jusqu'alors, sans que cela puisse tirer à conséquence, et sans passer à leurs enfants, et leur accorde la séance au Parlement en cette qualité. Pour ce qui est du prince de

Dombes, et le comte d'Eu, son frère, le Roi, par cet arrêt, se réserve à un autre temps de leur donner le rang qu'ils doivent avoir au Parlement, et les y traite de ses chers et amés cousins, et M. le duc du Maine et M. le comte de Toulouse, de ses chers et amés oncles.

— Le 6, M. le chancelier d'Aguesseau fut au Parlement pour s'y faire recevoir en cette qualité, puis à la chambre des comptes, et ensuite à la cour des aides.

— Le curé de Mouzon, qui est une petite ville entre Stenay et Sedan, du diocèse de Reims et du ressort du parlement de Metz, ayant été interdit et excommunié pour s'être rétracté de l'acceptation qu'il avait faite de la Constitution, en appela comme d'abus à ce parlement, qui, par son arrêt, condamna l'archevêque de Reims aux dépens du procès, et à quatre cents livres de dommages-intérêts envers le curé.

— On apprit alors que l'abbé de la Rochefoucault [1] était mort à Bude en Hongrie, d'une fièvre maligne et de dyssenterie. Le Pape lui avait permis de porter les armes contre les infidèles, et de conserver les bénéfices dont il jouissait pour soixante mille livres de rente.

— Le 6, madame la duchesse de La Trémouille [2] mourut de la petite vérole, âgée de vingt-trois ans.

— Le 4, le fils unique de M. le maréchal de Montesquiou [3] mourut aussi de la même maladie.

— Le 7, on publia en la grand'chambre l'arrêt d'en-

---

[1] L'abbé de La Rochefoucauld était fils aîné du duc de La Roche-Guyon; il possédait de riches bénéfices, mais il ne voulut jamais entrer dans les ordres, malgré les prières de son père et les avis du Roi. Son frère cadet s'appela longtemps le comte de Durtal.

[2] La duchesse de La Trémouille était fille de M. de La Fayette, lieutenant général, et par sa mère petite-fille de M. de Marillac, doyen du conseil.

[3] Fils de Pierre d'Artagnan, maréchal de Montesquiou.

registrement de l'édit concernant les princes du sang, et le greffier en chef[1] le lut à haute voix, par ordre du premier président, toutes les portes étant ouvertes, et la grand'chambre remplie de monde. Le greffier voulant lire sans lunettes, et ne le pouvant pas sans hésiter, le premier président lui dit : « Vous êtes toujours entêté de vouloir lire sans lunettes, et vous n'en pouvez venir à bout; prenez vos lunettes, vous dis-je encore une fois, et vous lirez plus facilement. » Sur quoi l'abbé de Vayrac, qui était présent et Gascon, dit à ses voisins : « Le greffier voudrait que la cour ordonnât, par un arrêt, qu'il lirait avec ses lunettes. » Cela fut bientôt recueilli de bouche en bouche dans ce nombreux auditoire, et y causa un éclat de rire presque général.

— On arrêta prisonniers deux jésuites à Amiens pour avoir tenu des discours et répandu des écrits séditieux contre le gouvernement.

— Le 6, on publia un arrêt du conseil d'État qui ordonnait aux gens d'affaires et aux traitants de donner dans huitaine, pour tout délai, entre les mains de M. Le Pelletier des Forts[1], conseiller d'État et des finances, un état certifié d'eux et de leurs caissiers des billets solidaires qu'ils avaient dans le public; ils devaient certifier la quantité de ces billets, les sommes portées dans chacun de ces billets et qu'ils avaient reçues, et le nombre des porteurs de ces billets; sur quoi il devait être ensuite ordonné ce qu'il appartiendrait.

— Le même jour il y eut une assemblée en Sorbonne, où le sieur Quinot, nouveau syndic, fit d'abord l'éloge de

---

[1] Dongois. Il avait quatre-vingt-trois ans. Voyez l'enregistrement de cet édit, *Pièces justificatives*, n° 4.

[2] Michel Le Pelletier des Forts, comte de Saint-Fargeau, né en 1675, mort en juillet 1740, avait épousé Marie-Louise de Lamoignon, fille de Lamoignon de Basville, intendant de Languedoc.

M. Ravechet, mort à Rennes en Bretagne. M. Hideux, curé des Saints-Innocents, présenta ensuite une lettre cachetée de cet illustre défunt, qui fut ouverte et lue hautement; puis la société ordonna que l'éloge fait par M. Quinot et la lettre seraient enregistrés. Sur quoi M. de l'Estang se récria en disant : « *Intercedo nomine Regis* » ; sur quoi, on le somma de produire l'ordre par écrit qu'il disait avoir pour faire cette opposition; à quoi il dit que M. le marquis de La Vrillière, secrétaire d'État, le lui avait donné verbalement; cela fit du bruit dans l'assemblée; on l'obligea de sortir pendant qu'on allait délibérer. On résolut de s'assembler le 15 de ce mois et deux fois la semaine en la maison de la Faculté, rue des Noyers, pour y continuer le corps de doctrine qu'on avait commencé depuis quelque temps.

— Le 9, à onze heures du matin, on arrêta dans la cour du Palais le sieur Cailly, commissaire au Châtelet, et six exempts de M. d'Argenson, lieutenant général de police, l'un nommé Le Couvreur, un autre nommé Champy, un autre Le Roux, tous pris chez eux et mis séparément chacun dans un cachot de la Conciergerie comme complices du sieur Gruet. Le sieur Bazin, autre exempt, eut la précaution de s'échapper. Le Parlement prit alors connaissance de ces affaires et des maltôtiers à la place de la chambre de justice. M. Joly de Fleury, en donnant la commission aux archers qui arrêtèrent le commissaire Cailly et ces exempts, leur dit : « Vous en répondez sur votre tête. »

— Entre autres choses, on accusait le commissaire Cailly d'avoir fait par ordre de M. d'Argenson distribuer sous cape et secrètement quinze mille volumes reliés en maroquin vert à raison d'un écu chacun qu'il avait saisis et fait enlever chez le chevalier Tissart, qui avait été mis à la Bastille, comme auteur de ce livre qui était une satire en vers contre les femmes de basse condition, comme celles des procureurs, des notaires, des avocats, des libraires, des marchands, des bouchers, etc., qui ont la vanité de se faire appeler Madame tout court, comme les dames de la première qualité. Ce qui allait à une somme de quarante-cinq mille francs pour les quinze mille volumes de cet ouvrage, dont ce commissaire avait profité. Pour laquelle satire le chevalier Tissart fut ensuite relégué à Issoudun en Berry, où il était depuis quatre ans, et où madame la duchesse de La Ferté était alors. Elle connaissait le mérite de ce gentilhomme, elle eut compassion de son malheur, car il avait tout perdu et était très-mal vêtu : elle lui fit donner six chemises de jour et six de nuit, avec d'autre linge nécessaire, et lui fit faire plusieurs paires d'habits. On l'accusait seulement d'avoir contrefait la signature de l'approbateur de son ouvrage, ce qu'il avait soutenu être absolument faux.

— On accusait aussi le commissaire Cailly d'avoir fait enlever et transporter en sa maison les effets de ceux qu'il faisait conduire en prison pour n'avoir pas payé leur capitation. Lorsqu'il se vit dans la chambre du secret de la Conciergerie, n'y voyant que de la paille par terre comme pour un chien, sans chaise ni autre meuble, il demanda qu'on lui permit au moins de faire apporter un matelas avec une couverture et une chemise; ce qui lui fut absolument refusé. Sa femme était inconsolable et comme au désespoir de se voir tout à coup privée de tout ce qu'elle possédait auparavant en abondance et réduite comme à la mendicité, tout étant scellé dans sa maison et y ayant garnison : ce qui lui parut bien dur.

— On accusait les uns et les autres de la disparition d'un jeune marchand de chevaux, absent depuis quatre ans, ainsi que d'une quantité de chevaux qu'il conduisait; et ni le jeune homme ni les chevaux n'avaient pu être retrouvés, malgré les perquisitions faites par la famille.

— On accusait les sieurs Leroux, Chantepy, Lecouvreur et Bazin, exempts de M. d'Argenson, de s'être emparés de billets de monnaie, d'ustensiles de l'extraordinaire des guerres et autres pour la valeur de plus de cent mille écus, à un officier que le pourvoyeur de l'armée de Flandre, oncle de cet officier, avait envoyé à Paris pour tâcher de les négocier, afin de lui porter de l'argent comptant pour en payer quelques régiments dont ce pourvoyeur était chargé. On accusait aussi ces exempts d'avoir mené le neveu de ce pourvoyeur chez le commissaire Cailly, qui fit enfermer ce jeune officier dans une cave pendant plusieurs jours et plusieurs nuits. Il y tomba malade à cause du mauvais séjour et de son chagrin; on le fit transporter à l'Hôtel-Dieu, où il se confessa à un prêtre auquel il déclara ce qui vient d'être dit. Sur quoi le prêtre lui conseilla de faire cette déclaration à deux notaires que cet ecclésiastique amena. L'officier étant mort, on renvoya cet acte à son oncle, en Flandre, qui ne fut pas peu surpris de cette nouvelle qui lui apprenait à la fois la mort de son neveu et la supercherie qui l'avait avancée. Sur quoi, il vint à Paris et s'en plaignit à M. d'Argenson, qui, sans doute, n'étant pas informé du fait, n'eut pas égard à la plainte et lui conseilla de retourner en diligence en Flandre, pour ne pas négliger le service du Roi qui y requérait sa présence.

— On accusait aussi le commissaire Cailly de s'être laissé corrompre par le major d'un régiment qui était en Flandre, et d'avoir fait renfermer dans l'hôpital de Bicêtre un officier de distinction qui était venu à Paris pour informer la cour des friponneries du major à l'égard de ce régiment. Lequel officier fut mis en liberté après la mort du Roi, et porta ses plaintes à la chambre de justice.

— On accusait de plus le même commissaire de ce qui suit : Une dame venait de Flandre avec une somme de cent cinquante mille livres tant en deniers comptants qu'en argenterie et autres choses, dans la résolution de s'établir à Paris. Un ami de cette dame en fit part au sieur Cailly comme d'une nouvelle, sans penser au malheur qui en survint à la dame. Le commissaire consulta là-dessus quelques exempts, auxquels il conseilla un stratagème qui fut d'arrêter le carrosse dans lequel serait la dame, pour la conduire et la faire enfermer à Bicêtre. Pour cela, le commissaire prend un carrosse de louage et va au-devant de la dame qui était dans le carrosse de Bruxelles, et la rencontre à deux ou trois lieues de Paris, et s'étant servi du nom de celui qui lui avait appris sa venue, il lui fit croire que ce monsieur l'avait chargé d'aller au-devant d'elle pour la mener plus commodément à Paris. La dame l'ayant cru de bonne foi, quitte la voiture de Flandre et monte dans le carrosse du sieur Gailly. Les exempts parurent bientôt et arrêtèrent le carrosse, sous prétexte d'un ordre du Roi qu'ils disaient avoir pour arrêter la dame, et la conduisirent à Bicêtre, après lui avoir enlevé ce qu'elle avait de plus précieux sur elle; et étant revenus ensemble à Paris avec le sieur Gailly, ce commissaire ne manqua pas de retirer de la douane et du carrosse de Bruxelles tout ce qui appartenait à la dame, qu'ils partagèrent entre eux apparemment.

La dame étonnée, comme on peut se l'imaginer, ne savait à qui se plaindre de cette vexation inouïe. Elle contait le sujet de sa douleur aux femmes du dortoir où elle était confinée. Une de ces femmes ayant aperçu madame Joly de Fleury, épouse de M. le procureur général du Parlement, qui était dans cet hôpital pour y répandre des aumônes, s'en approcha et lui représenta que parmi ses compagnes il y avait une femme qui se plaignait d'être enfermée sans sujet, et qui paraissait être de distinction. Madame Joly de Fleury l'ayant fait venir, elle lui demanda qui elle était et son nom par écrit, à la lecture duquel ayant reconnu qu'elle lui était alliée et ayant su de quelle manière on l'avait enfermée par surprise, elle la consola en l'assurant qu'elle n'y resterait pas encore longtemps; et l'ayant quittée elle s'en retourna au plus vite en informer M. le procureur général, lequel étant allé au Parlement pria MM. de la grand'chambre de s'y trouver le lendemain dès cinq heures du matin; M. le procureur général, qui y fut des premiers, ayant vu un assez grand nombre de ces messieurs pour rendre un arrêt, obligea les huissiers de sortir de la grand'chambre; puis ayant exposé la chose, l'arrêt fut aussitôt prononcé pour faire arrêter le sieur Cailly, Le Roux, Le Couvreur, Chantepy et Bazin, exempts. Puis M. le procureur général fit appeler le sieur Dumont, huissier, et le chargea de cet arrêt et de son exécution en lui disant : « Tu m'en répondras sur ta tête; voilà l'heure de les surprendre chacun chez eux et de ne les pas manquer; fais diligence et compte que personne ne sortira du parquet que tu ne m'aies assuré que tu auras amené ces gens-là à la Conciergerie. » Dumont prend aussitôt des archers avec quatre carrosses, en envoya deux chez Le Roux et Chantepy, et avec les deux autres va chez le sieur Cailly, où, ayant mis pied à terre, il lui fait dire qu'il était venu pour une affaire pressante d'un prisonnier qu'il amenait, et en même temps suit le laquais qui fut l'éveiller, et étant entré avec quelques archers dans sa chambre, il lui déclara : « Je suis fâché de la commission que j'ai de la cour de Parlement pour vous obliger de me suivre. » Sur quoi le commissaire étonné sort du lit en disant : « Il faut obéir. » Et s'étant habillé, il monta en carrosse avec Dumont, qui le conduisit à la Conciergerie, où il fut encore bien plus étonné de se voir enfermé dans la chambre du secret, comme on a dit ci-devant.

— Le 12, on tint conseil, à Paris, au Palais-Royal, au sujet d'un brevet de 1711, que M. le duc du Maine avait produit quelques jours auparavant, par lequel le feu Roi lui accordait et à M. le comte de Toulouse et à leurs descendants légitimes les honneurs du Louvre, qui consistent à donner soir et matin la chemise au Roi et la serviette mouillée quand il veut se laver; ce que font les princes du sang lorsqu'ils s'y trouvent, préférablement au chambellan et au grand maître de la garde-robe ou autres officiers. Ce que M. le duc de Bourbon ayant appris en qualité de grand maître de la maison du roi, donna ordre aux officiers de refuser absolument la chemise et la serviette à M. le comte d'Eu[1] et même à M. le duc du Maine, lorsqu'ils se présenteraient pour la vouloir donner au Roi, étant déchus du titre de princes du sang.

— On assurait aussi que M. le duc de Bourbon attendait qu'il eût atteint l'âge de vingt-cinq ans, qui devait arriver dans le mois d'août prochain, pour demander la surintendance de l'éducation du Roi, non pas afin de jouir des gros appointements qui y étaient attachés, ayant déclaré vouloir l'exercer gratis, mais afin d'en exclure M. le duc du Maine, parce que cette charge ne doit s'exercer que par un prince du sang ; auquel cas M. le duc du Maine se verrait obligé de quitter l'appartement qu'il occupait au palais des Tuileries ; M. le duc de Bourbon, comme grand maître de la maison du Roi, s'étant même formalisé de ce que M. le duc du Maine s'y était logé sans lui en avoir demandé son agrément.

— On fit alors des perquisitions pour savoir qui était l'auteur d'un libelle ou *Tocsin* extraordinaire, qui attaquait personnellement M. le duc d'Orléans, et qui tendait à faire soulever le royaume, et dont on avait répandu plus de trente copies manuscrites dans le Palais-Royal en les jetant dans les carrosses des gens de qualité, et même dans celui de Son Altesse Royale.

— Le 15, la Sorbonne fit une conclusion contre la doctrine de l'assassinat des rois, que les jésuites avaient soutenue avant et depuis la mort funeste du roi Henri IV. On en imprima plus de deux mille exemplaires qui furent bientôt distribués.

— L'abbé de Brau soutint une thèse approuvée par

---

[1] Fils cadet du duc du Maine.

M. Quinot, dont la première proposition était opposée à cette doctrine de l'assassinat des rois; la deuxième, que les archevêques et évêques sont supérieurs à tous ecclésiastiques séculiers et réguliers, et à tous clercs de quelque qualité et condition qu'ils soient. Il y avait d'autres propositions que l'on disait concertées, et saper celles de la constitution *Unigenitus* et l'infaillibilité du Pape.

— Un conseiller du parlement de Bordeaux poursuivait une affaire au parlement de Paris où il l'avait fait évoquer, parce que sa partie adverse avait à celui de Bordeaux un frère avocat général et un parent conseiller. Il demandait justice contre la violence inouïe et la barbarie exercée sur son fils, qui était écolier en seconde au collège des jésuites de Bordeaux, barbarie et violence telles que cet écolier en était mort au bout de quelques semaines, le régent de cette classe et les supérieurs du collège l'ayant fait fouetter avec des chaînes de fer, par quatre frères jésuites, pour avoir soutenu, en badinant avec quelques camarades, que les jésuites ne devaient pas se glorifier de saint François-Régis, d'autant plus qu'il n'avait pas fini ses jours dans leur société, étant très-certain qu'ils l'en avaient chassé plus de quinze ans avant sa mort pour n'avoir pas voulu se conformer à leurs sentiments. Laquelle dispute, ayant été rapportée au régent, et le régent s'en étant plaint à ses supérieurs comme d'un grand scandale, les supérieurs du collège et le régent résolurent qu'il fallait fustiger cet écolier pour servir d'exemple et pour contenir les autres.

— On assurait que ce régent de seconde avait été mis en prison.

— Le 24, la Tournelle criminelle du Palais rendit un arrêt qui condamna M. l'évêque d'Orléans aux dépens du procès, et à cinq cents livres de dommages-intérêts envers le chevecier, et un nouveau chanoine de Saint-Pierre au Pont d'Orléans, qu'il avait interdits et excommuniés, pour s'être rétractés de leur acceptation de la constitution *Unigenitus*, lesquels avaient appelé comme d'abus des procédures que ce prélat avait faites contre eux.

— Sur les conclusions de M. le procureur général de la même chambre de la Tournelle, on permit d'informer contre l'auteur du libelle répandu dans le Palais-Royal, et dont on a parlé ci-devant.

— On accusait les nommés Chantepy et Le Roux de ce qui suit : M. Neuilly, prêtre âgé de cinquante-cinq ans, en bonne odeur, qui logeait en la rue du Plâtre, vers la place Maubert, ayant sous-loué deux chambres qui lui étaient superflues, de son appartement, à deux demoiselles qui se disaient sœurs, et avoir du bien pour vivre en repos, les voisins reconnurent bientôt leur mauvaise conduite, et en avertirent le sieur Neuilly, qui ne balança pas un moment pour leur donner congé, aimant beaucoup mieux perdre le terme convenu. Les deux femmes en informèrent lesdits Le Roux et Chantepy, qui furent d'avis d'envoyer une autre femme pour dissuader le sieur Neuilly des mauvais bruits qu'on avait fait entendre sur les deux premières. Pendant que celle-ci parlait à ce prêtre, Le Roux et Chantepy arrivèrent, et étant entrés dans la chambre, ils déclarèrent à M. Neuilly qu'ils avaient ordre de M. d'Argenson de visiter dans son logement pour voir s'il n'avait point de livres de contrebande, dont on l'accusait. Sur quoi il les fit entrer dans sa bibliothèque, qu'on estimait dix mille francs. Pendant qu'ils fouillaient parmi les livres, la femme qui était venue avant eux se glissa dans la chambre où couchait le sieur Neuilly, et s'étant bientôt déshabillée, elle se coucha dans son lit. Les exempts n'ayant rien trouvé dans la bibliothèque, lui demandèrent s'il n'avait pas de livres dans quelque autre lieu de son appartement, et étant entrés dans la chambre où il couchait, la demoiselle se mit à tousser, ce qui ayant fait approcher le sieur Chantepy, et ayant tiré le rideau du lit, et ayant aperçu la donzelle, il s'écria : « Ah! ah! monsieur, est-il possible qu'un homme de votre caractère mène une pareille conduite, d'avoir une p..... couchée avec vous! » Sur quoi ils dressèrent procès-verbal et le menèrent à Bicêtre; duquel hôpital, ce bon prêtre, tout innocent qu'il était, ne put sortir qu'après la mort du Roi, et ne trouva rien de ce qu'il avait laissé dans son appartement.

— On travaillait avec attention à chercher les moyens d'anéantir les billets de l'État, pour arrêter l'usure insatiable des agioteurs, et de supprimer le dixième et la capitation; pour à quoi parvenir, on avait proposé la levée du vingtième denier, et de six deniers par livre de pain pendant quatre ans.

— Le 21, on fut occupé depuis le matin jusqu'au soir, à l'officialité de Paris, à enregistrer des actes d'appel de la constitution *Unigenitus* au futur concile général, tant du diocèse de Paris que de celui de Beauvais et d'ailleurs.

— On assurait que presque tous les curés de la province de Guyenne avaient fait de pareils actes d'appel.

— L'abbé de Bauffremont[1] étant à la chasse aux environs de Châlons-sur-Saône, avec plusieurs de ses amis, son cheval prit le mors aux dents et l'emporta dans la Saône, de sorte qu'il fut noyé avec son cheval sans avoir pu être secouru. Par la mort de cet abbé, et par celle de la marquise de Listenois, sa sœur, qui était survenue peu auparavant, le marquis de Bauffremont, leur neveu, profita d'une succession de quatre-vingt-dix mille livres de rente.

— On apprit alors que les armées navales de la république de Venise et des Turcs s'étaient canonnées durant trois jours sans en être venues aux mains, et que le général des Vénitiens avait été tué durant cette canonnade.

[1] L'abbé de Bauffremont et sa sœur la marquise de Listenois eurent pour père Claude-Paul de Bauffremont, marquis de Listenois.

— Le 3ᵉ d'août, il fit la nuit un orage avec du tonnerre qui tua six hommes, à Saint-Leu, qui sonnaient les cloches de l'église de ce village.

— Le 8, on vit passer à la hauteur de Toulon la flotte du roi d'Espagne, composée de quatre-vingts vaisseaux, tant de guerre que de transport, avec douze mille hommes de débarquement, commandée par le marquis de Leyde [1], que l'on disait avoir ordre de tenter une descente dans le royaume de Naples, pour se joindre à ceux qui étaient rebutés de la domination des Impériaux.

— Le 22, on apprit de Vienne en Autriche, que l'Empereur avait refusé audience à l'ambassadeur de Venise, pour avoir été informé que la République était entrée dans une ligue offensive et défensive avec le roi d'Espagne, le roi de Sicile, duc de Savoie, et la plupart des princes et États d'Italie, afin d'en chasser les Allemands. On assurait même que le Pape était aussi entré dans cette ligue.

— On ajoutait qu'à la cour de l'Empereur on était fort inquiet sur l'incertitude de la campagne en Hongrie, d'autant plus que les Turcs avaient une armée de plus de quatre cent mille hommes, parmi lesquels il y avait quatre-vingt-seize mille chevaux; et que le 27 de juillet leur armée n'était plus qu'à six lieues de Belgrade, dont le prince Eugène, qui commandait l'armée impériale, avait jugé à propos de s'éloigner, pour se disposer à bien recevoir les infidèles dans ses retranchements,

---

[1] Le marquis de Leyde, « Liégeois sans naissance qui s'était élevé par son courage, son assiduité, ses talents pour la guerre, d'autant plus rapidement que l'Espagne manquait de généraux, et il le devint excellent. Je n'ai guère vu plus vilain petit homme, plus malotru, plus tortu, un peu bossu, fort rousseau, l'air très-bas, mais des manières nobles, avec de l'esprit beaucoup, de la vivacité, de la hauteur, et le visage allongé, décharné, le plus désagréable du monde... Il avait épousé une Croï, qui n'avait rien et qui fut dame d'honneur de la reine d'Espagne. » (Saint-Simon, t. XXXVI, p. 141.)

avec cent quatre-vingts pièces de gros canon chargées à cartouche.

— On y était encore d'autant plus inquiet de ce que l'armée impériale était réduite à quatre-vingt mille hommes, le reste étant mort ou malade de dyssenterie.

— M. le comte de Charolais en était aussi très-incommodé, avec douze de ses domestiques, n'en ayant plus que trois en état de le servir.

— On s'attendait, à Vienne, que le 31 juillet il y aurait une action des plus terribles entre les deux armées.

— Le 18 août, la Sorbonne s'assembla, et nomma douze commissaires pour examiner une thèse, soutenue le 11 par un jeune licencié, où l'on avait inséré les sentiments de feu M. Arnauld [1], et pour examiner en même temps s'ils avaient été justement condamnés au sujet de la grâce. Sur quoi M. Dumont s'écria hautement : « Respicio vos omnes tanquam perduelles et ideo appello ad sapientissimum dominum Regentem. » Ce qu'ayant dit, toute l'assemblée obligea ce docteur de sortir dans le moment, et rendit un décret qui le déclara exclu de la faculté de théologie, « quousque verbo et scripto reparet. »

— Par ordre de M. le Régent, on imprima une lettre circulaire adressée aux prélats du royaume, qui désavouait celle qui avait paru quelque temps auparavant, imprimée sous le nom de M. le cardinal de Bissy, au sujet de Son Altesse Royale, du 13 juillet; et par celle-ci, M. le Régent déclarait que l'on pouvait s'adresser aux parlements du royaume, en cas que l'on fût obligé d'y appeler comme d'abus des procédures des évêques.

— Le 23, le prince de Cellamare [2], ambassadeur d'Es-

[1] Antoine Arnauld, l'une des gloires du jansénisme, né en 1612, mort le 8 août 1694, à Bruxelles, dans les bras du P. Quesnel.

[2] Antoine Giudice, duc de Giovenazzo, prince de Cellamare, né à Naples en 1657, mort à Séville le 16 mai 1733.

pagne, donna part à M. le duc d'Orléans que la flotte du Roi, son maître, s'était emparée de l'île et du royaume de Sardaigne.

— Le 28, on commença, auprès de Meaux, à tirer le prix, où plus de douze cents chevaliers de l'arquebuse de plusieurs provinces du royaume s'étaient assemblés, tous superbement vêtus. M. le prince de Soubise, comme gouverneur de la province de Brie, tira le premier coup.

— Le même jour, toutes les chambres du Parlement assemblées en la grande chancellerie, pour vérifier et pour enregistrer un édit qui contenait trente-cinq articles, M. le président de Novion, et M. le président de Landron, représentèrent fortement les conséquences que portaient plusieurs de ces articles, si on les vérifiait et si on les enregistrait, de sorte que ces deux présidents se trouvèrent appuyés dans leur sentiment par plus de cent voix contre quarante, et que la pluralité ayant prévalu, on résolut de nommer douze députés de toutes les chambres pour aller faire là-dessus des remontrances au Roi et à M. le duc d'Orléans, et pour lui demander en même temps un état des revenus du Roi, des dettes de l'État, et de ce qui en avait été acquitté depuis la mort du Roi.

— Par cet édit, on disposait des billets de l'État, en donnant l'option à ceux qui en avaient en leur possession.

1° De les déposer entre les mains de la compagnie du commerce de Mississipi.

2° A une loterie.

3° D'en acheter des rentes au denier trente, perpétuelles ou viagères, au denier quinze.

— On supprima pour lors la petite écurie du Roi, dont la dépense allait ci-devant à raison de soixante-quinze mille livres par mois, et à neuf cent mille livres par an.

— On retrancha cinquante mousquetaires de chacune des deux compagnies.

— On réduisit les gardes du corps du Roi au nombre de quatre cents.

— On retrancha dix hommes par brigade de la gendarmerie, des chevau-légers, etc.

— Le même jour, 28 août, deux courriers arrivèrent de Hongrie; le premier dépêché par M. le comte de Charolais à madame la duchesse, sa mère, et l'autre, qui était un page de M. le prince de Dombes, à M. le duc et à madame la duchesse du Maine; par l'arrivée desquels courriers on apprit que le 15 de ce mois, jour de l'Assomption de la sainte Vierge, le prince Eugène, informé que les Turcs se disposaient à le venir attaquer, les avait prévenus à quatre heures du matin, s'étant mis à la tête de l'armée impériale, ce qui avait mis l'épouvante parmi les Turcs, de telle sorte qu'ils s'étaient bientôt mis en fuite, avec tant de confusion et de précipitation, qu'ils avaient abandonné leur camp, leurs tentes, leurs équipages et leur artillerie, au nombre de quatre-vingts pièces de canon et de quarante-cinq mortiers de gros calibre; que l'action avait été très-vive pendant trois ou quatre heures, qui n'avait pourtant coûté qu'environ huit mille hommes tués, tant d'un côté que de l'autre[1]. Le comte d'Estrades[2], lieutenant général des armées du Roi, qui avait accompagné le prince de Dombes, était mort deux heures après avoir eu une jambe emportée par un boulet de canon, étant auprès de ce jeune prince.

— Le prince Eugène avait ensuite fait sommer le

[1] La victoire de Belgrade.
[2] Le comte d'Estrades avait accompagné le prince de Dombes en Hongrie, à la sollicitation du duc du Maine. Le comte d'Estrades avait son fils avec lui à cette bataille. Ce fils devint plus tard maire de Bordeaux, charge qu'avaient exercée son père et son grand-père.

bacha de Belgrade de rendre la place dans un temps limité, après lequel ce bacha et sa garnison devaient être passés au fil de l'épée avec les femmes et les enfants.

— M. l'archevêque de Bordeaux, étant à Paris, reçut un bref du Pape, par lequel Sa Sainteté exhortait ce prélat à employer ses bons offices auprès de M. le duc d'Orléans, afin que Son Altesse Royale honorât de sa protection les jésuites, contre les persécutions qui leur étaient faites dans les parlements de France, pour faire désunir de leurs colléges les bénéfices qui y avaient été unis sous le règne du feu Roi, de glorieuse mémoire, d'autant plus que cette société avait rendu, et rendait encore tous les jours, des services si considérables à l'Église pour l'instruction de la jeunesse, et par les missions où ils étaient employés avec tant de zèle, dans toutes les parties du monde, pour la conversion des infidèles et des idolâtres.

— Les jésuites de Rouen, qui avaient obtenu l'union du prieuré de Gisors, de trois mille livres de rente, à leur collége, sous prétexte que ce collége n'avait pas assez de revenu pour leur entretien, quoique en effet ce collége eût alors trente mille livres de rente, ce qui devait être plus que suffisant pour l'entretien de douze jésuites que ce collége devait avoir seulement, selon le titre de leur fondation, au lieu d'un beaucoup plus grand nombre qu'ils y avaient introduit par la suite. Le sieur Dagoumer [1], docteur et professeur en théologie, de la faculté de Paris, jeta son dévolu sur le prieuré de Gisors, fondé sur le peu de revenu du collége, et en fit solliciter à son profit des provisions en cour de Rome, que le Pape lui accorda en forme de *Dummodo beneficium non sit unitum*, dont le sieur Dagoumer, n'étant pas content, fit évoquer la cause au

[1] Guillaume Dagoumer, né à Pont-Audemer au milieu du dix-septième siècle, fut professeur de philosophie, puis principal du collége d'Harcourt. Plus tard il devint recteur de l'Université de Paris. Dagoumer mourut à Courbevoie en 1745.

parlement de Paris par son droit de *committimus*[1], comme membre de l'université de Paris.

— On imprima pour lors un factum ou mémoire, au sujet de la communauté des filles de l'Enfance de Toulouse, dont on voulait réveiller l'affaire contre les jésuites, que l'on disait les promoteurs de la destruction de cette communauté.

— M. le cardinal de Bissy étant allé à l'hôtel de Conti pour rendre visite à madame la princesse de Conti, la douairière, après s'être fait annoncer, étant dans l'antichambre, lia conversation avec M. de Lanois, président à la chambre des comptes, qui sortait de l'audience de cette princesse, après laquelle conversation, qui avait duré une demi-heure, y étant introduit, la princesse, qui a beaucoup de vivacité, indignée de ce que le cardinal, après s'être fait annoncer, l'avait fait attendre si longtemps, l'ayant examiné depuis les pieds jusqu'à la tête, elle le turlupina sur son habillement, qui était un justaucorps noir sur une veste rouge, avec une frange d'or au bas, un court manteau rouge, des bas rouges, des souliers noirs et un chapeau noir, en lui disant : « A quoi pensez-vous, monsieur le cardinal, de venir ainsi vêtu, comme un arlequin, après m'avoir fait attendre, mal à propos, plus d'une demi-heure? » Il y était allé, disait-on, pour solliciter cette princesse d'employer son crédit auprès de M. le duc d'Orléans, afin d'apaiser Son Altesse Royale, qu'on assurait fort indignée contre lui, au sujet du mandement que ce cardinal avait publié à l'occasion de la lettre de ce prince du 13 juillet.

---

[1] On appelait *committimus* un droit accordé par le Roi à certaines personnes de plaider en première instance, soit comme demandeurs soit comme défendeurs, devant certains juges, et de faire évoquer devant eux les procès qui les intéressaient.

C'était aux requêtes du palais et aux requêtes de l'hôtel que venaient ceux qui avaient des lettres de *committimus*.

— Le 31 août, on apprit ici que le prince Eugène avait obligé le bacha de Belgrade de rendre cette place, pour en sauver la garnison turque; qu'on y avait trouvé trois cents pièces, tant de canon que de mortiers, et une pareille quantité d'artillerie sur les bâtiments turcs qui étaient sur le Danube et sur la Sarre, avec une très-grande quantité de munitions de guerre et de bouche.

— Le 30, on apprit aussi que la flotte des Vénitiens avait battu celle des Ottomans, et leur avait pris dix-huit sultanes et quatre gros bâtiments chargés de munitions.

— Le 3 de septembre, un gentilhomme qui était allé le matin, de la part de M. le prince de Conti, savoir des nouvelles de la santé du Roi, qui le jour précédent avait eu quelque émotion de fièvre, étant sorti de la chambre de Sa Majesté, se trouva attaqué d'apoplexie, et mourut peu après avoir été rapporté à l'hôtel de Conti.

— Deux laquais de M. le maréchal de Villeroy, ayant pris querelle dans leur chambre, s'entretuèrent à coups de couteau.

— Le même jour, 3, M. le cardinal de Noailles fut au Palais-Royal à la tête d'un grand nombre de docteurs de Sorbonne et présenta à M. le Régent un exemplaire du corps de doctrine que la faculté de théologie avait dressé pour être suivi dans tout le royaume. Son Éminence fut aussi en présenter un exemplaire au Roi et à M. le duc de Chartres.

— Les députés du Parlement ayant exposé à M. le Régent les difficultés qui se rencontraient à la vérification de l'édit que Son Altesse Royale y avait envoyé, ce prince leur dit : « Puisque vous y trouvez plusieurs difficultés, je vous donne vingt jours pour chercher les moyens de les aplanir, et, en ce cas, on tâchera de se conformer aux avis du Parlement. »

1° Par cet édit, on supprimait le franc salé, non-seulement à l'égard des officiers de justice et autres, mais aussi à l'égard des communautés séculières et régulières;

2° On faisait absolument défense à tous les pauvres valides et invalides de mendier publiquement l'aumône dans la rue et dans les églises;

3° Il était enjoint aux laquais et autres domestiques de prendre un certificat signé de leurs maîtres et maîtresses du jour qu'ils en seraient congédiés, et si dans quatre jours ils ne se trouvaient point placés, il serait permis de les enlever comme gens vagabonds et sans aveu, pour les envoyer dans les colonies de la Nouvelle-France et du Mississipi.

— Les députés du Parlement représentèrent aussi à M. le Régent que le Roi ayant profité de quarante millions sur l'augmentation des monnaies d'or et d'argent, et que, depuis la mort du Roi, s'étant fait encore pour quatre-vingts millions d'affaires extraordinaires, que la capitation et les autres impositions s'étant payées comme auparavant, les dettes de l'État devaient être acquittées pour la plus grande partie; qu'ainsi il semblait bon que le Parlement eût connaissance de tout ce qui s'était acquitté et des revenus du Roi, avant que de procéder à la vérification de cet édit.

Par quoi M. le Régent dit : « Tant que je serai dépositaire de l'autorité royale, je ne souffrirai pas qu'elle soit avilie jusqu'au point de rendre de pareils comptes. »

— Le 19, M. l'abbé Dubois partit en chaise de poste avec son secrétaire et cinq hommes à cheval pour aller à Londres en qualité d'ambassadeur extraordinaire de France. Ses équipages étaient partis huit jours auparavant. Le frère du sieur Law [1] avait eu ordre de lui préparer un hôtel meublé superbement.

— Les ministres de l'Empereur, de Danemark, de Suède, de Prusse, de Hollande et autres, devaient aussi se trouver à Londres pour y traiter des affaires du Nord afin de les pacifier.

[1] Guillaume Law.

— Le 16, on apprit que les Vénitiens avaient perdu plusieurs vaisseaux et auraient perdu toute leur flotte sans la valeur et sans la conduite du chevalier de Fontaine, lieutenant général des armées du Roi qui commandait les troupes auxiliaires.

— La réforme des troupes de France fut suspendue pour voir à quoi aboutirait la victoire des Impériaux sur les Turcs, en Hongrie, et la prise de Belgrade.

— Le 19, le prince de Dombes arriva de Hongrie à Paris, en poste, et en rapporta des flèches, des carquois et d'autres armes des Turcs. M. le duc du Maine le présenta au Roi, à qui le prince de Dombes rendit compte de ce qui s'était passé en Hongrie.

— M. le comte de Charolais s'arrêta à Munich en attendant que l'Électeur de Bavière eût fait sa paix avec le Roi et avec M. le duc d'Orléans pour être allé en Hongrie sans en avoir obtenu la permission.

— Le 14, on publia un édit qui supprima la levée du dixième denier, qui avait été établi en octobre 1710.

— Le 16, on publia et on afficha l'établissement d'une loterie à raison de vingt-cinq sols le billet, dont les moindres lots devaient être de mille francs chacun, pour lesquels lots échus les particuliers devaient porter à l'Hôtel de ville des billets d'État pour la valeur de chaque lot, laquelle valeur devait être payée en deniers comptants, avec un contrat de quarante livres de rente pour chaque lot de mille livres; le gros lot devait être de quinze mille francs. On devait la tirer tous les mois, et il devait y avoir chaque fois soixante-quinze lots.

— Le 29, M. le duc de Ventadour[1] mourut en l'hôpital

[1] « Le duc de Ventadour mourut retiré depuis quelques années aux Incurables, séparé de sa femme depuis un grand nombre d'années, ne laissant qu'une très-riche héritière mariée au prince de Rohan, qui s'était chargé de tous ses biens et de toutes ses dettes moyennant quarante mille livres de rentes qu'il lui

des Incurables où il s'était retiré depuis longtemps, et dans l'enclos duquel il avait fait bâtir un logement spacieux et très-commode. Par son testament, il a légué sa belle maison de Charonne aux théatins, avec une somme considérable de deniers comptants, ce qui montait en tout à cent mille livres.

— Le 2 octobre, on apprit que les ports d'Angleterre étaient fermés de tous côtés; que l'antipathie entre les Whigs et les Tories était très-grande, les Whigs voulant ériger le royaume en république, et que les deux partis étaient fort animés et très-indignés contre le roi Georges, depuis qu'ils avaient découvert que ce prince avait fait passer dans ses États de Hanovre une somme de trois millions de livres sterling.

— On assurait aussi que les Whigs, pour mieux parvenir au dessein d'ériger le royaume en république, avaient résolu de se défaire du Prétendant ou chevalier de Saint-Georges, qui faisait alors son séjour à Urbin; que le comte de Peterborough[1] s'était chargé de l'exécution de cet horrible dessein et d'y aller le poignarder; que les partisans de ce jeune prince, informés de cette cabale, avaient dépêché un courrier à la reine douairière, sa mère, à Saint-Germain en Laye ou à Chaillot, pour lui en donner avis, laquelle dépêcha aussitôt un courrier au Pape pour en informer Sa Sainteté, afin de prévenir cet assassin. Sur quoi le Saint-Père avait aussitôt envoyé ordre dans tout l'État ecclésiastique de n'y laisser entrer aucun étranger sans être visité.

— Aussi le comte de Peterborough, qui a le visage

payait par quartiers. C'était un homme fort laid et fort contrefait, qui avait toujours mené la vie la plus obscure, avec beaucoup d'esprit et de valeur. Par sa mort, son duché-pairie fut éteint. » (Saint-Simon, t. XXVIII, p. 248.)

[1] Charles Mordaunt, comte de Peterborough, né en 1662, mort en 1753.

assez frais et le teint assez vif, quoique dans un âge de quarante-cinq ans, étant arrivé à Borgo San Donnino dans le duché de Parme, y laissa une partie de ses gens, quitta son habit ordinaire pour se revêtir d'un habillement de femme, et monta dans une chaise de voiturin avec un autre domestique anglais déguisé de la même manière, pour aller à Bologne, où étant arrivé et descendu de chaise, on l'examina, et comme il était nouveau dans cette sorte d'habit, il n'avait pas eu assez de précaution pour cacher le cordon de l'ordre de Saint-Georges, dont le ruban et la médaille ayant paru à la fente de sa jupe, les gardes de la porte de cette ville l'avaient arrêté et l'avaient conduit en cet équipage chez le gouverneur, qui lui demanda, à la vue de ce cordon : « De quel ordre êtes-vous, mademoiselle la chevalière? » Puis il le fit mettre en lieu de sûreté, en attendant les ordres du Pape, à qui le gouverneur dépêcha aussitôt un courrier.

— M. Dillon, officier irlandais, partisan du chevalier de Saint-Georges, suivit le comte de Peterborough en poste, et arriva six heures après lui à Bologne pour le faire arrêter.

— On continuait d'assurer que l'Empereur avait résolu la guerre contre le roi de Sicile, duc de Savoie; sur quoi M. le duc d'Orléans, à tout événement, avait aussi résolu d'augmenter de dix maîtres par compagnie de cavalerie et de dix hommes par compagnie d'infanterie.

— Le conseil de la régence rendit, le 10, un arrêt qui permit à M. l'abbé de Louvois, bibliothécaire du Roi, de faire transporter incessamment les livres qui composaient la bibliothèque de Sa Majesté en l'hôtel de Nevers situé en la rue de Richelieu, et pour en faire la dépense on lui assigna une somme considérable.

— On fit alors marcher des troupes en Alsace pour observer les mouvements des Impériaux, afin de n'être pas surpris à l'improviste.

— Le 28, M. le Régent fit dépêcher deux courriers à Rome, avec ordre à M. le cardinal de La Trémouille de savoir la dernière résolution du Pape, et de lui déclarer que si, dans le 1ᵉʳ de janvier prochain, Sa Sainteté n'envoyait pas les bulles aux prélats nommés, on prendrait en France les mesures convenables.

— Le 29, M. le cardinal de Noailles se transporta chez M. l'abbé de Louvois pour lui annoncer que le Roi et le conseil de conscience l'avaient nommé à l'évêché de Clermont en Auvergne. Mais cet abbé alla le jour de la Toussaint en remercier le Roi et M. le Régent, à cause de son peu de santé qui ne lui permettait pas d'accepter cet évêché.

— Le 22 novembre, M. d'Ermenonville, secrétaire d'État, alla par ordre de M. le Régent trouver l'évêque de Nîmes[1] avec une lettre de cachet, et avant que de la lui délivrer, il avait ordre d'essayer à le persuader de s'en retourner dans son diocèse, où sa présence paraissait plus nécessaire dans ces conjonctures, à quoi ce prélat ayant répliqué qu'étant chargé de la poursuite d'un procès et de quelques autres affaires, il était obligé de rester à Paris. Ce qu'ayant ouï, M. d'Ermenonville crut devoir alors lui produire la lettre de cachet de la part de Son Altesse Royale; ainsi, ce prélat n'ayant plus de raisons à alléguer, il partit le 24, et pour avoir six cents livres d'argent comptant pour son voyage, il fut obligé de donner des billets d'État pour la valeur de six mille livres. On assurait que c'était pour avoir écrit une lettre circulaire aux évêques d'Espagne et de Portugal pour les inciter à accepter la constitution *Unigenitus*, qu'il avait envoyée dans un paquet à M. l'abbé de Mornay, alors ambassadeur de France à Lisbonne, et nommé depuis peu à l'archevêché de Besançon[2], en le priant, comme son ami, d'envoyer

[1] Jean-César Rousseau de la Parisière.
[2] En remplacement de François-Joseph de Grammont.

ces lettres à son adresse. Mais comme cet ambassadeur n'en avait reçu aucun ordre de la part de M. le duc d'Orléans, il jugea plus à propos de renvoyer le paquet à Son Altesse Royale. Sur quoi ce prince ayant assemblé le conseil de la régence, on y mit en délibération si l'on enfermerait l'évêque de Nîmes à la Bastille; si on saisirait son temporel et si on le reléguerait dans son diocèse. On prit le dernier parti, pour ne point causer d'éclat à Rome ni ailleurs, quoique l'on eût fortement soutenu dans le conseil que le procédé de cet évêque était un crime de lèse-majesté.

— Le 17, M. d'Argenson, lieutenant général de police, se transporta à la chambre syndicale des libraires, et enjoignit aux syndics de tâcher de découvrir l'auteur ou l'imprimeur d'un mémoire qui se vendait sous cape, par lequel cet auteur prétendait prouver que le roi d'Espagne n'avait pas renoncé à la couronne de France.

— Le nommé Resserre, compagnon imprimeur, fut mis à la Bastille pour avoir imprimé et débité l'acte d'appel de la Constitution au futur concile général de M. le cardinal de Noailles et de sept autres évêques qui y avaient adhéré. Lequel acte avait été furtivement enlevé dans un tiroir de Son Éminence, qui en déposa sa plainte à M. d'Argenson.

— On prétendait alors aussi que cet acte d'appel avait été rendu public, afin de prévenir le Pape, que l'on disait sur le point d'envoyer une troisième monition à ce cardinal, afin de se soumettre à accepter la Constitution sous peine d'excommunication. On assurait même que cette monition étant arrivée depuis peu, on l'avait renvoyée à Rome sans ouvrir le paquet.

— M. l'abbé Chevalier et le P. de la Borde revinrent alors de Rome, sans avoir pu obtenir audience du Pape pendant dix-huit mois qu'ils y avaient demeuré. M. le duc d'Orléans assigna une pension de six mille livres à l'abbé Chevalier.

— Par ordre de Son Altesse Royale, on recherchait l'auteur et l'imprimeur de la déclaration du Roi du 7 octobre 1717, qui faisait défense à toutes personnes d'écrire et de parler en aucune manière au sujet de la Constitution, jusqu'à ce qu'il plût à Dieu d'inspirer au Pape de décider là-dessus ; parce qu'à côté de cette déclaration si sage on avait inséré une ancienne ordonnance de l'empereur Constance, qui, comme fauteur de l'hérésie d'Arius, faisait défense aux catholiques d'écrire et de parler de cette secte.

— M. le duc d'Orléans ne voyant pas du tout d'un œil[1] et très-peu de l'autre, et craignant de devenir aveugle, se mit entre les mains du vicaire de la paroisse de Rueil, qui est à trois lieues de Paris, lequel avait un bon secret pour les maladies des yeux, dont ce prince se trouva beaucoup soulagé par le rétablissement de sa vue en peu de jours, par le moyen d'une poudre que ce vicaire introduisait dans l'œil, d'où il sortait quantité d'eau, après quoi il y appliquait du fromage mou ; et, pour l'en récompenser, Son Altesse Royale lui assigna une pension de cinq mille livres, avec son logement et la table au Palais-Royal.

— Le premier jour de décembre, le Parlement rendit un arrêt qui supprima un imprimé qui avait pour titre : *Acte d'appel de Monseigneur le cardinal de Noailles, archevêque de Paris, du 3 avril 1717, au Pape mieux conseillé, et au futur concile général, de la Constitution Unigenitus du 8 septembre 1713, et de tout ce qui s'en est ensuivi et pourra s'ensuivre;* pour avoir été imprimé sans le su et sans la participation, et ordonna d'en rechercher les auteurs, im-

[1] Le Régent avait un œil très-malade ; cette infirmité a été expliquée de trois manières différentes par les historiens : les uns prétendent qu'en jouant à la paume il se blessa avec sa raquette, d'autres que ce fut par suite d'un coup de coude qu'il reçut de madame de La Rochefoucauld ; d'autres enfin l'attribuent à un coup d'éventail donné par la marquise d'Arpajon. (Voyez *Vie privée de Richelieu*, t. I, p. 115, et Lescure, *les Philippiques*, p. 331.)

primeurs et colporteurs, comme perturbateurs du repos public et contrevenant à la déclaration du Roi si sagement conçue du 7 octobre 1717.

— Le 5 au soir, M. l'abbé Dubois arriva de Londres, d'où il était parti le 29 novembre, afin de conférer de bouche avec M. le Régent sur certaines choses qu'il n'avait pas cru devoir confier par écrit, ni en charger personne.

— La nuit du 5 au 6, le prince de Léon[1] voulant entrer avec son épée au bal qui se donnait à l'hôtel de Soissons, chez l'ambassadeur de Sicile[2], le suisse s'y opposa et voulut l'obliger à lui remettre son épée. Le prince de Léon tira l'épée, le guet survint, il y eut deux archers tués et plusieurs autres blessés, ainsi que plusieurs gens qui accompagnaient ce jeune prince, qui fut arrêté, désarmé, attaché sur une échelle et mené à la Bastille.

— Le 6, on trouva dans la rivière le corps d'un particulier qui tenait la banque du jeu qui se pratiquait chez le sieur Chartier, à l'hôtel de Malte, proche le Palais-Royal, que l'on soupçonnait de s'y être précipité par désespoir pour avoir perdu une somme de quinze cents livres avec un billet de mille francs qui était le fond de sa banque.

— Le 9, au matin, M. l'abbé Dubois reprit le chemin de Londres.

1718.

— Le samedi 9 avril 1718, la femme du valet de chambre de l'abbé de Bonneuil fut pendue proche de la

[1] Le prince de Léon était fils du duc de Rohan; il eut pour maîtresse, après le Régent, la comédienne Florence, qu'il garda quelque temps, au grand scandale de sa famille, et qu'il finit par quitter pour enlever mademoiselle de Roquelaure, dont il fit sa femme par la suite.
[2] Le marquis d'Antremont de Bellegarde.

maison où le meurtre de cet abbé et de son valet de chambre, son mari, s'était fait, rue des Petits-Champs, proche l'hôtel de Toulouse, comme convaincue de complicité. La potence fut dressée vis-à-vis la rue Coquillière. Elle parut pénitente de ce double assassinat. M. le curé de la Madeleine[1], docteur en Sorbonne, l'exhortait à la potence avec son zèle ordinaire.

— Le 11, madame la duchesse de Vendôme mourut d'une goutte remontée, sans avoir reçu les sacrements, par la faute des médecins, quoiqu'elle eût été alitée quatre ou cinq jours. Par la mort de cette princesse, les chartreux ont profité d'une maison superbe qu'elle avait fait bâtir sur leur fonds, et qui revenait à cinq cent mille livres. M. le duc de Bourbon, M. le comte de Charolais, M. le comte de Clermont, madame la princesse de Conti la douairière, et madame la duchesse du Maine, ont aussi profité du reste de la succession, qui comprenait ce qu'elle avait eu pour dot, et tous les biens du feu duc de Vendôme, dont il lui avait fait une donation par son contrat de mariage.

— M. d'Argenson, garde des sceaux, allait travailler tous les jours au Palais-Royal avec M. le Régent, soir et matin. Son Altesse Royale, pour une plus grande commodité, lui assigna un appartement qui a vue sur le jardin, afin d'y être plus en repos et avec plus de secret.

— M. le garde des sceaux ayant fait porter à l'hôtel de ville une somme de douze cent mille livres pour être distribuée entre les payeurs des rentes, afin d'en acquitter les arrérages dus aux particuliers, et ayant aussi destiné une autre somme de six cent mille livres avec les trois cent mille livres provenant du pot-de-vin des nouveaux fermiers des aides, pour faire le remboursement de plusieurs offices supprimés, qui étaient onéreux au public par les droits que les acquéreurs de ces offices levaient sur les

[1] Duhamel, archiprêtre.

denrées, et dont la plupart avaient un extrême besoin pour subsister; M. le duc d'Orléans, en ayant été informé, avait aussitôt mandé ce magistrat, et lui en avait témoigné son indignation, disant que cet argent était destiné pour d'autres affaires pressantes : sur quoi le magistrat ayant fait quelques remontrances sur le besoin des particuliers à qui cela était dû légitimement, Son Altesse Royale lui avait enjoint de faire incessamment reporter tout cet argent au Trésor royal, et, lui tournant le dos, alla rejoindre ses courtisans, auxquels il dit en montrant du doigt M. d'Argenson, qui était assez proche pour ouïr ses paroles : « Cet homme-là s'avise déjà de me faire des remontrances, et je l'ai tiré du gibet il n'y a que quatre jours. » Ce qui pénétra tellement ce magistrat, qu'il en fut indisposé, sans pouvoir donner audience que le 28, ou dix jours après cette avanie, qui arriva le 17.

— Le parlement de Metz rendit un arrêt qui portait défense d'y enregistrer le traité fait avec le duc de Lorraine [1], pendant qu'il était à Paris, d'où il partit le 8 de ce mois, avec la duchesse [2], son épouse, et tout leur équipage, pour retourner dans leurs États; d'autant que par ce traité, M. le duc d'Orléans, régent, avait cédé à ce prince une étendue de pays qui comprenait cent quatorze villages ou paroisses, qui ressortissaient au parlement de Metz, ce qui pouvait produire au duc de Lorraine un revenu de trois cent mille livres par an.

— MM. des enquêtes du Palais, au nombre de quarante, se rendirent le lundi de la semaine sainte, 11e de ce mois, à la grand'chambre, sur les dix heures du matin, où ils firent protestation contre l'enregistrement du même traité, fait sans qu'ils y eussent été appelés. Ce qui fit une si grande rumeur, que plusieurs causes furent

[1] Léopold Ier, né le 11 septembre 1679.
[2] Louise-Élisabeth-Charlotte d'Orléans, sœur du Régent, née le 13 septembre 1676.

suspendues et appointées, au lieu d'être jugées définitivement comme elles devaient l'être. Cependant, cela n'eut pas d'autre suite, par quelques ordres secrets de la part du Palais-Royal.

— On prétendit alors que M. le maréchal de Villeroy s'étant aperçu que le Roi avait un biscuit dans sa poche, lui avait demandé qui lui avait donné ce biscuit : « Je n'en sais rien, dit le Roi. — Pourquoi ne l'avez-vous pas mangé? — Je n'y ai pas pensé, » répliqua le Roi. Sur cela le maréchal prit le biscuit, et en ayant fait donner un morceau à un chien, cet animal en était mort peu après l'avoir avalé, ce qui avait extraordinairement étonné le maréchal et tous ceux qui étaient présents. On assurait que la même chose était déjà arrivée durant le carnaval, ce qui avait redoublé la vigilance de ce maréchal et de M. le duc du Maine à l'égard de la personne du Roi.

— Le 28, sur les huit heures du soir, le feu prit aux maisons bâties sur le petit Pont, qui aboutit au petit Châtelet, sur lequel sont aussi bâties deux salles de l'Hôtel-Dieu, celle des morts et celle du légat, avec tant de violence, que toutes les maisons des deux côtés de ce pont, et jusqu'au coin du marché Neuf, avec une partie de celles de ce marché, en furent entièrement ruinées, et que le pont en fut enfoncé. Cet incendie provint d'un bateau chargé de foin qui était attaché à la pointe du terrain de Notre-Dame, auquel bateau le feu avait pris d'une manière extraordinaire.

On racontait qu'un enfant s'étant noyé en se baignant de ce côté-là, quelque batelier avait superstitieusement conseillé à la mère désolée de cet enfant de mettre un cierge bénit dans une sébile de bois sur l'eau, et qu'où la sébile s'arrêterait le corps de l'enfant se trouverait ; de sorte que la sébile s'étant arrêtée auprès du bateau, le cierge allumé avait mis le feu au foin, dont le feu s'était communiqué à un autre bateau aussi chargé de foin, et que de crainte que le feu ne se communiquât à plusieurs autres bateaux chargés de foin et de bois, les bateliers avaient coupé les câbles de ces deux bateaux enflammés, dont l'un fut enfoncé auprès du pont Saint-Michel, et l'autre était descendu sous le petit Pont, qui était tout cintré et étançonné de bois pour en empêcher la ruine, dont il était menacé depuis quelques années, de sorte que ce bateau n'ayant pu passer outre, à cause de ces étançons, y avait mis le feu, et ensuite aux maisons, dont quantité de marchands établis sur ce petit pont n'en purent sauver que très-peu de leurs effets, et d'autres en furent entièrement ruinés. On faisait monter la perte que cet incendie avait causée à huit millions. Plusieurs personnes périrent par la ruine du pont, et furent suffoquées dans l'eau. On comptait trente-cinq maisons brûlées et ruinées.

Comme il y avait lieu de craindre pour l'Hôtel-Dieu, M. le cardinal de Noailles s'y transporta sur le minuit, et fit exposer le saint sacrement dans la salle du légat, où le feu commençait à gagner, et où il s'arrêta, par une espèce de miracle, sans y pénétrer; de cette salle, où l'on ne reçoit que des femmes, plusieurs de ces pauvres femmes se sauvèrent comme elles purent, à pied, en charrette et en chemise.

Les salles basses de cet hôpital étaient remplies d'eau jusqu'à environ deux pieds de haut, qu'on y avait introduite par le moyen des pompes qu'on faisait jouer de tous côtés. — On sonnait le tocsin dans toutes les églises voisines et éloignées pour exciter tout le monde au secours.

Le lendemain 29, à dix heures du matin, le feu n'étant pas encore éteint au marché Neuf, pour empêcher qu'il ne se communiquât plus avant, du côté de la rue de la Huchette et du pont Saint-Michel, on appliqua des pétards à deux maisons pour les faire culbuter.

On observa que, par une faveur particulière de la Providence, le temps était serein, qu'il faisait très-peu de rent, et que la rivière se trouva pour lors assez grosse pour ne point manquer d'eau, que l'on faisait couler par le moyen des pompes dans le marché Neuf et dans les rues voisines, comme si c'eût été un étang.

Les capucins, les récollets, et d'autres religieux, coururent la nuit au secours, et ne s'y épargnèrent pas, pour tâcher d'éteindre ce feu terrible, à quoi furent aussi occupés une partie des soldats aux gardes françaises et suisses, les archers du guet, à pied et à cheval, pendant que les autres empêchaient la confusion de la populace, et gardaient ce qui se tirait des maisons.

— On plaignit beaucoup un jeune homme qui s'était marié le jour précédent, et qui était occupé à se réjouir le lendemain de sa noce, avec ses parents et avec ses amis, quand on fut lui annoncer que le feu était dans son nouvel établissement, ayant déjà payé une somme de douze mille livres à compte, pour un fonds de boutique de tableaux, et devant payer le surplus dans quelque temps; ainsi ce jeune homme se vit tout d'un coup ruiné, sans avoir commencé à ouvrir sa boutique.

— Le 28, M. le marquis de Nancré revint de Madrid, sans avoir pu obtenir audience du roi d'Espagne, où M. le duc d'Orléans l'avait envoyé, n'ayant pu parler qu'au cardinal Alberoni [1], qui lui dit : « Où est votre lettre de créance? » M. de Nancré repartit : « J'ai ordre de la présenter seulement à Sa Majesté Catholique. » Sur quoi le cardinal dit : « Je sais ce qui vous amène; le roi, mon maître, m'a fait l'honneur de me charger du secret de ses affaires, et de ne le communiquer à personne. Sa Majesté est résolue de se servir des forces que Dieu lui a mises en main, sans être obligé d'en rendre compte à personne. » Ainsi le marquis s'en revint avec cette réponse du cardinal Alberoni.

[1] Jules Alberoni, fils d'un jardinier de Firenzuola, né le 30 mars 1664, mort le 26 juin 1752.

— Le bruit courut alors que la flotte d'Espagne devait tenter une descente en Irlande, pendant que le roi de Suède, en personne, devait en faire une autre en Écosse avec quinze mille hommes de débarquement, et de quoi armer un pareil nombre de troupes en faveur du Prétendant.

— On assurait aussi que ce jeune prince était parti d'Urbin, où il faisait son séjour depuis son passage en Italie, sans que les espions que le comte de Stairs, ambassadeur d'Angleterre, y avait envoyés pour l'observer, eussent pu savoir la route qu'il avait prise.

— Le samedi 7 mai 1718, la reine d'Angleterre, sa mère, mourut à Saint-Germain en Laye, après quatre ou cinq jours de maladie.

— Quelques jours auparavant on mit à la Bastille le sieur Fleury, curé de Saint-Victor d'Orléans, accusé d'avoir contrefait l'écriture de M. l'évêque d'Orléans, dans une lettre adressée à M. le Régent au sujet de la Constitution. Ce prince en ayant ouï la lecture, manda M. d'Ermenonville, et lui dit : « Voilà une lettre encore plus mauvaise que celle de M. l'archevêque de Reims; votre frère ne sera-t-il jamais sage? » Sur quoi M. d'Ermenonville protesta que cette lettre ne venait pas de M. l'évêque son frère, dont il connaissait bien l'écriture. Le prince, étonné, chargea M. d'Argenson de tâcher d'en découvrir l'auteur. Ce magistrat en parla à un de ses exempts, lequel s'avisa d'écrire aussitôt au curé de Saint-Victor d'Orléans, dont il était connu depuis longtemps. Le curé lui ayant fait réponse, il en confronta l'écriture avec la lettre adressée à Son Altesse Royale, et l'ayant trouvée conforme, on envoya ordre à Orléans d'arrêter ce curé. Quelques personnes ayant remontré que cet ecclésiastique passait pour un saint homme, M. le Régent dit : « S'il a contrefait l'écriture de l'évêque d'Orléans, c'est un saint fripon. »

— On fit là-dessus une histoire que l'on raconta de cette manière : Une dévote de la paroisse de Saint-Victor d'Orléans allait à confesse aux jésuites, et ne laissait pas de consulter son curé sur quelques scrupules. Elle proposa un jour au curé qu'une dame de Paris, d'une vie exemplaire, avait résolu de venir dans peu faire sa demeure à Orléans, et même sur la paroisse de Saint-Victor, afin de profiter de ses bons avis; sur quoi le curé dit : « Si cette dame vient s'établir sur ma paroisse, je ne m'y opposerai point, et je ne pourrai pas lui refuser, non plus qu'à mes autres paroissiens, ce qu'elle souhaitera des lumières qu'il plaira à Dieu de me donner. » Peu après, la prétendue dame de Paris écrit au curé, une, deux et trois fois, et le curé fait chaque fois réponse. Quelques jours après il tomba entre les mains du curé un mémoire, dont l'écriture lui parut semblable à celle des trois lettres de la dame de Paris; ce qui lui donna lieu de soupçonner quelque supercherie. Dans cet étonnement, il manda la dévote, et lui dit : « Vous m'en avez imposé, j'en ai des preuves, on s'est servi de vous pour me surprendre dans mes sentiments, qui seront toujours les mêmes, ainsi je n'ai rien à craindre. » On prétendait qu'on avait gardé les trois réponses du curé pour en imiter l'écriture, et pour en former la lettre en question.

— Lorsque le curé fut arrêté, on se saisit d'abord de ses papiers, on le fouilla, on trouva dans ses poches les trois lettres de la prétendue dame de Paris, et le mémoire dont l'écriture était de la même main que ces lettres. On le fit monter dans une chaise, on lui fit prendre la route de Blois, pour dérober celle qu'on avait ordre de lui faire bientôt enfiler. A quelques lieues d'Orléans, le curé ayant aperçu un père de l'Oratoire, de ses anciens amis, pria l'exempt qui l'escortait de lui permettre de lui dire un mot. Le curé l'instruisit du motif de son arrestation. Le père de l'Oratoire pria aussi l'exempt de lui permettre de les accompagner jusqu'au lieu où ils allaient dîner, afin de s'entretenir quelques moments avec le curé, son ami, en leur présence, ce que l'exempt accorda de bonne grâce; ce fut par le canal de ce père de l'Oratoire qu'on apprit ces circonstances.

— Une dame de qualité, informée de cette affaire, alla trouver M. le marquis de La Vrillière, secrétaire d'État, et lui dit : « Monsieur, vous avez délivré une lettre de cachet pour faire arrêter le curé de Saint-Victor d'Orléans; on vous a surpris. — Je l'ai donc délivrée en dormant? répliqua le ministre; quoi qu'il en soit, ne vous en mêlez pas, ce sont des affaires trop délicates. » La dame repartit : « C'est un homme innocent opprimé, on a exposé faux à Son Altesse Royale. »

— Comme on s'entretenait au sujet de la charge de garde des sceaux en présence de M. le Régent, Son Altesse Royale dit : « Le premier était un bigot[1], et l'autre est un tartufe et un insolent[2]. »

— Par les avis de Londres, du 2e mai, on apprit qu'un courrier venait d'en partir pour aller à Madrid, avec ordre à l'envoyé d'Angleterre de proposer au roi d'Espagne, que pour parvenir à une paix entre Sa Majesté Catholique et l'Empereur, il serait cédé à Sa Majesté Catholique toutes les places maritimes de la côte de Toscane, qui appartenaient ci-devant à la monarchie d'Espagne, pour être jointes à la Toscane après la mort du Grand-Duc[3], et du prince Gaston, son fils, pour en jouir par le prince infant don Carlos[4], fils du roi d'Espagne et de la reine Élisabeth[5], son épouse, aujourd'hui régnante, moyennant quoi Sa Majesté Catholique renoncerait à toutes ses prétentions sur les États d'Italie.

[1] D'Aguesseau, le chancelier disgracié.
[2] D'Argenson, nommé garde des sceaux en janvier 1718.
[3] Cosme III de Médicis, né le 9 août 1642.
[4] Don Carlos, né le 20 janvier 1716.
[5] Élisabeth Farnèse, fille d'Odouard Farnèse, deuxième du nom, duc de Parme et de Plaisance, née le 25 octobre 1692.

— M. le Régent nomma M. le maréchal de Villeroy, M. le maréchal d'Uxelles, M. le duc de Saint-Simon[1], M. le duc d'Antin, M. le marquis de Torcy, M. Dupin[2] et M. Petitpied[3], docteurs en théologie, M. Arrault et M. Nouet, célèbres avocats en Parlement, pour commissaires, Son Altesse Royale étant rebutée des refus que la cour de Rome faisait d'accorder les bulles aux évêques nommés, afin de travailler à éclairer cette matière et à donner les moyens d'en aplanir les difficultés, et de voir de quelle manière on s'est conduit autrefois en pareil cas, et si le Pape est en droit de refuser les bulles lorsqu'on refuse de se soumettre au contenu de la constitution *Unigenitus*, et en même temps pour examiner le concordat fait entre le pape Léon X et le roi François Ier.

— Le 10, on vit une estampe qui représentait le cardinal Alberoni au naturel, au bas duquel portrait était un écusson écartelé d'un artichaut, d'une laitue et d'une carotte, avec un arrosoir pour timbre; pour faire allusion à l'origine et à la naissance de ce cardinal, qui est fils d'un jardinier de Parme, qui par son mérite s'était élevé à la dignité de cardinal et de premier ministre du roi d'Espagne, avec quatre cent mille livres de rente en appointements ou en bénéfices.

— Le samedi 14, on amena aux prisons du Châtelet vingt-huit faux sauniers, qui avaient été pris dans un combat qui s'était passé dans la forêt de Saint-Germain en Laye, et qui avait duré une heure et demie avec beaucoup d'opiniâtreté. Ils étaient au nombre de cent cinquante, parmi lesquels il y avait des soldats et des dragons aguer-

---

[1] Louis de Rouvroy, duc de Saint-Simon, l'auteur des *Mémoires*, né le 16 janvier 1675, mort le 2 mars 1755.

[2] Louis Ellies Dupin, né le 17 juin 1657, mort le 6 juin 1719, auteur de la *Nouvelle bibliothèque des auteurs ecclésiastiques*, etc., 58 vol. in-8°.

[3] Nicolas Petitpied, né le 4 août 1665, mort le 7 janvier 1747.

ris, lesquels escortaient soixante chevaux chargés d'un sac de sel chacun, pour le débiter aux habitants des environs. Sur l'avis de leur arrivée dans cette forêt, on commanda cinq cents hommes, tant d'archers de la maréchaussée que de soldats du régiment des gardes suisses, qui étant allés à pied, revinrent la plupart montés sur les chevaux qu'ils avaient gagnés à ce combat, qui coûta la vie à bien des gens de part et d'autre, et quantité d'autres y furent blessés.

— Le 13, on reçut avis de Dieppe que les matelots de cette ville s'étant attroupés, étaient allés à Arques, où M. l'archevêque de Rouen tenait ses calendes[1], pour lui demander le rétablissement des deux curés de leur ville, et des autres prêtres, leurs confesseurs, que ce prélat avait interdits pour n'avoir pas voulu accepter la constitution *Unigenitus*, et que sur le refus de les rétablir, ils lui avaient fait dire qu'il eût du moins à leur donner des ministres pour leur faire le prêche comme faisaient autrefois les huguenots, et que ce prélat, craignant que ces matelots ne se portassent à de plus grandes extrémités, avait jugé à propos de reprendre en diligence le chemin de Rouen. Cependant un jésuite, croyant adoucir l'humeur des matelots, leur avait fait de grandes largesses, mais que cela n'avait fait que les aigrir encore davantage.

— L'abbé Arouet, frère du jeune poëte dont on a ci-devant parlé[2], revenant de la Bastille, entra dans l'église

---

[1] On appelait ainsi des conférences théologiques faites par les curés et les clercs au commencement de chaque mois; elles étaient présidées quelquefois par l'évêque ou l'archevêque diocésain.

[2] L'abbé Arouet, frère de Voltaire, « devint fameux parmi les convulsionnaires, et fit un recueil de convulsions. » (Voyez Wagnière, *Additions au Commentaire historique*.) Voltaire l'appelle, dans l'une de ses pièces de vers, « Mon janséniste de frère. » Outre ce frère, Voltaire avait aussi une sœur qui laissa trois enfants : 1° l'abbé Mignot, abbé de Scellières, près Troyes; 2° madame Denis, et 3° une fille qui épousa M. Dompierre d'Hornoy.

des jésuites de la rue Saint-Antoine pour y faire sa prière, et s'étant levé pour en sortir, il trouva les portes fermées, quoiqu'il y eût alors une trentaine de dames. Le portier parut étonné d'y voir cet abbé si tard, les portes étant fermées; il fallut pourtant lui donner la liberté. Cette aventure donna lieu de soupçonner que ces dames étaient restées dans l'église pour y entendre quelque instruction, ou pour se confesser à quelque jésuite de la maison professe, en conséquence d'un décret du grand pénitencier de Rome, du 6 janvier 1718, contre lequel décret la cour de Parlement s'était élevée fortement.

— M. le duc d'Orléans permit aux officiers et aux dames qui étaient au service de la feue reine d'Angleterre de rester comme auparavant au château de Saint-Germain en Laye, et leur accorda la continuation des pensions qu'ils avaient les uns et les autres.

— On mit en prison un soldat aux gardes déguisé en prêtre, qui sous cet habit quêtait sur la paroisse de Saint-Sulpice avec deux prétendues dévotes, pour le soulagement, disait-il, des pauvres gens qui avaient été ruinés par l'incendie du petit Pont.

— Le même jour, on arrêta aussi une prétendue dame de qualité, superbement vêtue, qui avait à sa suite un très-beau carrosse, deux beaux chevaux, trois laquais et une fille de chambre, qui avec cet équipage allait quêter dans les maisons de la paroisse de Saint-Roch sous le même prétexte.

— Dans la rue Bertin-Poirée, deux dames, l'une vêtue de blanc, l'autre de ras de Saint-Maur noir, s'étant adressées par hasard chez un ancien marguillier de cette paroisse, qui savait qu'il n'y avait que la sœur de M. le procureur général du Parlement qui s'était chargée de quêter pour ce sujet, les reçut obligeamment, et étant assises, leur demanda si la quête était abondante, et après avoir compté comme par curiosité l'argent qui était dans leur bourse, qui allait seulement à vingt-trois livres et quelques sols, les loua de leur zèle, et dit qu'il voulait leur en donner autant, puis, après quelques discours, dit à son laquais : « Va-t'en prier de ma part M. le commissaire de venir dans le moment, pour quelque affaire que j'ai à lui communiquer. » Le mot de commissaire inquiéta de telle sorte les deux donzelles, qu'ayant pris le moment de la porte ouverte, elles s'esquivèrent, aimant mieux laisser leur bourse entre les mains du marguillier, qui se repentit de ne pas les avoir mieux resserrées.

— Le dimanche 8 de ce mois, le vicaire de Saint-Merry faisant le prône, se plaignit de ce que quelques ecclésiastiques et quelques dames de la paroisse abusaient des aumônes qui se donnaient libéralement pour le même sujet et les tournaient à leur profit.

— Le Roi, informé du désastre du petit Pont, dit : « Il faut donner toute ma cassette pour aider tous ces pauvres gens à se rétablir. » Ce qui allait à une somme de soixante mille livres.

M. le Régent donna cinquante mille livres, M. le comte de Toulouse trente mille livres, M. le cardinal de Noailles six mille livres, le chapitre de Notre-Dame dix-huit mille livres, la Sorbonne donna mille francs, la Faculté de théologie deux mille livres. Les jésuites se surpassèrent en donnant un louis de trente livres, la quête de la paroisse de Saint-Benoit valut quatre mille livres. Celle de la paroisse de Saint-Sulpice produisit cent mille livres. On assurait que le tout se montait alors à huit cent mille francs, dont M. le procureur général du Parlement avait l'administration pour en faire la distribution avec son équité ordinaire.

— Le roi d'Espagne ordonna de rendre aux négociants de Saint-Malo ce qui leur appartenait de la flotte qu'ils avaient envoyée à la mer du Sud, ce qui se montait pour leur contingent à quatorze millions en piastres pour cette fois ; à condition qu'ils n'y retourneraient plus sans la permission de Sa Majesté Catholique. Mais le surplus de la flotte, qui se montait encore à seize millions, était demeuré confisqué au profit de Sa Majesté, en quoi les Génois et d'autres nations étaient intéressées.

— Pour récompenser le sieur Martinet, natif d'Orléans, qui était parti de Cadix avec quatre vaisseaux de guerre et deux frégates, d'avoir enlevé toute cette flotte marchande qui était dispersée à Lima et en plusieurs autres ports, le Roi d'Espagne le fit lieutenant général de ses armées navales, et lui céda une partie du butin, qui allait à un million pour sa part.

— Le 1ᵉʳ juin, on publia un nouvel édit du Roi qui ordonnait une nouvelle fabrique de monnaie à trente-six livres le louis d'or et à six livres l'écu, et qui, sur ce pied, fixa les espèces d'or et d'argent qui avaient cours, faites au coin du Roi, à compter de ce jour jusqu'au 31 juillet pour les villes où il y a hôtel des monnaies, et jusqu'au 31 août suivant pour les autres villes du royaume; après lequel temps passé elles seraient hors de commerce pour être portées aux hôtels des monnaies, où il était permis de porter aussi toutes sortes d'anciennes espèces réformées ou non réformées d'or et d'argent, pistoles d'Espagne, guinées d'Angleterre, léopold de Lorraine, etc., à raison de six cents livres le marc d'or, qui devaient y être reçues avec deux cinquièmes de billets de l'Etat.

— Le 3, on mena de Paris à Saint-Germain en Laye sept faux sauniers pour y être pendus avec deux autres pour assister à leur mort, qui étaient fils de deux de ces condamnés, et ensuite envoyés aux galères comme les plus coupables de cette bande dont on a ci-devant parlé.

— On assurait que tous ceux qui étaient attachés à la chaîne que l'on conduisait à Marseille, passant auprès de Châlons en Champagne, avaient été délivrés par un grand nombre de gens attroupés qui y avaient ensuite attaché le reste des archers après en avoir tué et blessé plusieurs.

— On apprit alors, avec étonnement, que six cavaliers masqués avaient arrêté le carrosse de Dijon qui venait à Paris, et en avaient enlevé une somme de quarante mille livres qui était dans un coffre de fer qu'ils avaient ouvert avec une clef qu'ils avaient, au lieu de laquelle somme ils avaient mis dans ce coffre un équivalent en billets de l'État, sans avoir fait aucun tort aux personnes qui étaient dans cette voiture.

— Le 24 août, le Parlement s'assembla, toutes les chambres y étant convoquées, pour délibérer sur la destination d'une somme de plus de quatre-vingts millions, provenant des taxes faites sur les gens d'affaires, et qui étaient en dépôt entre les mains du sieur Olivier, par ordre de la chambre de justice.

— Le 25, mademoiselle d'Orléans fit profession à l'abbaye de Chelles, entre les mains de M. le cardinal de Noailles, qui fit auparavant un discours qui édifia beaucoup cette princesse et toutes les illustres personnes qui l'entendirent.

— M. le duc d'Orléans, son père, envoya à cette abbaye une somme de cent mille francs pour la dot de cette illustre religieuse, avec une somme de trente mille livres à elle en particulier pour en faire des libéralités ou des aumônes, et lui assigna une pension de dix mille livres.

— Entre quantité de très-beaux bouquets qui furent présentés au Roi le jour de la Saint-Louis, il s'attacha à considérer beaucoup celui-ci, qui était une corbeille délicatement faite dans laquelle il y avait une lapine assez petite, son mâle et un petit lapin qui la tetait, avec un cochon d'Inde, tous quatre blancs comme la neige, qui broutaient des feuilles de vigne, et qui tous étaient enjolivés de rubans de diverses couleurs. Sur les feuilles de ce bouquet, on voyait plusieurs hannetons artificiels et qui semblaient naturels et prêts à s'envoler.

— On admira aussi deux globes de verre posés chacun

sur un pied doré, remplis de roses, d'œillets et d'autres belles fleurs proprement arrangées, et l'on ne concevait pas comment on avait pu les introduire et les arranger si bien dans chaque globe, lorsqu'il n'y avait qu'un petit trou au bas du globe.

— Le 24 au soir, la symphonie se fit aux Tuileries, avec un applaudissement général de tous les spectateurs qui remplissaient le jardin. Après laquelle on tira le feu d'artifice, qui représentait une forteresse qu'on avait construite sur le bord du bassin, et qui réussit parfaitement, à la satisfaction particulière du Roi et de toute l'assemblée, nonobstant une grosse pluie qui tomba une heure auparavant, et dont furent bien mouillées les dames et tous ceux qui étaient à découvert, dont le Roi se prit à rire de bon cœur.

— Le 22, les cinq grosses fermes et ce qui en dépend furent poussées à quarante-huit millions deux cent mille livres par cette enchère.

Extrait du livre VIII de Rabelais; de la chronique de Philippes d'Aurélie[1].

Chapitre Ier. Comment dom Philippin Paracelse[2], après la mort du grand roi Louison[3], vint dolentement supplier les bonnets ronds[4] de dérompre les tables testamentaires[5] qui le honnissoient.

Chapitre II. Comment il les requit de lui octroyer la gouverne des Gaules soubs tel pacte qu'à toujours feroit le

[1] Les titres de ces chapitres furent attribués à la duchesse du Maine.
[2] Allusion au goût du Régent pour les sciences naturelles.
[3] Louis XIV.
[4] Le Parlement.
[5] Le testament.

bien et oncques en rien ne feroit le mal, ce que en son cueur il ne pensoit, et au partir de là il n'en tint cure.

Chapitre III. Comment malgré misere il menoit bombance, gols et joyeuseté, marchandait filles, corrompoit femmes, engrossoit veuves, beuvoit largement avecq ses mignons et se saouloit.

Chapitre IV. Comment il estoit entouré de vaticinateurs, aruspices, abstracteurs et autre telle nature de gens qui lui effaçoient le passé et lui montroient un bel avenir par le trou d'une bouteille.

Chapitre V. Comment, par engin mirifique, il créa l'office de grand calculateur ès marches des Gaules dont il revestit et accoustra un charlatan transfuge de Scotie[1].

Chapitre VI. Comment il débouta un biau matin son grand référendaire[2] et son argentier[3] par male suspicion, et par opération magique des deux n'en fit qu'un[4].

Chapitre VII. Comment son favori Janotus à Nocendo[5], chevauchant dans la forêt cynique avec sa sœur adamantine[6], trouva un trésor et en édifia un beau petit palais ridicule sur les dessins de l'architecte Hénault-Gabelle[7].

Chapitre VIII. Comment il avoit toujours provision de grands et petits traités, et combien cherement les faisoit payer par ses messagiers par entreminse du boursier[8] Dubois, et cherement les faisoit payer au peuple gaulois.

[1] Law, qu'on prétendait avoir été chassé d'Écosse.
[2] D'Aguesseau.
[3] Le duc de Noailles, chef du conseil des finances.
[4] D'Argenson, nommé garde des sceaux et chef du conseil des finances.
[5] De Nocé.
[6] Madame de Parabère.
[7] Jean-Remy Hénault, taxé à onze cent mille francs, obtint, dit-on, une forte diminution en donnant dix mille écus à M. de Nocé.
[8] Le cardinal Dubois; il avait été boursier du collège Saint-Michel.

Chapitre IX. Comment, par le conseil du capitan Brouillon[1], il déconfit la gent estapière, et fit cheminer les bandes gauloises sans boire ne mangier.

Chapitre X. Comment dom Philippin, à l'aide d'un grand calculateur, d'un écu en fit deux[2], et comment les bonnets ronds ne trouvèrent le calcul juste et mathématiquement le démontrèrent.

Chapitre XI. Comment dom Philippin en fut courroucé contre les bonnets ronds et martialement conseillé par Babilliardus[3] de Dunkerque.

Chapitre XII. Comment on vit arriver un beau jour l'enchanteur Alberon[4] avec Philippe des Asturies[5], qui terminèrent le différend au grand contentement de toutes les Gaules.

Extrait du livre VII de Rabelais; de la chronique de dom Philippes d'Aurélie et des prouesses des bonnets ronds en icelui temps[6].

Chapitre I. Comment sous Robillardus grosse teste[7], chef des bonnets ronds, lesdits bonnets ronds voulsirent faire le raminagrobis et s'acquérir grand renom.

Chapitre II. Comment Robillardus, au demeurant grand prêtre, souloit dormir aux plaids et dependre deniers à foison.

Chapitre III. Comment les bonnets ronds résolvirent de proposer à dom Philippes moult bieaulx et salubres avis

---

[1] Le comte de Broglie.
[2] L'augmentation des espèces.
[3] Le comte de Grancey, gouverneur de Dunkerque.
[4] Le cardinal Alberoni.
[5] Philippe V, roi d'Espagne.
[6] Les titres des chapitres suivants sont de Coutellier père, libraire.
[7] Le premier président de Mesmes.

pour l'advancement de la chose publique, tirés pour la plupart du *Glossator juris Baldus Accurtius* et autres têtes pleines de sens.

Chapitre IV. Comment ils furent courtoisement esconduits par dom Philippes, et selon droict et raison renvoyés à leurs sacs et paperasses.

Chapitre V. Du débat et contention qui en icelui tems arriva entre les vieulx bonnets ronds et les jeunes, et de ce qui s'ensuivit.

Chapitre VI. De ce qui arriva un biau matin que la grant chambre fut scholastiquement assaillie par les jeunes bonnets ronds à grands renforts de compagnies d'ordonnance, sous la conduite des généraux Berlant[1], Montblas[2] et autres.

Chapitre VII. Comment ladite grand'chambre se rendit à composition, faulte de munitions, et de la paix qui en suivit.

Chapitre VIII. Comment depuis la paix faite et conclue entre les bonnets ronds, ils souloyent employer le tems en belles et politiques délibérations.

Chapitre IX. Comment par un matin fut rendue une plantureuse ordonnance par les pères conscrits, tendant à grands pas au bien de la chose publique.

Item de la belle police qui fut par eulx mise en avant pour tenir la main à l'exécution et promulgation d'icelle ordonnance.

Chapitre X. Comment le peuple gaulois reçut comme l'Évangile de Dieu la moult belle ordonnance des bonnets ronds.

Item du grand respect que un chacun porta à ladite ordonnance, dont ils acquirent grand los et renom parmi ce peuple.

---

[1] Le président Lambert.
[2] Le président de Blamont.

Chapitre XI. Des moult bieaux propos de Tailport[1] le rouge, Hugues, arrière-petit-fils du capitaine Carabin Roze au heaume.

Chapitre XII. Comment ledit Tailport ayant scientifiquement retroussé ses honorifiques moustaches, cita force belles lois et conclut à ce que les pères conscrits se transportassent à pied en robes et chaperons rouges au logis de Louisot[2], pour lui faire tout plein de belles remontrances.

Chapitre XIII. Comment l'advis du dessusdit fut improuvé de la plus grant part des bonnets ronds le tout pour des crottes, et comment fut doctement conclu d'y aller en coches.

Chapitre XIV. Comment sire Montavert[3], chastelain de Clugny, fut surpris en chevaulchant nuictamment par les rues de Lutèce, dilacérant à belles dents les chartes et mandements du roi Louisot. Comment il fut appréhendé en son corps et ses compagnons, et conduit par les gens du capitaine Coupeteste ès noires prisons du grand Châtel.

Chapitre XV. Comment Robillardus, en robe compétente, bien et ducument accompagné de force maistres inerts, se transporta au palais du jeune roi Louisot, où, faulte de mémoire, il fit judicieusement lecture d'une belle et mirifique remontrance.

Chapitre XVI. *Item*, comment dans le contexte de ladite oraison Robillardus fit mention d'une belle petite pancharte trouvée ès ruines de l'amphithéâtre de Vérone, escripte en lettres druidesques et accordée par le père grand du bon et catholique Pharamond, roi des Gaules, par laquelle appert clairement que ledit Roi dont le nom se trouve par laps de temps effacé, a constitué et établi les

[1] Le président Portail.
[2] Le jeune roi Louis XV.
[3] Le président de Verthamont.

bonnets ronds en qualité de tuteurs des Rois ses successeurs et des pères putatifs de l'Immaculée Conception. S'ensuit la teneur de ladite pancharte.

Chapitre XVII. Comment Robillardus et sa grave compagnie s'en retournèrent juridiquement par où ils étoient venus, ce qui fut moult biau à voir.

Chapitre XVIII. Comment Louisot fit semondre les bonnets ronds de venir en son palais pour response y être faite à leurs très-doctes remontrances, et, ensemble, comme ils furent joyeusement accueillis dudit roi Louisot et de ses barons.

— Au commencement de septembre 1718, on fit camper trois régiments d'infanterie dans la plaine Saint-Denis.

— Le 9, M. le Régent fut saigné du bras et du pied pour une attaque d'apoplexie. Tout le Palais-Royal se trouvait plein de carrosses le jour et la nuit; sur le soir, les médecins lui firent prendre un remède composé de tabac, qui fit l'effet qu'on en espérait par une évacuation extraordinaire qui tira ce prince d'affaire.

— MM. de Blamont, Lambert et de Verthamont partirent quelques jours auparavant, avec une bonne escorte d'archers, pour se rendre à leur exil, l'un à l'île de Sainte-Marguerite en Provence, l'autre à Belle-Isle en Bretagne, et le dernier à l'île d'Oléron, ce qui formait une espèce de delta[1].

[1] « Quand M. le garde des sceaux eut appris les assemblées du Parlement du vendredi et du samedi (le Parlement s'était assemblé malgré l'arrêt du conseil qui lui défendait de prendre connaissance des affaires de l'État; cet arrêt était relatif aux opérations de banque, où le Parlement avait cru devoir s'immiscer), la nuit du dimanche au lundi, qui était le 29, à une heure après minuit, trois maîtres des requêtes se transportèrent avec vingt mousquetaires chacun et des carrosses à six chevaux pour arrêter M. le président de Blamont, M. de Saint-Martin, conseiller, M. Feydeau de Calendes, jeune conseiller de trente ans (et non

1718] SEPTEMBRE. 331

— On assurait que M. le duc d'Orléans s'était en quelque façon repenti d'avoir donné les mains à priver M. le duc du Maine de la surintendance de l'éducation du Roi, pour la confier à M. le duc de Bourbon, parce qu'il prétendait, disait-on, avoir encore le commandement des troupes de la maison du Roi et de tout le royaume, et parce qu'il s'était aussi fortement opposé au dessein que M. le Régent avait formé de transférer le Roi au château de Saint-Germain en Laye.

— Le parlement de Bretagne écrivit alors à celui de Paris pour le féliciter sur sa fermeté, pour l'exhorter à la persévérance, et pour l'assurer qu'il avait et qu'il aurait toujours les mêmes sentiments, et qu'il allait s'employer pour la liberté des trois magistrats ci-dessus dénommés.

— Le 20, on fit au Palais-Royal un changement de conseils. M. l'archevêque de Bordeaux fut chargé des économats au lieu de M. l'abbé d'Aguesseau, M. l'évêque de Troyes[1] eut la feuille des bénéfices, M. l'abbé Dubois eut une commission de secrétaire d'État pour les affaires étrangères. M. Leblanc[2], ci-devant intendant à Dunkerque, eut aussi une commission de secrétaire d'État pour

pas MM. de Lambert et de Verthamont, comme le dit l'auteur de notre journal), tous les trois de la quatrième des enquêtes, et pour mettre les scellés chez eux sur tous leurs papiers... Ils partirent à trois heures du matin par le chemin de Montlhéry... On a mené M. de Saint-Martin aux îles Sainte-Marguerite. » (*Journal de Barbier*, t. 1, p. 13 et 14.)

Le savant commentateur de Barbier, M. de la Villegille, dit, dans une note, que M. de Saint-Martin fut conduit à Belle-Isle, M. Feydeau à Oléron, et M. de Blamont aux îles d'Hyères. Il ajoute que cet exil ne dura que quelques mois.

[1] Jacques-Bénigne Bossuet.

[2] Claude Leblanc, né le 1er décembre 1669, conseiller au parlement de Metz (1696), maître des requêtes (1697), intendant d'Auvergne (1704), de Dunkerque (1706), conseiller au conseil de guerre (1716), secrétaire d'État au département de la guerre (1718), mort à Versailles le 19 mai 1728.

ce qui concernait la guerre, M. d'Armenonville eut aussi une commission de secrétaire d'État pour ce qui regardait la marine. Le conseil du dedans du royaume fut cassé, et on en partagea les affaires entre M. le marquis de la Vrillière et M. le marquis de Maurepas [1], son gendre, et M. d'Armenonville. M. le marquis de Biron [2] fut fait commandant général de l'infanterie, dont il devait rendre directement compte à M. le Régent, et signer les congés qui se donneraient à des soldats. M. le comte d'Evreux fut fait colonel général de la cavalerie. M. le marquis de Coigny [3] fut aussi fait colonel des dragons, et M. le marquis de Puységur [4] fut continué dans le détail qu'il avait auparavant.

— Il fut résolu de faire de temps en temps des assemblées pour ce qui concernait la guerre, où M. le duc de Bourbon se trouverait quand il lui plairait.

— Le 23, M. le cardinal de Noailles ayant fait assembler le chapitre de sa métropole, y déclara la nécessité

[1] Jean-Frédéric Phélippeaux, comte de Maurepas, né en 1701, fut nommé à quatorze ans secrétaire d'État à la place de son père, qui venait de donner sa démission. Ministre sous Louis XV, il fut disgracié pour s'être égayé sur une infirmité secrète de madame de Pompadour. Louis XVI le rappela. Il mourut en 1781.

[2] Charles-Armand de Biron, maréchal de France, né le 5 août 1663, mort à Paris en 1756.

[3] François de Franquetot, duc de Coigny, maréchal de France, né le 16 mars 1670, mort le 18 décembre 1759; il eut pour secrétaire le poëte Bernard, auteur de l'*Art d'aimer*, que Voltaire surnomma *Gentil-Bernard*.

[4] Jacques-François de Chastenet, marquis de Puységur, maréchal de France, comte de Chessy, vicomte de Busancy, né en 1655, mort en 1743, auteur de divers traités sur l'art militaire, et entre autres d'un volume sur l'*Art de la guerre*, dont la partie qui regarde les notions militaires fut composée pour le duc de Bourgogne, et celle des marches de l'armée pour l'éducation du jeune roi Louis XV.

qu'il croyait avoir d'appeler de la constitution *Unigenitus* au Pape mieux conseillé, et au prochain concile général, afin d'en obtenir les explications que la cour de Rome refusait depuis tant d'années, à quoi les chanoines avaient adhéré, à l'exception de M. Legendre, de M. de Montelebise et de M. Perochel; lequel acte d'appel fut affiché le lendemain aux portes des églises de cette ville de Paris, et il s'en vendit plus de dix mille exemplaires le jour de la publication, à raison de trente sols chacun.

— On prétendait que ce qui avait donné lieu à la publication de cet acte d'appel, ce fut un décret qu'on avait reçu, qui avait été publié et affiché dans Rome le 15 d'août précédent, qui portait séparation de communion contre tous les prélats et autres qui n'auraient point accepté la Constitution, et excommunication contre M. le cardinal de Noailles, et contre les autres prélats ses adhérents. Lequel décret M. le duc d'Orléans ordonna à M. le maréchal d'Uxelles de remettre au nonce du Pape, en lui enjoignant de le renvoyer incessamment à Rome, ainsi que le nonce fit le 13, par un courrier extraordinaire.

— Le 24, M. le cardinal de Noailles envoya une copie authentique de cet acte d'appel au Parlement, afin que les gens du Roi fissent là-dessus ce qu'ils jugeraient à propos.

— Le 26, la Sorbonne s'assembla au nombre de quatre-vingt-dix-neuf docteurs, qui adhérèrent au même acte d'appel, à la réserve du curé de Saint-Merry [1], et d'un autre, qui refusèrent de le faire.

— Le 5 octobre, on publia un arrêt du Parlement qui défendit l'exécution du décret du Pape, rendu contre ceux qui refusaient de recevoir la Constitution.

— La populace de Rouen s'étant soulevée après avoir lu et déchiré un mandement que M. l'archevêque de cette ville avait fait afficher, par lequel ce prélat enjoignait à

[1] Métra.

tous ses diocésains de se soumettre aux décisions du Pape, portées par la même Constitution, et leur faisait défense d'avoir aucune relation avec M. le cardinal de Noailles, archevêque de Paris, ni avec ceux de son parti; le parlement de Rouen rendit un arrêt qui faisait défense au même archevêque de publier ni de faire afficher de pareils mandements, tendant à troubler le repos public, sous les peines qu'il conviendra, et ordonna à des particuliers de se servir d'eau chaude pour détacher ce mandement des lieux où il se trouvait affiché.

— M. l'évêque d'Orléans s'avisa aussi d'interdire par un mandement tous les curés de la ville et du diocèse, et autres ecclésiastiques, de toutes fonctions ecclésiastiques, même *a divinis*, qui refuseraient de recevoir le décret du Pape et la Constitution.

— M. l'abbé de Louvois, bibliothécaire du Roi, se trouvant incommodé d'une rétention d'urine, de temps en temps depuis quelques années, fut sondé le 6 de ce mois par le sieur Maréchal, premier chirurgien du Roi, lequel jugea qu'il y avait dans la vessie une pierre de moyenne grosseur, qui en bouchait le canal et qui causait cette rétention; et comme cet abbé était fort replet, les médecins et les chirurgiens qu'il consulta là-dessus lui firent observer un régime de vivre, qui fut de ne manger qu'un petit potage à midi, et un pareil le soir. Il fut saigné le 7, et deux autres fois, et chaque fois purgé pour le préparer à l'opération de la taille, qui se fit à la fin du même mois par ledit sieur Maréchal, avec peu de succès, parce que la pierre s'écrasa dans la pince, pour être trop molle et de trop peu de consistance.

— Le 6, on conduisit au Châtelet un maître écrivain de la butte de Saint-Roch, nommé Riglet, pour avoir violé une fille de dix ans à qui il enseignait l'écriture.

— Le même jour on mit à la Bastille deux copistes du Palais, pour avoir copié la réponse à un libelle intitulé

Fitz-Moris[1], pour savoir d'eux le nom de l'auteur de cette réponse.

— Huit jours auparavant, on avait aussi conduit à la Bastille le sieur abbé Lenglet[2], ci-devant bibliothécaire du prince Eugène, pour avoir fait un mémoire où il prétendait donner des moyens à M. le duc de Bourbon de s'assurer de la régence du royaume, et de la personne de M. le duc d'Orléans, en cas que Son Altesse Royale vînt à perdre tout à fait la vue. Cet abbé ayant présenté son mémoire à M. le duc de Bourbon, ce prince le communiqua bientôt à M. le duc d'Orléans, qui après en avoir ouï la lecture, ordonna d'arrêter l'abbé, qui au bout de quelque temps fut mis en liberté avec pension.

— M. le duc de Bourbon donna, au commencement d'octobre, une fête à Chantilly à madame la duchesse de Berry, et à un grand nombre de seigneurs et de dames de la Cour, où rien ne fut épargné pour la bonne chère : le soir il y eut une chasse du cerf dans le parc, et pour éclairer les chasseurs, on avait attaché des flambeaux aux arbres jusqu'au nombre de trente mille, à raison de six francs chaque flambeau.

— Le 8, on publia l'acte d'appel de M. le cardinal de Noailles au futur concile général du décret du Pape, qui ordonnait à Son Éminence et à ses adhérents de se soumettre au contenu de la constitution *Unigenitus*, sous peine d'excommunication.

— Le même jour, les danseurs de corde eurent la permission de M. le duc d'Orléans de faire leurs exercices

---

[1] Le libelle intitulé *Fitz-Moris* était de Plantavit de la Pause, abbé de Margon, et la réponse de l'abbé Brigaud, l'un des familiers de la duchesse du Maine.

[2] Nicolas Lenglet du Fresnoy, né à Beauvais le 5 octobre 1684, mort le 16 janvier 1755. Il ne sortit de la Bastille que le 21 décembre 1719. (Voyez Delort, *Histoire de la détention des philosophes et des gens de lettres*, t. II, p. 41.)

dans le théâtre de l'Opéra, où les sauteurs se hasardèrent de faire le saut du cheval, c'est-à-dire de sauter par-dessus un homme à cheval. Il y avait quatre hommes robustes qui les recevaient entre leurs bras, à mesure qu'ils sautaient, pour les empêcher de se blesser à terre; ce qui ne s'était pas encore vu. Tout l'Opéra se trouva rempli avant trois heures après midi. On exigeait quarante sols par personne pour le parterre, tant le concours du monde fut extraordinaire.

— On assura que le mariage du chevalier de Saint-Georges, ou du prince prétendant d'Angleterre, fils légitime du feu roi Jacques II, était conclu avec la princesse Marie[1], fille aînée du prince Jacques Sobieski[2], fils aîné du feu roi de Pologne, nonobstant l'opposition de la cour de Vienne, qui avait déjà traversé le projet de mariage du même chevalier de Saint-Georges avec la princesse de Courlande, nièce du czar de Moscovie.

— On assurait que les évêques appelants étaient alors au nombre de quarante-trois, et qu'il y avait un pareil nombre d'autres évêques tolérants, c'est-à-dire qui ne voulaient gêner leurs diocésains ecclésiastiques ou laïques en ce qui regardait la Constitution, soit pour l'accepter, soit pour en appeler, ces prélats se contentant de l'avoir reçue eux-mêmes sans vouloir publier d'autres mandements, ainsi que MM. les cardinaux de Rohan et de Bissy tâchaient de leur persuader.

— M. le premier président étant à son ordinaire en la grand'chambre, se trouva, le 3, surpris d'une attaque d'apoplexie, ce qui obligea de le faire porter sur un brancard en son hôtel, au travers des salles du Palais, et le lendemain il se trouva atteint d'une paralysie qui frappa la moitié du corps, ce qui lui ôta presque l'usage de la parole.

[1] Marie-Casimire Sobieska; le mariage eut lieu en 1720.
[2] Jacques-Louis Sobieski, né à Paris le 2 novembre 1667, mort le 19 décembre 1734.

— On arrêta dans le Palais un crieur d'arrêts qui vendait sous cape plusieurs libelles ou chansons satiriques.

— Dix officiers du parlement de Bretagne ont eu le même sort que MM. de Blamont, Feydeau et Saint-Martin, et furent aussi séparément envoyés en exil.

— M. le maréchal d'Harcourt[1], après son retour des bains de Bourbon, mourut à Paris le 19 octobre, fort regretté pour ses grandes qualités.

— Le 9 décembre 1718, entre une heure et deux heures après midi, M. l'abbé Dubois et M. Leblanc, secrétaires d'État, se rendirent à l'hôtel Colbert, rue Neuve des Petits-Champs, où logeait alors le prince de Cellamare, ambassadeur d'Espagne. Ces deux ministres entrèrent d'abord dans la secrétairerie, où un écrivain[2] faisait actuellement une septième copie d'un dialogue qui avait pour titre : *Traduction d'une lettre anglaise écrite à La Haye, le 4ᵉ de novembre 1718, par le sieur Jacques Barinton, à un de ses amis à Londres : en forme de dialogue entre le sieur Nicolas Slie, négociant, et le chevalier Durfort, capitaine de vaisseau, tous deux Anglais*, contenant trente-cinq pages in-folio.

— Une demi-heure auparavant, un détachement de vingt mousquetaires de la seconde compagnie du faubourg Saint-Germain, commandé par le chevalier de Terlon, entra dans cet hôtel en foule, et sans garder aucun ordre, en habits bourgeois, et ayant seulement l'épée au côté. Ces mousquetaires y entrèrent immédiatement après le carrosse de M. Leblanc, ils se répandirent quatre à quatre dans les appartements, suivant l'ordre qu'on leur avait donné le même jour au matin, et de se cantonner par

---

[1] Henri, duc d'Harcourt, maréchal de France, né en 1654. Il avait été reçu au Parlement, comme pair de France, le 9 août 1710.

[2] Cet écrivain n'était autre que Buvat, l'auteur de ce *Journal*.

pelotons dans les cafés et les cabarets, où ils voudraient, aux environs de la place des Victoires.

— M. l'abbé Dubois et M. Leblanc étant entrés, comme on a dit, dans la secrétairerie avec le prince de Cellamare, son secrétaire d'ambassade, les deux sous-secrétaires, son écuyer et son sous-intendant, ils furent suivis du chevalier de Terlon et de dix ou douze mousquetaires, et de M. Pecquet[1], premier commis du bureau des affaires étrangères. Dans le moment, M. Leblanc s'approcha du bureau où l'écrivain continuait la septième copie du dialogue ci-dessus, il la mit avec une autre copie entière dans un carton, ce qui fit que le copiste se retira de ce côté, et ayant fait ouvrir une armoire qui était dans la secrétairerie, dont le sieur don Fernand, secrétaire d'ambassade, avait et donna les clefs à M. Pecquet, on y mit le carton. On fit ouvrir les deux tiroirs du bureau sur lequel travaillait le copiste, on en tira les papiers, on les mit dans l'armoire avec tous les papiers qui étaient sur la grande table de la secrétairerie, ainsi que tous ceux qui se trouvèrent dans six tiroirs de la chambre de don Fernand, manuscrits et imprimés, ainsi que toutes les liasses de papier qui étaient dans cette chambre du secrétaire. Puis on ferma l'armoire aux deux clefs, on la lia d'une corde du haut en bas, et en travers, comme en croix, et sur le nœud de la corde on y appliqua plusieurs bandes de papier, et en plusieurs endroits devant et derrière, et sur les deux serrures; deux cachets, l'un aux armes du Roi, l'autre aux armes du prince de Cellamare, furent apposés sur toutes ces bandes de papier.

Pendant que M. Pecquet posait les scellés, l'ambassadeur dit à M. l'abbé Dubois : « Vous pouvez maintenant m'imposer la loi; s'il faut rester dans ma maison, j'y

[1] M. Pecquet est l'un de ceux à qui l'on attribue les *Mémoires sur l'Histoire de Perse*; d'autres ont prétendu qu'ils étaient de La Beaumelle, d'autres enfin de mademoiselle de Vieuxmaisons.

resterai, ou s'il me sera permis d'en sortir? » M. l'abbé Dubois lui répliqua que M. le chevalier de Terlon était chargé de l'ordre qui lui serait donné de la part du Roi et de M. le Régent. M. Leblanc l'assura aussi qu'il ne lui serait fait aucun tort, et que tout lui serait rendu fidèlement.

Don Fernand regardait de temps en temps le copiste avec un air fort triste, et s'étant approché de lui, qui était fort près de l'abbé Dubois et du prince de Cellamare, lui demanda : « Que dites-vous de cela ? — Voilà, lui dit-il ingénument [1], une scène bien extraordinaire. »

Peu après ces mots toute la compagnie sortit de la secrétairerie, et alla faire une pareille recherche dans les appartements de l'ambassadeur.

Sur les trois heures après midi, M. l'abbé Dubois et M. Leblanc se retirèrent pour aller dîner, et revinrent à quatre heures à l'hôtel pour achever la visite des appartements, où ils avaient laissé M. du Libois, gentilhomme ordinaire de la maison du Roi, avec M. le chevalier de Terlon et les mousquetaires, qui allèrent dîner tour à tour au cabaret; ils couchèrent dans les appartements jusqu'au 12 du même mois. M. du Libois coucha pendant tout ce temps dans la chambre de l'ambassadeur, et un officier des mousquetaires coucha à la porte de cette chambre.

— Le dimanche 11, on permit à l'ambassadeur, et à don Fernand, d'aller ouïr la messe où il leur plairait, mais accompagnés de M. du Libois.

— Le 12, M. du Libois fit informer M. le Régent que l'ambassadeur demandait avec instance que l'on examinât ses papiers, et qu'on les transportât même hors de son hôtel, si on le jugeait à propos, afin d'être plus libre dans

[1] *Ingénument* est un adverbe fort bien choisi; le lecteur se souvient sans doute que le copiste Buvat qui le prononce est celui qui fit découvrir la conspiration.

sa maison; sur quoi M. l'abbé Dubois et M. Leblanc s'y rendirent sur les dix heures du matin; on enferma ces papiers dans trois caisses, en plusieurs liasses, dont les cordons furent cachetés de la même manière qu'on avait fait pour l'armoire, et chaque liasse fut paraphée de la main de don Fernand Trivigno de Figuerra, secrétaire de l'ambassade, puis on cloua les caisses, on les scella sur les fermetures, et trois crocheteurs les portèrent au vieux Louvre, escortés par douze mousquetaires.

— Le lendemain 13, on obligea l'ambassadeur de se mettre en chemin pour s'en retourner en Espagne, et il partit sur les quatre heures du soir dans son carrosse de visite à six chevaux, accompagné des deux sous-secrétaires, don Diego et don Joseph, gentilshommes espagnols, et de M. du Libois. Il y avait deux pages sur le devant, et deux valets de pied derrière le carrosse, qui était suivi d'une chaise chargée de plusieurs valises, dans laquelle monta un autre page, fils du sieur Guimarais, maître de musique chez le Roi, avec un vieux valet de chambre italien. Il alla coucher au Bourg-la-Reine, et continua sa route jusqu'à Blois, escorté d'un détachement de mousquetaires.

— Il est bon de savoir que dès le mois de juillet, la cour de France avait été informée du dessein que celle d'Espagne avait formé, mais on en voulait avoir des preuves incontestables. Ce qu'on eut enfin par l'avis que reçut M. le duc d'Orléans du départ de don Antonio, fils du marquis de Monteleone, ci-devant ambassadeur d'Espagne à Londres, et qui était alors à La Haye; de l'abbé Portocarrero, petit-neveu du cardinal Portocarrero, qui revenait de Rome, et de milord Mira, Anglais qui avait pris le nom de don Valerio, gentilhomme espagnol, et qui était véritablement un banquier anglais, lequel avait séjourné plus de quinze jours chez le prince de Cellamare, et qui sous le nom de don Valerio avait obtenu un passeport de M. le marquis de Torcy, pour passer en Espagne, le samedi 3 de ce mois de décembre, et qui partit le lendemain de grand matin avec les deux autres seigneurs espagnols, chacun en chaise de poste, et ayant chacun un domestique à cheval qui suivaient leurs chaises.

Comme Son Altesse Royale ne douta nullement que ces seigneurs ne fussent chargés de quelques dépêches particulières du prince de Cellamare pour le Roi son maître, ou pour le cardinal Albéroni, M. l'abbé Dubois eut ordre de dépêcher un courrier du cabinet pour aller après eux en toute diligence; ainsi, le courrier les ayant joints à Poitiers, l'intendant exécuta la commission, et ayant trouvé le paquet dans la chemise de l'abbé Portocarrero, il s'en saisit, et les obligea tous trois de retourner à Paris, et le courrier rapporta le paquet, qui fut remis entre les mains de M. le Régent ou de M. l'abbé Dubois, qui le remit à Son Altesse Royale, et les trois seigneurs arrivèrent la nuit du jeudi au vendredi suivant chez le prince de Cellamare, qui, le 8 de ce mois, informé de cet événement, fut pénétré de chagrin de voir par là tout son dessein comme échoué.

— Le lendemain 9, à midi et demi, comme ce prince rentrait chez lui, on lui donna un billet qui l'engageait de se rendre à une heure précise au Palais-Royal, avec don Fernand, son secrétaire, où étant allé, M. le Régent lui dit que M. l'abbé Dubois lui déclarerait ses ordres. Cet abbé avait fait tenir son carrosse tout prêt, dans la rue de Richelieu, à la petite porte du Palais-Royal. Le prince de Cellamare étant allé trouver l'abbé Dubois, cet abbé lui dit : « Allons dîner chez M. Leblanc, si vous le trouvez bon. — Je le veux bien », dit le prince. Étant arrivés à la porte de M. Leblanc, le suisse dit qu'il était sorti, et qu'il ne savait pas s'il reviendrait pour dîner. Sur quoi l'abbé faisant l'étonné, dit : « J'aurai donc l'honneur de dîner chez vous, monsieur, si vous voulez bien me le permettre. » A quoi le prince ayant dit :

« Volontiers, » le cocher tourna bride, et le carrosse de l'abbé Dubois étant entré dans l'hôtel où M. Leblanc les avait prévenus, le prince de Cellamare fut encore bien plus étonné de trouver garnison chez lui, de la manière qu'on a dit au commencement de cette relation. Puis le carrosse de cet ambassadeur étant resté dans la cour du Palais-Royal, en revint quelque temps après à l'hôtel.

— Cet ambassadeur était d'une grande magnificence; il donnait ordinairement deux fois la semaine de très-grands repas où il se trouvait chaque fois quarante, cinquante et soixante personnes de distinction, seigneurs et dames. Don Fernand, son secrétaire, délivrait tous les jours des passe-ports à des officiers et à des matelots qui se présentaient pour aller servir en Espagne sur la flotte et dans les armées du Roi Catholique.

— Peu après son départ de Paris, on conduisit à la Bastille M. le marquis de Pompadour, lieutenant général des armées du Roi, et M. le marquis de Courcillon, son gendre, fils de M. le marquis de Dangeau, alors ambassadeur de France à la cour d'Espagne, à qui on avait eu la précaution d'envoyer ordre de prendre ses mesures pour sortir de Madrid le 5 de ce mois, afin d'éviter un pareil traitement qu'on avait résolu de faire au prince de Cellamare; lequel marquis de Courcillon avait une cuisse presque entièrement coupée pour des blessures qu'il avait reçues à la bataille de Malplaquet en Flandre.

— On mit aussi à la Bastille l'abbé Brigaut, qui avait été obligé de quitter la communauté des pères de l'Oratoire pour avoir pris le parti des jésuites, lequel allait à Rome pour affaires d'importance, et qui, avant son départ, avait envoyé une cassette pleine de papiers, avec la clef, au chevalier du Ménil[1], de ses amis, lequel fut aussi mené

[1] Il existe sur le Chevalier du Mesnil une anecdote qui fait trop d'honneur au Régent pour que nous la passions sous silence : tout le crime du chevalier du Mesnil était de n'avoir

[1718] DÉCEMBRE. 343

à la Bastille pour avoir eu la curiosité d'ouvrir la cassette avant que d'en aller faire la déclaration à M. Leblanc, secrétaire d'État.

— L'abbé Brigaut fut peu après interrogé [1] par M. d'Argenson, garde des sceaux.

— On conduisit à la Bastille M. le chevalier de Saint-Genié [2], lieutenant général des armées du Roi.

— On assurait qu'il y avait une liste de quinze cents personnes de distinction qui étaient entrées dans l'intrigue du prince de Cellamare, dont plusieurs étaient arrêtées presque tous les jours.

— Le 22, on transféra de la Bastille à la Conciergerie le marquis de Pompadour [3], ayant requis d'être jugé par le Parlement et ne voulant pas, disait-il, s'en tenir à avoir MM. les secrétaires d'État pour ses parties adverses. Cinq commissaires députés de la Cour l'avaient déjà interrogé plusieurs fois à la Bastille.

— Le jeudi 29, M. le duc du Maine fut arrêté dans son hôtel à Paris, rue Saint-Honoré, et obligé de faire revenir une partie de ses domestiques qu'il avait envoyés

point trahi ceux qui lui avaient donné leur confiance; lorsqu'il fut arrêté et mis en prison, un marquis du Mesnil, d'une autre famille que le chevalier, alla trouver le duc d'Orléans pour l'assurer qu'il n'était ni son parent ni son ami. « Tant pis pour vous, répliqua le Régent, car le chevalier du Mesnil est un très-galant homme. »
Voyez d'ailleurs, sur du Mesnil, l'abbé Brigaut, le marquis de Pompadour et autres, les tomes I et II des *Mémoires de madame de Staal*, Londres, 1775.

[1] On lit en marge : Le fait est faux; l'abbé Brigaut donna sa déclaration par écrit et sans interrogatoire.

[2] On lit en marge : Le fait est vrai; il fit sa déposition comme tout individu arrêté; plus tard, pour obtenir sa liberté, il dut faire comme tous ses complices une déclaration de ce qu'il savait.

[3] On lit en marge : Le fait est faux; le marquis de Pompadour resta toujours à la Bastille, d'où il sortit au mois de janvier 1720.

le 28 à Sceaux, et après avoir ouï la messe aux Jacobins de la même rue, il fut conduit dans un carrosse à six chevaux avec une nombreuse escorte de mousquetaires et de chevau-légers de la maison du Roi à Doullens, qui est à sept lieues au-dessus d'Amiens et à sept lieues d'Arras, et enfermé dans le château que l'on disait tomber en ruine et où les chambres étaient si ouvertes de crevasses, qu'à peine les chandelles y pouvaient rester allumées.

Le même jour, madame la duchesse du Maine sortant de la messe de la même église[1], fut arrêtée et obligée de monter dans un pareil carrosse à six chevaux, sans avoir eu la liberté de rentrer dans son appartement, et fut conduite avec une pareille escorte au château de Dijon en Bourgogne.

— M. le prince de Dombes et M. le comte d'Eu furent aussi arrêtés; le premier devait être conduit à Limoges, et l'autre à Blois. Mais madame la duchesse, mère de M. le duc de Bourbon, et M. le comte de Toulouse, s'étant rendus caution de leurs déportements auprès de M. le Régent, Son Altesse Royale voulut bien s'en contenter et qu'ils restassent l'un et l'autre sous les yeux de M. le comte de Toulouse en son hôtel pour en répondre.

— M. de Malezieux, chancelier de la principauté de Dombes et surintendant des affaires de M. le duc et de madame la duchesse du Maine, et M. l'évêque de Lavaur, fils de M. de Malezieux, furent aussi arrêtés[2] et conduits le même jour à la Bastille. On prétendait que M. de Malezieux avait fait un amas de toutes sortes d'armes pour armer trente-cinq mille hommes qu'il avait fait mettre en plusieurs endroits.

[1] On lit en marge : Le fait est faux; elle fut arrêtée à Sceaux le 31. Cependant l'assertion du *Journal* est confirmée par celle de Barbier, qui dit également que la duchesse du Maine fut arrêtée à Paris; t. I, p. 19.

[2] On lit en marge : Faux quant à l'évêque.

— Le même jour 29, une dame d'honneur et la demoiselle de Launay[1], fille de chambre de madame la duchesse du Maine, ses principales confidentes, furent aussi enfermées à la Bastille. On assurait qu'on avait trouvé des lettres écrites de leur main parmi les papiers saisis le 12 chez le prince de Cellamare, qui découvrirent bien des mystères touchant la conspiration qui se tramait contre la Régence et contre la personne de M. le duc d'Orléans.

— Le même jour 29, M. le cardinal de Polignac[2] fut relégué à son abbaye d'Anchin en Flandre.

— On assurait que MM. les archevêques de Bordeaux, de Narbonne[3], d'Auch[4] et d'Alby[5] avaient concerté de publier dans leurs diocèses un mandement conforme par lequel ils déclaraient de n'avoir point accepté la constitution *Unigenitus* comme une règle de foi, et qu'ils approuvaient l'appel qui en avait été fait par d'autres prélats au futur concile général, pour le refus que le Pape continuait de faire d'en donner des explications qu'on lui demandait depuis tant d'années avec tant d'instances.

— On vit alors un dessin d'estampe seulement crayonné, où d'abord on voyait représenté le bâtiment de l'hôtel des Quinze-Vingts, au bas duquel était écrit : *Palais de la Régence*. Dans un compartiment de cette estampe, on voyait une table chargée de louis d'or, au bout de laquelle était assis M. le duc d'Orléans, et à l'autre bout était madame la duchesse de Berry, et au milieu

---

[1] Depuis madame de Staal. (Voyez ses *Mémoires*, où un spirituel critique lui a reproché de ne s'être peinte qu'en buste.)

[2] Melchior de Polignac, né en 1661, mort en 1741. Membre des Académies Française, des Sciences et des Inscriptions, auteur de l'*Anti-Lucrèce*.

[3] Charles Legouix de la Berchère.

[4] Jacques Desmarets.

[5] Henri de Nesmond.

étaient plusieurs personnes qui pillaient tous ces louis d'or, sur quoi madame la duchesse de Berry s'écriait : « Mon père, au voleur ! ils emportent tout, » à quoi M. le Régent répondait : « Je n'y vois goutte. » Dans un autre compartiment on voyait un grand nombre d'évêques et de jésuites qui semblaient bombarder une église; sur quoi madame la duchesse de Berry s'écriait : « Mon père, au secours ! » A quoi M. le Régent répliquait : « Je n'y connais rien. » Dans un troisième compartiment était un bureau ou une table chargée de quantité de liasses de papiers ou de mémoires. A côté de ce bureau était le palais de Cythère et de Vénus, et de l'autre côté était le palais de Bacchus, auxquels on voyait aller sans cesse à l'un et à l'autre quantité de princes et de seigneurs de la Cour, et au bas de ce bureau était écrit : « Personne ne s'arrête ici. » Et dans un autre compartiment on voyait M. le duc de Noailles et M. Rouillé du Coudray, et entre eux un serpent et un ours, et au bas était écrit : « Nous leur symbolisons. »

— Le 13, on tint au Louvre un conseil extraordinaire pour la réformation du conseil de la Régence et des autres conseils qui en dépendaient.

— Le même jour, toutes les chambres du Parlement s'assemblèrent, toutes causes étant suspendues, pour délibérer sur les remontrances que cette Cour avait résolu de faire au Roi au sujet de plus de trente articles importants.

— Le 17, le Parlement s'assembla de même au matin.

— On assurait que tous les Parlements du royaume avaient écrit à celui de Paris des lettres fort pressantes sur l'état de la France, afin de se prêter la main les uns aux autres pour tâcher de remédier aux désordres.

— On assurait qu'un grand nombre d'officiers qui commandaient les troupes dans les provinces avaient aussi écrit au parlement de Paris sur ce qu'ils ne recevaient rien de leurs appointements.

— On assurait que le cardinal Alberoni se faisait de plus en plus admirer en Espagne par l'abondance de toutes choses qu'il y avait procurée, de telle sorte que l'on offrait au Roi son maître des sommes très-considérables de deniers comptants à raison de trois pour cent d'intérêt seulement; ce qui avait donné à Sa Majesté Catholique le moyen d'armer cinquante vaisseaux de guerre du premier rang et de mettre sur pied une armée de cinquante mille hommes de troupes, parmi lesquelles on en comptait quinze mille de cavalerie, tous bien équipés et bien vêtus, lequel armement était destiné contre le royaume de Naples. On assurait même qu'en considération de tous ces services importants, la reine d'Espagne avait résolu que le cardinal Alberoni portât le nom de Farnèse, comme si cette princesse voulait l'adopter dans l'illustre famille des ducs de Parme.

— Le 26, M. le premier président fut au Louvre faire des remontrances au Roi, en présence de M. le Régent, de M. le chancelier et du conseil :

1° Qu'il plût au Roi d'ordonner que le produit des gabelles continuât d'être affecté au payement des rentes de l'hôtel de ville, comme il l'avait toujours été auparavant;

2° Que la banque royale fût anéantie pour être une chose trop dangereuse pour l'État, que tout l'argent du royaume passait entre les mains du sieur Jean Law, qui en était le chef et le directeur, et qui était Anglais de nation;

3° Que le Roi eût la bonté de ne plus accorder de franc salé à aucune communauté séculière et régulière qui ont des revenus suffisants pour en faire la dépense, afin que tout fût égal parmi les sujets de Sa Majesté.

Sur quoi M. le chancelier dit à Messieurs du Parlement de laisser copie de leurs remontrances, afin que le Roi en pût délibérer avec son Conseil.

— Le 25, on tint conseil au Palais-Royal pour la réforme des conseils de la Régence.

— Le 29, le bruit se répandit que les sceaux avaient été donnés à M. d'Argenson[1], et qu'en même temps il avait été mis à la tête des finances à la place de M. le duc de Noailles; que M. de Baudry[2], maître des requêtes et conseiller d'État, devait être lieutenant général de police, et que M. d'Aguesseau restait chancelier de France.

— On prétendait que les sceaux avaient été retirés des mains de ce grand magistrat pour avoir soutenu avec fermeté qu'il ne pouvait pas signer l'édit qui se projetait pour la réduction des rentes de l'hôtel de ville et autres au denier trente à trois pour cent, et qu'il n'y mettrait pas le sceau, pour le trop grand préjudice que le public en recevrait, aussi bien qu'à un autre édit qui devait établir la levée de trois deniers sur chaque livre de farine qui entrerait à Paris.

— Le bruit courut aussi en même temps que le cardinal de Noailles n'était plus le chef du conseil de conscience.

— M. le comte de Médavi, lieutenant général, eut ordre de se rendre sur les frontières de Dauphiné pour assembler un corps de dix mille hommes, afin d'être prêt à passer les Alpes pour assurer la neutralité de l'Italie, suivant le traité d'Utrecht, contre ceux qui voudraient la troubler.

— On armait en Angleterre vingt vaisseaux de guerre

[1] L'auteur du *Journal* commet ici un anachronisme : les sceaux avaient été donnés à d'Argenson dès janvier 1718.

[2] Taschereau de Beaudry ne fut lieutenant de police que de juillet 1720 jusqu'en avril 1722. Le successeur immédiat de d'Argenson fut Louis-Charles Machault d'Arnouville, qui mourut le 10 mai 1750; Machault se retira en janvier 1720, époque où il fut remplacé, jusqu'au mois d'avril de la même année, par le comte d'Argenson, second fils de d'Argenson le garde des sceaux; au comte d'Argenson succéda Taschereau de Beaudry. (Voyez Peuchet, *Mémoires historiques tirés des archives de la police*, t. II.)

et douze en Hollande qui devaient passer dans la Méditerranée.

— La nuit du 28 au 29 décembre, le guet ayant blessé à mort d'un coup de baïonnette un chevau-léger et tué un capitaine vers la rue Saint-Jacques, les mousquetaires et les chevau-légers protestèrent de s'en venger.

1719.

— Au commencement de janvier 1719, on reçut de Rome cinq brefs fulminants contre ceux qui n'avaient point accepté la Constitution avec séparation de la communion, adressés l'un à M. le cardinal de Noailles; le deuxième, aux bénédictins de la congrégation de Saint-Maur; le troisième, à l'abbé et aux religieux de l'abbaye de Sainte-Geneviève; le quatrième, à la faculté de théologie de la société de Sorbonne et à l'université de Paris; le cinquième, aux religieux de l'ordre de Saint-Dominique.

— On prétendait alors que soixante-dix prélats de France avaient résolu d'élire M. le cardinal de Noailles pour patriarche à la première assemblée du clergé, en cas que le Pape persistât à refuser des explications de la Constitution; que l'électeur de Mayence[1] et la plupart des prélats de l'Empire avaient écrit à Son Éminence pour le féliciter sur ce choix par avance, comme en étant tout à fait digne par sa vertu et par son mérite, et lui déclaraient par leurs lettres qu'ils n'avaient pas non plus accepté la Constitution, ainsi que le cardinal de Rohan et le cardinal de Bissy l'avaient avancé. Lesquelles lettres donnèrent

[1] Lothaire-François de Schönborn, né le 4 octobre 1655.

lieu à diverses conférences entre ces deux cardinaux et ceux de leur parti.

— M. le cardinal de Noailles eut deux fois audience de M. le duc d'Orléans, au sujet du bref fulminant dont on a parlé.

— Le 23 janvier, le comte de Kinigseck, ambassadeur de l'Empereur, donna part à M. le duc d'Orléans de la nouvelle qu'il venait de recevoir par un courrier extraordinaire de Vienne, qui portait que l'Empereur était disposé à accepter les propositions qui lui avaient été faites de la part de la cour de Madrid, savoir : 1° Que le prince des Asturies[1] épouserait l'archiduchesse, fille aînée du feu empereur Joseph[2], en cédant, par Sa Majesté Impériale, la Sicile pour la dot de cette princesse et par conséquent à la couronne d'Espagne; 2° que l'infant don Carlos, né du roi et de la reine d'Espagne, épouserait l'archiduchesse, fille de l'empereur régnant[3], quand ils seraient en âge, et que cette princesse aurait pour dot le royaume de Naples avec le grand-duché de Toscane et les États de Parme, lorsque ces deux successions viendraient à vaquer; 3° que l'Empereur reconnaîtrait le roi Philippe V pour roi d'Espagne et des Indes, lui et ses descendants; 4° qu'en cas que le Roi Très-Chrétien vînt à mourir sans enfants, le roi Philippe V reviendrait en France avec le prince des Asturies, son fils aîné, pour succéder à la couronne de France; 5° qu'en ce cas le royaume d'Espagne

[1] Louis-Philippe, prince des Asturies, né à Madrid le 25 août 1707.

[2] Marie-Josèphe, archiduchesse, fille aînée de l'empereur Joseph, née le 8 décembre 1699.

[3] Marie-Thérèse-Valburge-Amélie-Christine, archiduchesse d'Autriche, née le 13 mai 1717. Le mariage n'eut pas lieu; Marie-Thérèse épousa en 1736 le duc de Lorraine François; de ce mariage naquirent, entre autres, l'empereur Joseph II et Marie-Antoinette, reine de France.

et les Indes appartiendraient à l'Empereur et à ses descendants; 6° qu'en ce cas l'Empereur ferait donner des apanages suffisants et honorables aux autres fils du roi Philippe V[1]; 7° qu'en cas de vie du Roi Très-Chrétien et qu'il eût lignée, l'Empereur consentait de céder les Pays-Bas catholiques au roi Philippe V, en faveur des deux mariages projetés, avec le duché de Milan et les places maritimes de Toscane qui avaient ci-devant appartenu à la couronne d'Espagne; 8° que l'île de Sardaigne fût cédée avec titre de royaume au duc de Savoie.

— On assurait là-dessus que M. le duc d'Orléans avait témoigné de n'être pas content de ces propositions ni de la disposition que l'Empereur avait d'y vouloir donner les mains.

— On continuait de meubler l'hôtel Colbert pour le logement de M. le duc et de madame la duchesse du Maine, après le départ du prince de Cellamare. Mais, le 16 de ce mois, il y eut ordre de discontinuer de la part de M. le Régent, ce qui se fit en diligence les jours suivants, et l'on emporta les meubles et les tapisseries qui étaient déjà disposés dans les appartements de cet hôtel, avec ceux de l'Arsenal, de la maison voisine des Jacobins de la rue Saint-Honoré, et du château de Sceaux, en la ville d'Eu en Normandie, où l'on avait confiné le prince de Dombes et le comte d'Eu, et mademoiselle du Maine en l'abbaye de Maubuisson[2].

— M. le duc du Maine continuait son séjour à Doullens, où il était gardé à vue par un gentilhomme de la chambre du Roi, et madame la duchesse du Maine était de même observée au château de Dijon.

[1] Don Philippe, infant de Castille, né le 5 juin 1712; don Ferdinand, né le 23 septembre 1713; et don Carlos, né le 20 janvier 1716.

[2] « Le prince de Dombes, à Bourges; le comte d'Eu à Gien, et mademoiselle du Maine dans un couvent, » dit Barbier, t. I, p. 20.

— La nuit du 16 au 17, il fit un vent si violent, que la plupart des maisons de campagne des gros seigneurs en furent découvertes, avec les vitres fracassées, les châssis rompus et enfoncés et le plomb des gouttières enlevé fort loin par l'impétuosité de ce vent. Une grande partie de la toiture du palais des Tuileries en fut découverte et même de l'appartement du Roi, et le plomb en fut aussi enlevé fort loin dans le jardin.

La croix du clocher de l'église de Saint-Germain l'Auxerrois en fut renversée et couchée le long du clocher, quoiqu'elle fût soutenue par trois milliers de plomb. Presque toutes les lanternes de Paris en furent brisées, ainsi que celles des ponts : les branches de fer qui les soutenaient sur le pont Neuf en furent courbées et quelques-unes en furent rompues, quoiqu'elles eussent trois pouces en carré de grosseur. Une très-grande quantité d'arbres en furent rompus et déracinés de tous côtés.

— Quoique M. le duc de Noailles ne fût plus à la tête des finances, M. le Régent ne laissa pas que de lui accorder la survivance de ses charges et de ses gouvernements pour M. son fils, qui n'était encore âgé que de huit ans.

— Le sieur Pourchot[1], célèbre professeur en philosophie au collége Mazarin et qui avait été recteur de l'université de Paris, s'avisa d'écrire une lettre au prince Eugène, par laquelle il représentait à ce prince en termes galants qu'il avait remarqué dans les registres de l'Université, que pendant son rectorat Son Altesse avait été reçue en telle année au nombre des maîtres ès arts, et qu'en cette qualité d'élève de cette fameuse université, il le priait d'examiner sérieusement la déclaration latine dont il prenait la liberté de lui adresser plusieurs exemplaires pour en faire

[1] Edme Pourchot, né en 1651 à Poilly, près Sens, mort le 22 juin 1734; l'un des plus célèbres professeurs de philosophie qu'ait eus l'Université de Paris.

part à ceux qu'il jugerait à propos, pour être pleinement informés de la doctrine et des sentiments de l'Université à l'égard de la constitution *Unigenitus*.

Le prince Eugène ayant fait lecture de cette déclaration, en donna un exemplaire à l'évêque de Vienne, en le priant de la lire avec attention et de lui en dire son sentiment.

Quelques jours après, ce prélat dit au prince Eugène qu'il avait trouvé la doctrine de l'Université de Paris entièrement conforme à celle de toute l'Église catholique. Qu'ainsi, il croyait que le prince Eugène devait en informer l'Empereur, qui ne manquerait pas de le mander sur cela pour savoir ce qu'il en pensait. En quoi le prélat ne manquerait pas aussi de son côté de persuader l'Empereur d'accorder sa protection en cette occasion à la France, qui paraissait la seule soutenir les intérêts de la religion et en maintenir la saine doctrine.

Le prince Eugène en ayant fait ouverture à Sa Majesté Impériale, il en arriva ce que le prélat en avait prévu; de sorte que l'Empereur ne tarda pas d'envoyer ordre au comte de Galatz, son ambassadeur à Rome, de parler fortement au Pape sur ce sujet, et d'insister à ce que Sa Sainteté n'obligeât point les États de l'Empire et des Pays-Bas catholiques à accepter cette Constitution, qui semblait si contraire aux droits des princes souverains et si propre à exciter des troubles dans tous les États des princes.

On assurait qu'il y avait un si grand empressement dans tout l'Empire à qui aurait des exemplaires de la déclaration de la doctrine de l'Université de Paris, qu'on avait peine à en fournir tant on en était charmé. On devait bientôt la traduire en français, pour la répandre davantage dans Paris et partout le royaume.

— Le 12, on publia une lettre pastorale de M. le cardinal de Noailles, en français et en latin, qui contenait 142 pages in-4°, où il rapportait les raisons qu'il avait enes de publier son acte d'appel de la Constitution au Pape mieux conseillé et au futur concile général, prouvées par des passages irréprochables des saints Pères, des conciles généraux et des constitutions des Papes les plus distingués par leur sainteté et par leur doctrine.

— Le 2ᵉ février, jour de la Chandeleur, l'Université de Paris, en corps, alla, suivant l'ancienne coutume, présenter un cierge au Roi, avec un mémoire par lequel elle offrait de remettre au Roi les droits que les rois ses prédécesseurs avaient accordés à l'Université, montant à la somme de soixante mille livres par an, à prendre sur les coches et sur les messageries établis à Paris, à condition que Sa Majesté lui accorderait une pareille somme à prendre sur la ferme des postes par augmentation de cette ferme, et qu'en cas que le fermier des postes fît difficulté d'y consentir, l'Université offrait de se charger de ladite ferme, à raison d'un million d'augmentation, sans augmenter les ports de lettres. Le tout à condition que le Roi voulût permettre à l'Université d'établir plusieurs colléges pour l'instruction de la jeunesse, vers la porte de Saint-Honoré, un autre au Marais et un vers la place Royale, en la rue Saint-Antoine; et en même temps permettre à l'Université de vendre certains vieux colléges de l'ancien quartier de l'Université qui sont peu fréquentés et presque inutiles, dont le prix servirait à acheter des maisons pour y établir les nouveaux colléges qu'elle projetait, qui seraient beaucoup plus à portée et plus commodes pour la jeunesse des quartiers voisins, que la rue Saint-Jacques, la rue de la Harpe et autres rues voisines dont l'éloignement dégoûtait quantité de familles d'y envoyer leurs enfants en bas âge, et, par cette raison, cela était cause que quantité de bons sujets demeuraient dans l'ignorance.

— M. le maréchal de Berwick fut destiné pour commander l'armée de Catalogne contre l'Espagne; M. le prince de Conti, pour commander la cavalerie avec M. le marquis de Coigny, et M. le marquis de Biron pour commander l'infanterie.

— Sur cet avis, la cour de Madrid renvoya le fils aîné de ce maréchal, lequel avait épousé quelques années auparavant la fille du comte de Cifuentes, grand d'Espagne; par le moyen de ce mariage, ce jeune seigneur jouissait du titre de grand d'Espagne et d'une pension de quarante mille livres par an, qui lui fut suspendue jusqu'à la fin de la guerre qui commençait à s'allumer entre les deux couronnes[1].

— Le 25 février, en vertu d'une lettre de cachet, on fit sortir vingt-deux religieuses cordelières du couvent de la rue Cassette, au faubourg Saint-Germain, pour n'avoir pu se raccommoder avec leur abbesse, contre laquelle ces filles soutenaient des opinions particulières, nonobstant un arrêt du Parlement rendu sept ans auparavant, qui réhabilita cette abbesse qu'elles avaient obligée de sortir de cette maison pour les mauvais traitements qu'elles lui avaient fait subir, et on les conduisit les unes et les autres chez leurs parents, pour y demeurer jusqu'à ce qu'on leur eut destiné des communautés pour les y disperser.

— Le 14 de ce mois, le sieur de Hagues, avocat et procureur du Roi à Chauny, et lieutenant en la maîtrise des eaux et forêts du même lieu, âgé de quatre-vingts ans, s'avisa d'appeler de la Constitution pour lui et pour sa famille, déclarant qu'il le faisait sans se départir aucunement de l'obéissance due à l'Église, une, sainte, catholique, apostolique et romaine, au Saint-Siége et au Pape, selon les règles, comme évêque de Rome, premier des vicaires de Jésus-Christ et chef visible de l'Église, ni de la

---

[1] Le maréchal de Berwick fut marié deux fois : 1º en 1695, à la fille du comte de Clanricard, Irlandaise, dont il eut Tinmouth, qui forma en Espagne la branche des ducs de Léria; 2º à une demoiselle de la famille Burkeley, dont il eut le premier maréchal de Fitz-James.

vénération et soumission dues légitimement aussi, selon les règles, à M. de Rochebonne, évêque de Noyon, et de son mandement du 8 septembre 1718, qui exigeait une obéissance à la Constitution comme à un jugement dogmatique de l'Église, sous peine d'excommunication *ipso facto* et contre tous les appelants; lequel mandement fut seulement affiché dans la ville de Noyon, sans avoir été publié dans le diocèse.

— La nuit du 28 février au 1er mars, M. le duc d'Orléans se trouva si incommodé d'une indigestion, que peu s'en fallut qu'il ne fût suffoqué, ne pouvant presque pas respirer, et son visage était devenu tout livide et bleuâtre. On lui fit avaler un vomitif qui lui fit rendre ce qu'il avait mangé avec excès le jour précédent, ce qui le soulagea beaucoup.

— Le 6 mars 1719, M. de Machault, lieutenant général de police, mit un cabaretier voisin de la Bastille à trois mille livres d'amende, et quatre particuliers qui jouaient chez lui à heure indue, à mille livres aussi d'amende chacun, pour avoir contrevenu à l'ordonnance du Roi qui le défendait.

— Ce magistrat condamna aussi la dame Leroy, qui tenait un café au bas du pont Notre-Dame, proche la rue de Gesvres, à une amende de mille livres et à tenir sa boutique fermée pendant trois mois, pour y avoir souffert des gens à heure indue, et qui avaient tiré l'épée dont quelques-uns avaient été blessés. Le sieur Leroy, procureur en Parlement, son fils, ayant fait entendre à M. de Machault qu'il saurait bien faire relever sa mère de cette condamnation, ce magistrat ordonna le lendemain que la boutique serait murée durant six mois et que l'amende serait de trois mille livres, ce qui fut aussitôt exécuté, pour apprendre à ce procureur à ne pas manquer de prudence et de vénération à l'égard d'un juge et d'un magistrat de police.

— L'abbaye de Bourgueil, en Touraine, de dix-huit mille livres de rente, fut conférée à M. l'abbé Dubois, secrétaire d'État. Cette abbaye est considérable pour y avoir quatre-vingts prieurés qui sont à la collation de celui qui en est abbé, situés dans plusieurs diocèses et même dans celui de Paris.

— Le prieuré de Saint-Blin, situé près de Chaumont en Bassigny, fut donné à M. l'abbé Chauvelin, frère de M. Chauvelin, président à mortier.

— On assurait alors que M. d'Argenson, étant lieutenant général de police, ayant interrogé le marquis de Pompadour s'il n'avait pas connaissance de personnes contraires aux intérêts de l'État, ce marquis avait dit ingénument : « Oui, j'en sais trois, vous, Law et l'abbé Dubois. »

— Le 8, on apprit ici que le prince de Cellamare avait eu la liberté de sortir de Blois, où il était resté, pour prendre la route de Bayonne et ensuite celle de Madrid.

— Le bruit courut alors que tous les particuliers qui logeaient dans les maisons de la rue Fromenteau et de la rue Saint-Thomas du Louvre, avaient ordre d'en sortir à la fin de ce mois, au terme de Pâques, afin d'exécuter le dessein qu'on avait d'abattre toutes ces maisons jusqu'au Louvre pour en former une place, afin que la vue du Palais-Royal ne fût pas si bornée.

— Lorsque M. le cardinal de Rohan prit, le 8, congé de M. le duc d'Orléans pour aller à Strasbourg et ensuite à Rome, ce cardinal dit : « Quand je serai arrivé à Strasbourg, j'y publierai mon mandement de séparation de communion. » Sur quoi M. le Régent dit : « Je crois que M. le cardinal de Noailles ne s'en souciera guère plus que moi. »

— Le bruit courut que le chevalier de Saint-Georges avait consommé son mariage à son arrivée à Barcelone, où la princesse Sobieska, son épouse, s'était rendue presque en même temps, ayant trouvé le moyen de s'échapper d'Inspruck en Tyrol, avec la princesse sa mère, où elles avaient été arrêtées par ordre de la cour de Vienne en allant en Italie.

Voici comme on racontait le départ de ce prince : « Il partit de Rome à minuit avec le comte de Marr, chacun une chaise de poste, suivis de plusieurs hommes à cheval. Il laissa une lettre à un secrétaire qui eut ordre de la présenter le lendemain au Pape, pour l'informer de son départ. Étant arrivés à Ponte-Mole, qui est à trois milles de Rome, ils descendirent dans une hôtellerie où l'on avait préparé deux figures d'hommes enveloppées d'un manteau rouge avec un bonnet de voyageur chacune en tête, que l'on mit adroitement dans ces deux chaises de poste à qui l'on fit prendre le chemin de la Toscane, suivies de sept ou huit hommes à cheval, pendant que le prince et le comte de Marr montèrent à cheval avec d'autres gens qui les suivaient aussi à cheval et prirent à gauche pour enfiler le chemin de Civita-Vecchia, où ils s'embarquèrent dans un vaisseau tout prêt avant le jour ».

Comme on avait prévu que le comte de Galatz, ambassadeur de l'Empereur à Rome, aurait pu être informé de ce départ, et qu'il n'aurait pas manqué de faire suivre les deux chaises et de les faire arrêter dans la Toscane où les Impériaux se faisaient assez respecter, comme dans toute l'Italie, le prince avait pris cet expédient ; de sorte que les deux chaises ayant été arrêtées en Toscane, on les conduisit chez le gouverneur de Sienne, et comme on vint dire aux prétendus seigneurs qui étaient dans ces voitures de venir parler au gouverneur, ceux qui leur parlaient, étonnés de les voir immobiles et les croyant endormis, les tirèrent brusquement par le manteau et n'en eurent pas plus de raison ; mais leur étonnement augmenta bien davantage lorsqu'ils reconnurent que ces prétendus seigneurs ressemblaient à ce qui est dit dans le psaume 113 : *Aures habent et non audient*. Sur cette nouvelle, les seigueurs anglais qui étaient à Paris, attachés au parti contraire aux intérêts de ce jeune prince, eurent ordre de repasser incessamment à Londres.

— Le 14, on conduisit au For-l'Évêque soixante-dix personnes, la plupart de distinction, pour s'être assemblées à Versailles pour l'exercice de la religion calviniste qu'ils professaient, avec environ soixante horlogeurs anglais de la même secte qui étaient logés dans le grand commun, pour travailler à des pendules et à des montres à la façon d'Angleterre, d'où le sieur Law les avait fait venir pour établir cette manufacture en France, avec la permission de M. le duc d'Orléans.

— Un marchand d'étoffes d'or et d'argent, ne sachant comment être payé d'une somme de quarante mille livres que lui devait madame la marquise de Nesle[1], la femme du marchand fit si bien en sorte auprès de cette marquise, qu'elle arrêta son mémoire, au bas duquel elle écrivit ces mots : « Je prie Monsieur le duc de payer le contenu de ce mémoire que lui rendra cette marchande. » M. le duc de Bourbon, après avoir rêvé quelque temps, donna un ordre à la marchande pour aller à la banque royale recevoir la somme du sieur Law, lequel s'étant chargé du mémoire, le remit au lendemain, pour savoir là-dessus l'intention de M. le duc d'Orléans; sur quoi Son Altesse Royale dit, après quelque réflexion : « Vous pouvez acquitter le mémoire. » Ainsi le marchand fut payé de cette dette assez douteuse.

---

[1] Mademoiselle de Laporte-Mazarin épousa en 1709 Louis III, marquis de Nesle; elle était dame du palais de la reine Marie Leczinska, qui s'amusait, dit Soulavie, à lui faire faire de longues lectures lorsqu'elle avait à aller à quelque fête. La marquise de Nesle eut cinq filles : Louise-Julie, marquise de Mailly; Pauline-Félicité de Vintimille, Diane-Adélaïde de Brancas-Lauraguais, Hortense-Félicité de Flavacourt, et Marie-Anne de La Tournelle, duchesse de Châteauroux. (Voyez Soulavie, *Mémoires du maréchal de Richelieu*, t. V, p. 81.)

— La marquise de Nesle, qui est fille du duc de Mazarin, et la marquise de Polignac, sa belle-sœur, pour quelque jalousie qu'elles avaient l'une de l'autre au sujet du marquis d'Allincourt, second fils du duc de Villeroy, se donnèrent rendez-vous au pré aux Clercs, du côté des Invalides, où étant descendues de carrosse, elles firent arrêter leurs gens, puis s'étant éloignées à grands pas, elles s'assirent sur l'herbe, où après s'être querellées et s'être chargées d'injures, elles se levèrent en furie, et tirèrent de leurs poches chacune un couteau dont elles s'étaient pourvues, et s'en donnèrent quelques coups, et se seraient peut-être entre-tuées si leurs domestiques, qui les virent en cette querelle, n'étaient accourus et ne les avaient séparées. La marquise de Nesle fut blessée au-dessus du sein, et la marquise de Polignac au visage et en quelques autres endroits, puis elles remontèrent en carrosse pour se faire guérir de leurs blessures; elles eurent ensuite ordre, de la part du Roi, de se retirer l'une et l'autre en quelqu'une de leurs maisons de campagne[1].

— L'argent et les espèces continuaient d'être ici fort rares. Cependant, sur le bruit qui s'était répandu faussement à la fin du mois de décembre, que les louis d'or de trente-six livres chacun allaient être réduits à trente livres, il y eut le 31 du même mois un si grand concours de gens qui n'avaient pas payé leur capitation, que les receveurs reçurent dans cette journée, dans la seule ville de Paris, une somme de douze mille louis d'or, qui à raison de trente-six livres chacun, font celle de quatre cent trente-deux mille livres, qui furent le lendemain portées au Palais-Royal.

[1] Sonlavie, qui raconte aussi ce duel, prétend qu'il eut lieu au pistolet; il en attribue la cause non pas au marquis d'Allincourt, mais au duc de Richelieu, dont les deux amazones se disputaient le cœur. (*Mémoires du maréchal de Richelieu*, t. II, p. 208.)

— M. le prévôt des marchands [1] ayant reçu ordre de M. le duc d'Orléans de tenir la main au payement de la capitation, sous peine d'être privé de sa charge, les receveurs furent chargés d'envoyer des Suisses en garnison chez les redevables, de quelque qualité qu'ils fussent, le lendemain qu'ils auraient reçu le commandement de payer leur contingent.

— Un Suisse ayant été envoyé pour cet effet chez un maître des requêtes, et étant entré dans la chambre de ce magistrat, qui se chauffait avec la dame, son épouse, après son compliment à la Suisse, il prend sa pipe et se met auprès du feu; puis, pour n'être pas oisif, il hache du tabac, il en remplit sa pipe, et fume en leur présence, et, sans scrupule, jette de copieux crachats sur le parquet nouvellement frotté; sur quoi le magistrat lui dit : « Va-t'en, Suisse; ton tabac incommode madame. — Moi ne touche pas mon dame », répliqua le Suisse. « Quel huissier t'a envoyé ici? — Moi ne connais point huissier; on m'a envoyé en garnison chez vous, et moi n'en sortira pas sans ordre. » Le magistrat, enfin, voyant bien qu'il n'aurait pas de meilleure raison du Suisse, se détermina d'aller payer ce qu'il devait de sa capitation pour s'en délivrer.

— Le 14, un autre Suisse fut à la Bibliothèque du Roi, rue Vivienne, en garnison, et y retourna le lendemain; ainsi il en coûta cinquante-cinq sols de frais pour ce Suisse à M. de Targny [2], préposé à la garde de cette bibliothèque, pour avoir négligé depuis trois ans de payer la capitation des domestiques qui l'avaient servi, et qu'il avait retenue entre ses mains sur leurs gages, ce qui montait en tout à trente-deux livres neuf sols.

[1] Trudaine, conseiller d'État.
[2] L'abbé de Targny fut nommé en 1719 garde de la Bibliothèque du Roi, en remplacement de Clément, mort en 1712. (Voyez Le Prince, *Essai historique sur la Bibliothèque*, 2e édition, publiée par Louis Paris, p. 73.)

— Le 18, le comte de Stairs, ambassadeur d'Angleterre, ayant reçu un courrier extraordinaire de Londres, fut aussitôt au Palais-Royal déclarer à M. le duc d'Orléans que le prétendant avait fait débarquer à Bristol, qui n'est qu'à vingt milles de Londres, des troupes et de quoi armer vingt-cinq ou trente mille hommes; qu'ainsi le Roi son maître priait Son Altesse Royale de lui envoyer un prompt secours en Angleterre. Sur quoi, l'ordre fut donné à dix-huit mille hommes de s'avancer vers Calais pour s'y embarquer, dont les régiments de Champagne et de Picardie étaient de ce nombre, ainsi que le régiment des dragons du Roi, dont le comte de Creuilly[1] était alors colonel.

— Le cardinal Alberoni trompa alors toutes les puissances de l'Europe, qui avaient cru que la flotte qu'il faisait équiper à Cadix était destinée pour la Sicile, afin de réparer celle que les Anglais avaient ruinée l'année précédente; et l'on ne pouvait s'imaginer que cette flotte dût se mettre en mer avant le mois de mai, ni qu'elle fût destinée contre l'Angleterre. Elle mit cependant à la voile sur la fin du mois de février. On y avait embarqué sept mille hommes de bonnes troupes, commandées par le duc d'Ormond et par le comte de Marr, parmi lesquelles on annonçait y avoir sept cents officiers français, un plus grand nombre de soldats de la même nation, et quatre régiments irlandais, qui avaient tous protesté de verser leur sang et de sacrifier leurs vies pour le service de leur prince, souverain légitime.

— On assurait que l'évêque de Bristol, qui avait été plénipotentiaire de la feue reine Anne d'Angleterre au traité d'Utrecht, était allé avec tout son clergé recevoir le duc d'Ormond à son débarquement.

— Le cardinal Alberoni, pour tenir cet armement secret, avait écrit au duc d'Ormond de ne plus lui dépê-

---

[1] Second fils du ministre d'État Seignelay.

cher aucun courrier, afin que ses lettres ne fussent pas interceptées de part ni d'autre, et qu'il lui ferait savoir positivement le jour qu'il aurait à se rendre à Cadix.

— Le Pape donna au chevalier de Saint-Georges une somme de cent mille écus romains avant son départ de Rome, et lui avait fixé cinquante mille livres par mois pour le mettre plus en état de faire réussir son entreprise. Ce jeune prince était demeuré à Barcelone jusqu'à ce qu'il eût des nouvelles certaines de cette tentative.

— Le père Surian [1], de l'Oratoire, dans le sermon qu'il fit le dimanche 12e de mars, dans la chapelle du Roi, où il prêchait durant le carême sur le chapitre XI, verset 14, de l'Évangile de saint Luc, rapporta des expressions si vives et si recherchées au sujet de la tentation et des occasions qui la causent, que le Roi dit ensuite à M. l'évêque de Fréjus et à M. l'abbé Fleury [2], qu'il ne voulait plus aller à la comédie pendant le reste du carême, et qu'il aimait mieux aller prendre l'air au Mail après ses exercices; de sorte que pour se conformer aux bonnes intentions de Sa Majesté, on serra dans le garde-meuble toutes les décorations qui servaient à la comédie.

— Quelques avis venus des îles de Mississipi, assurèrent que plus de quinze cents Français des deux sexes avaient été hachés par les sauvages de cette contrée, qui étaient venus en très-grand nombre les surprendre dans leurs nouvelles habitations.

[1] Jean-Baptiste Surian, de l'Oratoire, évêque de Vence, né à Saint-Chamas le 20 septembre 1670, mort le 3 août 1754. Il était membre de l'Académie française depuis 1732.

[2] Claude Fleury, qu'il ne faut pas confondre avec le cardinal de Fleury, né le 6 décembre 1640, mort le 14 juillet 1723, fut successivement précepteur du fils du prince de Conti, du comte de Vermandois, fils de Louis XIV et de la duchesse de La Vallière, puis sous-précepteur des ducs de Bourgogne, d'Anjou et de Berri, et enfin confesseur du jeune roi Louis XV.

— M. le duc d'Orléans fit alors venir de Marly quatre figures de marbre blanc, qui y avaient été placées seulement deux mois avant la mort du Roi, et qui venaient de Rome : la première représente le Tibre entouré d'enfants, la seconde le Nil, la troisième la Loire, et l'autre la rivière de Marne, et furent placées auprès du grand bassin du jardin des Tuileries, vers la grande allée; chacun les admire pour leur beauté parfaite.

— Le 16, M. le Régent fut informé que le chevalier de Saint-Georges s'était embarqué sur une flotte espagnole, composée de vingt gros vaisseaux de ligne et d'un grand nombre de bâtiments de charge; sur laquelle on avait embarqué huit mille hommes d'infanterie et quatre mille de cavalerie, avec des habits et des armes pour trente mille hommes, et quantité de munitions de guerre et de bouche, à dessein d'aller tenter une descente en Irlande, et que le duc d'Ormond l'attendait avec un corps de vingt-cinq mille hommes.

— Le 17, M. Leblanc se rendit de grand matin au Palais-Royal, et trouva dans le cabinet de M. le Régent, M. le marquis de la Vrillière, M. l'abbé Dubois et M. le garde des sceaux, où, après avoir travaillé avec Son Altesse Royale, on dépêcha quatorze courriers pour aller porter des ordres en différentes provinces aux officiers qui devaient commander dix mille hommes, destinés pour le secours du roi d'Angleterre, afin de les faire avancer en diligence du côté de Calais, pour être en état de s'y embarquer le premier jour d'avril suivant.

— Onze balanciers travaillaient sans relâche à fabriquer des louis d'or de trente-six livres, des écus de six livres, des pièces de vingt francs et de dix francs. Chaque balancier en marquait environ vingt mille pièces par jour. Il arrivait aussi tous les jours à Paris quantité de toutes sortes d'espèces des provinces du royaume.

— Le 18, l'abbé Bouillerot, aumônier des pages de M. le duc d'Orléans, mourut d'apoplexie.

— Le 23, M. du Terrat, chancelier de M. le duc d'Orléans, mourut, âgé d'environ quatre-vingts ans; on assurait que parmi ses effets on avait trouvé la valeur de douze millions, en espèces anciennes et modernes.

— Le 27, on commença à travailler aux réparations du petit Pont et des maisons qui furent brûlées en 1717, et pour avoir la liberté de voiturer les matériaux nécessaires, on transféra le marché qui se tenait au marché Neuf, en la place Dauphine, vis-à-vis le cheval de bronze, ou la statue équestre du roi Henri IV, où l'on ordonna à toutes les vendeuses de marée, de poisson, de fruits, de beurre et d'autres denrées, de s'établir.

— Le nommé Lesueur, graveur, qui avait été mis à la Bastille quelque temps auparavant, fut condamné à être pendu, pour avoir gravé ou contrefait des billets de l'État.

— On assurait alors qu'il y avait actuellement pour trente-deux millions d'espèces d'or et d'argent à la Banque royale. Sur quoi le sieur Law avait représenté à M. le duc d'Orléans qu'il semblait à propos que Son Altesse Royale ordonnât de faire des payements à ceux à qui il était dû; que ce serait le moyen de faire bientôt circuler l'argent, et que ce qui serait un jour sorti de la Banque, y serait rentré le lendemain par la confiance que cela aurait pu rétablir dans le public; à quoi le prince ne jugea pas à propos de faire beaucoup d'attention.

— On prétendait que la ferme des tabacs produirait au moins douze millions par an, sur lesquels il en fallait ôter cinq millions, tant pour les frais de la culture du tabac, que pour le salaire des gens qui le façonnaient, des commis et autres frais de la régie, qu'ainsi il en devait entrer sept millions dans les coffres du Roi.

— Il fut alors enjoint aux habitants des lieux du plat

pays de la généralité d'Amiens, de porter leurs armes à feu, fusils, pistolets, leurs fourches et toutes autres armes offensives, chez le subdélégué de l'intendant de la province, domicilié dans l'élection la plus prochaine de leurs demeures. On fit aussi défense aux mêmes habitants d'avoir plus de quatre chiens dans chaque village, savoir : un pour le seigneur du lieu, un pour le meunier et deux pour le berger de la communauté, et à eux enjoint de tuer tous les autres sans exception. Ces ordres furent donnés pour empêcher les mêmes habitants d'aller à la chasse, de faire le métier de braconnier, et d'appuyer ou prêter la main aux faux sauniers dans la distribution du sel de contrebande.

— Comme l'hôtel de Mesmes, situé dans la rue de Saint-Avoye, était de trop petite étendue pour la Banque royale qui s'y tenait depuis quelque temps, il fut résolu de la transférer en l'hôtel de Nevers, rue de Richelieu, au commencement du mois d'avril suivant, et où l'on avait occupé pendant tout l'hiver un grand nombre d'ouvriers pour y faire les ajustements nécessaires pour les différents bureaux qui devaient y être établis.

— Les avis de Rome, du 8 mars 1719, disaient que le Pape ayant été informé que les procureurs généraux français des ordres religieux qui y résident ordinairement, pour ce qui concerne chaque ordre, ne pouvaient faire venir à Rome les religieux que chaque ordre avait coutume d'y députer pour l'élection des supérieurs de chaque monastère, à cause d'un arrêt du conseil d'État, qui avait été publié quelques mois auparavant, qui faisait défense à tous religieux de sortir du royaume sans permission du Roi par écrit, sous les peines y portées, Sa Sainteté avait fait dire à tous ces procureurs généraux, que comme ils semblaient inutiles à Rome, ils pouvaient retourner en France.

— Le 24, M. le duc d'Antin fit porter sur la terrasse

de l'appartement du Roi, au palais des Tuileries, vingt-huit cloches de cristal qui venaient d'arriver de la manufacture de Nevers. Le Roi, au sortir de ses études, ayant vu ces cloches, fit aussitôt apporter de la terre et des oignons de fleurs, et un tablier blanc qu'il fit lier autour de sa personne, puis il se mit à travailler comme un jardinier de profession et à planter ces oignons et ces fleurs, qu'il couvrit de ces cloches.

— Le 25, jour de l'Annonciation, M. le duc d'Orléans fut ouïr la messe à Notre-Dame, précédé de ses aumôniers et escorté de ses gardes. M. le cardinal de Noailles, à la tête de tout le chapitre, le reçut à la porte de l'église, et lui présenta de l'eau bénite, et après la messe, Son Éminence reconduisit ce prince de la même manière. Le duc d'Orléans retourna au Palais-Royal à une heure et demie après midi, il entra dans son cabinet, où il resta plus d'une heure en conférence avec milord Stairs, sur les affaires d'Angleterre. On sut ensuite que le roi Georges insistait sur un secours d'argent plutôt que sur des troupes, qu'il croyait plus nécessaires à la France en cas que la guerre d'Espagne pût tirer en longueur.

— Le bruit courut alors qu'il y avait sur les frontières d'Espagne[1] une grande désertion parmi les troupes de France, que les Espagnols attiraient sous l'appât d'une plus forte paye.

— Le 26, après avoir ouï la messe aux Feuillants, M. le duc d'Orléans assista pour la première fois au conseil de la régence, qui se tint au palais des Tuileries en présence du Roi, parce qu'il s'était tenu auparavant pendant plus de six semaines au Louvre, à cause de la petite vérole dont mademoiselle de Montpensier et mademoiselle de Valois avaient été attaquées, et dont elles étaient parfaitement guéries.

---

[1] La guerre était déclarée à l'Espagne depuis le 9 janvier 1719.

— Le sieur Law donna à madame la princesse douairière de Condé une somme de huit cent soixante-dix mille livres, et cent mille francs de pot-de-vin, pour le duché de Mercœur que cette princesse lui avait vendu.

— On assurait qu'il avait aussi acheté le démembrement de l'hôtel de Soissons pour une somme de sept cent cinquante mille livres, payée au prince de Carignan [1] sous le nom d'une société d'architectes.

— On voulait aussi qu'il eût encore acheté sept grandes maisons de la place Vendôme ou de Louis le Grand, dont quelques-unes n'étaient pas encore achevées et auxquelles on travaillait.

— Il entretenait alors à Versailles environ neuf cents ouvriers en horlogerie et en d'autres manufactures, qui avaient leurs logements dans les écuries de madame la duchesse de Berry, et en plusieurs maisons du Parc aux Cerfs, qui avaient chacun trente livres par mois et trente sols par jour pour leur nourriture.

— Le marquis de Senneterre faisait travailler à des ouvrages en broderie d'or et d'argent, d'un dessin et d'une beauté admirables, pour servir à ses ameublements et à ses équipages lorsqu'il ferait son entrée à Londres en qualité d'ambassadeur de France.

— On devait bientôt prendre ici le deuil pour la mort du roi de Suède [2], qui fut tué en montant à l'assaut d'une ville qu'il assiégeait.

— Le prince de Montbazon-Guéménée, âgé de quatorze ans et quelques mois, épousa une fille de M. le prince de Soubise, beaucoup plus jeune.

[1] Le prince de Carignan avait été privé de tous ses biens en France pour avoir servi dans l'armée du prince Eugène; revenu incognito à Paris, il chercha de l'argent de tous les côtés, et en tira surtout des agioteurs, à qui il loua le jardin de son hôtel de Soissons. (Voyez Saint-Simon, t. XVIII, XXX et XXXVI, *passim*.)

[2] Charles XII, né le 27 juin 1682, mort le 30 novembre 1718.

— Le 27, le prince de Bournonville [1] épousa mademoiselle de Guiche, avec dispense de la cour de Rome. M. le cardinal de Noailles leur donna un grand repas à Conflans, où plusieurs princes, princesses, seigneurs et dames avaient été invités.

— On fit marcher trois régiments dans le bas Poitou pour dissiper des huguenots qui faisaient des assemblées en plusieurs endroits.

— On fit aussi marcher des troupes pour arrêter les violences que quelques séditieux faisaient dans le Béarn et dans le Périgord, au sujet des droits et des impositions.

— Une lettre de Londres, du 24 de ce mois, marquait que le même jour il devait sortir de Portsmouth vingt-trois vaisseaux de guerre, dont le moindre était de cinquante ou cinquante-cinq pièces de canon, pour aller donner la chasse à *ces canailles qui avaient osé entrer dans la Manche.* Ce sont les propres termes d'un Anglais qui écrivait à un autre Anglais à Paris.

— Suivant les avis des côtes de Normandie, du 26, on avait ouï le 25 un grand bruit de canons venant du côté de la Manche.

— Le 29, M. de Sourches [2], grand prévôt de la maison du Roi, se transporta avec plusieurs exempts et quantité d'archers à la place Royale, chez M. le duc de Richelieu, qui après avoir couru toute la nuit, ne s'était couché qu'à cinq heures du matin; et après qu'il fut éveillé et habillé, sur les dix heures, le conduisit à la Bastille pour la troisième fois, quoiqu'il ne fût encore âgé que de vingt-deux ans [3]. M. de Machault, lieutenant général de police, y

---

[1] M. de Bournonville était petit-fils du duc de Luynes.

[2] Louis du Bouchet, marquis de Sourches, fils du comte de Montsoreau.

[3] La première fois sous Louis XIV, à la sollicitation de madame de Maintenon, pour quelques légèretés avec la duchesse de Bourgogne, et la seconde fois pour son duel avec le comte de Gacé.

étant survenu, posa le scellé dans toute la maison de ce seigneur et y laissa garnison.

On prétendait avoir trouvé chez ce jeune duc des minutes de lettres qu'il avait écrites au cardinal Alberoni, où il disait qu'il avait parole de tous les officiers de son régiment pour le faire passer en Espagne aussitôt qu'il serait arrivé sur les frontières. Il s'était fait préparer pour cette campagne un équipage superbe, comme pour un premier prince de France, composé de cent mulets et de quatre-vingts chevaux de main, avec des housses et des couvertures des plus magnifiques, et plusieurs chariots. Son bien, qui était de trois cent mille livres de rente, était pourtant comme en séquestre entre les mains d'une direction de créanciers, qui étaient convenus de lui donner quarante mille livres par an, jusqu'à ce qu'ils fussent remboursés de ce qui leur était dû.

— Le même jour on mit aussi à la Bastille le comte de Saillant[1], colonel d'un régiment, pour pareille négociation, disait-on.

— Le 31, on apprit qu'il y avait eu une action dans la Manche, où les Anglais avaient perdu treize vaisseaux, dont un s'était trouvé chargé de quatre cent mille piastres.

— Le 30, sur les neuf heures du soir, on vit une éclipse du soleil et de la lune. On vit aussi dans l'air un phénomène affreux d'une figure extraordinaire, ayant une espèce de griffes. Ce phénomène fut vu à Paris et à la campagne par des particuliers qui amenaient des denrées sur des chevaux, et qui en furent très-effrayés. On assurait que ce phénomène avait brûlé dix maisons en Picardie appartenant au prince d'Épinay, et un bourg en Angleterre. On le vit en Champagne et ailleurs. Il parut aussi comme un fer à cheval et comme un arbre dont les branches étaient tout en feu, ce qui avait donné matière à diverses conjectures parmi les astronomes.

[1] Il ne sortit de prison que pour être exilé en Auvergne.

— On envoya un détachement de gardes du corps et de mousquetaires à Doullens, pour transférer le duc du Maine en la ville d'Eu, où étaient les seigneurs, ses deux fils, et un pareil détachement pour transférer madame la duchesse du Maine de Dijon à Châlons-sur-Saône.

— Un bâtiment français ayant été rencontré et arrêté par plusieurs vaisseaux espagnols pour lui demander en quoi consistait sa charge et ce qu'elle pouvait valoir, le capitaine satisfit ingénument à ce qu'on lui demandait, se croyant pris et son bâtiment perdu, à cause de la déclaration de guerre; mais il fut agréablement surpris de ce qu'après avoir déchargé ses marchandises on lui en compta la valeur en pistoles et en piastres, en lui disant ensuite : « Voilà, Monsieur, de quelle manière le roi d'Espagne notre maître veut qu'on fasse la guerre aux Français. »

— M. le duc d'Orléans conféra la charge de chancelier de sa maison et celle de surintendant de ses finances à M. Lepelletier de La Houssaye[1], ce qui devait lui rapporter quatre-vingt-dix mille livres par an.

— On répandit en Angleterre un imprimé, suivant lequel le roi d'Espagne déclarait aux Anglais qu'il avait jugé à propos de remettre entre les mains de leur souverain légitime tout ce qui avait été ci-devant séquestré, pour l'aider à remonter sur le trône qu'on lui avait usurpé depuis l'année 1688, dans l'espérance que ce jeune prince étant rétabli saurait bien l'en rembourser, ce qui se montait, disait-on, à plus de soixante millions, qui provenaient du contingent sur les galions venus de Péra.

— Le marquis de Boisdavy[2] fut amené d'Anjou à la Bastille, pour intelligence avec l'Espagne, lequel se défendit vivement contre ceux qui l'arrêtèrent.

---

[1] Félix Le Pelletier de La Houssaye, mort le 10 septembre 1723.
[2] Saint-Simon l'appelle Bois-David.

— Le 1ᵉʳ d'avril 1719, le Roi donna une pension de six mille livres à M. le marquis de La Caze, premier président du parlement de Bordeaux, en considération de ses services et de son zèle pour ce qui regardait les intérêts de Sa Majesté et de l'État.

— On apprit enfin que l'armement que les Espagnols avaient fait en faveur du chevalier de Saint-Georges n'avait pu sortir de Cadix que le 7 mars, ce qui avait donné aux Anglais le temps de se précautionner pour rompre leurs mesures.

— Le 2, madame la duchesse de Berry se trouva attaquée d'apoplexie. M. le cardinal de Noailles en ayant été informé, lorsqu'il s'habillait pour aller dire pontificalement la messe en la chapelle du grand Châtelet et pour assister à la cérémonie qui s'y fait tous les ans le jour des Rameaux, courut en diligence au palais du Luxembourg, où il resta longtemps pour consoler cette princesse; et après dîner Son Éminence y retourna et y resta jusqu'à sept heures du soir. On la crut morte pendant plus de trois heures.

— Le 3, le Parlement prononça un arrêt qui déclara nul le mariage de M. le duc d'Albret avec mademoiselle de Crenant, fille du second lit du marquis de Barbezieux, secrétaire d'État, que l'on disait grosse. Le même arrêt portait que M. le curé de Saint-Sulpice[1] serait réprimandé pour les avoir mariés sans les formalités requises et nonobstant ce que lui avait dit M. le cardinal de Noailles, qu'il ne pouvait passer outre. L'arrêt ajoutait que Son Éminence nommerait un prêtre ou un curé pour les marier de nouveau dans les formes et avec le consentement des parents de mademoiselle de Crenant, que M. le marquis d'Allègre, son aïeul, emmena chez lui pour la garder jusqu'à cette cérémonie.

[1] Languet de Gergy.

— Le 4°, le mariage fut conclu entre le marquis de Villars, fils du maréchal duc de Villars, et mademoiselle de Beringhem, fille du marquis de Beringhem, premier écuyer du Roi, âgée de dix-sept ans.

— Le jeudi saint, le Roi lava les pieds à treize pauvres enfants, à chacun desquels on donna treize écus de trois livres pièce et treize plats de bois remplis de différents mets qu'on avait mis dans une corbeille. M. le duc de Bourbon, comme grand maître de la maison du Roi, porta le premier service, le Roi porta le second, M. le comte de Clermont, M. le prince de Conti et autres seigneurs portèrent les autres. Après laquelle cérémonie, le Roi fut ouïr la messe aux Feuillants et assista à la procession du saint Sacrement.

— M. l'évêque d'Auxerre publia dans son diocèse une instruction pastorale où il déclarait adopter celle de M. le cardinal de Noailles, au sujet de la constitution *Unigenitus*.

— On assurait que milord Stairs, par ordre du roi son maître, s'était contenté d'une somme de quatre cent mille livres par mois, jusqu'à la concurrence de dix millions, au lieu du secours de troupes promis par la France; mais que M. le duc d'Orléans voulait fournir dix mille hommes au lieu d'argent, suivant le traité d'alliance.

— Le sieur des Landes-Jagoust fut chargé du commandement d'une escadre de quatorze vaisseaux de guerre ou frégates, dont la moindre était de vingt-quatre pièces de canon, pour aller en course contre les Espagnols.

— Le Roi donna le régiment du duc de Richelieu à M. Du Rys, qui en était lieutenant-colonel.

— Le 5, on publia à son de trompe dans la cour du Palais et dans tous les carrefours de Paris, par ordre du Roi, que le marquis de Bénac eût à se rendre dans huitaine à la Conciergerie, pour s'être battu en duel, faute de quoi on instruirait son procès par contumace.

— Le sieur de Verneuil, secrétaire du cabinet du Roi, qui avait la survivance du sieur abbé Renaudot[1], son oncle, pour le privilége et la direction de la *Gazette de France*, épousa la fille du sieur Bigue, partisan très-riche.

— Le 8 au matin, veille de Pâques, les Cent-Suisses, les gardes, les officiers et autres domestiques de madame la duchesse de Berry, se rendirent, avec timbales, tambours, trompettes et hautbois, à l'église des Carmes-Déchaussés pour assister au *Te Deum* qui y fut chanté en musique, pour remercier Dieu de la convalescence de cette princesse. Le même jour, après dîner, ils allèrent en pareil équipage à l'église des Jacobins de la rue Saint-Honoré, pour une semblable cérémonie, dont la princesse étant informée, elle leur fit donner à chacun une gratification qu'ils employèrent à boire copieusement à sa santé.

— Le jour de Pâques, elle fit rendre les pains bénits avec une grande pompe par le sieur abbé Rouget, l'un de ses aumôniers, à l'église de Saint-Sulpice, sa paroisse.

— Le Roi les fit rendre, le même jour, en celle de Saint-Germain l'Auxerrois, par M. l'archevêque d'Embrun[2], frère de M. d'Argenson, garde des sceaux, et M. le Régent à celle de Saint-Eustache, par M. l'évêque de Nantes[3], son premier aumônier.

— Suivant les avis de Londres, on prenait par tout le royaume de la Grande-Bretagne toutes les précautions possibles pour empêcher les Espagnols d'y faire aucune descente, et que les habitants du nord d'Irlande avaient fait transporter leurs meilleurs effets dans les places fortes plus avancées, et qu'on y levait partout des troupes et des matelots.

[1] L'abbé Renaudot, célèbre comme orientaliste, était le petit-fils du médecin Théophraste Renaudot, qui eut le privilége de la *Gazette de France* lors de sa fondation.

[2] François-Élie de Voyer de Paulmy d'Argenson.

[3] Louis de La Vergne de Tressan.

— Les lettres d'Espagne disaient que le long des côtes on y levait aussi des troupes et des matelots pour les nouveaux bâtiments qu'on achevait de construire.

— Suivant celles des Pays-Bas catholiques et de Hollande, les troupes impériales et des États Généraux, destinées pour le secours d'Angleterre, devaient bientôt y être transportées sur une escadre de vingt-quatre vaisseaux.

— Le lendemain de Pâques, au soir, on tira un feu d'artifice au Palais-Royal et à celui du Luxembourg, en réjouissance de la convalescence de madame la duchesse de Berry.

— Le 12, on en tira aussi un magnifique au château de Meudon, où cette princesse était allée le matin pour y rester durant trois mois.

— Le même jour, un détachement de quinze gardes du corps du Roi avec un exempt, se transportèrent à l'hôtel de Soissons et y arrêtèrent le prince de Carignan, et devaient le conduire jusqu'au pont de Beauvoisin, frontière de Savoie, où un autre détachement des gardes du roi de Sardaigne devait le prendre pour le conduire en Piémont, pour avoir, disait-on, vendu une partie de cet hôtel au sieur Law, comme on a dit ci-devant, pour une somme de sept cent cinquante mille livres, sans le consentement du duc de Savoie, roi de Sardaigne.

— Quelques jours auparavant, on amena au Châtelet un grand nombre de faux sauniers qu'on avait pris de nouveau.

— Madame de Maintenon se trouva, le 11, attaquée d'une grosse fièvre en la maison de Saint-Cyr.

— En Angleterre, on publia la tête du duc d'Ormond à cinq mille livres sterling de récompense, et à deux mille livres sterling celle du comte de Marr et des autres seigneurs de leur parti.

— Madame la duchesse de Berry, pour satisfaire au vœu qu'elle avait fait pendant sa maladie, devait s'habiller de blanc et faire habiller de même ses gens de livrée durant six mois, et elle se faisait faire un carrosse d'argent et les harnais de ses chevaux de la même manière.

— On préparait les équipages de M. le prince de Conti, composés de quatre-vingt-dix chevaux de main, de cent mulets et de plusieurs chariots, et ceux de M. le comte de Coigny, pour la campagne qui devait bientôt s'ouvrir par les siéges de Roses et de Palamos.

— Le 12, M. le Régent alla dîner à l'abbaye de Chelles avec la princesse sa fille, qui y était religieuse professe.

— Le même jour, madame la Régente revint de l'abbaye de Montmartre, où elle avait passé la semaine sainte en dévotion.

— M. le chevalier de Mesmes, ambassadeur de Malte, et M. le premier président, son frère, furent en même temps attaqués d'apoplexie.

— M. le comte de Riom[1] partit le 17 pour aller joindre son régiment à Perpignan. On disait que ce gentilhomme avait eu le bonheur de plaire de telle sorte à madame la duchesse de Berry, qu'elle l'avait épousé secrètement.

— Le même jour, un détachement de mousquetaires et de chevau-légers prit la route de Dijon pour transférer madame la duchesse du Maine à Châlons-sur-Saône.

— Madame la Régente nomma madame la duchesse de

[1] Neveu du duc de Lauzun, le mari de la *Grande Mademoiselle*. Riom, que tous les Mémoires contemporains nous représentent comme un gros garçon bouffi, ayant la figure couverte de boutons, avait hérité des théories de son oncle sur la manière de se conduire avec les femmes ; plein d'urbanité avec les hommes, il dépassait les dernières limites de l'insolence avec la duchesse de Berry, qu'il traitait comme une servante, et celle-ci ne l'en aimait que davantage. Il y a sur Riom et sur la duchesse de Berry une épigramme latine beaucoup trop leste pour que nous osions la répéter ici. (Voyez, sur ce personnage, Soulavie, Saint-Simon, Lescure, etc.)

Roquelaure[1] pour sa dame d'atour, à la place de madame la duchesse de La Rochefoucauld, qui avait demandé la permission de se retirer.

— On fit alors une levée de vingt-quatre mille hommes de milices par tout le royaume pour cette campagne.

— Le phénomène qui parut le 30 mars tomba sur l'abbaye de Saint-Riquier, proche d'Abbeville, et en brûla tous les bâtiments; ce qui avait causé à cette abbaye un dommage de plus de quatre cent mille livres. Il causa aussi des dommages considérables aux environs de Saint-Omer, d'Amsterdam et en Angleterre.

— Le recteur de l'Université de Paris[2], par ordre de M. le duc d'Orléans, se rendit au Palais-Royal pour assister à la conférence qui s'y tint. On y fit un règlement par lequel il fut résolu que dorénavant l'instruction de la jeunesse se ferait gratis dans tous les colléges de l'Université de Paris; que pour cet effet les professeurs de rhétorique, de philosophie, de physique et de mathématiques auraient chacun douze cents livres par an, et que les régents des autres classes, comme de la seconde, de la troisième, de la quatrième, de la cinquième et de la sixième, auraient aussi chacun mille francs. Lesquels appointements se payeraient sur la ferme des postes et des messageries de cette ville de Paris, de la même manière qu'ils se payaient avant que le feu marquis de Louvois, secrétaire d'État, en eût disposé autrement.

— Il fut aussi arrêté que ci-après on n'admettrait aucun maître ès arts qu'il n'eût fait ses études dans les colléges de l'Université de Paris, de la même manière qu'il se pratique à l'égard des gradués qui aspirent à quelque cure ou à quelque autre bénéfice en cas de vacance. Sur

---

[1] Femme d'Antoine-Gaston-Jean-Baptiste, duc de Roquelaure, nommé maréchal de France en 1724.

[2] Charles Coffin, né à Buzancy (Ardennes) en 1676, nommé recteur de l'Université de Paris en 1718, mort le 20 juin 1749.

quoi un ancien conseiller au Parlement qui assistait à cette conférence, âgé de quatre-vingts ans, dit plaisamment : « C'est à ce coup que les décrotteurs vont avoir de l'occupation pour arracher l'herbe qui ne manquera pas de croître dans les cours du collége des jésuites. » Ce qui fit rire toute la compagnie.

— On a ci-devant parlé, en 1717[1], du curé de Saint-Victor d'Orléans, mis à la Bastille pour une lettre qu'on lui avait faussement imputée, ainsi qu'il fut vérifié comme on va dire. Comme on ne fut pas content de la vérification que quelques maîtres écrivains jurés de Paris avaient faite de l'écriture de cette lettre, le premier président de Rouen eut ordre d'en envoyer quelques-uns de Rouen. Ceux-ci firent écrire en leur présence, au For-l'Évêque, un jeune homme d'Orléans qui s'était rendu volontairement dans cette prison, à main posée et *currente calamo*. Sur quoi ils conclurent que la main de ce jeune homme était la même qui avait écrit la lettre en question ; ce qui justifia l'innocence du curé de Saint-Victor. M. le Régent en étant informé, et sachant que ce vénérable curé était fort malade, manda le gouverneur de la Bastille et lui dit : « Je vous recommande non-seulement d'avoir un grand soin de tous les prisonniers qui vous sont confiés, mais principalement de ce curé, qui est innocent. » Sur quoi le gouverneur répliqua : « Je ne sais si Votre Altesse Royale serait mieux traitée si elle était malade. » Cependant le curé mourut le 19 de ce mois à la Bastille.

Le jeune homme, qui était fils du sieur Massiot, marchand plein de probité, d'Orléans, qui avait beaucoup d'esprit, eut un remords de conscience lorsqu'il apprit que ce curé était condamné à mort sur la vérification de quelques maîtres écrivains ignorants de Paris. Dans ce scrupule, il consulta son confesseur, lequel ne manqua

---

[1] En 1718 ; voyez au mois de mai de ladite année.

pas de lui en représenter la conséquence et ce qui était de son devoir de faire. Il en écrivit aussitôt à M. le Régent, qui, sur sa déclaration, lui fit espérer sa grâce. Sur cela, il se rendit au For-l'Évêque, où son écriture manuelle fut confrontée avec celle de la lettre qu'il avoua de bonne foi avoir été composée afin de pouvoir détourner l'exil dont le bruit courait à Orléans que son père était menacé, aussi bien que quelques autres gens de probité, sans penser à nuire en aucune manière au curé de Saint-Victor, qu'il connaissait pour très-honnête homme.

— Le 15, madame de Maintenon mourut à Saint-Cyr, âgée de quatre-vingt-quatre ans et quelques mois.

— M. le duc de Noailles, à cause de madame son épouse, qui était nièce de madame de Maintenon, hérita de tous ses biens, qu'on assurait être de trois cent cinquante mille livres de rente, et des pierreries pour la valeur de trois millions, avec quantité d'autres effets précieux, comme argenterie, tapisseries, meubles, etc.

Épitaphe de Madame de Maintenon.

Ici repose
Très-illustre dame, madame
Françoise d'Aubigné,
Marquise de Maintenon,
Dame d'atours de Christine-Victoire de Bavière,
Dauphine de France,
Aussi persévéramment que sagement
Chère à Louis le Grand,
Femme excellente au delà de toutes
Les femmes de son siècle
Et de plusieurs siècles précédents,
Nulle autre n'ayant été ni plus connue
Ni moins connue.
Illustre par sa naissance,

Plus illustre par son esprit, par
La droiture de sa raison
Et par sa prudence;
Mais surtout recommandable par
Sa solide vertu et par sa sincère piété,
Et digne du souvenir de tous les gens de bien.
Une seconde Esther,
Par la manière dont elle a su
Plaire au Roi;
Une seconde Judith
Par l'amour de la retraite et de
L'oraison avec ses chères filles.
Plus forte que l'adversité;
Supérieure à la plus haute prospérité,
Pauvre au milieu des richesses,
Par sa libéralité envers les misérables :
Humble au comble de la gloire,
Par son affection pour la modestie
Chrétienne :
Vraiment austère dans le séjour
Des délices et des plaisirs.
Sans vengeance dans les injures
Et dans les calomnies;
Elle a vécu longtemps,
Parce qu'elle avait une grande
Mesure de bonnes œuvres à remplir :
Elle a trop peu vécu,
Parce qu'elle a laissé un grand
Vide dans tout ce qu'elle remplissait;
Heureusement,
Pour élever à perpétuité
Deux cent cinquante demoiselles
Pauvres, mais nobles, elle a formé
Cette maison très-magnifique,
Très-remplie de piété et très-utile à
Tout le royaume et à la religion.

Elle a voulu y vivre cachée
Durant plusieurs années,
Y mourir bien préparée,
Y être fort simplement inhumée,
Dans la vue de s'attirer
Non les louanges, mais les prières
De tant de bouches innocentes
Pour parvenir plus tôt, après sa mort,
A vivre éternellement avec Dieu.
Elle est décédée le 15 avril 1719,
Agée de quatre-vingt-trois ans.

— L'évêché d'Avranches fut donné à M. l'abbé Leblanc[1], frère du secrétaire d'État.

— M. de Moisy épousa la fille de M. de Romanet, second président du grand conseil.

— M. le marquis de Puysieux épousa mademoiselle de Beuvron, par autorité du Parlement, sans avoir égard aux oppositions de la part des parents.

— L'abbé Aubin, de Tours, fut déchargé des accusations faites mal à propos contre lui, par arrêt de la Tournelle criminelle, et fut élargi de la Conciergerie.

— Les États de Suède refusaient de consentir que le prince de Hesse-Cassel[2], mari de la reine de Suède[3], fût admis conjointement avec elle à la couronne.

— Le prince de Holstein[4] devait épouser la fille du Czar[5], qui n'avait pas encore douze ans.

[1] César Leblanc, d'abord curé de Dammartin.
[2] Frédéric de Hesse.
[3] Ulrique Éléonor.
[4] Charles-Frédéric, duc de Holstein-Gottorp.
[5] Anne Petrowna; de ce mariage naquit Charles-Pierre-Ulric, qui devint empereur de Russie sous le nom de Pierre III, en 1762, et dont descend en ligne directe la famille actuellement régnante.

— Depuis quelques jours on travaillait à la Monnaie, seulement avec cinq balanciers, aux pièces de vingt sols et de dix sols.

— Le 22 avril, on plaida au Parlement la cause du cuisinier du collége des Grassins, au sujet d'une succession de vingt mille francs qu'il prétendait recueillir à cause d'un fils que lui avait laissé sa femme en mourant; mais dans la discussion de ce procès, ayant été obligé de justifier son état, il fut prouvé qu'il avait mis le froc à bas après avoir été religieux profès dans l'ordre des Mathurins de la Rédemption des captifs, et que même il avait été procureur du monastère, dont il s'était échappé avec une somme de six mille francs, et qu'ensuite il s'était marié, pour raison de quoi les Mathurins le revendiquèrent lorsqu'il s'y attendait le moins.

— Le même jour, M. le cardinal de Noailles fit à Notre-Dame la cérémonie de bénir les trente-deux drapeaux du régiment des gardes-françaises, qui avaient alors coûté la somme de trois mille sept cent soixante livres au lieu de trois mille livres, à cause de l'augmentation du prix de la soie et de toutes choses.

— Le premier jour de mai, cinq soldats de l'hôtel royal des Invalides présentèrent un bouquet à M. le duc d'Orléans comme étant le jour de sa fête; ce bouquet leur avait coûté vingt francs, et ce prince leur fit donner vingt louis de trente-six livres chaque pour boire à sa santé.

— Le même jour, ce prince alla dîner à Meudon avec madame la duchesse de Berry, qui avait eu quelque ressentiment de fièvre.

— Le même jour, avant son départ pour Meudon, il reçut un courrier qui lui apprit que le 25 d'avril le maréchal de Berwick avait fait investir Fontarabie, et que le 1ᵉʳ de mai toute l'armée devait marcher en front de bandière de ce côté-là avec toute l'artillerie qu'on avait fait sortir de Perpignan; qu'un grand nombre de vaisseaux français croisaient le long des côtes de Catalogne pour donner la chasse à ceux d'Espagne, et qu'auprès de Girone il y avait un camp de seize mille hommes de troupes espagnoles de nouvelle levée.

— On assurait que M. le comte de Riom, allant joindre son régiment à Perpignan, avait été arrêté et conduit à Lyon au château de Pierre-Encise. On attribuait sa disgrâce à madame la douairière, qui n'avait pu souffrir que le mariage de ce seigneur avec madame la duchesse de Berry fût rendu public; à laquelle publication cette princesse avait fait incliner le duc d'Orléans son père, et que pour distinguer le comte de Riom on aurait érigé en duché-pairie le marquisat de Tancarville, situé en Normandie, dont on aurait remboursé la valeur au sieur Crozat qui l'avait acheté cinq cent mille livres [1]; et que si ce mariage avait été rendu public, madame la douairière avait résolu de se retirer en Lorraine pour y passer le reste de ses jours.

— M. le cardinal de Bissy réintégra les Bénédictins de l'abbaye d'Orbez qu'il avait interdits pour n'avoir pas voulu accepter la Constitution.

— On assurait aussi que quarante curés du même diocèse de Meaux qui l'avaient ci-devant acceptée s'en étaient rétractés, et qu'ils en avaient publié leur acte d'appel.

— Le père de Genne [2], de l'Oratoire, publia un écrit où il réfutait des thèses soutenues au collège des jésuites d'Angers et autorisées par l'évêque de la même ville.

— M. l'évêque d'Amiens publia un mandement contre lequel le chapitre de son église cathédrale se récria, ainsi que la plupart des ecclésiastiques du diocèse.

[1] La terre de Tancarville appartenait à Law.
[2] Julien-René-Benjamin de Gennes, né à Vitré le 16 juin 1687, mort le 18 juin 1748, fut l'un des plus ardents convulsionnaires et l'un des plus zélés admirateurs des miracles faits sur le tombeau du diacre Paris.

— L'archevêque de Rouen [1] étant mort, le chapitre de la cathédrale élut des ecclésiastiques pour en remplir les dignités à la place de ceux que ce prélat avait établis, auxquels on imputait la cause d'une partie des troubles qui étaient arrivés depuis quelques années dans ce diocèse au sujet de la Constitution.

— On ajoutait que les nouveaux grands vicaires de Rouen avaient interdit les jésuites de cette ville, et qu'ils avaient relevé les pères de l'Oratoire de l'interdiction que le défunt archevêque leur avait fait signifier.

— Le parlement de Paris, par un arrêt, déchargea les jésuites d'Amiens d'un prieuré de trois mille livres de rente qu'ils avaient fait unir à leur collége.

— Le 4 mai, un courrier rapporta que Fontarabie et Saint-Sébastien étaient assiégés en même temps, et que ces deux siéges devaient être secondés par la flotte d'Angleterre.

— Suivant les ordres de la cour de Vienne, le gouverneur de Milan faisait lever de nouveaux plans des places maritimes de Toscane, du Mantouan et du Milanais, et faisait visiter les magasins; et les officiers généraux devaient se rendre à Milan pour tenir conseil sur les opérations de la campagne; et vingt et un vaisseaux anglais embarquèrent quatre mille hommes de troupes impériales pour les transporter en Sicile.

— Le 4, milord Stairs donna un grand repas pour solenniser la fête de saint Georges, dont le roi son maître portait le nom. Il y avait une table de trente-six couverts pour les seigneurs français et une autre de trente pour les seigneurs et dames de sa nation.

— Mademoiselle d'Orléans était au Val-de-Grâce en attendant que ses bulles fussent arrivées de Rome pour l'abbaye de Chelles, que madame de Villars, sœur du maréchal, lui avait résignée.

[1] Claude-Maure d'Aubigné, remplacé par Armand Bazin de Bezons, archevêque de Bordeaux.

— Le 3, on mit une chaloupe dans le grand bassin des Tuileries; M. le duc d'Antin, M. son fils[1] et six autres seigneurs y montèrent avec les matelots. On y arbora un pavillon de damas cramoisi bordé d'or. Le dedans de la chaloupe était orné d'une crépine d'or qui revenait à sept mille livres. Le bâtiment était magnifique en dorure et en sculpture: on fit trois fois le tour du bassin.

— Madame la duchesse de Berry nomma le comte d'Uzès pour capitaine de ses gardes à la place du marquis de la Rochefoucauld, qui en 1717 épousa la fille du sieur Prondre[2], très-riche partisan, et président à la chambre des comptes, ce marquis ayant été fait lieutenant général des armées du Roi.

— On admirait le portrait de M. le Régent, à cheval, tenant le bâton royal à la main, pour être fort ressemblant, fait par le sieur Ranck[3], habile peintre.

— Le 20 avril, un convoi de cinquante bâtiments chargés de vivres et de munitions de guerre partit de Tropez pour les décharger à Melazzo, que les Espagnols assiégeaient depuis six mois.

— Le 10 mai, le marquis de Saillant sortit de la Bastille.

— M. le comte d'Argenson, second fils de M. le garde des sceaux, épousa mademoiselle Larcher, fille du feu président Larcher, avec une dot de quarante mille livres de rente.

— Le 6, M. le cardinal de Noailles fit la cérémonie de bénir la chapelle neuve de la Sainte-Vierge à Notre-Dame, et y célébra pontificalement la messe.

— Le même jour, le commissaire Cailly, le commissaire

[1] Louis de Pardaillan de Gondrin.
[2] Mouffle d'Argenville, auteur de la *Vie privée de Louis XV*, prétend qu'elle épousa le comte de Clermont-Tonnerre.
[3] Jean Ranc, né à Montpellier en 1674, mort à Madrid en 1725, fut l'élève et l'ami de Rigaut, dont il avait épousé la nièce. On l'a surnommé le *Van Dyck* français.

Leroux et les exempts Millet, Champy et Tisserant, furent mis sur la sellette et interrogés pendant deux heures en la chambre de la Tournelle criminelle; on y instruisait aussi le procès de Pommereu, qui s'était échappé.

— Madame la grande-duchesse de Toscane et M. le premier président de Mesmes allèrent aux eaux de Bourbon.

— Le 9, on publia un arrêt du conseil d'État qui réduisit les louis d'or à trente-cinq livres.

— Le 11°, il y eut à la Banque un concours extraordinaire de gens qui y portaient leurs espèces d'or et d'argent pour éviter la diminution, au lieu desquelles espèces on leur donnait des billets de banque.

— Le 12, M. le prince de Conti, M. le prince de Soubise, M. le prince d'Épinoy[1] et M. le comte de Coigny partirent pour aller joindre l'armée de M. le maréchal de Berwick.

— Le sieur Law obtint du Roi la permission de faire à Mississipi un enclos de huit lieues de circonférence pour en former une ville, et pour cet effet on y devait envoyer toutes sortes d'ouvriers; il devait avoir la vice-royauté de ce pays après le sieur Crozat, à qui le feu Roi l'avait donnée pour l'espace de quatorze années qui devaient bientôt expirer.

— Le fils du sieur Law, qui avait alors dix à onze ans, par une faveur particulière, eut l'honneur d'être admis avec les jeunes seigneurs aux divertissements du Roi, à la chasse, au mail, etc.

— Le Roi accorda à la compagnie d'Occident la permission de prendre les jeunes gens des deux sexes qui s'élèvent dans les hôpitaux de Bicêtre, de la Pitié, de l'Hôpital général et des Enfants trouvés et les autres jeunes gens qu'on y avait enfermés; la compagnie ayant repré-

[1] Le prince d'Espinoy se faisait appeler duc de Melun.

senté que les filles débauchées qu'on avait transportées à Mississipi et dans les autres colonies françaises y avaient causé beaucoup de désordres par leur libertinage et par des maladies vénériennes qu'elles y avaient communiquées, ce qui avait aussi causé beaucoup de préjudice au commerce et à la compagnie.

— On assurait que les seuls hôpitaux de cette ville de Paris pourraient fournir quatre mille personnes.

— M. le duc d'Orléans fit discontinuer la démolition et l'enlèvement des matériaux de l'arc de triomphe que feu M. Colbert, contrôleur général des finances, avait fait commencer au bout du faubourg Saint-Antoine. Son Altesse Royale ayant formé le projet de faire bâtir en cet endroit une maison superbe et de grande étendue avec de beaux jardins, où les ambassadeurs étrangers de toute religion se trouveraient avec leurs équipages le jour où ils feraient leur entrée publique, au lieu du couvent de Picpus pour les catholiques, et de l'hôtel de Rambouillet, rue de Charenton, pour les protestants, et pour servir au Roi en revenant de Vincennes ou en y allant.

— On occupait alors à la Banque royale quatre imprimeurs le jour et quatre durant la nuit à imprimer des billets de banque de cent livres, de cinquante livres et de dix livres chacun, qui outre leur nourriture avaient chacun cinq cents livres par an, et un relieur pour relier ces billets en registres, avec un graveur qui avait quinze cents livres par an.

— Le 14, madame la duchesse de Berry, se trouvant depuis quelque temps fort incommodée de l'estomac, alla coucher à la Muette, au bois de Boulogne, pour y boire les eaux médicinales de Passy[1].

— Le même jour, pendant que le Roi était à la fenêtre

---

[1] Les eaux de Passy étaient en grande vogue au siècle dernier. (Voyez l'ouvrage intitulé *Les amusements des eaux de Passy*, par Lassolle; Paris, Poinçot, 1787, 3 vol.)

pour voir passer les mousquetaires en revue, l'un de ces mousquetaires, après avoir laissé échapper son fusil de ses mains, tomba lui-même de cheval et fut trouvé mort d'apoplexie, ce qui étonna beaucoup le Roi et M. le duc d'Orléans.

— M. de Courtaumer, lieutenant au régiment des gardes françaises, épousa la fille du sieur de Saint-Desuns[1], surintendant de la musique du Roi, avec une dot de six cent mille livres[2].

— Milord Stanhope et deux secrétaires partirent de Paris pour aller, de la part du roi d'Angleterre leur maître, à l'armée du maréchal de Berwick, afin d'être témoins de la manière que les troupes de France agiraient contre les Espagnols, et pour tenter quelque négociation de paix avec la couronne d'Espagne.

— Le 15, le Roi tint sur les fonts de baptême le fils de M. le marquis d'Arpajon[3], gendre du sieur Lebas de Montargis, ci-devant garde du Trésor royal, en présence de M. l'évêque de Fréjus, de M. le maréchal de Villeroy et d'autres seigneurs et dames de la cour, les curés de Saint-Germain l'Auxerrois[4] et de Saint-Sulpice y étant avec leurs registres, parce que ce marquis logeait au faubourg Saint-Germain.

— M. d'Argenson, garde des sceaux, prêta serment au Roi pour la charge de chancelier de l'ordre de Saint-Louis.

[1] Les registres du secrétariat de la maison du Roi le nomment Michel des Landes.
[2] M. de Courtaumer, enseigne de la compagnie des gardes de la duchesse de Berry, avait épousé, dit Saint-Simon, t. XXVI, p. 152, une sœur du duc de La Force, qui mourut de la petite vérole; c'est sans doute à un second mariage que l'auteur du *Journal* fait ici allusion.
[3] Lieutenant général des armées du Roi en Espagne, décoré de la Toison d'or.
[4] Labrue.

— Le 20, M. le cardinal de Noailles fut au Palais-Royal, où il remit entre les mains de M. le duc d'Orléans l'obédience de madame de Villars pour l'abbaye de Chelles, dont elle était abbesse. Sur quoi mademoiselle d'Orléans fut conduite de Chelles au Val-de-Grâce, pour y être élue abbesse de Chelles, en considération de quoi M. le Régent assigna douze mille livres de pension à madame de Villars, en attendant qu'une autre abbaye lui fut donnée, laquelle se retira en l'hôtel du maréchal de Villars, son frère.

— Le 16, on commença à démolir plusieurs vieilles maisons mal bâties qui étaient au fond de la place du Palais-Royal, entre la rue Fromenteau et celle de Saint-Thomas du Louvre, pour y construire un réservoir d'eau pour en fournir les bassins du jardin des Tuileries et de celui du Palais-Royal.

— La Cour prit le deuil pour trois semaines, à cause de la mort de l'évêque de Munster, qui était de la maison électorale de Bavière.

— Quarante curés du diocèse d'Angoulême se joignirent alors aux quarante autres qui avaient appelé de la Constitution.

— Ceux du diocèse de Saint-Pons firent la même chose, ce qui obligea les évêques[1] d'établir des Récollets dans les paroisses, pour exercer les fonctions de vicaires.

— Les gens du Roi représentèrent au parlement de Paris quelques écrits qui se répandaient au sujet de la Constitution, nonobstant l'ordonnance du Roi, qui faisait défenses à toutes personnes d'écrire pour ni contre. Sur quoi un ancien conseiller se leva et dit que l'avertissement que M. l'évêque de Soissons[2] venait de publier méritait quelque attention de la Cour, d'autant plus qu'il

[1] Cyprien-Gabriel Bernard de Rezay, évêque d'Angoulême. Jean-Louis des Bretons de Crillon, évêque de Saint-Pons.
[2] Jean-Joseph Languet de La Villeneuve de Gergy.

semblait que ce prélat faisait peu de cas des arrêts du Parlement.

— Par des avis de Rome, on apprit alors que le Pape, après avoir lu l'instruction pastorale de M. le cardinal de Noailles avec beaucoup d'attention, avait déclaré à un jésuite qui parut à son audience qu'il était fort indigné contre la société à ce sujet, et que si les douze barnabites qu'il envoyait à la Chine avec un vicaire apostolique lui rapportaient que les jésuites ne se fussent pas conformés à son décret de 1712, Sa Sainteté lui porterait un coup dont la société ne pourrait jamais se relever.

— Le bruit courut que le chevalier de Saint-Georges, déguisé, s'était embarqué à Brest avec un aumônier et un valet de chambre sur un vaisseau anglais; qu'il y avait en Écosse environ quatre mille cinq cents hommes de son parti, avec le duc d'Ormond, le comte de Marr et autres seigneurs.

— Milord Stairs arriva de Londres, où il était allé pour dissuader le Roi son maître du voyage qu'il avait résolu de faire en son électorat de Hanovre, d'autant plus que son éloignement ferait croire qu'il avait abdiqué la couronne d'Angleterre, et qu'en ce cas-là la plupart des Anglais lui tourneraient le dos.

— On apprit que le comte de Silly, lieutenant général, avait été tué au port du Passage; que plusieurs bataillons des troupes de France avaient pris le parti des Espagnols et avaient aussitôt tourné leurs armes contre les nôtres, que cependant les Espagnols avaient ordre de ne point tirer sur nos gens; que les Espagnols les attiraient en promettant dix pistoles pour chaque soldat français qui voudrait les joindre avec ses armes, et quinze sols par jour.

— On arrêta le nouveau recteur du collége des jésuites de Paris, et on le conduisit à Lyon au château de Pierre-Encise, pour avoir répandu un écrit au sujet de la Constitution, où il déchirait M. le cardinal de Noailles et M. l'archevêque de Bordeaux.

— M. Dagoumer, célèbre professeur en philosophie, publia une forte réfutation de l'avertissement de M. l'évêque de Soissons.

— Le sénat de Chambéry en Savoie rendit un décret, par ordre du roi de Sicile, par lequel il fut ordonné que la porte de la classe de théologie du collége des jésuites de cette ville serait murée, avec défense à eux de l'enseigner, sous peine de dix mille livres d'amende et de cinquante livres aussi d'amende contre chaque écolier, dont les parents seraient responsables. Après la prononciation duquel décret le procureur général du sénat s'était transporté au collége des jésuites, en avait fait sortir les écoliers qui étudiaient en théologie et les avaient conduits lui-même chez les jacobins de la même ville, parce que les jésuites avaient soutenu dans leurs thèses que la constitution *Unigenitus* devait être regardée comme une règle de foi.

— M. le duc d'Orléans ordonna cinquante mille écus au prince des Deux-Ponts, et qu'il serait bientôt payé de deux cent mille écus que le roi de Suède avait fait tenir en Hollande à ce prince.

— Le jeune comte de Thaun rentra en possession de ses biens situés dans le Tyrol, et le chevalier son frère fut fait capitaine des cuirassiers de l'Empereur, à la recommandation du prince Eugène, avec deux mille écus de pension, lesquels avaient servi avec beaucoup de distinction au service de la France, dans le régiment du duc d'Aumont[1], et étaient neveux du feu comte de Thaun, vice-roi de Naples.

— On apprit alors que la flotte espagnole destinée contre l'Angleterre avait été dispersée par une tempête à

[1] Louis-Marie-Victor d'Aumont et de Rochebaron, duc d'Aumont, né en 1632, mort en 1704.

Cadix, à Vigo, à la Corogne et en d'autres ports d'Espagne, et que la plupart des soixante vaisseaux qui la composaient étaient si délabrés, que l'on ne doutait pas que cette entreprise ne fût échouée.

— Une femme anglaise de Barrington mourut âgée de cent vingt-quatre ans, ayant encore un très-bon sens trois jours avant sa mort.

— L'envoyé du Czar, nouvellement arrivé à Paris, était, disait-on, chargé, de la part du prince son maître, de prier M. le cardinal de Noailles de voir de quelle manière on pourrait parvenir à réunir l'Église de Russie avec l'Église catholique, apostolique et romaine; sur quoi la Sorbonne fut chargée de travailler à un corps de doctrine pour l'envoyer à ce prince.

— L'ancienne abbesse de Chelles, après avoir rendu les comptes de son administration et pris congé des religieuses de cette abbaye, se retira en celle de Bellechasse au faubourg Saint-Germain, derrière l'hôtel du maréchal de Villars, son frère.

— Madame la duchesse de Berry discontinua les eaux de Passy, parce qu'elle n'en trouvait aucun soulagement de son incommodité d'estomac.

— Le 19 mai, le Roi soupa chez madame la duchesse de Ventadour, qu'il embrassa plusieurs fois tendrement, la traitant toujours de sa chère maman; et pour divertir Sa Majesté, cette dame fit tirer un feu d'artifice dans le jardin des Tuileries, et le lendemain elle s'en retourna à Trianon.

— La princesse Sobieska écrivit à la princesse sa mère[1] en ces termes : « Je viens de recevoir une lettre du roi d'Angleterre, mon mari, mon seigneur et mon maître,

---

[1] Elle était princesse de Neuburg; elle était, dit Saint-Simon, t. XXXVII, p. 280, sœur des électeurs de Mayence et Palatin, de l'Impératrice mère des empereurs Joseph et Charles VI, et des reines douairières d'Espagne et de Portugal.

qui me marque de l'aller joindre en Espagne. Je vous supplie, ma chère mère, de m'excuser de ce que je ne peux pas vous aller embrasser pour vous dire adieu. »

— On assurait que milord Tuliber et milord Maréchal[1] étaient débarqués en Écosse avec des troupes, des armes et de l'argent, et que les Écossais étaient résolus de périr plutôt que de mettre bas les armes, pour se venger de ce que les Anglais leur avaient manqué plusieurs fois de parole.

— Le fourrage était si rare en Suisse, que la livre de foin coûtait huit sols, ce qui avait obligé de ne laisser que cinq cents chevaux dans notre armée et de renvoyer les autres dans la Guyenne.

— On écrivait de Bâle en Suisse, un événement qui faisait beaucoup de bruit dans ce canton, et qui avait beaucoup contribué à la conversion de plusieurs calvinistes de la ville et du canton de Bâle; voici comment on le racontait : Après avoir enterré un ministre de cette secte, on fut étonné de ce que le corps du défunt se trouvait poussé et soulevé hors de la fosse. Enfin, après que la même chose fut arrivée plusieurs jours de suite, on résolut de fouiller plus bas; ce fut alors que l'étonnement augmenta. On y trouva le corps entier d'un évêque catholique de la même ville de Bâle, qui était inhumé depuis plus de deux cents ans. Ce qui convainquit les spectateurs que Dieu faisait voir manifestement par ce prodige que le corps d'un hérétique était indigne d'être mis auprès de celui d'un catholique.

— On apprit de Tripoli que deux vaisseaux maltais s'étant emparés de deux cheiques turques richement chargées, qui allaient à la Mecque porter des présents au tom-

---

[1] Georges Keith, maréchal héréditaire d'Écosse, plus connu sous le nom de *milord Maréchal*, né en 1685, mort le 25 mai 1778. (Voir, sur milord Maréchal, la *Correspondance de J. J. Rousseau*.)

beau de Mahomet, le bacha en étant averti, en envoya faire des plaintes au consul de France, lequel fit réponse qu'il ne pouvait pas y remédier, parce que les quatre vaisseaux marchands qui étaient dans le port, quoique chrétiens, n'étaient pas regardés comme sujets du roi de France. Le bacha, peu content de cette réponse, fit dire au consul qu'il pouvait ordonner à ces quatre vaisseaux français d'aller à la rencontre des Maltais pour les obliger de réclamer les cheiques. Les officiers de ces quatre bâtiments s'en excusèrent sur leur faiblesse, et les Maltais ayant encore pris deux autres vaisseaux turcs à la vue de Tripoli, le bacha, sur la plainte des habitants, envoya des janissaires chez le consul, où après avoir enfoncé les portes, ils le rouèrent de coups de bâton, ainsi que sa femme et ses deux drogmans ou interprètes et les laissèrent pour morts, et pillèrent ensuite sa maison et se saisirent de l'argent et des marchandises qui appartenaient à des négociants français. Les habitants de Tripoli coururent en foule aux vaisseaux français, les pillèrent et rouèrent aussi de coups de bâton les officiers de ces bâtiments, sur le dos, sur le ventre et sur la plante des pieds. Le consul, ni sa femme, ni ses deux drogmans ne moururent pourtant pas de ces mauvais traitements, que l'autorité du bacha n'avait pu empêcher. Les plaintes en furent bientôt portées au marquis de Bonnac, alors ambassadeur de France à Constantinople, qui ne manqua pas d'en informer le Grand Seigneur pour en avoir raison.

— Les ouvriers anglais, horlogers, doreurs et menuisiers qui étaient à Versailles, prirent le parti de s'en retourner en leur pays, ayant appris qu'on allait confisquer leurs biens et les déclarer rebelles s'ils n'y retournaient pas au plus tôt, et de ce que personne ne se présentait pour acheter leurs ouvrages.

— M. l'évêque d'Angoulême s'étant joint aux appelants de la Constitution, M. l'évêque de Soissons lui écrivit une lettre en des termes qui donnèrent lieu aux plaintes que les gens du Roi portèrent au Parlement.

— M. l'évêque d'Amiens et celui de Soissons se transportèrent à Meaux pour convenir avec M. le cardinal de Bissy de ce qu'il y aurait à faire au sujet du nouvel acte d'appel de M. l'évêque d'Angoulême.

— Le 22, les professeurs et les pensionnaires du collége d'Harcourt firent tirer un feu d'artifice, en réjouissance du *gratis* que le Roi avait depuis peu consenti en faveur de l'Université.

— Le 25, la Sorbonne déposa le sieur Bose de l'office de bedeau ou de secrétaire de cette société, qui lui valait quatre mille livres par an, pour avoir tenu quelques discours contre la Sorbonne, et pour avoir fait quelques rapports à des gens qui en étaient ennemis.

— Le chapitre de l'église cathédrale de Tours publia sa réponse à l'avertissement de M. l'évêque de Soissons, qui désapprouvait l'acte d'appel de ce chapitre.

— Le 20, le commissaire Cailly fut condamné à trois mois de prison, jusqu'à plus ample informé, le nommé Millet, exempt, aux galères, et les nommés Leroux, Champy et Tisserant au bannissement.

— Le 22, M. le duc d'Orléans fut à la Muette voir madame la duchesse de Berry, et le 24 il donna un grand repas à Saint-Cloud, où se trouva la nouvelle abbesse de Chelles, dont les bulles étaient arrivées de Rome.

— On employa pour lors un grand nombre d'ouvriers pour rétablir le quai, depuis la Samaritaine du pont Neuf jusqu'au balcon de la Reine du vieux Louvre.

— On publia un règlement du conseil d'État, rendu le 22 avril précédent, concernant la Banque royale, qui portait que les billets de banque de la somme de mille livres chacun seraient écrits en lettres rondes, ceux de cent livres en lettres bâtardes, et ceux de dix livres aussi en bâtarde, mais plus menue; que ces billets ne courraient pas de diminution comme les espèces d'or et d'argent, mais qu'ils seraient toujours payés suivant leur valeur de livres tournois.

— Les religieux de l'abbaye de Saint-Denis obtinrent du Roi la permission d'abattre la tour de Valois, qui tenait à l'église où étaient les tombeaux des rois, des reines, des princes et princesses de cette maison royale de Valois; les démolitions devaient en être employées à faire un bâtiment particulier pour servir aux princes et aux princesses du sang dans les jours de cérémonie.

— On assurait que sur les instances de l'envoyé de France[1] et de celui d'Angleterre, le sénat de Gênes avait fait arrêter le comte de Marr et le capitaine Howard, qui y passaient pour aller joindre le chevalier de Saint-Georges leur maître.

— Le jour de la Pentecôte, le Roi, accompagné de M. l'évêque de Fréjus et de M. le duc de Charost, se rendit sur les cinq heures du soir à Notre-Dame, où M. le cardinal de Noailles le reçut à la porte de cette église revêtu pontificalement, le conduisit au chœur, où le *Te Deum* fut chanté en musique, puis le Roi vint à la chapelle neuve de la Vierge, où il demeura à genoux pendant le motet, qui se chanta de même; après lequel Son Eminence donna la bénédiction du saint sacrement, puis le Roi s'en retourna et fut reconduit avec la même cérémonie.

— Le même jour, M. le duc d'Orléans, après avoir assisté à la messe à Saint-Eustache, alla dîner à la Muette avec madame la duchesse de Berry, qui continuait d'être mal.

— Quelques jours auparavant il se fit un mariage en la même église de Saint-Eustache; le mari avait cent huit ans et la femme quatre-vingt-quinze ans.

[1] De Chavigny.

— Le prince de Carignan obligea le comte de Vernon, ambassadeur de Sardaigne, de quitter l'hôtel de Soissons, ne pouvant plus y souffrir aucun ministre de la cour de Turin après ce qu'on avait attenté sur sa personne, inutilement, un mois auparavant [1]. On avait alors formé le projet de bâtir des maisons sur le terrain du grand jardin de cet hôtel, avec soixante boutiques pour y loger un pareil nombre de marchands ou d'artisans.

— La tranchée s'ouvrit le 25 du mois précédent devant Fontarabie, dont le siége était poussé vivement.

— Le bruit courut que les miquelets [2] avaient enlevé une partie des équipages de M. le prince de Conti, que le régiment de la Reine et un autre régiment avaient pris lâchement le parti des Espagnols, et qu'un capitaine voyant sa compagnie réduite à huit soldats, et les voyant comploter, leur avait demandé s'ils avaient le même dessein de suivre leurs camarades qui venaient de déserter; les huit soldats ayant répondu oui, il leur repartit par un vertigo : « Allons, je veux aussi tenter la même fortune », de sorte qu'ayant joint les Espagnols, on lui avait aussitôt rendu sa compagnie complète.

— Le 1er juin, on assurait que madame la duchesse de Berry n'était plus reconnaissable, pour être amaigrie extraordinairement, ayant le ventre enflé terriblement, ce qui lui faisait faire des cris lamentables et si hauts qu'on l'entendait de plusieurs antichambres.

— Le 31 mai, on apprit que la princesse Sobieska était arrivée à Rome, où le Pape, les cardinaux et tous les autres seigneurs de cette cour lui avaient fait tout le bon accueil qu'elle pouvait souhaiter, et qu'on y attendait dans peu de jours le chevalier de Saint-Georges, qui y retournait, son entreprise ayant encore eu le malheur d'échouer par la contrariété des vents.

[1] Voyez au 12 avril 1719.
[2] Soldats espagnols qui combattaient en partisans.

— Les billets d'État se donnaient alors pour cinquante-sept livres par cent de perte.

— Madame la duchesse de Berry se trouvait un peu soulagée par des remèdes innocents qu'un médecin suisse lui appliquait.

— Le sieur Banse, qui desservait la cure de Saint-Roch en qualité de vicaire, ayant demandé à M. le cardinal de Noailles la permission de donner à dîner à son père et à sa mère le jour de la procession de l'Université, qui devait bientôt se faire [1], Son Éminence lui demanda qui était et ce que faisait son père. M. Banse lui fit réponse : « C'est vous, monseigneur, qui êtes mon père, et l'Université est ma mère. — Mais, répliqua Son Éminence en riant, cela vous jettera dans une trop grande dépense. — Je ne crois pas, repartit le vicaire, avoir une occasion plus favorable de leur témoigner ma parfaite reconnaissance de ce que Dieu a permis que je sois et que je sache. »

— On apprit alors la conclusion du mariage entre le prince de Piémont [2] et l'archiduchesse [3], seconde fille de l'empereur Joseph.

— Le 30 mai, il fit un vent de nord-ouest en Normandie, qui brûla tous les fruits des arbres comme si le feu y eût passé, de sorte que le cidre, qui ne valait auparavant que huit deniers la mesure, devint tout à coup à raison de cinq sols : ce qui arriva dans le Cotentin, dans une étendue de seize lieues en carré; et le blé, qui se donnait à cinquante sols le boisseau, y valut alors cinq livres dix sols, à cause des grandes levées qu'on avait faites en cette province pour notre armée de Navarre, lequel blé y fut transporté par mer à Bayonne et à Bordeaux.

---

[1] Le jour de la Saint-Barnabé, 11 juin, l'Université se rendait en corps à Saint-Denis pour la fête du Landit.

[2] Charles-Emmanuel-Victor de Savoie, né le 27 avril 1701.

[3] Marie-Émilie, née le 22 octobre 1720. On lit en marge : Le fait est faux, elle fut mariée en Bavière.

— Pendant le siége de Fontarabie le roi d'Espagne s'était avancé à Tudela en Navarre, avec douze mille hommes de pied et huit mille chevaux.

— Madame la duchesse de Berry avait les pieds enflés et fort douloureux, et se promenait de temps en temps dans son appartement.

— Le 10 juin, on publia un arrêt du Parlement qui supprima le second avertissement de M. l'évêque de Soissons, et le déclara abusif et contraire aux maximes du royaume.

— Le Roi donna à M. le prince de Conti le gouvernement de la province de Poitou, qui valait trente mille livres, vacant par la mort du marquis de la Vieuville.

— Le Roi fut, le 11, aux Chartreux, où il assista au salut du saint sacrement, et le 12, aux filles de l'Ave-Maria.

— Le 14, on apprit par un courrier de Milan que le marquis de Leyde avait levé le siége de Melazzo la nuit du 27 au 28 mai, ayant laissé dans son camp quatre mille sacs de farine, avec un grand nombre d'officiers et de soldats malades et blessés, et qu'il avait pris la route de Catane pour ne pas atteindre le général Mercy[1] qui avait débarqué le 26, auprès de Melazzo, avec douze mille hommes d'infanterie, trois mille de cavalerie et cinq cents houssarts, lequel s'était mis en chemin à la poursuite du marquis de Leyde, qui en décampant avait envoyé un tambour avec une lettre au général King, pour lui recommander les malades et les blessés qu'il n'avait pu emmener.

— On apprit de Grenoble que le jour de la Fête-Dieu, le curé de la paroisse de Saint-Louis, faisant la proces-

---

[1] Florimond-Claude de Mercy, né en 1666, mort en 1734. Il avait adopté le comte d'Argenteau, qui joignit à son nom celui de son père d'adoption, et devint ainsi le fondateur de la famille de Mercy-Argenteau.

sion du saint sacrement, et voulant entrer selon la coutume dans l'église des jésuites pour l'y reposer, la porte se trouva fermée, et qu'ils avaient absolument refusé d'ouvrir, duquel refus le curé ayant pris acte, il en alla porter ses plaintes, après la procession, à M. l'évêque de Grenoble, qui en écrivit aussitôt à M. le duc d'Orléans; sur quoi Son Altesse Royale ordonna aux jésuites de Grenoble de députer quatre des principaux de leur collége pour en aller demander pardon à ce prélat, à quoi ayant obéi, le prélat avait reçu leur soumission à condition, dit-il, « que vous vous comporterez dans la suite, vous et les vôtres, plus sagement, et que vous ferez votre devoir à mon égard. »

— On ajoutait que trois curés du même diocèse, qui avaient appelé comme d'abus d'une lettre pastorale de leur évêque, sur ce qu'il y avait déclaré que la constitution *Unigenitus* ne faisait pas règle de foi dans l'Église, avaient été mandés par l'intendant [1] de la province, qui les avait exhortés à faire là-dessus satisfaction à leur évêque, et pour cela, dit-il, « je ne vous donne que deux fois vingt-quatre heures pour vous y résoudre », de sorte que le lendemain ils firent ce qu'on exigeait.

— Le 16, un courrier arriva de Rome avec les bulles de madame l'abbesse de Chelles, et rapporta que M. le cardinal de La Trémouille [2] avait été sacré archevêque de Cambrai peu de jours avant son départ de Rome.

— Au commencement du mois de juin le cent de foin valait quarante livres, et le 15, il valait soixante livres. Tout le Gâtinais était comme inondé par des pluies continuelles.

— A Paris, le pain se vendait deux sous six deniers, et trois sous la livre, dont se récriait la populace.

[1] Boucher d'Orsay.
[2] Joseph de La Trémouille-Noirmoutier.

— Le prévôt des marchands et le lieutenant général de police se transportèrent à la halle, sur le port de la Grève et sur celui de l'École, où ils fixèrent le septier d'avoine à vingt-deux livres dix sols, le cent de foin venu par eau à trente livres, et par terre à cinquante livres, au lieu de soixante livres et de soixante-dix livres que les marchands exigeaient.

— On apprit que le roi d'Espagne était arrivé le 11 à Pampelune avec son armée, à dessein de s'avancer du côté de Pau en Béarn pour faire diversion; sur cet avis, le maréchal de Berwick avait détaché le marquis de Coigny, lieutenant général, avec soixante escadrons et vingt bataillons, lequel s'était avancé entre Saint-Jean-Pied-de-Port et Navarrens, pour observer les Espagnols et pour les combattre, en cas qu'ils voulussent le tenter, et le marquis de Bonas, brigadier, pressait le siége de Castel-Léon avec vigueur.

— Le 16, M. le duc de Charost, gouverneur de Calais, se plaignit à M. le duc d'Orléans de ce que le sieur Lemonier, grand vicaire de l'évêché de Boulogne, avait envoyé des archers à Calais pour se saisir du gardien des capucins, que ce grand vicaire avait interdit de la messe, de la confession et de la prédication, parce que, nonobstant cette interdiction, ce gardien n'avait pas discontinué de dire la messe dans le couvent, ce religieux prétendant que la juridiction de ce vicaire ne devait pas s'étendre dans le couvent; laquelle entreprise du grand vicaire n'aurait pas manqué de faire soulever la garnison de Calais si les archers avaient enlevé le gardien, les soldats ayant résolu de s'y opposer, en faveur des capucins qu'ils respectaient beaucoup, ce qui aurait indubitablement coûté bien du sang de part et d'autre, si le maire de la ville n'avait pas eu la précaution d'obliger le gardien de ne point paraître à la procession du saint sacrement ni hors du couvent. On assurait que cela provenait d'un entretien que ce religieux avait eu avec un ecclésiastique de Calais, et de ce qu'il avait soutenu avec chaleur et avec un zèle outré à ce prêtre : « Oui, vous êtes un hérétique ou il n'y a pas de Dieu, pour ne pas vouloir accepter la Constitution. » Après cette affaire, le gardien et le sieur Lemonier furent exilés par ordre du Roi et de M. le duc d'Orléans, pour leur apprendre à avoir plus de prudence et de modération.

— Le 18, un courrier apporta la nouvelle de la réduction de Castel-Léon.

— On publia au prône des paroisses de cette ville de Paris une défense de boire de la bière, qu'on jugeait alors préjudiciable à la santé, à cause des marrons d'Inde et de la graine de Sampilium que les brasseurs y employent, au lieu du houblon, qui avait manqué cette année.

— Le jour de la naissance du roi Georges se passa sans éclat à Londres, mais celui de l'anniversaire du feu roi Charles II fut solennisé extraordinairement, le canon de la Tour ayant fait plusieurs décharges, la plupart des habitants de cette capitale d'Angleterre ayant mis des branches de chêne sur leurs chapeaux, et les gens de qualité en ayant fait mettre sur l'impériale de leurs carrosses, et tous faisant grande chère dans les rues et dans leurs maisons.

— Un courrier rapporta la nouvelle de la destruction de Fontarabie; on apprit aussi que treize officiers français, qui s'y étaient jetés durant le siége, avaient été pris dans un bâtiment sur lequel ils avaient été embarqués par les Espagnols, pour leur épargner la punition qu'ils s'étaient attirée par leur lâcheté.

— L'armée d'Espagne était alors campée à cinq lieues de Saint-Sébastien.

— Les troupes de Provence et de Languedoc eurent ordre de marcher en Navarre, et le maréchal de Berwick tira aussi une partie des troupes que commandait le marquis de Coigny.

— Le cent de foin se vendait alors quatre-vingts livres à Paris.

— M. le duc de Luxembourg [1] vendit son hôtel, avec le jardin et les dépendances, pour la somme de six cent mille livres à une compagnie d'architectes, pour le jeter bas, afin de construire des maisons dans ce grand terrain pour en former une rue, qui devait aboutir d'un côté au rempart, et de l'autre à la rue Saint-Honoré, vis-à-vis le cul-de-sac des Feuillants.

— M. le Régent destina pour lors un million par mois pour construire des vaisseaux de guerre à Toulon et à Brest, afin de rétablir la marine, et la compagnie du Mississipi se chargea d'en faire venir les bois nécessaires, pour épargner ceux de France.

— On publia un arrêt du conseil d'État qui réunit les compagnies des Indes orientales et occidentales, pour n'en faire qu'une seule et même compagnie des Indes.

— On en publia un du Parlement qui ordonna à l'exécuteur de la haute justice de lacérer et de brûler un libelle intitulé : « *Lettre de M. l'archevêque de Reims aux cardinaux, archevêques et évêques de France qui se sont soumis à la constitution Unigenitus, imprimée à Namur,* » ce qui fut exécuté le 22, au bas du grand escalier du palais, « *comme séditieuse, attentatoire à l'autorité royale, abusive, contraire aux maximes du royaume, renversant les libertés de l'Église gallicane, etc.* »

[1] Fils de François-Henri de Montmorency-Bouteville, duc et maréchal de Luxembourg, ne fut célèbre que par ses infortunes conjugales; sa femme, une demoiselle Clérembault, le rendit la risée de toute la cour. Il ne connut ses malheurs que lorsque l'abbé Abeille, ancien secrétaire de son père, se chargea de les lui apprendre. Saint-Simon, t. IV, p. 225 et suivantes, s'étend longuement sur une aventure qui arriva au duc de Luxembourg à un bal de Marly où le prince de Condé, à qui il avait demandé un masque, lui fit la plaisanterie de lui en donner un orné d'un gigantesque bois de cerf.

— Le 26, on apprit ici la réduction du château de Fontarabie.

— Le 29, on chanta le *Te Deum*[1] à Notre-Dame, pour cet heureux succès, et le soir, on fit des feux par toute la ville.

— Le dimanche 29, il fit un grand orage de pluie et de tonnerre qui, étant entré par une fenêtre dans l'église de Saint-Sulpice pendant qu'on y chantait les vêpres, traversa le chœur et la nef et sortit par une autre fenêtre, et en passant brûla la main d'un particulier et la lui rendit à partir de ce moment immobile. Le tonnerre répandit dans cette église une puanteur de soufre si grande, que quantité de personnes pensèrent en être étouffées, et en furent malades aussi bien que de frayeur, dont la plupart s'étaient couchées par terre.

[1] *Lettre écrite par Louis XV au cardinal de Noailles, au sujet du* Te Deum *qu'il le prie de faire chanter à l'occasion de la prise de Fontarabie.*

« Mon Cousin, l'Europe sait assez par quels motifs j'ai été forcé de déclarer la guerre au roi d'Espagne, et avec quelle douleur je tourne mes premières armes contre un prince dont la personne et les intérêts me doivent être si chers. Quoique Dieu paraisse, par le succès qu'il m'accorde, approuver la justice et la droiture de mes intentions, je ne ressentirais aucune joie de ces avantages si ce n'étaient des acheminements à la tranquillité générale que je tâche, avec mes alliés, d'obtenir du roi d'Espagne. La prise de Fontarabie ne me flatte donc point par la gloire de la conquête, mais seulement par l'espérance de parvenir à une paix également avantageuse aux deux nations, et pour rendre grâce à Dieu de la protection dont il favorise mes entreprises. Je vous écris cette lettre de l'avis de mon oncle, le duc d'Orléans, régent, pour vous dire que mon intention est que vous fassiez chanter le *Te Deum* en l'église métropolitaine de ma bonne ville de Paris, au jour et à l'heure que le grand maître ou le maître des cérémonies vous dira de ma part; je lui ordonne d'y convier mes cours et ceux qui ont accoutumé d'y assister. Sur ce, je prie Dieu, mon cousin, qu'il vous ait en sa sainte et digne garde. — Écrit à Paris, le 24 juin 1719. »

— Le même jour, le tonnerre emporta les ailes d'un moulin à vent proche de Vincennes et réduisit en cendres un cheval qu'un paysan conduisait par le licol en passant auprès de ce moulin, et la moitié du licol lui resta dans la main, l'autre moitié étant en poussière avec le cheval.

— M. le duc d'Orléans envoya ordre à Strasbourg de recevoir le roi Stanislas[1], et de lui rendre les mêmes honneurs qu'à un roi de Pologne.

— M. Raymond[2], maître des requêtes, fut admis à la charge d'introducteur des ambassadeurs à la place du marquis de Magny, ci-devant disgracié.

— M. le marquis de Coigny appuyait les troupes qui assiégeaient Saint-Sébastien.

— Le 26, le marquis de Chanlay, fils d'un procureur qui se nommait Beaulé, mourut à Bourbon, où il prenait les eaux, et laissa une succession de plus de soixante mille livres de rente. Par son testament, il légua dix mille livres de rente à un soldat des Invalides qui vendait des culottes de buffle, et le reste de ses biens à la dame Gache, qui logeait en la rue de Bourbon, et oublia ses domestiques.

— Le gardien des Récollets de Toulon ayant fait affi-

---

[1] Stanislas Leczinski, né le 20 octobre 1682 à Lemberg, mort le 5 février 1766, père de Marie Leczinska, femme de Louis XV.

[2] Matthieu Marais, dans son *Journal*, publié par M. de Lescure, donne, à la date de novembre 1720, la chanson suivante sur ce Raymond :

> De monsieur Raymond voici le portrait :
> Il a le vrai corps d'un hareng ;
> Il rime, il cabale,
> En homme de cour
> Croit être un Candale
> Et même un savant.
> De monsieur Raymond voici le portrait :
> Il passe en science
> Socrate et Platon ;
> Cependant il danse
> Tout comme un ballon, etc.

cher à la porte de l'église de ce couvent et dans la sacristie *qu'on n'y recevrait aucun prêtre pour dire la messe, qui aurait appelé de la constitution Unigenitus*, le procureur du Roi, informé de cette nouveauté, manda le gardien pour en savoir la raison. Ce religieux dit : « Je l'ai fait par ordre du Pape, du père général de notre ordre et du père provincial mes supérieurs. — Et moi, reprit le magistrat, je vous ordonne de la part du Roi d'ôter ces placards. — Je ne le peux pas, dit le gardien, sans un ordre exprès de mes supérieurs. » Sur cette réplique, le magistrat fut les enlever en entier, et les envoya avec son procès-verbal au procureur général du parlement d'Aix, sur les conclusions duquel il intervint arrêt qui fit défense à tous prêtres séculiers et réguliers de s'ingérer à mettre de pareils placards, à peine de saisie du temporel contre les séculiers et d'autre punition contre les réguliers et mendiants.

— On apprit de Rome que le comte de Gallach, ambassadeur de l'Empereur, avait déclaré au Pape que si Sa Sainteté laissait partir de Rome la princesse Sobieska pour aller joindre le Prétendant, l'Empereur ne manquerait pas d'en faire éclater son ressentiment d'une manière extraordinaire. Puis il ajouta que l'Empereur prétendait que Sa Sainteté fit rayer du registre des cardinaux le nom du sieur Alberoni, et qu'elle se gardât bien de lui envoyer les bulles de l'archevêché de Séville, Sa Majesté Impériale le regardant comme indigne de ces grâces, pour avoir été le boute-feu de cette guerre, ce qui avait affligé le Saint-Père de telle sorte, qu'il n'avait pu retenir ses larmes.

— Il y eut un si grand empressement à la vente de la bibliothèque de l'abbé Baluze[1], que dans une enchère qui se fit entre un libraire anglais et un hollandais, sur une

---

[1] Étienne Baluze, célèbre érudit, né à Tulle le 24 décembre 1630, mort à Paris le 28 juillet 1718.

édition de *Sénèque*[1] imprimée à Rome en 1475, le premier l'emporta pour la somme de cinq cent une livres; l'autre emporta l'édition de *Spaccio della Bestia trionfante*[2], en un volume in-douze, pour six cents livres.

— Par un courrier de Rome, dépêché par le cardinal de La Trémouille, on apprit ici que le Pape avait résolu de ne plus envoyer de bulles en France, à moins que la constitution *Unigenitus* n'y fût reçue.

— Jusqu'au lundi 3 juillet 1719, on avait brûlé à l'hôtel de ville pour la valeur de quatre-vingt-dix-sept millions de billets de l'État.

— Le marquis d'Erville, frère du marquis de Palaiseau, mourut à Paris le 5 juillet, âgé de quatre-vingt-cinq ans; son fils, lieutenant-colonel du régiment de cavalerie d'Orléans, était alors à l'armée en Navarre.

— Le Roi dit à des députés de Fontarabie qui étaient venus pour le féliciter sur les heureux progrès de ses armes en leur pays : « Puisque le roi d'Espagne, mon oncle, n'a pas voulu maintenir la paix, par les suggestions du cardinal Alberoni, lorsque cette paix avait coûté tant de sang à la France et à l'Espagne, je ferai en sorte de faire d'autres progrès dans les États d'Espagne, pour obliger enfin le Roi Catholique, mon oncle, d'accepter les propositions offertes. » Puis le Roi tourna le dos à ces députés,

---

[1] L'édition de Sénèque qui porte la date de 1475 fut imprimée à Naples; celle de Rome n'est que de 1585. (Voyez Brunet, *Manuel du Libraire*.)

[2] Voici le titre exact de cet ouvrage : *Spaccio de la bestia trionfante, proposto da Giove, effetuato dal conseglo, revelato da Mercurio, recitato da Sophia, udito da Saulino, registrato da Nolino; diviso in tre dialogi, subdivisi in tri parti. Stampato in Parigi*, 1584, petit in-8°, par Giordano Bruno.

« Volume rare, dit Brunet dans son *Manuel du Libraire*; il contient 16 feuillets préliminaires et 261 pages de texte; au verso de la dernière commence un *errata* qui occupe le verso du feuillet suivant, lequel n'est pas chiffré. »

qui voulaient encore répliquer quelque chose, ce qui les obligea de se retirer, en admirant la fermeté et la gravité du jeune monarque.

— Le 7, la duchesse d'Albret, dont le mariage avait été réhabilité à la fin du Carême dernier par un des vicaires de Saint-Nicolas des Champs, mourut après être heureusement accouchée d'un fils qui devait porter le nom de prince de Turenne.

— Le marquis de Nancré, ci-devant ambassadeur de France en Espagne, mourut le même jour.

— On apprit de Saint-Malo qu'un bâtiment sorti de ce port pour aller trafiquer en Flandre avait été rencontré d'abord par un vaisseau de guerre espagnol qui l'avait obligé de retourner sa proue, et peu après par deux autres vaisseaux de la même nation qui avaient obligé le capitaine malouin de passer dans leur bord, où, après lui avoir fait voir ce qu'il y avait, ils lui avaient déclaré que la flotte d'Espagne les suivait, composée de seize gros vaisseaux de guerre et d'un grand nombre de bâtiments chargés de troupes et de toutes sortes de provisions et de munitions pour quatre mois, et qu'ils allaient descendre en Angleterre.

— Le 6, M. l'abbé Dubois, M. Le Blanc, M. de La Vrillière, M. de Maurepas et M. d'Armenonville, secrétaire d'État, se transportèrent à huit heures du matin chez M. d'Argenson, garde des sceaux, où se trouvèrent le syndic de la société de Sorbonne et quatre députés qui y avaient apporté les registres depuis le *prima mensis* de janvier, jusqu'au *prima mensis* de juillet de la même année 1719, sur lequel on raya ce qui avait été résolu contre le sieur Tamponet, docteur, et on y enregistra la déclaration du Roi qui suspendait tous écrits au sujet de la Constitution, avec la lettre de cachet qui avait exilé M. Petitpied, docteur. Les députés de Sorbonne demandèrent ensuite de quelle manière on voulait qu'ils parlassent dans leurs écoles, où l'on ne pourrait agiter aucune matière qui eût rapport à la Constitution pour ou contre; que si on ne voulait pas qu'ils en parlassent, ils se verraient contraints de fermer leurs écoles. M. Quinot, l'un de ces députés, s'étant levé pour parler, M. le garde des sceaux lui imposa silence en lui disant : « Vous avez trop d'esprit, réservez-le pour une autre occasion. » Enfin, ce magistrat dit que le Roi et M. le duc d'Orléans désiraient qu'on parlât le moins qu'il serait possible de la Constitution, Son Altesse Royale faisant espérer qu'il y aurait bientôt un accommodement sur cette affaire, dont tout le monde serait autant surpris que content.

— Le 12, on apprit que le marquis de Coigny était campé près de Roncevaux, avec quatorze bataillons et vingt escadrons, pour observer l'armée d'Espagne.

— M. le duc d'Orléans fit acheter l'hôtel Colbert, rue Neuve des Petits-Champs, du marquis de La Carte[1], pour la somme de trois cent cinquante mille livres, pour y loger le marquis de Biron[2], son premier écuyer, et dans les dépendances et au lieu du jardin de cet hôtel on devait y former des écuries pour les chevaux de Son Altesse Royale.

— Le même jour, on publia un arrêt du conseil d'État qui obligea les régnicoles et les étrangers qui avaient des billets de la Banque royale, pour avoir fourni des écus à huit et dix au marc, de les y rapporter pour en recevoir le payement en espèces courantes ou d'autres billets en livres

[1] Le marquis de La Carte était un gentilhomme de Poitou, fort pauvre; il devint gentilhomme de la chambre de MONSIEUR, frère de Louis XIV, et épousa, par son crédit, la fille du duc de La Ferté, dont il prit les armes et le nom avec le titre de marquis. (Voyez Saint-Simon, t. III, p. 254.)

[2] Le marquis de Biron était lieutenant général des armées du Roi; il avait perdu un bras au siége de Kaiserslautern. À sa majorité, Louis XV le créa duc et pair.

tournois, dans l'espace de trois mois du jour de la publication, après lequel temps passé lesdits billets seraient réputés nuls et de nulle valeur.

— On conduisit aux prisons du Châtelet dix-huit boulangers pour avoir fait des magasins de blé qui furent confisqués au profit des hôpitaux, pour laquelle contravention aux ordonnances du Roi, ces boulangers furent de plus condamnés à une amende et à être exposés au carcan durant trois jours de marché.

— Le pain se vendait alors trois sous, trois sous six deniers et quatre sous la livre.

— Plus de trois cents ouvriers travaillaient à l'hôtel de Nevers, où le bureau général du tabac était établi depuis trois mois, et où l'on avait transporté toutes les espèces d'or et d'argent qui étaient en l'hôtel de Mesmes, rue Sainte-Avoye, pour y établir aussi la Banque royale, aussi bien que la Compagnie des Indes. On y pratiqua des bureaux pour un grand nombre de commis. On élevait aussi le long du jardin du même hôtel de Nevers un grand bâtiment.

— Le 15, on apprit que le général Mercy, après s'être emparé de Lipari, l'avait abandonnée au pillage pendant cinq jours aux Impériaux, qui y avaient commis des violences et des désordres inouïs, outre le butin qu'ils y avaient fait, pour punir, disait-il, les Liparotes d'avoir le plus favorisé les Espagnols.

— Madame la duchesse de Berry se trouva si mal, que M. le duc de Chartres, son frère, ne put lui parler. Comme elle souffrait extraordinairement, on entendait ses cris des antichambres comme ci-devant.

— M. le comte de Clermont, frère de M. l'évêque de Laon, fut nommé capitaine des Cent-Suisses de M. le duc d'Orléans, à la place du feu marquis de Nancré; laquelle charge rapportait vingt-cinq mille livres par an.

— Le 10, le comte d'Oysi, originaire de Flandre,

épousa la fille unique de M. de Massant, conseiller au grand conseil, avec une dot de soixante mille livres de rente.

— Jusqu'à ce même jour, on avait brûlé à l'hôtel de ville des billets de l'État pour la valeur de quatre-vingt-dix-huit millions sept cent trente-quatre mille quatre cent quatre-vingt-huit livres.

— Le marquis de Nocé fut fait gentilhomme de la chambre de M. le duc d'Orléans, avec dix mille livres d'appointements, au lieu de M. Pluveau[1] qui s'en était démis en sa faveur, aussi bien que de la charge de maître de la garde-robe de ce prince, en faveur de M. de Ségur[2], moyennant quarante mille écus.

— Le sieur Crozat, second fils de M. Crozat, grand trésorier de l'ordre du Saint-Esprit, fut pourvu de la charge de lecteur ordinaire de la chambre du Roi qu'avait M. le marquis de Bonrepost[3], moyennant quatre-vingt-dix mille livres.

— Madame Le Camus, veuve du feu lieutenant civil[4], mourut fort âgée.

— Le 5 juillet, il fit un orage qui ruina les biens de la terre de quarante-cinq paroisses des environs de Strasbourg, et qui fracassa les vitres et les couvertures des maisons, la grêle étant grosse comme des œufs de poule.

— Le 16, on fit prendre l'émétique à madame la duchesse de Berry, ce qui lui fit faire de si grandes évacuations en haut et en bas, et la réduisit à une telle

---

[1] « Pluveaux, dit Saint-Simon, mourut au siége de Turin (1706). ».

[2] M. de Ségur avait épousé la fille que le Régent avait eue de la comédienne Desmarres.

[3] Ambassadeur en Danemark, puis en Hollande, membre du conseil de la marine.

[4] Mort en 1710; il était frère de Le Camus, évêque de Grenoble, qui devint cardinal.

extrémité, qu'on douta qu'elle pût encore aller bien loin, de sorte qu'il fallut lui administrer le saint viatique et l'extrême-onction.

— Le 17, on lui donna encore l'émétique pour lui faire évacuer les figues, le melon et la bière, le vin, le tout à la glace, qu'elle avait bu et mangé contre les sentiments des médecins et de ses principaux officiers, ce qui lui avait causé une grosse fièvre continue avec des redoublements.

— Le 18, sur les cinq heures du soir, M. le Régent ayant eu avis que cette princesse était à l'extrémité, il se rendit aussitôt à la Muette avec madame la Régente et toute leur suite, et le 19, elle expira sur les deux heures du matin entre les mains de M. le cardinal de Noailles, qui n'avait point cessé de lui inspirer de pieux sentiments et un entier abandon à la miséricorde de Dieu, jusqu'au dernier soupir. M. le duc et madame la duchesse d'Orléans étaient partis de la Muette une heure auparavant, pour s'en retourner au Palais-Royal.

— Le 19, à cinq heures du matin, madame la Régente, suivie de M. le duc de Chartres et des princesses, fondant tous en larmes, entra dans la chambre de M. le duc d'Orléans, et le pria instamment de se consoler de son mieux de cette perte, et lui représenta que le prince et les princesses leurs enfants avaient besoin de la conservation de sa santé et de sa protection. Elle le fit même résoudre à souffrir les compliments de condoléance, puisqu'on ne pouvait se dispenser de ce cérémonial, étant inutile de le différer à un autre jour. Ainsi, le Palais-Royal ne cessa point d'être rempli de carrosses des seigneurs et des dames qui y allèrent pour ce sujet.

— La duchesse de Berry avait jusqu'à huit cents domestiques, dont les charges se trouvèrent perdues au moment de sa mort, et dont la plupart s'étaient épuisés pour les acquérir.

— La marquise de Mouchy[1], l'une de ses principales dames d'honneur, perdit alors six mille livres de rente.

— Un de ses cuisiniers, chargé d'une femme et de neuf enfants en bas âge, se vit réduit à rien, et pour ce sujet était comme au désespoir d'avoir tout engagé pour cet office.

— Après la mort de cette princesse, parmi ses effets, on vit deux cassettes sur chacune desquelles était une étiquette qui marquait qu'elles appartenaient l'une et l'autre à la marquise de Mouchy. On les mit à part, afin d'être visitées en présence de M. le Régent.

— Le 20, après dîner, le Roi fut reçu à l'Académie française et à celle des sciences, qu'il honora de sa présence.

— On apprit alors que le duc de Brissac était malade à Fontarabie de la petite vérole, qui y faisait beaucoup de ravage parmi la bourgeoisie et même parmi nos troupes.

— On travaillait alors à la construction de quatre fontaines publiques au faubourg Saint-Antoine de Paris et aux tuyaux pour y conduire l'eau de la rivière de Seine, pour la commodité des habitants de ce faubourg, qui est d'une très-grande étendue.

— Le 27, un courrier rapporta qu'on avait ouvert la tranchée devant Saint-Sébastien, et que, comme le terrain y est sablonneux et qu'après avoir creusé deux pieds de profondeur l'eau ayant paru, on était obligé de se couvrir avec des sacs à terre et avec des gabions. M. le marquis de Coigny commandait au siége de cette place.

---

[1] La marquise de Mouchy était fille de Forcadel, commis aux parties casuelles; elle était en relations de galanterie avec le comte de Riom, qu'elle aida de toutes ses forces à l'époque de son mariage avec la duchesse de Berry; Saint-Simon la représente comme une femme avide et effrontée : avant sa mort, la duchesse de Berry lui donna son baguier, estimé valoir plus de 200,000 écus.

— Le 26, on publia un arrêt du conseil d'État qui réduisit les louis d'or à trente-quatre livres chacun.

— On écrivait de Navarre que l'ardeur excessive du soleil incommodait beaucoup nos troupes, dont quantité d'officiers et de soldats se trouvaient malades et dont plusieurs mouraient tous les jours; que la botte de foin y valait six francs, ce qui avait obligé de disperser la plus grande partie des chevaux et des mulets dans des quartiers plus commodes pour les fourrages, et que M. le prince de Conti ne s'accordait pas avec le maréchal de Berwick.

— On publia un arrêt du conseil d'État qui obligeait les Cent-Suisses de la garde du Roi et les autres suisses ou portiers des maisons de qualité, de donner un état des vins qu'ils avaient vendus en détail depuis le premier jour d'octobre 1718, et d'en payer les droits d'aides, sous peine de confiscation des vins qu'ils avaient dans leurs caves et des meubles à eux appartenant, après un temps limité.

— Le 27, M. le cardinal de Noailles chassa honteusement le sieur Delor, l'un de ses secrétaires, pour malversations de concert avec un autre secrétaire de M. l'évêque de Châlons, que l'on prétendait avoir l'un et l'autre amassé plus de deux cent mille écus, par leurs intrigues, aux dépens de plusieurs particuliers qui comptaient sur la probité prétendue de ces deux ecclésiastiques, et entre autres un officier de Son Éminence qui avait confié une somme de huit mille livres au sieur Delor, qui, pour ses malversations, fut conduit à la prison du For-l'Évêque.

— Le 24, le sieur Robert, ancien procureur du Roi au Châtelet de Paris, mourut âgé de quatre-vingt-dix ans.

— Le 23, le tonnerre entra dans l'église de Sainte-Geneviève pendant qu'on y célébrait la grand'messe, où plusieurs personnes furent blessées légèrement et malades de frayeur.

[1719] JUILLET.

— Le même jour, il entra dans l'hôtel de Conti et dans la chambre du secrétaire de la princesse, dont la femme accoucha de frayeur.

— Le 25, on trouva vingt-deux personnes noyées dans les filets du pont de Saint-Cloud.

— Madame la duchesse de Berry étant morte, M. le marquis de la Vrillière, secrétaire d'État, qui était alors à la Muette, se fit apporter les clefs des appartements par ordre de M. le duc d'Orléans, et après avoir mis le scellé[1]

[1] *Procès-verbal d'apposition de scellés après le décès de madame la duchesse de Berry.*

Le Roi, étant informé de l'extrémité où se trouvait madame Marie-Louise-Élisabeth, fille de France, sa tante, aurait ordonné, de l'avis de M. le duc d'Orléans, régent, s'il plaisait à Dieu d'en disposer, que par le secrétaire d'État ayant le département de sa maison, scellé fût apposé, incontinent après son décès, sur ses principaux effets, seulement pour la conservation d'iceux et autres bonnes raisons connues de Sa Majesté; en exécution duquel ordre, aujourd'hui 21 juillet 1719, Nous, Jean-Frédéric Phelypeaux, comte de Maurepas, et Louis Phelypeaux, chevalier, marquis de La Vrillière, commandeur des ordres du Roi, secrétaires d'État et des commandements de Sa Majesté, avertis que madite dame serait décédée à deux heures du matin, au château de la Muette, nous y serions transportés, et là, en la présence de la dame duchesse de Saint-Simon, sa dame d'honneur, nous nous serions fait ouvrir son cabinet, attenant à la chambre où elle est décédée, dans lequel nous aurions fait faire ouverture d'une grande armoire garnie de glaces où nous aurions scellé de deux sceaux aux armes de Sa Majesté, sur deux bandes de papier, une cassette remplie de pierreries de toutes sortes, dans des boîtes de chagrin de différentes grandeurs, après y avoir mis soixante-dix-sept louis d'or trouvés sur une tablette de ladite armoire et à icelle laissé la clef, ne s'étant pu fermer, et dans laquelle la dame Margrais, l'une des femmes de chambre de madite dame, aurait déclaré qu'il manquait trois baguiers, deux de chagrin et un de bois de la Chine.

Ce fait, après avoir mis sur une tablette de ladite armoire trois autres boîtes de chagrin qui n'ont pu tenir dans la cassette dans laquelle sont des pierreries de diverses espèces, comme

partout, alla faire la même chose à Meudon et au Luxembourg, afin que tout fût en sûreté.

— Pendant tout le temps que le Roi fit son séjour au vieux Louvre, à cause des réparations qui se faisaient au palais des Tuileries, les bateliers joutaient presque tous les jours à la lance, vêtus de blanc, se culbutant les uns les autres du haut d'un esquif dans la Seine pour divertir Sa Majesté, qui leur faisait distribuer quelques libéralités, surtout à ceux qui étaient vainqueurs.

— La récolte ayant manqué cette année en Suisse, le Roi permit aux cantons d'acheter en Alsace jusqu'à cent mille sacs de blé.

aussi un carton où sont plusieurs pièces de pierreries et un grand diamant oblong, fait en table, enfermé dans du papier, avec plusieurs boîtes à tabac et autres bijoux, avons fait refermer ladite armoire et sur icelle apposé deux sceaux comme dessus, sur une bande de papier.

D'où, nous étant transportés au château de Meudon, nous aurions premièrement fait sceller de quatre sceaux sur deux bandes de papier la porte d'un lieu numéroté 94 que le nommé du Saussoy nous a dit être rempli de meubles de ladite dame, et que tout ce qui était dedans lui appartenait, à l'exception de neuf pièces de tapisserie et un fauteuil étant des meubles de la couronne, de la garde desquels meubles ledit du Saussoy est chargé et a la clef; après quoi nous aurions fait apposer dans le grand cabinet, à deux coffres, dont l'un est un bahut rempli de flambeaux et autres pièces d'argent et de vermeil, et l'autre servant à la toilette, deux sceaux à chacun, sur une bande de papier; desquels coffres nous aurions déposé les clefs au nommé Dupuis.

En revenant au palais du Luxembourg, où logeait ordinairement madite dame, nous aurions fait apposer les sceaux à deux portes du garde-meuble dont ledit du Saussoy a la garde et les clefs.

Dans la chambre où elle couchait, aux coffres de velours contenant sa toilette et son dessous fait en armoire; dans la garde-robe, à une petite bibliothèque dont on n'a pu trouver la clef; dans le grand cabinet doré, à une armoire, comme aussi à la porte d'un petit cabinet doré, étant à gauche, et enfin à celle dudit grand cabinet doré. — Fait èsdits lieux, les jour et an que dessus.

— Le 24, on brûla à l'hôtel de ville de Paris seize cent soixante-treize billets de l'État; de sorte que jusqu'à ce jour on en comptait de réduits en cendres pour la valeur de cent un millions six cent soixante-quatre mille deux cent trente livres.

— Le sieur Law fut alors déclaré surintendant des monnaies de France, conjointement avec la direction de la Compagnie des Indes, pour l'espace de neuf années, pour lequel privilège cette compagnie s'était engagée de financer au Roi la somme de cinquante millions payables dans l'espace de quinze mois, dont le premier payement devait se faire au mois d'octobre alors prochain : moyennant laquelle convention de la Compagnie des Indes le sieur Law faisait espérer de rendre les espèces communes dans le royaume plus qu'on ne les y avait jamais vues.

— Le même jour, on apprit que huit curés du diocèse de Meaux avaient de nouveau appelé de la Constitution au futur concile général.

— Don Fernand, secrétaire d'ambassade du prince de Cellamare, étant parti de Paris avec tous les papiers qui avaient été saisis, comme on a dit ci-devant, et qu'on lui avait rendus en bon ordre, fut arrêté à Orléans avec tous ceux qui l'accompagnaient.

— On assurait que le même don Fernand avait résolu de revenir en France après la conclusion de la paix entre les deux couronnes, pour épouser la demoiselle Maugis, dont il était éperdument amoureux, sans avoir égard qu'elle était fruitière de la rue Montmartre, ni à ce que cette donzelle avait été la maîtresse de M. Bontems[1] et ensuite du feu duc d'Ossonne, qu'elle avait d'abord obligé

---

[1] Premier des quatre valets de chambre du Roi, gouverneur de Marly et de Versailles, servit, dit Saint-Simon, la messe lors du mariage de Louis XIV avec madame de Maintenon; il eut un fils qui hérita de ses charges. Est-ce au père ou au fils que l'auteur du *Journal* fait ici allusion?

de lui constituer trois mille livres de rente sur l'hôtel de ville.

— Le 1ᵉʳ d'août 1719, madame d'Argenson, femme de M. le garde des sceaux, mourut de la petite vérole, âgée de quarante-sept ans.

— Madame la comtesse de Hautefeuille mourut aussi le même jour.

— Le 5, on publia un arrêt du conseil d'État qui ordonna la fabrication des pièces de billon de trois deniers chacune ou de liards pour une somme de cinq cent mille livres, outre celles de six deniers et de douze deniers chacune pour la valeur d'un million, pour les répandre dans le public.

— Le même jour, on brûla encore à l'hôtel de ville quinze cent soixante-quinze billets de l'État, ce qui faisait alors pour la valeur de cent deux millions huit cent douze mille quatre cent quatre-vingts livres de ces billets anéantis.

— Madame la duchesse de Berry légua, par son testament, un million pour achever le bâtiment qui se faisait pour agrandir l'église de Saint-Sulpice du côté du cimetière.

— Le 5, le sieur de Bosfrand[1], célèbre architecte, s'étant mis à couvert sous un moulin à vent proche du Bourg-la-Reine à cause d'un orage, le tonnerre brûla les ailes du moulin et tomba à ses pieds comme un globe de feu, sans lui faire d'autre mal que la peur, qui le fit entrer dans le logis du meunier, où il trouva deux femmes évanouies de frayeur. Mais ses habits étaient si pénétrés de la puanteur du soufre, qu'à son retour à Paris on ne le pouvait souffrir pour cette raison, et qu'il fut obligé de les quitter.

---

[1] Germain Boffrand, né à Nantes le 7 mai 1667, mort doyen de l'Académie d'architecture, le 18 mars 1754.

— Depuis quelque temps on travaillait jour et nuit aux réparations du quai de l'École pour l'élargir considérablement, en l'avançant sur le lit de la Seine pendant que les eaux en étaient fort basses, pour le rendre au niveau depuis la Samaritaine jusqu'au vieux Louvre, et en même temps pour anéantir un ancien petit pont sous lequel on passait pour aller faire abreuver les chevaux.

— Le 9, le parlement de Paris rendit un arrêt qui supprima une lettre attribuée à M. l'évêque de Soissons, écrite à M. le duc d'Orléans, au sujet de la Constitution; ordonna qu'elle serait lacérée et brûlée par le bourreau (ce qui fut exécuté le même jour, au bas du grand escalier du Palais), qu'il en resterait deux exemplaires au greffe de la Cour, qu'il en serait mis un autre exemplaire avec cet arrêt au greffe de l'officialité de Soissons, et que ce prélat serait interpellé d'avouer s'il en était l'auteur ou non, sur quoi la Cour agirait ainsi que de raison.

— Les ecclésiastiques du diocèse de Vabres ayant découvert que leur évêque[1] avait fait lever un quart au-dessus de la taxe que ce diocèse avait été obligé de payer pour son contingent du don gratuit que l'assemblée générale de France avait accordé au Roi, en dressèrent des mémoires qu'ils avaient envoyés à la Cour par quelques députés qui avaient ordre de faire en sorte que cette affaire fût discutée au conseil d'État, sans en renvoyer la connaissance au parlement de Grenoble, pour en éviter les longueurs et le crédit que ce prélat pourrait y avoir. Ces députés ayant été assassinés en traversant un bois, un chanoine de l'église cathédrale de Vabres ayant eu une pareille commission, et passant par la même forêt, reçut un coup de fusil dans la cuisse et son valet un autre coup qui lui cassa une cuisse. On prétendait que les assassins étaient domestiques de ce prélat.

---

[1] Charles-Alexandre Le Filleul de La Chapelle.

— Les actions de la compagnie du Mississipi étaient si lucratives pour les actionnaires, qu'un officier, pour y avoir mis des billets de l'État pour la valeur de quarante mille livres, se trouva avoir eu pour sa part de quoi acquitter une somme de quarante mille écus qu'il devait, et qu'il lui restait encore cinquante mille écus.

— On apprit de Navarre que M. de Lespinasse, major général des dragons, et deux autres officiers, avaient été tués à côté de M. le marquis de Coigny, étant à la tranchée.

— Que dans l'armée d'Espagne, la viande de bœuf valait douze sols la livre, celle de mouton quinze sols, et une poule quarante sols, ce qui y causait une grande désertion.

— M. le duc d'Orléans ordonna à l'écuyer de M. le duc du Maine d'envoyer à ce prince deux pages, deux valets de pied, deux chaises de poste, six chevaux de chasse et deux chiens pour se divertir, avec la permission à ce prince d'aller et de venir où bon lui semblerait, à l'exception de Paris.

— Madame la duchesse du Maine eut la même liberté à Châlons-sur-Saône, et ne voulut point aller ailleurs.

— M. le Régent assigna une pension viagère aux officiers de feu madame la duchesse de Berry, sans espérance d'être remboursés de leurs charges.

— Le sieur Law acheta une grande étendue de marais et de jardinages au voisinage de la porte Montmartre, pour y bâtir un hôtel des monnaies.

— Madame d'Arpajon, madame de Coetenfao [1], madame d'Uzès, madame de Hautefort et madame de Mouchy, eurent ordre de sortir incessamment du palais du Luxem-

---

[1] Fille d'un conseiller au Parlement et d'une fille de madame de Motteville; elle fit à Saint-Simon un legs de cinq cent mille livres. (*Mémoires*, t. XXII, p. 215.)

bourg, où elles avaient leur logement, et la dernière fut exilée ¹.

— Le 7, on brûla encore à l'hôtel de ville deux mille deux cent quatre-vingt-dix-sept billets de l'État, ce qui faisait en tout pour la valeur de cent quatre millions cent quarante mille cinq cent soixante livres d'anéanties.

— Le 5, le marquis de Berville, lieutenant général des armées du Roi, mourut de la petite vérole.

— Le 7, le marquis de Vayrac, aussi lieutenant général, mourut de cette maladie.

— Le même jour, madame de Fieubet mourut, après avoir eu un bras coupé pour arrêter la gangrène qui s'y était mise, et qui provenait d'une saignée faite mal à propos.

— M. d'Argenson, fils aîné du garde des sceaux, fut fait conseiller d'État ordinaire, à la place de M. Chauvelin ² le père, qui venait de mourir.

— M. le marquis de Châteauneuf, ci-devant ambassadeur de France à Constantinople et en Hollande, fut fait conseiller d'État de semestre.

— Le 9, on enleva plusieurs personnes des deux sexes dans un café voisin de l'hôtel de Conti, et on les conduisit à Bicêtre, ainsi que plusieurs autres particuliers dans une maison voisine du quai de l'École, pour crime de sodomie.

— On apprit de Navarre que le roi et la reine d'Espagne

---

¹ Toutes les dames qui se trouvaient remplir des fonctions auprès de la duchesse de Berry n'eurent pas le même sort : madame de Saint-Simon, dame d'honneur, eut une pension de douze mille livres ; madame de Pons, dame d'atour, en eut une de neuf mille livres ; mademoiselle Darrias d'Avaize, première femme de chambre, une de six mille livres, et enfin la marquise d'Armentières, dame pour accompagner, une de quatre mille livres.

² Ancien intendant de Picardie, père de l'avocat général.

avaient fait chanter le *Te Deum* à Pampelune, en action de grâces d'une victoire remportée en Sicile par le marquis de Leyde sur le général Mercy.

— Le Roi s'appliquait tous les jours à l'écriture, au latin et à l'histoire, et trois fois la semaine au dessin, aux mathématiques et à la danse, et faisait des progrès prodigieux dans tous ces exercices, et raisonnait de manière que les savants en étaient surpris, et même des attaques qui se faisaient au siége de Saint-Sébastien, comme si Sa Majesté avait été présente à plusieurs autres siéges importants.

— Le 14, M. le premier président du Parlement manda le syndic de la faculté de théologie avec quelques députés auxquels il enjoignit de ne point parler de la constitution *Unigenitus*, suivant la déclaration du Roi, qui imposait silence aux deux partis, mais d'appuyer ce qui concerne les libertés de l'Église gallicane et qu'ils pouvaient raisonner touchant les appels qui en avaient été faits.

— On envoya des commissions dans les provinces du royaume pour la levée de cinquante mille hommes de milice.

— On tira quatre hommes par compagnie du régiment des gardes-françaises, pour en former une compagnie de grenadiers qui fut confiée à M. de Clisson, estimé pour sa valeur.

— On tira des hôpitaux de Bicêtre et de la Salpêtrière cinq cents jeunes gens des deux sexes pour les embarquer à la Rochelle et les transporter au Mississipi. Les filles étaient dans des charrettes et les garçons allaient à pied, avec une escorte de trente-deux archers.

— M. le comte de la Vieuville épousa mademoiselle de Creil.

— M. le duc de Bourbon céda à madame la duchesse sa mère une terre de quarante-cinq mille livres de rente qui, avec la pension de soixante mille livres que le feu

Roi lui avait assignée, devait la mettre en état de soutenir son rang avec splendeur.

— Madame la duchesse de la Roche-Saint-Yon se retira à l'abbaye de Chelles pour y prendre l'habit de religieuse.

— Madame la princesse de Neufchâtel, sœur de M. le duc de Luxembourg et mère de madame la duchesse de Luynes, après avoir ouï la messe aux Carmes deschaux, renvoya son équipage et s'enferma chez les filles de Notre-Dame de Bon-Secours, au faubourg Saint-Antoine, avec une fille de chambre, pour y prendre aussi l'une et l'autre l'habit de religieuse.

— On apprit alors que la ville de la Charité-sur-Loire avait été ruinée par le tonnerre, qui y tomba le 7e au soir, comme celle de Sainte-Menehould en Champagne, dont les habitants étaient réduits à une si grande misère, que, pour les soulager, ceux de Châlons, qui en est à neuf lieues, leur envoyaient tous les jours du pain.

— Le 20, on publia un arrêt du conseil d'État qui ordonnait le payement des pensions par la Compagnie des Indes, depuis 1715 et même de l'année courante, moyennant trois pour cent d'intérêt au profit de cette compagnie et le dixième retenu au trésor royal.

— M. l'abbé de Castries fut nommé à l'archevêché de Tours [1].

— Le 28, on publia un arrêt du conseil d'État qui supprima les fermiers généraux, les payeurs et les contrôleurs des rentes de l'hôtel de ville; ordonna le remboursement des rentes de l'hôtel de ville et des billets de l'État qui restaient, en nature, selon leur valeur, à commencer au premier jour de janvier 1720. Le sieur Law et la Compagnie des Indes s'étant engagés de fournir une somme de cent vingt millions pour rembourser le fonds desdites rentes.

---

[1] Il fut sacré par le cardinal de Noailles.

— Depuis cet arrêt, le sieur Law écrivit aux fermiers généraux et aux sous-traitants de ne point s'en alarmer, et que l'on conserverait ceux dont la probité serait reconnue.

— Le sieur Law fit alors venir d'Angleterre son frère Guillaume, que l'on assurait avoir beaucoup d'habileté pour les finances et pour le commerce, et pour être plus voisin de la Banque, il acheta la maison de M. de Montargis et une autre maison voisine, rue Neuve des Petits-Champs, proche de l'hôtel de Pontchartrain, pour n'en faire qu'une seule maison pour son logement.

— Le 30, on fit ici des feux par toute la ville pour la réduction de la ville et du château de Saint-Sébastien, dont la garnison s'était retirée le 18 à Pampelune, suivant la capitulation.

— Les actions, qui étaient à plus de cinq cents livres pour cent de profit, baissèrent de cinquante livres, ce qu'on attribuait au bruit qui courut alors que les Espagnols avaient fait du ravage au Mississipi.

— Le comte de Mérinville, fils du gouverneur de Narbonne, mourut en Roussillon, de la petite vérole.

— La veille de saint Louis, il y eut un si grand nombre de personnes au jardin des Tuileries pour entendre la symphonie et pour y voir tirer le feu d'artifice qui était dressé sur le premier bassin en forme de rocher, qu'il y eut onze femmes ou filles étouffées dans la foule en voulant sortir par la porte du Manége, du nombre desquelles se trouva la comtesse de Joyeuse Grand-Pré, la femme et la fille d'un libraire du quai des Augustins : la fille était grosse et nouvellement mariée; deux filles uniques d'un riche marchand de la rue Dauphine, dont plusieurs furent aussitôt portées à Saint-Roch et à Saint-Germain l'Auxerrois, toutes vêtues, pour y être inhumées, afin d'éviter les frais de justice. Plusieurs autres personnes des deux sexes eurent les jambes et les bras rompus par la foule, étant culbutés les uns sur les autres sans pouvoir se relever ni arrêter la foule. Plus de cent autres en furent malades pour avoir été pressées et par la chaleur du temps qui était alors excessive. On attribua tous ces accidents à l'embarras que le portier avait causé pour n'avoir laissé qu'une partie de la porte ouverte, et à des filous qui profitèrent de cette occasion pour enlever les montres et les croix de diamants aux dames ainsi pressées ou culbutées. On en arrêta dix ou douze qui avaient leurs poches pleines de tabatières d'or et d'argent, de montres, de croix de diamants, de fichus brodés, de mouchoirs, de barbes, de cornettes à dentelle, de morceaux de vestes d'hommes et de queues de manteaux de dames de riches étoffes que ces filous avaient subtilement coupés.

— Le 7e d'août, sur le soir, il fit un orage si terrible au-dessus de la ville de Sainte-Menehould en Champagne, qui est à neuf lieues de Châlons et du même diocèse, que le tonnerre tomba sur cette ville en plusieurs endroits à la fois; toutes les maisons et l'église paroissiale furent réduites en cendres en peu de temps, sans qu'il fût possible d'éteindre le feu. Les magistrats de Châlons, informés du malheur des habitants de Sainte-Menehould, leur envoyèrent le lendemain vingt septiers de farine et le jour suivant soixante septiers de blé. Le chapitre de l'église cathédrale leur envoya une somme de onze cents livres, M. l'évêque de Châlons, quatre mille livres, et M. l'intendant[1], mille livres; lequel intendant se transporta à Paris avec quelques députés de cette ville désolée, pour tâcher d'obtenir quelque grâce du Roi et de M. le Régent pour aider les habitants à rétablir leurs maisons; lesquels habitants étaient réduits en attendant à camper en pleine campagne, n'étant resté de toute la ville qu'un couvent de capucins et un autre de religieuses qui avaient été préservés de ce funeste incendie.

[1] Lescalopier, maître des requêtes.

— Le 4 de septembre 1719, on apprit que le flux de sang ravageait bien du monde à Chaumont en Bassigny et aux environs, et que la sécheresse y faisait aussi périr les bestiaux comme en Champagne, et que les vins s'aigrissaient dans les caves à cause de la chaleur excessive.

— On apprit aussi de la Rochelle que les cent cinquante filles qu'on y avait envoyées de Paris pour être transportées au Mississipi, s'étaient jetées comme des furies sur les archers, leur arrachant les cheveux, les mordant et leur donnant des coups de poing, ce qui avait obligé les archers de tirer leurs fusils sur ces pauvres créatures, dont six avaient été tuées et douze blessées; ce qui avait intimidé les autres de telle sorte qu'elles se laissèrent embarquer.

— M. le duc de Richelieu sortit de la Bastille et fut relégué à Richelieu en Poitou.

— Le 6, on rendit un arrêt à la seconde chambre des enquêtes, qui débouta le marquis de Béon[1] de la demande qu'il avait intentée contre le duc de Luxembourg et contre ses cohéritiers, pour avoir le comté de Ligny, le duché d'Espinoy et la principauté d'Egmont, comme descendant en ligne directe de la fille aînée du dernier duc de Luxembourg, et prétendant que le feu maréchal de Luxembourg descendait seulement de la cadette. En réjouissance du gain de ce procès, M. le duc de Luxembourg fit défoncer le soir, devant la porte de son hôtel, trois tonneaux de vin dont tous les passants buvaient à discrétion, et fit tirer quantité de fusées.

— Le 4, on brûla à l'hôtel de ville deux mille quatre cent trente-cinq billets de l'État, ce qui montait alors en

[1] L'arrêt porte : « Entre messire Charles de Béon, chevalier, marquis de Boutteville, prenant le nom de Luxembourg, se disant chef du nom et des armes de la maison de Luxembourg, comme pareillement se disant substitué au comté de Ligny, duché de Pinay, etc. »

tout à la valeur de cent sept millions huit cent soixante mille huit cent vingt livres d'anéanties.

— Le jour précédent, la comtesse de Bonneval mourut; elle était mère du comte de Bonneval[1], général des troupes de l'Empereur.

— Par arrêt du conseil, on vendit alors les meubles du sieur Paparel, qui, par arrêt de la chambre de justice, fut relégué à Saumur, pour ses malversations dans la charge de trésorier de l'extraordinaire des guerres.

— M. le comte de Guitaut-Comminges[2], maréchal de camp et inspecteur des armées du Roi, épousa mademoiselle de Saumery, fille de M. le marquis de Saumery, sous-gouverneur du Roi.

— M. Ferrand, fils du trésorier et grand maître des eaux et forêts, épousa mademoiselle de la Faluère, fille du président.

— Le 6, M. Dussant partit en qualité d'envoyé de France, avec le sieur de Fienne, interprète du Roi en langues turque et arabe, pour aller à Alger, à Tunis et à Tripoli, pour y convenir des conditions du commerce avec la France.

— Les négociants de France allaient depuis peu à Moka, qui est une ville en Arabie sur le bord de la mer Rouge, plus loin et au-dessus de la Mecque, où ils chargeaient du riz, du café et autres choses à meilleur compte et avec moins de difficulté qu'au grand Caire.

— Les avis du Levant assuraient que la peste avait fait

[1] Claude-Alexandre, comte de Bonneval, né le 14 juillet 1675, mort le 22 mars 1747. Il avait pris le turban en 1720, et s'appelait Achmet-Pacha; le comte de La Tour, son fils, se nommait Soliman-Aga. Il existe des Mémoires apocryphes du comte de Bonneval.

[2] Guitaut-Comminges était énormément gros. Saint-Simon dit que son nom fut donné par plaisanterie aux mortiers du plus gros calibre. Il avait un frère chevalier de Malte.

durant le mois de juillet un terrible ravage dans presque toutes les villes; qu'au seul grand Caire il y était péri plus de quatre cent mille personnes, à Seyde plus de neuf cents par jour, autant à Alep, à Constantinople un très-grand nombre, et ainsi dans les autres villes; et que dans le même mois de juillet il avait fait en ces pays-là un tremblement de terre si violent que la ville de Nicomédie en avait été entièrement abîmée, celle de Smyrne en partie, ainsi que celle de Constantinople et plusieurs autres lieux considérables.

— On assurait que quelques armateurs français avaient pénétré dans une île de l'Amérique appartenant aux Espagnols, où ils avaient brûlé quantité de bois propres à construire des vaisseaux, pour la valeur de cinq millions, et où ils avaient enlevé quantité de marchandises.

— La pompe funèbre de madame la duchesse de Berry se fit le 2°, à Saint-Denis [1].

— Et le 5, on fit l'anniversaire du feu roi Louis XIV.

— Le 6, le Parlement rendit un arrêt qui condamna M. l'évêque de Soissons à une somme de dix mille livres d'aumône envers les pauvres, pour n'avoir pas satisfait à

[1] *Lettre écrite par Louis XV au prieur et aux religieux de Saint-Denis pour recevoir le corps de la duchesse de Berry :*

« Chers et bien amés, Dieu ayant disposé de notre très-chère et très-aimée tante la duchesse de Berry, notre intention est que son corps soit inhumé dans l'église de l'abbaye royale de Saint-Denis, en France, et vous mandons, de l'avis de notre très-cher et très-amé oncle le duc d'Orléans, régent, de la recevoir avec les marques d'honneur et de piété accoutumées en pareille occasion, et d'ouvrir le tombeau où reposent les princes de notre sang de la branche de Bourbon, pour y être inhumé le jour que nous avons destiné pour faire célébrer le service solennel que nous voulons être fait dans votre église pour le repos de son âme le jour que le grand maître ou le maître des cérémonies vous dira plus particulièrement de notre part. Si n'y faites faute, car tel est notre plaisir. Donné à Paris, le 22 juillet 1719. »

l'arrêt de la Cour qui supprima sa lettre écrite à M. le duc d'Orléans, et que s'il persistait à n'y pas satisfaire dans un temps limité, il serait procédé à la saisie de son temporel et ensuite condamné à telle autre peine que la Cour aviserait.

— Le 5, on apprit que le père Le Tellier, confesseur du feu Roi, était mort le 1er de ce mois au collége de la Flèche, où il avait été enfin relégué.

— Par un autre arrêt du 6, le Parlement supprima le décret du saint-office de l'inquisition de Rome du 10 août, qui condamnait l'instruction pastorale de M. le cardinal de Noailles, au sujet de son acte d'appel de la Constitution, lequel décret la qualifiait de schismatique, de scandaleuse, tendant à hérésie et à erreur, etc., et excommuniait Son Éminence, l'imprimeur et tous ceux qui l'avaient débitée, qui l'avaient lue, qui la gardaient ou qui la garderaient.

— M. le comte de Coigny écrivait du 31 août, qu'étant sur le point d'entrer dans la plaine de Pampelune, il avait reçu ordre de marcher en Catalogne avec les troupes qu'il commandait, et qu'il avait pris la route de Montlouis en Cerdagne et qu'il avait plus de cent lieues de chemin à faire.

— A la fin du mois d'août on s'aperçut dans le parc et dans les jardins du château de Saint-Cloud, que les feuilles et les fruits des arbres étaient mangés par des insectes qui ressemblaient à des sauterelles, dont une partie étaient entrés dans quelques appartements du château où ils commençaient à gâter les tableaux, les tapisseries et les ameublements, ce qui obligea de tout détendre pour les en chasser, de sorte qu'on en remplit plusieurs tonneaux et plusieurs grands paniers que l'on fit brûler ensuite avec de la paille.

— Le 10, M. le prince de Conti arriva de Navarre en litière à Issy, chez madame la princesse de Conti, sa mère.

— M. de Vendôme se démit alors du grand prieuré de France, en faveur de M. le chevalier d'Orléans, général des galères, fils naturel de M. le Régent et de mademoiselle de Séry, comtesse d'Argenton, moyennant une pension de neuf mille livres par mois.

— L'exil du duc de Richelieu fut borné à Saint-Germain en Laye.

— M. le Régent jugea à propos d'établir quatre sols pour livre sur les tailles de la généralité de Paris, pour en employer le produit à l'acquit des dettes de feu mademoiselle la duchesse de Berry et pour servir à payer les pensions des officiers de cette princesse.

— Le 14, la bénédiction de madame l'abbesse de Chelles se fit en cette abbaye par M. le cardinal de Noailles; il y eut ensuite un repas des plus superbes pour la magnificence, pour la bonne chère et pour l'arrangement. Il y avait vingt-quatre tables qui furent également servies et qui composaient six cents couverts qui furent occupés par toutes les personnes de la cour qui y avaient été invitées par M. le duc d'Orléans, qui honora cette fête de sa présence, ainsi que madame la Régente, M. le duc de Chartres et les princesses.

— Le 16, madame l'abbesse de Chelles régala splendidement la communauté, avec les abbesses de Montmartre et du Val-de-Grâce, qui étaient encore restées à Chelles.

— Il y avait à la Banque douze imprimeurs qui travaillaient jour et nuit à l'impression des billets de banque de dix mille livres chacun, pour la valeur de cent vingt millions qui devaient être compris en vingt registres de six cents billets chacun, en exécution d'un arrêt du conseil d'État qui avait été publié le 12 de ce mois.

— La Compagnie des Indes nomma trente directeurs pour la régie des fermes générales, dont la plupart furent choisis parmi les derniers fermiers généraux, avec deux mille écus d'appointements chacun, et qui furent obligés de financer une somme de cent mille francs chacun pour servir de caution à la compagnie, qui devait leur en tenir compte et des intérêts de cette somme.

— On assurait que M. le duc de Bourbon avait déjà profité de huit millions au négoce inconcevable des actions de la Compagnie des Indes.

— On voulait aussi que le sieur Gaudion, receveur général des galères, y eût gagné trois millions depuis six mois; qu'un laquais de M. Le Blanc y eût déjà profité de plus de huit cent mille livres.

— M. Croizet, conseiller au Parlement, fils du président Croizet[1], mourut le 10.

— M. du Martray, lieutenant particulier au Châtelet de Paris, mourut le 13.

— La dame Chopin, femme du chevalier du guet, mourut le même jour, de la petite vérole.

— Le 13, on publia un arrêt du conseil d'État qui permit à la Compagnie des Indes de prendre de nouvelles actions pour la valeur de cinquante millions, qui se trouvèrent remplies et retenues par l'empressement et par l'aveuglement extraordinaire des Parisiens, même avant la publication de cet arrêt.

— Le fils unique du marquis de Montendre, âgé de dix ans, mourut le 15, de la petite vérole, et laissa une succession de quatre-vingt mille livres de rente.

— Le même jour, M. de Marillac, doyen des conseillers d'État, mourut de cette maladie, âgé de quatre-vingt-quatre ans.

---

[1] Louis-Alexis Croiset, président au Parlement, reçu le 18 décembre 1682; son fils, Louis-Alexis Croiset d'Estian, fut reçu conseiller le 10 mai 1715; son fils, qui portait les mêmes prénoms, fut reçu également conseiller le 14 août 1738.

— Le 17, madame la comtesse de Crécy-Verjus mourut âgée de quatre-vingt-un ans [1].

— Le 18, on apprit par un courrier que le comte de Coigny était entré dans la Cerdagne espagnole, où les troupes qu'il commandait trouvaient toutes choses en abondance; que les habitants de Barcelone et de toute la Catalogne se récriaient hautement contre le gouvernement d'Espagne et surtout contre le cardinal Alberoni, comme auteur de cette guerre si ruineuse à l'Espagne, et que l'escadre anglaise avait paru devant la Corogne en Espagne, où elle avait causé de grandes alarmes.

— On apprit aussi que le marquis de Leyde, en Sicile, était réduit aux places de Palerme, de Catane et de Gaëte, depuis que le général Mercy s'était rendu maître de Messine, de la citadelle et des forts voisins, en obligeant la garnison de se rendre prisonnière de guerre et ayant exigé cinq millions des habitants de cette ville, pour l'exempter du pillage et des autres extrémités.

Chanson sur l'air de Joconde.

1.

Quand je pense à tous les malheurs
De ma chère patrie,
Je ne puis retenir mes pleurs;
Je fais le Jérémie.
Hélas! que deviendra Paris?
Je n'y vois plus que troubles;
Tout est perdu, jusqu'aux paris,
Malgré leurs parties doubles.

[1] Le comte de Crécy-Verjus avait été l'un des trois ambassadeurs envoyés par la France, en 1697, au congrès de Ryswick, qui mit fin à la guerre du Palatinat.

2.

Comme autrefois de Pharaon
 Le grand économe
Par sa grande précaution
 Soulagea le royaume;
Ainsi Law, prévoyant le mal
 Dont le sort nous menace,
Porte des fonds à l'hôpital
 Où son projet nous place.

3.

Un jour, un courrier d'Occident
 Faisant le petit-maître,
Fut arrêté par un quidam
 Vendeur de thermomètre.
L'agioteur, haussant la voix,
 Lui dit : « A d'autre, à d'autre;
Celui de la rue Quincampoix
 Vaut bien mieux que le vôtre. »

Autre.

Tel qui, plein d'espérance,
 Donne dans l'occident,
Un jour dans l'indigence
 S'estimera content
D'avoir la préférence
 De s'en aller d'ici
  Au Mississipi.

— Ce qui donna peut-être lieu aux chansons[1] qui viennent d'être rapportées, ce fut que le sieur Law était allé à l'hôpital de la Salpétrière, et qu'après avoir demandé aux supérieurs de la maison un certain nombre de filles qu'on y avait élevées et non de mauvaise vie, avec un pareil nombre de garçons, pour être mariés au Mississipi, en leur faisant espérer une bonne dot à chacun, il avait promis un million à cet hôpital, pour le dédommager du profit que ces jeunes gens pouvaient faire à la maison par leur travail.

[1] Voici une autre pièce de vers qui fut faite sur Law. Elle est intitulée *Véritable portrait de très-fameux seigneur messire Quincampoix*.

  Certain Diogène moderne,
  Cherchant dans tout le genre humain
  Quelqu'un que la raison gouverne,
  Vint à Paris un beau matin;
  Il portait en main sa lanterne.
  Quel spectacle s'offre à ses yeux!
  Quincampoix, un monstre odieux
  Qui mérite qu'un coup de berne
  Lui montre le faubourg des cieux.
  « Je trouve, dit-il, en ces lieux,
  Des fous de plus d'une manière. »
  Il fut surpris d'une chaudière :
  Elle bouillait sur un foyer;
  Un diable y brûlait du papier,
  Billets d'État et de Monnaie,
  Primes de West, primes du Sud;
  Papiers plus faux que le Talmud;
  Il en faisait un feu de joie.
  Dans la chaudière, à pleine main,
  Un fou jetait sur l'espérance
  D'une ambitieuse opulence
  Son or et l'argent du prochain.
  Quand la matière était fondue
  Qu'en sortait-il? Papiers nouveaux,
  Billets de banque des plus beaux,
  Marchandise bien cher vendue.
  L'extravagante vanité
  Montrait pour devise un Icare,
  Vrai symbole du sort bizarre

[1719] SEPTEMBRE.

— Le 15, on publia un édit du Roi qui supprima tous les offices créés sur les ports, quais, halles et marchés de la ville de Paris, dont les droits se levaient sur le bois de chauffage, sur le charbon de bois et de terre, sur le foin, sur les grains, sur la farine, sur le poisson de mer et d'eau douce, sur les œufs, sur le beurre salé ou fondu, sur le fromage et sur la volaille, sur le gibier, sur les cochons, sur les autres bestiaux et sur d'autres denrées; lequel édit fut affiché par tout Paris, de sorte que, le 17, les charre-

> D'un Quincampoix discrédité.
> Derrière elle, un monstre barbare,
> L'Envie avec sa noire dent
> Grugeait la tête d'un serpent.
> La flamme d'un boteau de paille
> Représentait naïvement
> Le court éclat de la canaille.
>
> Armé de torche et d'un poignard,
> Le Désespoir, d'une autre part,
> Attendait, pour saisir un homme,
> Qu'il eût fondu toute la somme.
> Sur une truie, un faquin nu
> Criait : « Hélas ! j'ai tout perdu,
> Me revoilà donc dans la crasse ! »
> Un satyre à laide grimace
> Pestait contre les actions,
> Qui, comme d'affreux scorpions,
> Ont une queue envenimée.
> « Troupe digne d'être enfermée,
> Cria Diogène en courroux,
> Un âne est moins bête que vous.
> Vous recherchez une couronne
> De plumes de paon, de chardons,
> C'est la sottise qui la donne,
> C'est pour elle qu'en nos maisons
> Vous introduisez la famine.
> Vos ustensiles de cuisine
> Sont des meubles à retrancher.
> Vous méritez qu'on vous assomme,
> Et loin de vous je vais chercher
> Où je pourrai trouver un homme. »

tiers qui amenèrent du foin furent agréablement surpris de ce que les commis qui étaient aux barrières n'exigeaient plus que cinq sols par cent, au lieu de quatre livres quinze sols qu'ils leur faisaient payer auparavant.

— Le 19, les chasse-marées ne le furent pas moins, de ce qu'on ne voulut pas leur délivrer aux barrières de laissez-passer pour ce qu'ils amenaient de marée.

— Le public fut réjoui, parce que le charbon fut réduit à deux livres quinze sols le sac au lieu de quatre livres dix sols, et parce qu'on allait avoir trois voies de bois, pour ce qu'il en coutait auparavant pour deux voies.

— Les jurés vendeurs de marée furent comme au désespoir de la suppression de leurs offices qui leur rapportaient des profits immenses, outre les plus beaux poissons qu'ils avaient pour rien à leur choix; étant certain qu'un marchand de marée ne remportait que dix-sept pistoles au lieu de vingt-huit que valait sa marchandise, ainsi onze pistoles allaient au profit de ces officiers.

— Les offices des mouleurs de bois, qui valaient quarante-cinq mille livres avant cet édit, ne devaient être remboursés que sur le pied de la première finance, qui était seulement de douze mille cinq cents livres.

— Il en devait être ainsi des offices de vendeurs et jaugeurs de vins, de mesureurs de grains et de farine, de charbon et de chaux, de metteurs à port et de planchéeurs, de vendeurs de foin, d'auneurs de toiles, d'inspecteurs et langueyeurs de cochons, etc.

— Les actions de la Compagnie des Indes, qui étaient montées, quinze jours auparavant, à onze cents livres par cent chacune, baissèrent à neuf cents livres par cent le 17 et le 18.

Centurie 1re, extraite du livre des prophéties de Nostradamus, quatrain 53e, imprimé à Troyes en 1588, in-18°.

> Las! qu'on verra grand peuple tourmenté
> Et la loi sainte en totale ruine
> Par autres lois toute la chrétienté,
> Quand d'or, d'argent trouve nouvelle mine.

MENUET.

> L'aspect nouveau de l'état de la France
> Fait rire l'un, fait dire à l'autre : « Hélas!
> Serait-ce un dieu qui régit la finance?
> Est-ce un démon sous la forme de Law? »

— Le 20, le marquis de Courcillon mourut de la petite vérole sans laisser aucun enfant[1].

— Le 22, la femme du sieur Paris de la Montagne mourut de la même maladie.

— Par des avis de Perpignan, on apprit alors que douze ou quinze mille miquelets des plaines de Solsone et d'Urgel avaient pris parti dans nos troupes, et qu'on devait en former des régiments pour ravager le pays.

— Le même jour 22, le sieur Marion, célèbre docteur et professeur en théologie au collège de Navarre, mourut, regretté pour son mérite.

— Le même jour, on publia un arrêt du conseil d'État qui supprima les deux sols pour livre sur le suif, sur l'huile à brûler, sur le poisson, sur les cartes à jouer et sur d'autres denrées, et qui permit à la Compagnie des Indes de rembourser quatre millions de rentes constituées sur la ferme du tabac, à commencer au 1er octobre de l'année 1719.

[1] On lit en marge : Faux; il laissa une fille qui est aujourd'hui madame la princesse de Rohan.

— M. le duc de Chartres prêta serment au Roi pour le gouvernement de la province de Dauphiné, dont le duc de La Feuillade s'était démis en sa faveur.

— Le 20, le Roi accorda à M. de Bérulle, maître des requêtes, la survivance de la charge de premier président au parlement de Dauphiné ou de Grenoble, dont jouissait alors monsieur son père.

— Le même jour, M. le comte de Saint-Marc Colbert, mestre de camp de cavalerie et enseigne de chevau-légers, mourut de la petite vérole; son mariage était conclu avec une fille de M. le marquis de Biron.

— Le 24, M. le marquis de Louvois, âgé de vingt-deux ans, mourut de cette maladie à Rambouillet; il avait la survivance de la charge de capitaine des Cent-Suisses de la garde du Roi, qui vaut vingt-quatre mille livres de rente. Il laissa un fils âgé de dix-huit mois, et la dame son épouse grosse de quatre ou cinq mois, qui est sœur de M. le duc de Noailles.

— On assurait qu'à Turin, en Piémont, la même maladie avait emporté plus de quatre mille personnes en très-peu de semaines.

— Le 15, le tonnerre tomba sur le clocher de l'église de l'abbaye de Saint-Évroult, en Normandie, et le feu en fut si violent, que la couverture et les cloches en furent fondues.

— Le 18 au matin, on maria dans l'église du prieuré de Saint-Martin-des-Champs, à Paris, cent quatre-vingts filles avec autant de garçons, qu'on avait tirés de la prison de ce prieuré et d'autres prisons de cette ville, ayant laissé la liberté à ces pauvres filles de choisir leur époux dans un plus grand nombre de garçons. Après laquelle cérémonie, on les fit partir liés d'une petite chaîne, deux à deux, le mari avec sa femme, suivis de trois charrettes chargées de leurs hardes, et pour les soulager de temps en temps, ou pour voiturer ceux ou celles qui se trouveraient malades

en chemin, escortés par vingt archers, pour les conduire
à la Rochelle et de là être transportés au Mississipi, dans
l'espérance d'une meilleure fortune.

— Le 23, par ordre de M. le cardinal de Noailles, les
prêtres séculiers et réguliers commencèrent à dire à leurs
messes l'oraison pour prier Dieu d'envoyer de la pluie, à
cause de la sécheresse qui durait depuis six mois, et afin
de pouvoir labourer les terres et les ensemencer.

— On observa que sur le soir du même jour, il tomba
de la pluie qui continua en abondance le 24 et le 26.

— M. l'abbé Bignon, conseiller d'État et bibliothécaire
du Roi[1], nomma M. de Boze[2], secrétaire de l'Académie des
inscriptions, et M. Fourmont[3], professeur royal en langue
arabe, pour travailler à l'inventaire des livres imprimés et
manuscrits qui composaient alors la bibliothèque du Roi;
lequel inventaire devait être vérifié par M. le marquis de
La Vrillière et par M. de Maurepas, secrétaire d'État.

— Le 24, on publia un arrêt du conseil d'État qui fit
défense aux officiers de marée de percevoir aucun droit et
de faire aucune fonction à la halle ni ailleurs.

— On assurait que quelques jours avant la publication
de cet arrêt, quelques députés de ces officiers avaient
offert à M. le garde des sceaux une somme de quinze cent
mille livres, pour être maintenus dans leurs offices, se
contentant en ce cas de deux sols pour livre. Sur quoi ce
magistrat, sans leur faire aucune réponse, se contenta de

[1] L'abbé Bignon fut nommé, par lettres patentes en date
du 15 septembre 1719, garde des médailles de la bibliothèque
du Roi.

[2] Claude Gros de Boze, né à Lyon le 28 janvier 1680, mort
le 10 septembre 1753, membre de l'Académie française, secrétaire perpétuel de l'Académie des inscriptions et belles-lettres,
intendant des devises et inscriptions des édifices royaux.

[3] Etienne Fourmont, né en 1683 à Herblay, près Saint-Denis,
mort le 18 décembre 1745.

les conduire jusque hors de son antichambre en leur disant : « Il faut, Messieurs, que vous soyez de grands fripons, d'offrir une si grosse somme et de vous contenter d'une aussi modique rétribution, après avoir tiré si longtemps plus de vingt sols par écus de soixante sols. »

— Le 4 octobre, madame Pâris, femme de M. Pâris[1], conseiller au Parlement, s'étant blessée, accoucha à six mois de grossesse; l'enfant fut ondoyé, et il se trouva attaqué de la petite vérole, dont il mourut.

— Suivant les avis de Rome, un abbé avait été condamné à mort par le tribunal de l'Inquisition, pour avoir écrit contre la constitution *Unigenitus*.

— La comtesse Grimani avait intenté procès contre son mari pour cause d'impuissance, ce qui faisait à Rome autant de bruit que celui de M. le marquis de Gesvres en avait fait à Paris[2].

[1] Il y eut plusieurs Pâris qui furent conseillers au Parlement à cette époque : 1° Nicolas de Pâris, reçu le 20 juillet 1684; 2° Anne-César de Pâris, reçu le 24 avril 1716, et 3° Jérôme-Nicolas de Pâris, reçu le 26 janvier 1717. Le diacre Pâris, sur la tombe duquel se réunirent plus tard les *convulsionnaires* et les *secouristes*, était frère d'un conseiller au Parlement.

[2] « Il arrive souvent, dit Saint-Simon, que les événements les plus tristes sont suivis de quelque farce imprévue qui divertit le public quand il y pense le moins. La maison du duc de Tresmes en fournit une qui fit un étrange éclat et qui amusa beaucoup le monde. Il avait marié son fils aîné (le duc de Gesvres) à mademoiselle Mascrani : c'était la fille unique d'un maître des requêtes qui avait des biens immenses, qui n'avait plus ni père ni mère, qui était sous la tutelle de l'abbé Mascrani, frère de son père, lorsqu'elle se maria, et dont les Caumartin, frères de sa mère, amis intimes du duc de Tresmes, avaient fait le mariage; elle n'était plus un enfant lorsqu'il se fit : avec ses richesses, elle crut qu'elle allait être heureuse. Elle ignorait que ce n'est pas le sort des femmes des Potier (nom patronymique du duc de Tresmes et du marquis de Gesvres). Madame de Revel, veuve sans enfants, et sœur peu riche du duc de Tresmes, vint loger chez elle pour gouverner sa belle-fille, qui ne se trouva pas facile

[1719] OCTOBRE.

— La princesse d'Egmont [1] mourut le 10 de la petite vérole après sa couche.

— Le marquis de Sassenage [2] mourut aussi de la même maladie.

— Le 8, on fit partir trente charrettes remplies de demoiselles de la moyenne vertu, qui avaient toutes la tête ornée de fontanges de rubans de couleur jonquille, et un pareil nombre de garçons qui avaient des cocardes de pareille couleur à leurs chapeaux, et qui allaient à pied. Les donzelles en traversant Paris chantaient comme des gens sans souci, et appelaient par leur nom ceux qu'elles remarquaient pour avoir eu commerce ensemble, sans épargner les petits-collets, en les invitant de les accompagner dans leur voyage au Mississipi.

à l'être ni la tante bien propre à cet emploi. Des mésaises on en vint aux humeurs, puis aux querelles et aux procédés, enfin aux expédients... La jeune femme s'enfuit chez la vieille Verthamont, sa grand'mère maternelle, et qui en était idolâtre, et de cet asile fit signifier une demande en cassation de mariage pour cause d'impuissance. Les factums de part et d'autre marchèrent. On peut juger ce qu'une telle matière fournit, et quelle source d'ordure et de plaisanterie. L'affaire se plaida à l'officialité. Le marquis de Gesvres prétendit n'être point impuissant, et comme c'était chose de fait, il fut ordonné qu'il serait visité par des chirurgiens et elle par des matrones nommés par l'officialité, et tous deux furent en effet visités. Il serait difficile de rendre les scènes que cette affaire produisit. Les gens connus et même distingués allaient s'en divertir aux audiences. On y retenait des places dès le grand matin. On s'y portait, et de là des récits qui faisaient toutes les conversations. » (*Mémoires*, t. XIX, p. 74 et 75.) Le procès a été imprimé sous ce titre : *Recueil général des pièces contenues au procès de M. le marquis de Gesvres et de mademoiselle Mascrani, sa femme*, et il est impossible de rien voir de plus ordurier.

[1] Comtesse et non princesse.

[2] Le marquis de Sassenage, premier gentilhomme de Monsieur, avait épousé mademoiselle de Morstein, fille du duc de Chevreuse et grande admiratrice de madame Guyon.

— Le sieur Gruet partit en même temps avec sa famille pour le même pays, pour y aller exercer un emploi, ayant été exempté des galères par le crédit de M. le garde des sceaux.

— Le 28 septembre, le Roi fit la revue des mousquetaires, des gardes du corps, des chevau-légers et des gendarmes dans le bois de Boulogne, où ils campaient depuis quelques jours. Plusieurs détachements des gardes à pied en occupaient les avenues. Il y avait plusieurs tables, sous des tentes, où les officiers régalaient leurs amis. M. le duc d'Harcourt donna, le soir du 27, un repas qui dura jusqu'à quatre heures du matin, où rien ne fut épargné.

— Le 7 octobre, le Roi fit encore la revue des chevau-légers et des gendarmes dans la plaine des Sablons, accompagné de M. le duc de Chartres, dans son carrosse. La brigade des gendarmes d'Orléans étant sur le point de passer devant le Roi, le major s'avança et présenta une épée nue à M. le duc d'Orléans, qui, l'ayant reçue, monta à cheval; et le prince s'étant mis à la tête de la brigade, salua le Roi en passant; puis, ayant pris congé de Sa Majesté, il prit le chemin de l'abbaye de Chelles. Le Roi prit ensuite le divertissement de la chasse du lièvre, avec des chiens d'Angleterre qui sont instruits de manière qu'ils prennent, à la course, un lièvre entre les deux épaules.

— Le 28, le baron de Back, jeune seigneur allemand fort riche, qui faisait ses exercices à l'Académie, mourut de la petite vérole.

— Le même jour, on fit avec grande pompe, en l'église de Saint-Germain des Prés, le service funèbre du marquis de Courcillon, fils unique du marquis de Dangeau, grand maître de l'ordre de Notre-Dame du Mont-Carmel et de Saint-Lazare, où assistèrent les commandeurs et les chevaliers de cet ordre, et quantité de seigneurs et de dames qu'on y avait invités.

— M. le marquis de Surville, lieutenant général des

armées du Roi, mourut le 4; on disait que c'était de chagrin d'avoir perdu depuis peu son fils, qui était mort de la petite vérole.

— Madame Titon, femme du sieur Titon, conseiller au Parlement[1], mourut de la même maladie et fut inhumée aux Hospitalières de Saint-Mandé, que feu M. Titon père a fondées.

— Le 4 octobre, on publia un arrêt du conseil d'État qui établit pour cinquante millions de nouvelles actions sur la Compagnie des Indes, avec défense aux caissiers de recevoir autre chose que du papier provenant de la banque, comme dans les deux mises précédentes, et sans aucune espèce d'or ou d'argent.

— Le droit d'entrée du vin se trouva réduit à vingt-cinq livres deux sols par muid au lieu de vingt-sept livres six sols.

— Le 5, on en publia un autre qui diminua aussi les droits qui se levaient sur le gibier, sur la volaille, sur les cochons de lait, sur les œufs, sur le beurre et sur le fromage.

— Le 6, M. le Régent nomma quatre conseillers d'État, quatre conseillers du Parlement, six maîtres des requêtes et deux conseillers du Châtelet; M. de Châteauneuf pour être à la tête de tous ces magistrats comme président, et M. Vatan pour être le procureur général d'une chambre royale qu'ils devaient tous former et composer à Nantes, en Bretagne. Son Altesse Royale fit assigner à chacun de ces magistrats une somme de vingt mille francs pour les frais de leur voyage, pour le service desquels on fit emballer une partie de la vaisselle d'argent et de la batterie de cuisine du Roi. Laquelle chambre royale avait été établie pour informer de ce qui concernait la conspiration

---

[1] Jean-Baptiste-Maximilien Titon du Plessis, reçu le 15 décembre 1716.

qui se tramait dans cette province par l'instigation de quarante gentilshommes les plus qualifiés pour livrer Saint-Malo et Brest aux Espagnols, et pour punir ceux qui se trouveraient coupables. Laquelle chambre royale devait être appuyée par plusieurs régiments et par une partie des troupes de la maison du Roi, qui eurent ordre de s'avancer dans la même province. Six bourreaux de Paris eurent aussi ordre d'aller à Nantes, d'y dresser un échafaud sur la place principale de cette ville pour y exécuter ceux qui seraient convaincus de cette perfidie, dont quatre avaient déjà été arrêtés [1].

— M. Maboul et deux autres conseillers d'État furent aussi nommés pour être de la même chambre royale.

— Plusieurs officiers de la bouche du Roi furent envoyés à Nantes pour le service de ces magistrats.

— Au *prima mensis* de ce mois d'octobre, le sieur Jollain fut élu syndic de la Sorbonne à la place du sieur Hideux, curé des Saints-Innocents.

— M. Petitpied, célèbre docteur, fut rappelé d'Issoudun, où il avait été relégué.

— M. l'évêque de Soissons aima mieux se résoudre à payer l'amende de cinq cents livres portée par l'arrêt du Parlement [2], que de s'y soumettre, afin de se pourvoir au conseil d'État contre les dix mille livres d'aumônes portées par le même arrêt du Parlement.

— Le chevalier Regnaut, fameux ingénieur, mourut le 3.

[1] Voici la composition de cette chambre : MM. de Chateauneuf, président ; Maboul, Bertin, Barillon, Parisot, Brunet d'Arcy, Pajon, Feydeau de Broë, Midorge, Hébert de Buc, de Saint-Aubin, de Beaussan et Aubri de Vatan ; Cayet, secrétaire-greffier. Le résultat des opérations de cette commission fut la condamnation à mort de quatre gentilshommes bretons : MM. de Pont-Calec, de Mont-Louis, de Talhouët et du Couédic. (Voyez Soulavie, *Mémoires du maréchal de Richelieu*, t. III, p. 179.)

[2] Voyez au 6 septembre 1719.

— M. le marquis de Crussol, âgé de vingt et un ans, mourut le même jour de la petite vérole [1].

— Le 2, un courrier de Rome apporta plusieurs bulles à M. le duc d'Orléans.

— Les lettres de M. le marquis de Coigny, du 20 septembre, portaient qu'il allait assiéger Urgel.

— Le 20 dudit mois de septembre, il se passa ici, dans le cloître de Saint-Germain l'Auxerrois, une scène extraordinaire dont voici le fait. Le sieur Nigon, avocat, qui logeait dans ce cloître, étant mort le 19, et sa bière étant exposée sur les sept heures du matin à la porte de son logis, couverte du drap mortuaire et environnée de cierges avec des chandeliers et un bénitier d'argent, on avertit le duc d'Aremberg, jeune prince des Pays-Bas qui logeait dans une maison voisine, que les prêtres de la paroisse allaient venir prendre le corps de cet avocat pour l'inhumer. Ce duc, qui avait passé la nuit à boire avec quatre autres seigneurs, descendit avec eux, suivis de leurs laquais, ayant tous une bouteille de vin et le verre en main. L'un s'approche du cercueil, lève le drap mortuaire, et apostrophant le défunt, lui dit : « Mon pauvre Nigon, que fais-tu là ? Viens boire avec nous. » Un autre saute sur le cercueil comme à cheval, et s'étant fait donner le bénitier, en renverse l'eau sur la tête du mort, en disant : « Tiens, bois, mon pauvre Nigon, car tu es mort de soif. » Puis, en faisant d'autres extravagances à l'entour de la bière, ils renversèrent les chandeliers et rompirent les cierges. Les prêtres, venus pour le convoi, furent bien étonnés de voir la scène de ces ivrognes, et n'en pouvant tirer que des obscénités, prirent le parti de porter le corps le mieux qu'ils purent. Ces seigneurs et leurs gens suivent le convoi dans le même équipage, et, le corps

---

[1] Le comte de Crussol était, dit Saint-Simon, fils de madame de Florensac, qui passait pour la plus belle femme de France.

étant posé dans l'église, ils en font le tour et se mettent à entonner, au lutrin, des *Alleluia* et des *Requiem* alternativement. Les remontrances que leur firent quelques prêtres sur leurs extravagances et sur le scandale qu'ils causaient ne firent pas plus d'effet que les menaces du curé de faire venir des hoquetons du Roi pour les mener en prison. Cela n'empêcha pas le curé de porter, après le service, ses plaintes devant un commissaire du Châtelet, qui furent attestées par les ecclésiastiques et par un grand nombre de personnes. Le lendemain matin ces seigneurs, avertis de ce qui s'était passé le jour précédent, et de ce que le curé voulait intenter contre eux au sujet de leurs extravagances, dont ils avaient entièrement perdu le souvenir, prirent sagement le parti d'aller chez le curé, à qui ils firent de grandes soumissions, et le prièrent d'excuser le vin qui les avait portés à des choses auxquelles ils n'auraient jamais pensé dans leur bon sens. Ainsi cela fut assoupi, le curé s'étant contenté de leur repentir. Le duc d'Aremberg ne suivit pas le convoi, parce que peu après qu'il fut descendu proche du cercueil il tomba comme mort, tant il était ivre, de sorte que ses camarades le firent porter dans son lit; et étant descendus de nouveau, ils dirent au défunt : « Mon pauvre Nigon, viens avec nous, tu boiras tant que tu voudras, et puis nous t'enterrerons comme nous venons de faire au duc d'Aremberg, qui a tant bu qu'il dort content. » Au sortir de l'église, ces ivrognes voulurent entrer chez M. l'abbé Bignon[1], conseiller d'État, s'imaginant qu'on y jouait des marionnettes, à cause de la quantité de personnes qu'ils y voyaient entrer et sortir. Mais le portier leur ferma la porte au nez, les menaçant aussi de faire venir des hoquetons. Toute cette scène ne manqua pas d'être bientôt rapportée à M. le duc d'Orléans, à qui elle donna

---

[1] L'abbé Bignon habitait le cloître Saint-Germain l'Auxerrois.

grand sujet de rire pour la nouveauté du fait dont il n'y avait pas d'exemple.

— Le 11, on publia un arrêt du conseil d'État qui réduisit le droit d'entrée du vin venu par eau à vingt-trois livres par muid, par terre à vingt livres; le muid de poiré à trois livres, le pommé à deux livres, et les vins d'Espagne et d'autres pays étrangers réputés de liqueurs, à quarante livres par muid.

— Depuis quelque temps on travaillait à la perfection du canal de Briare jusqu'à la rivière de Seine. On avait résolu de conduire l'Aisne, qui passe près de Compiègne, dans l'Oise, et celle-ci dans la Seine, et de faire un canal depuis le faubourg Saint-Antoine de Paris jusqu'à la porte de la Conférence.

— Le sieur Law manda les principaux marchands bouchers de Paris au sujet du prix excessif de la viande, et comme ils s'excusaient de ne pouvoir la donner à raison de quatre sols la livre comme il prétendait, à cause de la grande cherté des bœufs et des autres bestiaux, qu'on attribuait alors à la grande mortalité survenue quelques années auparavant, et au défaut d'herbages que la longue sécheresse avait causé en 1718 et en 1719, il leur avait dit : « Je saurai bien vous obliger à trouver le moyen de donner la viande au public au prix que je vous dis, ou la faire donner par d'autres. »

— Le sieur Law fit l'acquisition de six maisons de la rue Vivienne, depuis le jardin du palais Mazarin jusqu'à la rue Colbert; il avait résolu de les démolir entièrement, afin de construire à leur place un grand bâtiment superbe qu'il destinait à une bourse publique comme à Londres et à Amsterdam, avec les bureaux de la poste aux lettres, qui sont depuis longtemps en la rue des Bourdonnais.

— Le Roi donna le gouvernement d'Auxerre à M. le marquis de Lambert.

— On assurait que Sa Majesté avait fait acheter à Rome

le palais Mancini pour servir, dans la suite, de logement aux ambassadeurs de France, et que le roi d'Espagne avait donné depuis peu au cardinal Albéroni une terre de trois cent mille livres de rente.

— Suivant les ordres de M. le duc d'Orléans, on travaillait à miner les châteaux et les forts de Fontarabie et de Saint-Sébastien pour les faire sauter.

— M. le marquis de Silly, lieutenant général, qui commandait de ce côté-là dix-huit bataillons et dix escadrons entre Iron et San-Esteban, faisait escorter la grosse artillerie qu'on tirait de Fontarabie et de Saint-Sébastien pour la transporter à Saint-Jean Pied-de-Port pendant que les chemins se trouvaient encore en bon état.

— Madame la marquise de Bellegarde, bru de M. le duc d'Antin[1], mourut le 10 de la petite vérole, âgée de quarante ans.

— Le 12, on publia un arrêt du conseil d'État par lequel le Roi déclarait accepter les offres que la Compagnie des Indes faisait de prêter à Sa Majesté quinze cents millions au lieu de douze cents millions portés par l'arrêt du 27 août, et déclarait qu'il ne serait plus admis aucune nouvelle action sur la même Compagnie des Indes, en quelque manière que ce fût, en argent ni autrement.

— Le même jour, on en publia un autre qui supprima les fonctions de receveurs généraux des finances, et qui ordonna le remboursement de leurs charges.

— Madame de Lapara, veuve du sieur de Lapara, maréchal de camp[2] et célèbre ingénieur, mourut de la petite vérole.

[1] Femme du second fils du duc d'Antin; était fille de M. de Verthamont; son mari, qui avait obtenu la survivance de la charge de surintendant des bâtiments qu'avait son père, mourut quelques mois après elle.
[2] Louis de Lapara de Fieux, né le 24 septembre 1651, près d'Aurillac, brigadier des armées du Roi en 1693, lieutenant général en 1704, mort en 1706.

— Les héritiers du feu marquis d'Effiat[1] offrirent alors à M. le comte d'Évreux un remboursement de sept cent mille livres qu'il avait payées pour le marquisat d'Effiat, qui valait plus d'un million, dans lequel ils demandaient à rentrer par retrait lignager.

— La dame Chaumont, Flamande qui depuis huit ou neuf mois avait gagné la valeur de six millions à l'agio ou au commerce du papier, acheta de M. Bose, procureur général de la cour des aides, la terre et seigneurie d'Ivry-sur-Seine, à environ deux lieues de Paris, pour la somme de six cent quarante mille livres, et l'hôtel de Pomponne, en la place des Victoires, du sieur Bonnier, receveur des états de Languedoc, pour la somme de quatre cent quarante-deux mille livres.

— Le Roi donna des actions de la Compagnie des Indes pour la valeur de vingt-cinq mille francs à son porte-carreau, lequel en refusa peu après une somme de deux cent mille livres.

— Le 13, on publia un arrêt du conseil d'État qui défendit l'usage des étoffes des Indes et du Levant, des toiles peintes, de mousseline et de coton, et d'en faire entrer dans le royaume sous des peines rigoureuses.

— Le 15, M. Law prit possession de la direction des monnaies, au nom de la Compagnie des Indes.

— Le 17, M. Le Sage, abbé de Morigny, docteur de Sorbonne, mourut dans l'enclos des Filles de Saint-Thomas, où il logeait.

— Madame la marquise de Murçay mourut le même jour de la petite vérole.

— Le sieur Law acheta de M. Desmarets la maison de La Marche, qu'il fit abattre afin de la joindre à celle de l'Étang et d'en faire un bâtiment superbe.

[1] Le marquis d'Effiat passe pour avoir empoisonné MADAME, première femme du duc d'Orléans, frère de Louis XIV. Il était membre du conseil de régence.

— Le nommé Millet, inspecteur de police à Paris, fut condamné aux galères pour avoir fait de fausses lettres qu'il avait données à des aubergistes et à des fruitières.

— M. l'abbé de L'Estrade, nommé à l'évêché de Troyes, mourut de la petite vérole.

— M. le chevalier de Maulevrier-Langeron [1] fut déclaré chef d'escadre.

— On assurait que M. le duc de Bourbon avait profité de vingt millions sur les actions de la Compagnie des Indes, ce qui avait mis ce prince en état d'acquitter ses dettes et d'acquérir une terre considérable qui lui avait coûté huit cent mille livres; que M. le prince de Conti y avait aussi gagné quatre millions cinq cent mille livres; M. le duc d'Antin, douze millions; M. le marquis de Conflans, cinquante mille écus; M. Le Riche, cinquante mille livres; M. l'abbé de Tavannes, douze cent mille livres; M. l'abbé Prot, neuf cent mille livres. Mademoiselle Angletorp, Anglaise, fille d'un colonel, âgée de vingt-deux ans, y avait aussi gagné de quoi acquérir en son pays une terre de douze cents livres sterling de rente. Un seigneur anglais y avait gagné deux millions qui lui valaient cinquante mille livres sterling de rente. Le secrétaire du comte de Stairs, ambassadeur d'Angleterre, y gagna deux cent mille livres.

— Le 12, on publia un arrêt du conseil d'État qui supprima les droits de gros, de huitième et de l'annuel en faveur des marchands de vin de Paris en gros et en détail, sans y comprendre les quatre sols pour livre affectés aux hôpitaux.

— M. le Régent travaillait depuis six jours, l'après-dinée, pendant cinq heures, avec M. le garde des sceaux, M. le marquis de La Vrillière et le sieur Law, aux moyens

---

[1] Neveu de l'abbé de Maulevrier, aumônier de Louis XIV, fut ambassadeur en Espagne, puis maréchal de France.

de parvenir au remboursement des offices et des rentes supprimées.

— Par des avis d'Espagne, on apprit que le 26 de septembre une troupe de quatre cents Espagnols s'étant avancée, à la pointe du jour, jusqu'au chemin couvert de Gibraltar, y avaient été découverts, et qu'alors le commandant de la place, où il y avait une garnison de sept à huit mille hommes de troupes anglaises, en avait fait sortir aussitôt un détachement qui avait obligé les Espagnols de se retirer en désordre, dont la plupart furent pris ou tués dans un défilé par d'autres Anglais qui leur avaient coupé le chemin; et que dans le port de Gibraltar il y avait alors deux gros vaisseaux de guerre anglais, deux frégates de trente-six pièces de canon chacune, six armateurs de la même nation, huit armateurs impériaux, napolitains et ostendois, une galiote à bombes, deux brûlots et plus de vingt bâtiments de charge, pour faire des courses le long du détroit contre les Espagnols.

— M. de Malézieux, chancelier de la principauté de Dombes, fut par ordre du Roi à Doullens, porter à M. le duc du Maine l'épée qu'on lui avait ôtée en 1718.

— Le 12, madame la comtesse de Coigny, mère du lieutenant général, mourut âgée de soixante-dix ans.

— M. de Montmort, gentilhomme de la chambre du Roi, mourut de la petite vérole.

— M. de Monconseil, conseiller au Parlement, mourut le même jour de cette maladie.

— Le mariage du prince de Birkenfeld fut conclu avec mademoiselle d'O, fille du lieutenant général.

— Le même jour, le duc de La Trémouille mourut de la petite vérole; sa charge de premier gentilhomme de la chambre du Roi fut accordée en survivance au fils de ce duc, âgé de douze ans.

— M. le duc de Richelieu vendit alors sa terre de Rueil, qui est à trois lieues de Paris, à la maison royale et communauté de Saint-Cyr, pour une somme de quarante-deux mille écus; et peu auparavant il avait vendu les arbres de haute futaie de ce parc, pour cent cinquante mille livres, à madame la princesse de Conti, l'ancienne douairière directrice de Saint-Cyr.

— Le régiment des bombardiers fut alors incorporé dans celui d'artillerie.

— On délivra des brevets pour lever plusieurs régiments de dragons.

— M. de La Mothe levait à Toulon un régiment d'infanterie où l'on ne recevait que des déserteurs, pour être transporté au Mississipi avec cinquante autres compagnies de nouvelles levées.

— Le régiment d'Anjou fut donné à M. le marquis de Béthune, neveu de la feue reine de Pologne.

— Le Roi accorda une pension de six mille livres par an à M. de Cereste, frère de M. le duc de Brancas.

— Le Roi augmenta de six mille livres par an le gouvernement d'Aunis, en faveur de M. le maréchal de Matignon.

— M. le comte de Vertus se démit de la charge d'enseigne de gendarmes en faveur du marquis de Valbelle.

— M. Berthelot de Pléneuf obtint la permission de revenir de Turin, où il s'était réfugié pour se garantir des poursuites de la chambre de justice.

— On mit des placards à la Banque, suivant lesquels on offrait quatre mille cinq cents livres pour chaque ancienne action de cinq cents livres à qui aurait voulu s'en départir.

— Le 26, on publia un arrêt du conseil d'État qui supprima les receveurs généraux des finances au profit de la Compagnie des Indes.

— Les actions de cette Compagnie se négociaient publiquement, depuis quelque temps, en la rue Quincampoix, à Paris, où il y avait depuis le matin jusqu'au soir un si grand concours de personnes des deux sexes et de toutes conditions, et même d'ecclésiastiques, qu'on avait beaucoup de peine à passer au travers de cette rue, qui est fort longue et assez étroite.

— Les actions de cinq cents livres valaient alors cinquante-cinq livres pour cent de profit, celles de mille livres se donnaient à trente-huit et quarante livres pour cent de profit. Les billets de l'État, noirs, à quatre livres pour cent, et les blancs à six livres pour cent; les contrats de constitution de rente sur l'hôtel de ville de Paris, à six livres aussi pour cent.

— M. le duc de Bourbon se fit faire alors une croix de chevalier de l'ordre du Saint-Esprit qu'on estimait trois cent mille livres, pour la beauté et pour la richesse des diamants que ce prince avait fournis.

— Le bail d'une ferme que tenaient trois particuliers, frères et neveux du curé d'Argicourt, à Angenne en Santerre, proche de Montdidier en Picardie, étant sur le point d'expirer, on la fit publier, et elle fut adjugée à deux autres particuliers qui s'étaient associés comme les plus offrants et les derniers enchérisseurs. Les trois frères en furent si pénétrés de chagrin, que l'un des trois ne put s'empêcher de le témoigner en disant assez haut : « Tu me le payeras », en montrant au doigt l'un des deux associés; laquelle parole coûta cher aux trois frères, et servit d'indice pour les faire arrêter et pour les conduire ès prisons d'Amiens sur le soupçon que l'on eut contre eux d'avoir assassiné les deux associés trois semaines après l'adjudication, dans ledit lieu d'Angenne, sur le minuit, de deux coups de fusil. Sur cet indice, M. Chauvelin, intendant de la province de Picardie, les condamna tous trois à aller augmenter la colonie française de Mississipi, où l'on avait besoin de bons laboureurs. En conséquence de laquelle sentence on fut enlever leurs femmes et leurs enfants qui étaient en état de faire le voyage, sans vouloir permettre à ces pauvres femmes d'emporter avec elles à Amiens les enfants qu'elles avaient à la mamelle; et l'une de ces trois femmes mourut dans la prison peu après son arrivée, de chagrin, disait-on, de n'avoir pas eu la consolation d'emporter un enfant dont elle était accouchée seulement depuis deux mois.

— M. le duc de Richelieu eut ordre de se rendre incessamment de Saint-Germain en Laye à Richelieu, où il avait d'abord été exilé.

— Le sieur Law convint de donner une somme de cinquante mille francs de profit à une société d'architectes qui avaient acheté le jardin de l'hôtel de Soissons, afin qu'ils lui en rétrocédassent l'acquisition.

— Le 14, on publia un arrêt du conseil d'État qui établit la Compagnie des Indes en la ferme des gabelles des trois évêchés de Metz, Toul et Verdun, de Salins et de Moyenvic; des gabelles et du domaine de Franche-Comté, et du domaine d'Alsace, et qui annula le bail d'Armand Pillavoine, pour le temps et espace de neuf années consécutives à commencer au premier du présent mois d'octobre 1719.

— On apprit alors de la Martinique et de l'île de Saint-Christophe, qu'on y équipait en diligence douze vaisseaux de guerre pour une expédition sur les Espagnols, et afin d'enlever un grand nombre de nègres qui, après avoir déserté de diverses nations, s'étaient retirés dans l'île de Saint-Vincent, où il y avait des sucreries très-abondantes, à quoi on devait les appliquer.

— Le sieur Robert, de la rue Dauphine, gagna en très-peu de jours plus de quatre cent mille livres au commerce des actions de la Compagnie des Indes.

— Le sieur Law fit alors travailler à un nouvel hôtel des Monnaies, proche la barrière de la porte Montmartre, pour y fabriquer des espèces de cuivre rouge ou de billon

— On envoya en Bretagne six lettres de cachet, pour arrêter six des principaux seigneurs qui composaient alors les états de cette province, et pour les exiler en différents endroits.

— Le 20, M. Arnould, intendant des galères, mourut à Paris.

— M. l'évêque d'Agen publia dans son diocèse un mandement par lequel il déclarait adopter les sentiments de M. le cardinal de Noailles, comme conformes à ceux des saints Pères.

— M. l'évêque d'Arras[1] publia aussi une instruction pastorale, avec un mandement où il ordonnait des prières publiques avec exposition du saint Sacrement dans toutes les églises de la ville de Douai, les jours de dimanche, de fête et de jeudi, pour tâcher de réparer le scandale que les religieuses carmélites de Douai avaient causé, lorsqu'elles firent fermer la porte de leur église aux pères de l'Oratoire dans le temps qu'ils faisaient la procession du saint Sacrement, sous prétexte qu'ils n'avaient pas accepté la constitution *Unigenitus*.

— Le 27 octobre, les actions de cinq cents livres de principal étaient restées depuis plusieurs jours à cinquante-cinq livres pour cent de profit, et celles de mille livres à trente-huit et quarante livres. Les billets de l'État qui se nommaient blancs, se donnaient à six livres pour cent de profit. On les nommait blancs, parce que les intérêts en étaient dus. Les billets noirs ou ceux dont les intérêts étaient payés en partie, se donnaient à quatre livres pour cent de profit, et les contrats de rente sur la ville à six livres aussi pour cent de profit. Le tout se négociait publiquement à la rue Quincampoix, et se payait en louis d'or et en billets de banque. On y voyait des docteurs de Sorbonne, des prêtres et des religieux qui se mêlaient de ce

---

[1] Guy de Sève de Rochechouart.

commerce, aussi bien que toutes sortes de personnes, et dont tout le monde était alors comme enchanté.

— On refusait les vieilles espèces à la Banque, et pour obliger les particuliers de les porter à la Monnaie, on leur donnait quatre sols de profit par pièce.

— On apprit alors que le marquis de Coigny faisait le siège de Roses en Catalogne.

— Le 30, on publia un arrêt du conseil d'État qui supprima les rentes constituées sur le clergé du royaume et les offices créés sur le même clergé.

— Le même jour, on en publia un autre qui prorogeait le cours des liards au dernier de janvier 1720.

— La dame Chaumont, dont on a ci-devant parlé, se distinguait à Ivry-sur-Seine, depuis qu'elle avait fait l'acquisition de cette terre, par les nombreuses compagnies d'agioteurs et d'autres personnes qu'elle y attirait, et par la grande chère qui s'y faisait et qui consommait tous les jours un bœuf, deux veaux et six moutons pour la grosse viande, outre la volaille et le gibier de toute espèce en profusion, aussi bien que les vins de Champagne et de Bourgogne les plus exquis et autres liqueurs qui n'étaient pas plus épargnés. Elle faisait alors travailler aux Gobelins à des tentures de tapisseries superbes et d'un nouveau dessin pour les appartements du château d'Ivry-sur-Seine et de l'hôtel de Pomponne, qui conviendraient mieux à des princes du premier rang qu'à une agioteuse.

— M. l'évêque de Grenoble[1] mourut d'une dyssenterie le 29 à Fontainebleau, en venant à Paris.

— Le 25, on publia un arrêt du conseil d'État portant suppression des rentes assignées sur les greffes et sur d'autres revenus de l'État, sur les augmentations de gages héréditaires, sur les taxations fixes et héréditaires et sur

---

[1] Ennemond-Alleman de Montmartin.

d'autres parties employées dans les États du Roi, créées depuis le 1ᵉʳ janvier 1689.

— Le 29, on en publia un autre qui permit l'impression de nouveaux billets de banque de la valeur de dix mille livres chacun, pour la facilité du commerce, pour la valeur en tout de cent vingt millions de livres.

— Le 30, on en publia un autre qui ordonna le remboursement des rentes constituées sur le clergé, et qui supprima en même temps les offices établis sur ces rentes.

— On apprit alors qu'Urgel en Catalogne s'était rendue le 14 de ce mois, et que le 22 Roses avait été investie par M. du Guerchois, lieutenant général.

— M. l'abbé de Montmorel, aumônier de feu madame la Dauphine, duchesse de Bourgogne, mourut le 26, âgé de soixante-douze ans.

— Les actions de cinq cents livres étaient alors à quatre-vingt-quinze et quatre-vingt-seize livres pour cent de gain; celles de mille se comptaient pour cinq mille livres de gain. Les récépissés sur le même pied. Les billets de monnaie se prenaient à raison de trente-huit livres par cent de perte. Les billets de l'épargne, du temps de M. Colbert, à quatre-vingt-treize livres par cent de perte.

— Le 31, on mit en prison neuf clercs de procureurs et de notaires, pour avoir produit de faux billets sur la place.

— Le sieur Law offrit un million de la terre de Saint-Germain, située sur le chemin de Rouen, appartenant au marquis de Vienbourg, quoiqu'elle ne fût estimée que quatre cent mille livres.

— On travaillait avec empressement à la liquidation des contrats de l'hôtel de ville pour parvenir à leur remboursement.

— Le 26, un payeur de rentes de l'hôtel de ville, étant dans un cabaret de la rue Quincampoix, voyant que les actions étaient à soixante-douze livres par cent, les fit monter à soixante-quinze, et en prit pour la valeur de quatre cent mille livres, et, deux heures après, il s'en défit à raison de quatre-vingt-six livres par cent de profit, dont il fut payé en billets de banque.

— Le sieur Guesche, Anglais de nation, ayant gagné quatre millions à ce commerce inconcevable, tenait un équipage de prince et fit une largesse de cinq cents livres à chacun de ses domestiques. Il logeait à l'hôtel de Taranne, en la rue Taranne, au faubourg Saint-Germain.

— Les soumissions de cinq cents livres étaient à quarante-huit par cent de bon; celles de mille livres à quarante-deux; celles de cinq mille livres à trente-huit livres, et celles de dix mille à trente-quatre et trente-six livres par cent de bon; les billets noirs de l'État à deux livres, les blancs à cinq et six livres par cent de gain pour ceux qui s'en défaisaient. Les contrats sur la ville se donnaient à deux livres par cent de perte. Les billets d'ustensiles gagnaient seize livres par cent, et quelques mois auparavant on y perdait jusqu'à quatre-vingt-dix-huit livres par cent, ou pour mieux dire on n'en voulait pas du tout.

— Le 26, un clerc d'avocat qui avait entre ses mains pour la valeur de six millions de ces billets d'ustensiles, fit un gain immense en les négociant, dans la même rue Quincampoix.

— Le 17, M. le marquis de La Vrillière et M. de Maurepas, tous deux secrétaires d'État, et M. l'abbé Bignon, conseiller d'État et bibliothécaire du Roi, se transportèrent en la bibliothèque de Sa Majesté, rue Vivienne, où elle était depuis soixante ans, avec un secrétaire du Roi, M. de Boze, secrétaire perpétuel de l'Académie royale des inscriptions et belles-lettres, et le sieur Fourmont, professeur au collège royal en langue arabe, tous deux commissaires, nommés par arrêt du conseil d'État, pour inventorier le contenu de cette riche bibliothèque, qui se trouvait placée depuis plus de soixante années dans deux maisons qui appartenaient aux héritiers de feu M. le marquis de Seignelay, et dont le Roi payait quatre mille cinq livres de loyer par an, et où M. Colbert, contrôleur général des finances, l'avait fait venir du voisinage de Saint-Cosme, de la rue de la Harpe. On visita tous les logements, et on reconnut qu'il était absolument nécessaire de placer ailleurs cette nombreuse bibliothèque, pour être plus en sûreté, parce qu'elle menaçait ruine depuis quelques années. On commença ensuite l'inventaire, et tous ces messieurs signèrent cette première séance, comme ils firent à toutes les autres, ainsi que M. de Targny, docteur en théologie, et M. Boivin [1], professeur au collège royal en langue grecque, tous deux préposés à la garde de cette bibliothèque, et il fut arrêté que M. de Boze et M. Fourmont y viendraient le mardi, le jeudi et le vendredi de chaque semaine pour en continuer l'inventaire.

— Le 4 de novembre 1719, M. le garde des sceaux, passant par la rue aux Ours, fut obligé d'y rester plus d'une heure à cause d'un embarras, pendant lequel temps plusieurs gens de boutique de cette rue lui représentèrent le préjudice considérable qu'ils recevaient dans leur commerce de jour et de nuit, par le concours extraordinaire de monde que les actionnaires et les agioteurs attiraient dans la rue Quincampoix et dans la rue aux Ours, où la première aboutit. Sur quoi ce magistrat leur promit d'y mettre ordre.

— Le même jour, M. de Machault, lieutenant général de police, fit publier une ordonnance par laquelle il fut fait défense à toutes personnes de s'attrouper en la rue Quincampoix, avant huit heures du matin, avec ordre d'en sortir à neuf heures du soir, dont le signal se ferait au son d'un tambour de la ville.

— Madame de Saintot, veuve de l'introducteur des ambassadeurs [2], mourut le 1ᵉʳ de ce mois.

[1] Jean Boivin de Villeneuve, né le 28 mars 1663, mort le 29 octobre 1726.
[2] Sainctot était mort avant sa femme, à l'âge de quatre-vingt-

— Par des avis de Barcelone du 28 octobre, on apprit qu'on y était dans une grande consternation de ce que les troupes de France, au nombre de trente-cinq mille hommes, après avoir réduit la Cerdagne espagnole, faisaient le siége de Roses, bloquaient Girone, Cardone, Lérida, Wich, Solsone, Balagner, Palamos et Ostalrich tout à la fois.

— M. le président Tambonneau[1] mourut alors âgé de quatre-vingt-huit ans.

— M. Massicaut, doyen des conseillers du grand conseil, mourut le même jour.

— Un jardinier du champ de l'Alouette, au voisinage de Clamart, au bout du faubourg Saint-Marceau, mourut aussi, alors âgé de cent quatorze ans; il s'était remarié depuis deux ans à une femme âgée de quatre-vingt-dix-huit ans, qui mourut huit jours avant lui; lequel n'avait jamais été malade et avait conservé un très-bon sens jusqu'à son décès. On rapporte que quatre jours avant que de se mettre au lit, il alla comme par un pressentiment de sa fin, dire adieu aux religieuses anglaises, auxquelles il fournissait des herbages, des légumes et des fruits depuis plus de soixante ans. La supérieure étant avertie de sa venue, fit assembler sa communauté pour faire d'autant plus d'honneur à ce bon vieillard et pour le féliciter sur son grand âge.

— Le 5, M. l'abbé de Lorraine[2] fut sacré évêque de Bayeux en l'église métropolitaine de Paris; il y eut un si grand concours de monde, que l'on compta plus de trois cents carrosses aux environs de cette église cathédrale.

---

six ans, laissant deux fils, et une fille qui épousa le comte de La Tour.

[1] Président à la chambre des comptes. (Voyez *Historiettes* de Tallemant des Réaux : *Le président et la présidente Tambonneau*.)

[2] François-Armand de Lorraine d'Armagnac.

— M. du Guerchois eut le gouvernement de la Seu d'Urgel.

— Le mariage de mademoiselle de Valois, fille de M. le duc d'Orléans, fut alors conclu au Palais-Royal avec le prince fils aîné du duc de Modène[1].

— Le 8, on publia un arrêt du conseil d'État qui diminua le suif et la chandelle de deux sols par livre, qui fut réduite à huit sols neuf deniers.

— Le 9, les billets de monnaie se donnaient à quarante-quatre pour cent de perte, et ceux de l'épargne à quatre-vingt-douze livres pour cent de perte.

— Le marquis de Vivans[2] mourut de la petite vérole.

— La marquise de Rochefort mourut de la même maladie.

— Le sieur Law acheta la terre et seigneurie de Domfront en Normandie, pour une somme de cent vingt mille livres.

— Le Roi nomma à l'évêché d'Avranches le père Leblanc, chanoine régulier de Sainte-Croix de la Bretonnerie, frère de M. Leblanc, secrétaire d'État.

— M. de La Houssaye, fils aîné de M. de La Houssaye, chancelier de M. le duc d'Orléans, épousa une fille de M. Lallemant, receveur général des finances de Champagne.

— M. de Nesmond fut transféré de l'archevêché d'Albi à celui de Toulouse.

— M. l'archevêque de Tours[3] fut transféré à l'archevêché d'Albi.

[1] François-Marie, prince héréditaire de Modène, né le 2 juillet 1698. On a prétendu que Richelieu ne dut sa sortie de la Bastille, où il avait été mis, comme on l'a vu, pour avoir participé à la conspiration de Cellamare, qu'au consentement de mademoiselle de Valois à ce mariage. Charlotte-Aglaé d'Orléans était née le 22 octobre 1700.

[2] Lieutenant général; s'était distingué au siège de Fribourg en Brisgau (1677).

[3] Armand-Pierre de La Croix de Castries.

— M. l'archevêque de Toulouse[1] fut transféré à celui de Narbonne.

— M. l'évêque d'Alais[2] à l'archevêché d'Embrun.

— M. l'abbé d'Auvergne[3] fut nommé à l'archevêché de Tours.

— Le père Laffiteau[4], jésuite, fut nommé à l'évêché de Sisteron en Dauphiné; il était alors à Rome.

— On disposa le petit hôtel de Villeroy, rue Richelieu, proche celui de Louvois, de manière qu'on y plaça cent cinquante commis pour être à portée de la Banque royale.

— Le 13, on commença à démolir la grande porte du palais Mazarin, pour la rendre plus magnifique, et d'un dessin tel qu'on la voit depuis 1720, pour servir d'entrée à l'hôtel de la Compagnie des Indes, où elle s'assemble depuis que le sieur Law acheta ce palais de M. le duc de Mazarin, moyennant la somme de quinze cent mille livres.

— On assurait que les Anglais s'étaient emparés de Vigo en Espagne sans peine, et qu'ils en avaient enlevé cinquante-quatre pièces de canon et une grande quantité de toutes sortes de munitions de guerre et de bouche.

— Le sieur Signoret, marchand français établi depuis longtemps à Londres, y mourut, et laissa une succession de cent mille livres sterling.

— Les anciennes soumissions visées étaient à douze cent soixante-quatre livres et les nouvelles à deux cent quatre-vingt-dix-huit livres pour cent de profit. Les billets de monnaie sans intérêts étaient à quarante-quatre livres par cent de perte; les billets du sieur Paparel, à trente-cinq livres par cent de perte, et ceux de l'épargne,

[1] René-François de Beauvau.
[2] Jean-François-Gabriel de Hénin-Liétard.
[3] Henri-Oswald de La Tour d'Auvergne.
[4] Pierre-François-Joseph Lafiteau, né en 1685 à Bordeaux, mort le 3 avril 1764.

signés de Gaston de Beauvais, Seguier et Guenégaud, se donnaient à six livres seulement de bon par cent.

— M. des Essarts, marquis de Castelet, brigadier, mourut d'hydropisie.

— M. l'abbé de Montgaut, aumônier du duc de Chartres, fut nommé à l'évêché de Grenoble[1].

— Le 12, on publia un arrêt du conseil d'État qui établit la Compagnie des Indes dans le droit de la pêche sans pouvoir établir de nouvelles actions.

— Madame de Châteaumorand s'étant démise de l'abbaye de Maubuisson, le Roi y nomma mademoiselle Gabrielle de Bourbon-Condé[2], coadjutrice de l'abbaye de Fontevrault, sœur de M. le duc de Bourbon, et assigna six mille livres de pension à madame de Châteaumorand.

— M. de La Faye, premier secrétaire des commandements de M. le duc de Bourbon, succéda à la charge de secrétaire du cabinet du Roi, en payant la somme de deux cent trente mille livres à M. de Charmont le fils, dont le père était procureur général au grand conseil.

— M. le prince de Talmont fut chargé d'exercer la charge de premier gentilhomme de la chambre du Roi, en attendant que le prince de Tarente, fils du feu duc de la Trémouille, fût en âge d'en faire les fonctions.

— M. le comte d'Évreux acheta de M. le duc de Tresmes, gouverneur de Paris, la capitainerie de Monceaux, pour la somme de deux cent mille livres.

— Madame la comtesse de Parabère acheta le duché de Danville de M. le comte de Toulouse, pour la somme de trois cent mille livres.

— M. Fargès acheta l'hôtel de Croissy, rue Vivienne, pour la somme de cinq cent vingt mille livres.

[1] En remplacement d'Ennemond-Alleman de Montmartin. (Voyez au 29 octobre 1719.)
[2] Marie-Anne-Gabrielle-Éléonore de Bourbon-Condé, née le 22 décembre 1690.

— Suivant le projet de M. le marquis de Puységur, lieutenant général, on devait construire des casernes à Paris et dans toutes les villes du royaume, pour servir au logement des troupes qui passeraient, ou qui prendraient leurs quartiers d'hiver.

— M. de Pléneuf, étant depuis peu revenu de Turin, fut nommé trésorier général de l'extraordinaire des guerres.

— M. le marquis de Montmin, maréchal de camp et capitaine des chevau-légers d'Orléans, fut nommé inspecteur de la gendarmerie, par une nouvelle création de cette charge, avec huit mille livres d'appointements.

— Le Roi assigna une pension de six mille livres à M. le marquis de Morigny, qui allait servir en Catalogne.

— Sa Majesté accorda à M. de Bérulle un brevet de retenue de la somme de cent mille livres sur sa charge de premier président au parlement de Dauphiné.

— Le 13, un envoyé turc fut admis à l'audience de M. le duc d'Orléans.

— Le marquis de Dangeau ayant donné son consentement pour la survivance du gouvernement de Touraine, en faveur de M. le comte de Charolais qui était alors à Munich en Bavière, M. le duc de Bourbon fit aussitôt payer à ce marquis une somme de deux cent cinquante mille livres pour son brevet de retenue, avec une gratification de cent cinquante mille livres.

— Le Roi accorda au marquis de Canisy une charge de lieutenant du Roi en basse Normandie, et au jeune marquis de Brancas celle de lieutenant du Roi en Provence.

— M. de La Faye ayant remis à M. le duc de Bourbon le secrétariat des états de la province de Bourgogne, qui rapporte neuf mille livres par an, ce prince en gratifia M. Millain, secrétaire des affaires de son conseil.

— Le Roi accorda un brevet de retenue de la somme de

[1719] NOVEMBRE. 465

cinquante mille écus à M. le comte de Tavannes, premier gentilhomme de la chambre de M. le duc de Bourbon, pour la charge de lieutenant du Roi en la province de Mâconnais.

— Le 10, on fit partir de Paris trois cents filles et autant de jeunes garçons pour la Rochelle, et pour être de là transportés au Mississipi.

— Le 13, on mit en prison six clercs de notaires pour avoir tourné à leur profit quelques affaires que les notaires leurs maîtres faisaient touchant le négoce des actions.

— Le 12, on publia un arrêt du conseil d'État qui réduisit les pièces de vingt sols à dix-huit sols, celles de dix sols à neuf sols, celles de deux sols trois deniers à deux sols, pour le 1er janvier 1720.

— Le 11, on apprit que le Pape avait fait une promotion de cardinaux, du nombre desquels furent M. le cardinal de Mailly, archevêque de Reims, et M. le cardinal de Gesvres, archevêque de Bourges. Sur cet avis, un courrier du Palais-Royal fut dépêché à Reims, avec défense à cet archevêque d'accepter la calotte et de la porter.

— Le 10, jour de saint André, selon le calendrier de l'Église anglicane, le comte de Stairs régala splendidement à dîner et à souper cinquante chevaliers de l'ordre de Saint-André, en deux tables également bien servies.

— Le même jour, M. Law donna un grand repas suivi d'un bal à une quantité de seigneurs et de dames, après avoir fait l'abjuration de l'hérésie en l'église de Saint-Roch[1], entre les mains de M. l'abbé de Tencin, grand

[1] L'abjuration de Law eut lieu à Melun, le 17 septembre 1719. Ce qui fait dire à l'auteur du *Journal* qu'elle eut lieu à Saint-Roch, vient de ce que le curé de Saint-Roch, dont Law était le paroissien, ayant émis quelques doutes au sujet de cette abjuration, le nouveau converti crut devoir communier et rendre le pain bénit à sa paroisse; cette cérémonie eut lieu en présence d'une foule de curieux. L'abbé de Tencin, qui devait plus tard

T. I. 30

vicaire de l'archevêché de Sens, qui avait beaucoup contribué à sa conversion, et à qui en reconnaissance faire obtenir à Dubois le chapeau de cardinal, était frère de la célèbre et galante madame de Tencin, mère de d'Alembert.

On fit à propos de cette conversion la satire suivante :

>Nous, colonel de la calotte,
>Pour empêcher par tous moyens
>Que l'erreur des luthériens
>Et que la doctrine huguenote
>Infecte notre régiment
>D'un pernicieux sentiment,
>Et pour mettre dans la voie
>Quiconque serait fourvoyé
>Et serait devenu la proie
>De l'hérétique dévoyé,
>A ces causes ; vu la science,
>Bonnes mœurs, doctrine, éloquence
>Et zèle que l'abbé de Tencin
>A fait paraître sur tout autre
>Pour le salut de son prochain,
>Nous lui donnons lettres d'apôtre
>Et de convertisseur en chef ;
>D'autant, qu'en homme apostolique
>Il a rendu Law catholique :
>En outre, par le même bref,
>Voulant illustrer la soutane
>Et donner du poids aux sermons
>Dudit abbé, nous le nommons
>Primat de la Louisiane.
>De plus, quoique l'abbé susdit,
>Plein d'un évangélique esprit,
>Méprise les biens de ce monde,
>Et que même contre eux il fronde,
>De notre libéralité,
>Pour soutenir la dignité,
>En conséquence du système
>Lui déléguons dîme ou dixième
>Sur les brouillards dudit pays,
>Qui du système sont le prix,
>Espérant que la cour de Rome
>Donnera les bulles gratis.

(Voyez Soulavie, *Mémoires du maréchal de Richelieu*, t. III, p. 28 et suiv.)

il donna des actions pour la valeur de deux cent mille livres.

— Le même sieur Law convint de payer une somme de cent quatre-vingt mille livres à M. l'abbé Bignon, conseiller d'État, pour sa bibliothèque, qui était alors composée de quarante-cinq mille volumes, avec vingt mille francs de pot-de-vin.

— On arrêta deux riches marchands de la rue Saint-Denis, pour avoir attesté faussement le domicile d'un jeune homme et d'une demoiselle dont le vicaire de l'église paroissiale de Saint-Leu avait fait la cérémonie de mariage, et dont la nullité se poursuivait au Parlement; ce qui avait obligé le vicaire à s'éclipser.

— On publia une déclaration du Roi qui établit la juridiction du premier chirurgien de Sa Majesté sur tous les barbiers, perruquiers, baigneurs et étuvistes de Paris et de toutes les autres villes du royaume, comme sur tous les chirurgiens.

— M. de Contades, lieutenant général des armées du Roi et major du régiment des gardes françaises, eut ordre de se disposer à conduire un détachement du même régiment en Catalogne.

— Le 25, M. le duc d'Antin, M. le marquis de Lassay, un autre seigneur et le sieur Law se rendirent en carrosse à la rue Quincampoix, chez le sieur de la Bergerie, banquier, afin de donner la comédie aux dames qui étaient de leur compagnie. Le sieur Law étant à la fenêtre, jeta plusieurs poignées de guinées et d'autres espèces d'or au coin du feu roi Guillaume III, prince d'Orange, comme à la gribouillette, et pendant que les agioteurs et les courtiers se culbutaient les uns sur les autres dans la boue pour les ramasser, on jeta d'une fenêtre voisine plusieurs seaux d'eau sur ces barboteurs, qui étaient pour cette raison dans un état qu'on peut s'imaginer.

— Le 26, on apprit par un courrier de Madrid que la

paix était sur le point d'être conclue entre l'Empereur et le roi d'Espagne, et que l'amiral Michel avait ordre de reconduire sa flotte en Angleterre; et que cet amiral étant allé avec huit mille hommes de troupes anglaises pour lever des contributions dans la Galice, avait été contraint de se retirer après une grande perte des mêmes troupes par le marquis de Risbourg, qui commandait de ce côté-là.

— On publia un arrêt du conseil d'État qui ordonna que dans les villes du royaume où l'on avait établi des bureaux de la Banque, les parties intéressées ne courussent aucun risque de diminution de leurs actions sur la Compagnie des Indes.

— On en publia un autre qui maintenait les artisans de tous métiers reçus maîtres à Paris dans leur ancien privilége de pouvoir s'établir par tout le royaume où bon leur semblerait, en y faisant enregistrer leurs lettres de maîtrise.

— On en publia un autre qui ordonnait que les différends qui naîtraient au sujet des actions de la Banque royale seraient décidés en dernier ressort par M. de La Houssaye et par six autres commissaires à l'exclusion de toute cour supérieure et de juridiction.

— Outre la tempête qui avait dispersé nos bâtiments qui étaient devant Roses en Catalogne, et qui en avait fait périr seize ou dix-sept, les grandes pluies et le débordement des rivières qui empêchaient de faire venir aucune chose du Roussillon, obligèrent le maréchal de Berwick et les autres officiers généraux de cette armée de remettre le siége de cette place à une saison plus favorable.

— Le 28, le mariage de mademoiselle de Valois avec le prince héréditaire de Modène fut déclaré chez le Roi en présence de toute la cour et des ambassadeurs et des autres ministres étrangers, afin qu'ils en fissent part aux princes leurs maîtres.

— Le même jour, un particulier inconnu s'éclipsa

après avoir payé le prix convenu d'une action à un agioteur en louis d'or de tombac[1], rue Quincampoix.

— Les billets de monnaie se donnaient alors à cinquante livres pour cent.

— Le 2 décembre 1719, M. le duc d'Orléans se rendit à Saint-Sulpice, où il posa la première pierre du bâtiment d'une tour de cette église, et y donna des actions pour la valeur de cent mille écus.

— Le 28 du mois passé, on fit l'opération de la taille au marquis de Dangeau avec succès.

— On prétendait que depuis le 15 d'octobre de cette année il était arrivé à Paris jusqu'au nombre de vingt-cinq mille quatre cents étrangers, qui la plupart étaient logés au faubourg Saint-Germain, les uns pour le négoce du papier, les autres par curiosité.

— On assurait que M. le duc d'Orléans avait payé deux millions cinq cent mille livres pour la terre et seigneurie de Bercy pour M. le duc de Chartres.

— M. Law acheta l'hôtel de Rambouillet, situé au faubourg Saint-Antoine en la rue de Charenton, la somme de cent quatre-vingt mille livres.

— Le 4 décembre on publia un arrêt du conseil d'État qui réduisit les louis d'or à trente-deux livres et les écus à cinq livres douze sols, et un édit du Roi qui ordonnait une fabrication de louis d'or à quinze livres chacun et de pièces de vingt sols chacune.

— Le même jour, un envoyé de Tripoli, en litière, suivi de ses gens dans quatre chaises roulantes, tous vêtus à la turque, arriva et logea en la rue du Four au faubourg Saint-Germain.

— On comptait qu'il y avait alors à Paris trente mille étrangers, Vénitiens, Génois, Genevois, Allemands, Anglais, Hollandais, Espagnols, etc., et quantité d'habi-

[1] Métal composé d'or, d'argent et de cuivre.

tants des provinces de France qui négociaient en la rue Quincampoix, et qui prenaient des actions de la Compagnie des Indes, tant le papier était alors en crédit.

— On écrivait de Lyon, d'Aix en Provence, de Bordeaux, de Strasbourg et de Bruxelles, que les carrosses et autres voitures publiques y étaient retenus deux mois d'avance, et que même on y agiotait les places retenues pour venir à Paris, tant il y avait d'empressement de tous les côtés pour avoir des actions, comme si c'eût été le comble de la fortune la plus assurée.

— Il n'est pas concevable combien l'empressement était extraordinaire en la rue Quincampoix. Les jours ne suffisant plus pour ce négoce inouï, on le continuait la nuit dans les bureaux qui se tenaient dans toutes les chambres et dans les boutiques de cette rue, où se trouvaient plusieurs brigades d'archers de la maréchaussée, pour empêcher le désordre, et où quelques agioteurs payaient jusqu'à cinquante francs par jour la liberté de faire leur négoce dans une salle basse, chez un procureur du Châtelet.

— Le Roi accorda une pension de dix mille livres par an au P. Massillon[1], évêque de Clermont, pour lui donner le moyen de soutenir son rang.

— M. Law fit alors travailler à la construction d'un nouvel hôtel des monnaies à la place de la Pépinière du Roi, qui était au Roule, au bout du faubourg Saint-Honoré.

— On commença aussi un bâtiment, auprès du port au Plâtre, à l'entrée du faubourg Saint-Antoine, que l'on disait destiné pour les juifs, afin d'y tenir leur synagogue et afin de les retenir à Paris pour négocier.

— Le 7, on élargit de prison le sieur Liévin, notaire, qui, en 1717, avait été exposé au pilori pour avoir fraudé

---

[1] Jean-Baptiste Massillon, né le 24 juin 1663 à Hyères, en Provence, mort le 18 septembre 1742.

la recette de la loterie de Saint-Martial, et sa peine fut commuée en une amende, son frère ayant remboursé ce qu'il avait dérobé.

— Le 5, la chambre de la Tournelle criminelle rendit un arrêt qui condamna le sieur de La Ville-aux-Bois, gentilhomme de Champagne, aux galères perpétuelles, après six mois de prison et à avoir la langue percée, et la demoiselle sa fille à être enfermée dans un monastère pendant quatre ans[1]. Le présidial de Vitry-le-François l'avait condamné à avoir la tête tranchée sur un échafaud, et sa fille à être enfermée toute sa vie et tous ses biens confisqués, que l'on disait être au moins de cent mille écus.

— Le secrétariat de la guerre, dont M. Leblanc avait seul la direction, fut alors partagé entre M. le duc de Noailles, M. le marquis de Biron, M. le marquis de Coigny, lieutenants généraux, et le même M. Leblanc, sur ce qu'on lui avait imputé le mauvais succès du siége de Roses et du reste de la Catalogne, les convois par mer ayant été trop lents.

— On travaillait alors au Palais-Royal à chercher les moyens de rembourser toutes les charges des parlements du royaume qu'on avait résolu de supprimer, et de les rétablir ensuite par commission en faveur de gens de probité et de capacité reconnue, aussi bien que les offices des quatre cents procureurs au parlement de Paris et des autres parlements, qui se donneraient aussi par commission.

---

[1] Claude de Tence, seigneur de La Ville-aux-Bois, ancien major des armées du Roi, fut convaincu d'avoir traité la confession de folie, les apôtres de gueux et Jésus-Christ d'idiot; d'avoir cassé le bras à sa femme, d'avoir fait avorter ses servantes et d'avoir commis un inceste avec sa fille, Marguerite de Tence de La Ville-aux-Bois, âgée de seize ans, qui fut convaincue d'avoir été la complice de son père dans ce dernier crime.

— Le 7, on publia un arrêt du conseil d'État portant suppression de tous les billets de l'État.

— La chambre royale établie à Nantes en Bretagne rendit plusieurs arrêts en conséquence desquels on mit en prison plusieurs seigneurs de la province.

— Madame la comtesse de Parabère paya onze cent mille livres la terre et seigneurie du Blanc en Berry, qui rapportait vingt-huit mille livres de rente par an.

— Le sieur Law paya un million à M. le marquis de la Carte, pour la terre et seigneurie de Roissy en Brie.

— Le prince Emmanuel de Lorraine arriva à Paris, ayant abandonné le service de l'Empereur pour s'attacher à celui de la France.

— M. le duc de Luxembourg vendit la terre et seigneurie de Ligny deux millions six cent mille livres au sieur Law.

— M. le marquis du Châtelet, neveu du gouverneur de Vincennes[1], acheta la charge d'écuyer du Roi qu'avait M. le marquis de Montbrun.

— M. Potras paya cent quatre-vingt mille livres à M. Remond de La Renouillère, pour une charge de maître d'hôtel chez le Roi.

— Le 29 du mois passé, M. le chevalier d'Orléans, grand prieur de France, fut déclaré général des galères au conseil de marine.

— Le 3 décembre, M. le duc d'Orléans fit part au Roi que le jour précédent il avait reçu un courrier de Modène

---

[1] Les du Chastelet prétendaient être de la maison de Lorraine et en portaient les armes, avec trois fleurs de lys d'argent sur la bande au lieu des alérions de Lorraine; la marquise du Chastelet, femme du gouverneur de Vincennes, était fille du maréchal de Bellefonds et dame du palais de la duchesse de Bourgogne. (Voyez Saint-Simon, t. II, p. 204.) Quant au marquis du Chastelet dont parle le *Journal*, il épousa Gabrielle-Émilie Le Tonnelier de Breteuil, l'*Émilie* de Voltaire.

avec la ratification des articles du contrat de mariage de mademoiselle de Valois avec le prince héréditaire de Modène.

— Le 8, le sieur Law fut reçu à l'Académie royale des sciences à la place du feu chevalier Regnaut.

— M. le curé de Saint-Leu [1] de Paris fut exilé pour n'avoir pu s'empêcher de parler fortement, en chaire, contre le commerce de la rue Quincampoix comme usuraire et odieux.

— Le 12, M. le marquis d'Étampes mourut de la petite vérole.

— M. le comte d'Épernon, fils du feu marquis de Gondrin, eut la survivance de la charge de surintendant des bâtiments après la mort de M. le duc d'Antin, son aïeul, au lieu du feu marquis de Bellegarde.

— M. le duc d'Orléans donna le détail de l'infanterie à M. le marquis de Biron, celui de la cavalerie à M. le comte d'Évreux, et celui des routes à M. le comte de Broglie.

— Le 14, les actions qui étaient auparavant à sept cent cinquante livres pour cent baissèrent à six cents livres rue Quincampoix.

— Les petits pères de la place des Victoires, qui sont des religieux augustins déchaussés, refusèrent ce que des agioteurs leur avaient offert de leur donner en commun quinze mille livres par an, et de faire achever le bâtiment de leur église en cas qu'ils eussent voulu permettre que le négoce des actions se fît dans l'enclos de leur maison, dans leur cloître ou dans leur jardin.

— Madame la duchesse d'Uzès mourut de la petite vérole à l'abbaye de Sept-Fonts, où elle s'était retirée depuis longtemps, âgée de quatre-vingt-trois ans.

— On mit en prison trois orfèvres voisins du palais pour avoir fondu des espèces d'or et d'argent.

[1] Charpentier.

— On y mit aussi plusieurs croupiers et agioteurs pour s'être arrêtés le 26 et le 27, en la rue Quincampoix, après la retraite sonnée.

— Le 29, un particulier se précipita du haut du pont Royal dans la rivière et se noya; on disait de désespoir d'avoir pris des actions à raison de huit cent quatre-vingts livres pour cent, de les avoir fondues à cinq cent cinquante livres, et de ce qu'elles étaient ensuite remontées à sept cent cinquante livres pour cent.

— On en trouva un autre, richement vêtu, mort et percé de plusieurs coups d'épée, proche le parc de Saint-Cloud. On trouva dans ses poches soixante louis d'or, plusieurs écus blancs, et pour vingt mille livres de billets de banque.

— La Compagnie des Indes envoya dix-huit vaisseaux chargés de marchandises d'Europe, avec huit millions en espèces, pour trafiquer sur les côtes de Guinée, de Coromandel, sur la côte d'Or, sur le golfe d'Ormuz, en l'île de Madagascar, dans les grandes Indes et à la Chine.

— Le 28, on publia de nouveau une ordonnance du Roi qui fit défense aux gens de livrée de porter aucun habit sans galon qui marque la livrée de leurs maîtres, au moins sans galons larges d'un pouce en forme de boutonnières sur le devant, et autant sur le derrière du justaucorps ou du surtout, avec un autre galon sur les manches; avec défense de porter aucun velours sur les manches, aucune dorure, aucun bouton d'argent massif ou sur bois, ou d'argent filé sur soie; aucune veste de soie ni d'étoffe d'or et d'argent, sous peine du carcan et de prison pendant un mois, aux aliments de leurs maîtres, et de trois cents livres d'amende par chaque domestique en contravention, payables par leurs maîtres, et de privation de la maîtrise contre les maîtres tailleurs et d'exclusion de la maîtrise contre les garçons et ouvriers qui auraient travaillé à des habits ainsi spécifiés, sans livrée ou avec galon ou agréments d'or ou d'argent de quelque sorte que ce fût, ou à des vestes de soie ou d'étoffe d'or et d'argent ou brodées; mais seulement permis aux ambassadeurs et ministres étrangers et à d'autres seigneurs étrangers non régnicoles, de faire habiller leurs gens comme il leur plairait, en donnant une reconnaissance par écrit, signée de leur main, au tailleur qui les aurait habillés pour sa décharge.

— On publia une autre ordonnance qui fit défense, sous peine de désobéissance et de trois mille livres d'amende, de jouer à aucun jeu de dés et de cartes, surtout aux jeux de hoca, biribi la dupe, pharaon et la bassette, et qui permit aux commissaires du Châtelet de tout saisir et confisquer chez ceux qui donneraient à jouer.

— On attribuait aux changements fréquents, aux augmentations et aux diminutions fréquentes des espèces d'or et d'argent, et même des menues monnaies, le prix excessif auquel les denrées et les marchandises de toutes sortes étaient montées depuis quelque temps. On l'attribuait aussi à l'introduction des billets de banque et des autres papiers répandus dans le public, de l'invention du sieur Law. On l'attribuait encore à la sécheresse excessive qui durait, cette année, depuis le commencement du printemps jusque bien avant dans l'automne, comme il avait fait l'année précédente, de sorte que les herbages manquèrent absolument pour nourrir les bestiaux, et qu'en plusieurs endroits, dans les provinces, on manquait d'eau pour les abreuver, et qu'en basse Normandie on était obligé de faire trois et quatre lieues pour aller en puiser à des fontaines pour le besoin des hommes et des animaux.

— Le drap de Varobès valait 30 livres l'aune; celui d'Elbeuf, 25 livres; le velours, 42 livres; l'écarlate, 41 livres l'aune; le galon d'or, 21 livres l'once; les loueurs de carrosses de remise voulaient 40 livres par jour; les fiacres, 3 livres par heure; les charretiers, 6, 7, 8 et 10 livres pour voiturer une voie de bois dans Paris, laquelle ne valait alors que 12 livres 1 sol 6 deniers; une botte de foin se vendait 17 sols; une botte de paille, 15 sols; l'avoine, 45 livres le septier; le pain de Gonesse et d'ailleurs, 3 sols 6 deniers et 4 sols la livre; le pain mollet, 5 sols la livre; la viande de boucherie, 10 et 12 sols la livre; le beurre frais, 25 sols la livre; une poularde, 50 sols, etc.

— L'agio ne discontinua pas durant les fêtes de Noël et se fit comme auparavant, excepté que les crieurs et les croupiers observèrent le silence. On leur donnait vingt-cinq sols par jour chacun, outre le profit qu'ils retiraient des affaires qui se faisaient par leurs intrigues.

— Depuis la déclaration du mariage de mademoiselle de Valois, on travaillait sans relâche à soixante paires d'habits complets, manteaux, jupes, jupons et écharpes d'une richesse et d'une beauté extraordinaires, brodés d'or et d'argent pour cette princesse, qu'elle devait emporter à Modène pour lui servir dans les quatre saisons de l'année, dont quinze paires de diverse sorte étaient destinées pour chaque saison. On travaillait avec le même empressement aux équipages de cette belle Française.

— M. le marquis de Montesquiou, neveu du maréchal, fut pourvu de l'enseigne de la seconde compagnie des mousquetaires.

— M. le marquis de Chazeron eut celle d'une compagnie des gardes du corps du Roi, et obtint la survivance du gouvernement de Brest qu'avait M. son père depuis peu.

— M. le duc de Brissac et M. le comte de Puységur furent faits grands commandeurs de l'ordre de Saint-Louis.

— Le 30, M. le duc d'Orléans, M. le duc de Chartres, M. le duc de Bourbon et M. le prince de Conti se transportèrent à l'hôtel de la Banque royale, et, en leur présence, les directeurs firent le dividende du produit des actions, dont le profit parut très-considérable, de sorte que le même jour on les fit monter, dans la rue Quincampoix, à mille douze livres par cent de bon, et les jours suivants encore davantage.

— Le 5 de janvier 1720, elles allaient jusqu'à douze cents livres pour cent de profit.

— Les billets de banque s'y négocièrent aussi à raison de cinq, six et sept livres par cent de profit, à cause de la diminution fréquente des espèces. On les donnait de même, à la Banque, à raison de cinq livres pour cent à ceux qui les préféraient sottement aux espèces.

— On parlait d'établir encore de nouvelles actions dont les payements se feraient en vieilles espèces d'or et d'argent et en vaisselle d'argent.

— On parlait aussi d'une nouvelle tontine qui se nommait *la Gerbe d'or*, dont les actions seraient depuis cent livres et au-dessus, dont les intéressés devaient être cinq années sans rien recevoir; au bout duquel temps chacun devait recevoir tous les ans, durant sa vie, la valeur en entier du principal qu'il y aurait mis. On en attribuait l'invention au frère du sieur Law.

— Le 27 du mois passé, madame la princesse de Guéménée, montant en carrosse pour aller ouïr la messe, et y ayant déjà mis un pied, fut surprise d'une attaque d'apoplexie si violente que peu après elle en mourut.

PIÈCES JUSTIFICATIVES.

I.

CE QUI SE PASSA AU PARLEMENT A LA MORT DE LOUIS XIV, arrivée le 1ᵉʳ septembre 1715.

Le 2 septembre, les gens du Roi sont entrés en la Cour et ont présenté la lettre de cachet du Roi, à présent régnant, dont la teneur suit : « De par le Roi, nos amés et féaux, la perte que nous venons de faire de notre très-honoré seigneur et bisaïeul nous touche si sensiblement qu'il nous serait impossible à présent d'avoir d'autres pensées que celles que la piété et l'amour nous demandent pour le repos et le salut de son âme, si le devoir à quoi nous oblige l'intérêt que nous avons de maintenir la Couronne en la grandeur, et de conserver nos sujets dans la tranquillité, ne nous forçait de surmonter ces justes sentiments, pour prendre les soins nécessaires à la conduite de cet État, et parce que la distribution de la justice est le meilleur moyen dont nous puissions nous servir pour nous en acquitter dignement, nous vous ordonnons, et nous vous exhortons autant qu'il nous est possible, que, après avoir fait à Dieu les prières pour le salut de feu notre dit seigneur et bisaïeul, vous ayez, nonobstant cette mutation, à continuer la séance de notre Parlement et l'administration de la justice à nos sujets, avec la sincérité que le devoir de vos charges et l'intégrité de vos consciences vous y obligent ; et cependant nous vous assurons que nous recevrons avec satisfaction vos respects et vos soumissions accoutumées en pareil cas, et que vous nous trouverez toujours tel envers vous, et en général et en particulier, qu'un bon Roi doit être envers les bons et fidèles sujets et serviteurs. Donné à Versailles, le 1ᵉʳ septembre 1715 ; signé : Louis, et plus bas, Phélippeaux »; et sur la suscription : « A nos amés et féaux conseillers, les gens tenant notre Cour de parlement de Paris. »

Toutes les chambres ayant été assemblées, lecture a été

faite de la lettre de cachet, après laquelle M. le premier président de Mesme a fait observer à Messieurs, qu'il n'était point fait mention de nouveau serment comme dans celle qui fut apportée au Parlement après la mort de Louis XIII. Il a été arrêté que les députés de la Cour iront incessamment devant le Roi, le saluer de la part de la compagnie, l'assurer de ses respects et de ses soumissions, et supplier Sa Majesté de venir en son Parlement le plus tôt que sa commodité le lui pourra permettre, se faire voir à ses sujets en son lit de justice.

Les gens du Roi qui s'étaient retirés après avoir présenté la lettre ont été mandés; M. le premier président leur a fait entendre l'arrêté de la compagnie, et leur a dit de savoir de M. le chancelier l'heure de la commodité du Roi; ils ont dit qu'ils obéissaient aux ordres de la Cour et se sont retirés.

Ensuite, M. le premier président a dit que M. le duc d'Orléans lui ayant fait l'honneur de lui dire la veille qu'il viendrait ce matin en la Cour pour assister à l'ouverture du testament du feu Roi, il était nécessaire d'aviser de quelle manière il serait reçu, attendu qu'il ne se trouvait pas d'exemple qu'il y ait eu de députation pour recevoir d'autres princes du sang que les fils de France; qu'il ne pouvait s'empêcher de dire que M. le duc d'Orléans lui-même lui avait dit que l'on ne devait pas lui rendre les mêmes honneurs qu'aux fils de France, mais qu'il paraissait à lui, premier président, que la naissance et le rang de M. le duc d'Orléans pouvaient porter la compagnie à lui faire une députation semblable à celle qui avait été faite à M. le duc de Berry et à M. Gaston d'Orléans; sur quoi la Cour ayant délibéré, il a été arrêté qu'attendu le rang de M. le duc d'Orléans, dans la conjoncture présente, deux présidents et deux conseillers iront le saluer à la Sainte-Chapelle, et le conduiront en la Cour, ainsi qu'il en a été usé pour feu M. le duc de Berry, le 15 mars 1713, et pour M. Gaston d'Orléans, toutes les fois qu'il est venu en la Cour.

Sur les sept à huit heures sont venus en la Cour successivement MM. les duc de Bourbon, comte de Charolais, prince de Conti, duc du Maine, prince de Dombes et comte de Toulouse, princes du sang, passant à leurs places à travers le parquet et les pairs ecclésiastiques et laïques, par derrière le barreau, et comme ils étaient en grand nombre, ils ont rempli premièrement les trois bancs du parquet, et ensuite trois autres formes (ou siéges), que l'on avait mises devant le banc du côté du greffe. M. Le Meusnier, conseiller, est demeuré, à l'ordinaire, au bout du premier, M. Robert au bout du second, et M. Lenain, doyen, au bout du troisième, attenant à la lanterne du côté du greffe.

Vers les huit à neuf heures, la Cour ayant été avertie que M. le duc d'Orléans était à la Sainte-Chapelle, où il entendait la messe, MM. les présidents Le Peletier et Bailleul, Cadeau et Godard, conseillers, ont été députés pour l'y aller saluer au nom de la compagnie, ce qu'ils ont fait, et l'ont conduit en la Cour, MM. les présidents marchant à ses côtés, et MM. les conseillers derrière lui. M. le duc d'Orléans a passé à travers du parquet, et lorsqu'il a été placé au-dessus de M. le duc de Bourbon, M. le premier président lui a dit : « Monsieur, le Parlement, profondément affligé de la perte que la France vient de faire, conçoit de grandes espérances pour le bien public, de voir un prince aussi éclairé que vous, Monsieur, aussi pénétré que vous l'êtes de tous les sentiments de justice, venir dans la compagnie avec les dispositions que vous y apportez; la Cour m'a chargé de vous assurer, Monsieur, qu'elle concourra avec vous au service du Roi et de l'État, de toutes ses forces et avec tout le zèle qui l'a toujours distinguée des autres compagnies du royaume; elle m'a en même temps expressément ordonné de vous protester, Monsieur, qu'elle ira au-devant de tout ce qui pourra vous prouver le profond respect qu'elle a pour vous. »

M. le duc d'Orléans a marqué à M. le premier président beaucoup de satisfaction de ce qu'il lui avait dit, et a témoigné ensuite vouloir parler à la compagnie en présence des gens du Roi. Aussitôt ils ont été mandés par M. le premier président, et M. le duc d'Orléans, ayant salué la compagnie, a dit : « Messieurs, après tous les malheurs qui ont accablé la France, et la perte que nous venons de faire d'un grand Roi, notre unique espérance est en celui que Dieu nous a donné; c'est à lui, Messieurs, que nous devons à présent nos hommages et une fidèle obéissance; c'est moi, comme le premier de ses sujets, qui dois donner l'exemple de cette fidélité inviolable pour sa personne, et d'un attachement encore plus particulier que les autres aux intérêts de son État. Ces sentiments, connus du feu Roi, m'ont attiré sans doute ces discours pleins de bonté qu'il m'a tenus dans les derniers instants de sa vie. Après avoir reçu le viatique, il m'appela, et me dit : « Mon neveu, j'ai fait un testament où je vous ai conservé tous les droits que vous donne votre naissance; je vous recommande le Dauphin, servez-le aussi fidèlement que vous m'avez servi, et travaillez à lui conserver son royaume. S'il vient à manquer, vous serez le maître, et la couronne vous appartient. » A ces paroles, il en ajouta d'autres, qui me sont trop avantageuses pour les pouvoir répéter, et il finit en disant : « J'ai fait les dispositions que j'ai cru les plus sages; mais comme on ne saurait tout prévoir, s'il y a quelque chose qui ne soit pas bien, on le changera. » Ce sont ses propres termes. Je suis donc persuadé, que suivant les lois du royaume, suivant les exemples de ce qui s'est fait dans de pareilles conjonctures, et suivant la destination même du feu Roi, la Régence m'appartient : mais je ne serai pas satisfait, si à tant de titres qui se réunissent en ma faveur, vous ne joignez vos suffrages et votre approbation, dont je ne serai pas moins flatté que de la Régence même; je vous demande donc, lorsque vous aurez lu le testament que le feu Roi a déposé entre vos mains, et les codicilles que je vous apporte, de ne point confondre mes différents titres et de délibérer également sur l'un et sur l'autre, c'est-à-dire sur le droit que ma naissance m'a donné, et sur celui que le testament y pourra ajouter : je suis persuadé même que vous jugerez à propos de commencer par délibérer sur le premier; mais à quelques titres que j'aie droit à la Régence, j'ose vous assurer, Messieurs, que je la mériterai par mon zèle pour le service du Roi, et par mon amour pour le bien public, surtout étant aidé par vos conseils et par vos sages remontrances; je vous les demande par avance, en protestant devant cette auguste assemblée que je n'aurai jamais d'autres desseins que de soulager les peuples, de rétablir le bon ordre dans les finances, de retrancher les dépenses superflues, et d'entretenir la paix au dedans et au dehors du royaume, de rétablir surtout l'union et la tranquillité de l'Église, et de travailler enfin avec toute l'application qui me sera possible à tout ce qui peut rendre un État heureux et florissant. Ce que je demande donc à présent, Messieurs, est que les gens du Roi donnent leurs conclusions sur la proposition que je viens de faire, que l'on délibère, aussitôt que le testament aura été lu, sur les titres que j'ai pour parvenir à la Régence, en commençant par le premier, c'est-à-dire par celui que je tire de ma naissance et des lois du royaume. »

Les gens du Roi se sont levés, et ont dit par la bouche de M⁰ Guillaume-François Joly de Fleury, l'un des avocats dudit seigneur, que la juste douleur qui les occupait leur permettait à peine d'exprimer leurs sentiments, et qu'ils ne marqueraient en ce jour leur affliction que par le silence, si le zèle pour le bien de l'État ne ranimait leur courage; que nous venons de perdre un Roi dont le règne sera mémorable à jamais dans la postérité, et que les derniers moments de sa vie sont un monument éternel de la sincérité de sa religion, de la fermeté de son âme, qui ajoutant un dernier degré à sa gloire met aussi le comble à notre douleur; que le ciel, en nous enlevant un prince qui sera toujours le sujet de nos regrets, nous laisse un Roi dont les heureuses dispositions et un esprit qui brille déjà au travers des ténèbres de l'enfance, sont le fondement de nos plus douces espérances; mais que ce n'est point par des larmes inutiles, et par de simples vœux, que nous devons lui témoigner notre zèle et honorer dignement la mémoire d'un prince qui, n'ayant été occupé en mourant que du salut de l'État, nous a appris par son exemple à ne chercher notre consolation que dans l'établissement d'un gouvernement proportionné au besoin de cette grande monarchie; que la naissance appelle M. le duc d'Orléans à la Régence de ce royaume, qu'il semble même que la nature qui l'y a destiné ait pris plaisir à justifier son choix par des qualités éminentes qui le rendraient digne d'être élevé au titre de Régent, par les suffrages de cette auguste compagnie, quand on pourrait oublier que c'est la nature même qui le lui présente, et que si la Cour suspendait encore sa délibération sur ce sujet, c'était par un effet de sa religion pour le dépôt sacré qui a été remis entre ses mains; que le terme fatal est arrivé, où, suivant l'édit qui accompagne ce dépôt, leur premier devoir est de demander à la Cour l'ouverture du testament que le Roi lui a confié, et la lecture des codicilles dont M. le duc d'Orléans vient de parler; qu'ils ne peuvent craindre que la lecture de ces dispositions, qui, suivant ce que M. le duc d'Orléans a appris de la bouche même du feu Roi, tendent à confirmer le droit de sa naissance, puisse y donner aucune atteinte, et que le tempérament qu'il propose leur paraît si mesuré et plein de sagesse, qu'ils ne peuvent rien faire de mieux que d'y joindre leurs suffrages; que la Cour rendrait par là tout ce qui peut être dû, et aux prérogatives de la naissance et à la volonté d'un testateur si respectable; qu'elle remplira également le devoir de juge et celui de dépositaire, et que la délibération sera faite ensuite sur les deux titres qui concourent en faveur de M. le duc d'Orléans, suivant l'ordre de la nature, quand la Cour commencera par envisager ce qui pourrait appartenir à ce prince, s'il n'y avait pas de testament, pour passer ensuite au nouveau droit qu'il pourra acquérir par cette disposition : « Hâtons-nous donc, ont ajouté les gens du Roi, de répondre à la juste confiance que le Roi a eue en son Parlement; nous désirions, en vous apportant ce dépôt que nous fûmes chargés alors de vous présenter, qu'une vie encore plus longue pût rendre la prévoyance du Roi inutile; mais puisque le ciel n'a point exaucé nos premiers vœux, acquittons-nous au plus tôt de l'engagement que nous contractions alors, et dégageons la foi de cette auguste compagnie. »

Que c'était ce qui les obligeait de requérir que l'édit du mois d'août 1714, et que le paquet cacheté, attaché sous le contre-scel, soient tirés du lieu où ils ont été mis en dépôt en exécution de l'arrêt de la Cour, du 29 août 1714; qu'il soit dressé procès-verbal du lieu du dépôt par M. le premier président, en présence de M. le procureur général, et qu'après l'ouverture dudit paquet, qui sera faite en la Cour, il en soit fait lecture, le tout conformément à l'édit et à l'arrêt; qu'il soit aussi fait lecture des codicilles, pour être ensuite pris par eux telles conclusions qu'il appartiendra, et délibérer par la Cour, tant sur le droit qui peut appartenir à M. le duc d'Orléans par sa naissance, que sur l'exécution du testament contenu dans ledit paquet, et des codicilles du feu Roi.

Les gens du Roi retirés, M. le duc d'Orléans s'est levé, comme ne voulant assister à la délibération qui le regardait, mais il a été prié de demeurer, ce qu'il a fait; et M. le premier président a demandé l'avis à M. Lenain, doyen, puis à MM. Le Nain et Robert, qui étaient au bout des trois bancs après MM. les pairs, aux conseillers d'honneur, maîtres des requêtes et conseillers de la grand'chambre, qui étaient en haut derrière MM. les présidents, aux présidents et conseillers des enquêtes et requêtes, à MM. les pairs, en remontant depuis le dernier jusqu'à l'archevêque duc de Reims, sans ôter son bonnet, et les nommant tous par le titre de leur pairie, à MM. les princes du sang, en leur ôtant à tous son bonnet, et leur faisant une profonde inclination, finissant par M. le duc d'Orléans, qui a dit à M. le premier président que, puisque la compagnie avait jugé à propos qu'il demeurât à la délibération, du moins n'y devait-il pas opiner, et enfin à MM. les présidents, son bonnet à la main sans les nommer. Arrêt est intervenu, conforme aux conclusions des gens du Roi, dont il y a minute à part; en exécution duquel MM. le premier président, le procureur général du Roi et le greffier en chef, qui avaient les clefs du dépôt, allèrent au greffe, et peu de temps après revinrent; M. le premier président tenant en ses mains le portefeuille dans lequel l'édit et le paquet cacheté, attaché sous le contre-scel, était renfermé, il mit le portefeuille sur son bureau, et, en tirant le paquet, le présenta à M. le duc d'Orléans, lequel l'ouvrit avec M. le premier président.

L'édit du mois d'août 1714 fut lu, puis le testament olographe trouvé dans le paquet; il était en six feuillets, entièrement écrits au recto et au verso, et en un septième et dernier feuillet, aussi entièrement écrit au recto, et un peu plus de la moitié écrit au verso. Le premier feuillet commençant en haut par ces mots : « Ceci est notre disposition et ordonnance de dernière volonté », et finissant à la dernière page par ces mots : « Fait à Marly, le 2 août 1714 », et ensuite les deux codicilles apportés par M. le duc d'Orléans, et mis par lui entre les mains de M. le premier président, ont été pareillement lus; ils étaient dans une même feuille de papier; le premier daté du 13 avril, et le deuxième du 23 août 1715, et il n'était pas cacheté.

Ce fait, M. le duc d'Orléans, prenant la parole, a dit que malgré le respect qu'il avait toujours eu pour les volontés du feu Roi, et qu'il conserverait pour ses dernières dispositions, il ne pouvait pas n'être pas touché de voir qu'on ne lui déférait pas un titre qui était dû à sa naissance, et dont il avait lieu de se flatter par les dernières paroles que le feu Roi avait dites et qu'il avait rapportées à la Cour; que comme la compagnie avait ordonné qu'il serait statué séparément sur les droits de sa naissance, après la lecture du testament et des codicilles, il insistait à ce que la Cour opinât sur la Régence avant qu'il fît ses observations sur quelques articles du testament, sur le commandement des troupes, et demandait que les gens du Roi donnassent leurs conclusions.

Les gens du Roi se sont levés, et ont dit : que les droits du sang, le mérite supérieur de M. le duc d'Orléans, et les dernières volontés du Roi, étaient autant de titres qui, réunissant en la personne de M. le duc d'Orléans tous les droits qu'il pouvait avoir à la régence du royaume, devaient aussi réunir tous les suffrages ; que si le testament du Roi ne donnait à M. le duc d'Orléans que le titre de chef du conseil de régence, il fallait s'attacher plutôt à l'esprit qu'à la lettre du testament, qu'il était toujours le premier par la volonté du Roi dans la régence du royaume, comme il l'était par son mérite et par l'élévation de son rang ; que si nos mœurs déféraient ordinairement la tutelle dans les familles particulières aux plus proches parents, elles appelaient aussi le prince le plus proche à la régence du royaume; que c'est ainsi qu'après la mort de Louis le Hutin, en 1316, Philippe le Long, son frère puîné, fut déclaré régent du royaume, comme plus proche parent du défunt Roi, malgré les prétentions de Charles, comte de Valois, oncle de Louis le Hutin; que c'est ainsi qu'en 1327, Charles le Bel ayant laissé en mourant la Reine sa femme enceinte, la Régence fut jugée devoir appartenir à Philippe de Valois, cousin germain, et plus proche parent du défunt Roi, parce que, pour nous servir des termes des plus anciens de nos historiens, la raison veut que le plus proche de la Couronne ait l'administration de toutes les affaires; que si l'édit de 1407 parait d'abord une loi générale qui a aboli l'usage des régences, on ne doit pas l'étendre au delà de ses véritables bornes; que ce n'est pas au titre et au nom de Régent, mais à l'autorité et au pouvoir des anciens régents du royaume que cet édit a donné atteinte.

La royauté était alors comme éclipsée pendant la minorité, il ne se faisait rien sous le nom du Roi, on mettait le nom du Régent à la tête des lois; un sceau particulier et propre au Régent lui donnait le caractère de l'autorité politique; on réforma cet abus par l'édit de 1407, et c'est depuis ce temps que les rois, suivant les termes de l'édit, ont été appelés, tenus et réputés rois de France; mais le titre de Régent a toujours subsisté depuis ce temps même : s'il n'a été déféré qu'à des reines et à des mères, c'est parce qu'il s'en est toujours trouvé en état d'être choisies pour régentes; mais ces exemples justifient que le titre de Régent n'a pas été aboli par l'édit de 1407, qui ne serait pas moins contraire aux reines qu'aux princes du sang royal, si on voulait l'entendre dans un sens trop rigoureux; et si l'on entrait plutôt dans son véritable esprit, qui n'a été que de tempérer l'ancienne autorité des régents, et non d'en détruire jusqu'au nom, et l'on ne saurait montrer en effet que le royaume ait été jamais gouverné, pendant la minorité, par d'autres que par des régents; qu'ils peuvent donc dire avec raison que, sous ce nom de chef du conseil de la régence, le Roi a désigné effectivement M. le duc d'Orléans pour régent du royaume, et les dernières paroles que le Roi lui a dites, qu'il n'avait fait aucun préjudice aux droits de sa naissance, expliquent encore suffisamment ses intentions. Quel avantage pour ce royaume de voir la conduite de l'État entre les mains d'un prince si digne de gouverner, qui sait allier la justice et la bonté, la valeur et la prudence, les lumières supérieures et une modestie qui voudrait toujours les cacher, né pour les grandes choses et capable des plus petites, au-dessus de tous par l'élévation de son rang, et cherchant à se rabaisser pour se mettre à la portée de tous. La Cour n'a pas besoin du témoignage éclatant qu'il vient de rendre, de sages dispositions pour le gouvernement de l'État, du désir ardent qu'il a de soulager les peuples, de son attention à procurer la tranquillité au dedans et au dehors du royaume, de son zèle pour la paix de l'Église, et de sa confiance en vos lumières, en vos avis, en vos remontrances; et ce qu'il a dit sur ce sujet n'ajoute rien à ce que toute la France avait lieu de se promettre de la droiture de ses intentions ; qu'ils ne voyaient donc rien qui ne concourût à déférer la Régence à M. le duc d'Orléans ; que c'est par ces raisons qu'ils requéraient qu'il plût à la Cour déclarer M. le duc d'Orléans Régent en France, pour avoir en cette qualité l'administration des affaires du royaume pendant la minorité du Roi ; sauf à délibérer ensuite sur les autres propositions qui pourraient être faites par M. le duc d'Orléans.

Les gens du Roi retirés du parquet, la matière mise en délibération ainsi que ci-dessus, M. le duc d'Orléans a été déclaré Régent en France pour avoir l'administration du royaume pendant la minorité du Roi.

Les gens du Roi étant ensuite rentrés, M. le duc d'Orléans a dit : qu'après le titre glorieux que la compagnie venait de lui accorder, il avait des observations à faire sur ce qui le regardait, et sur ce qui pouvait intéresser les autres princes ; que le conseil, tel que le Roi l'avait formé par son testament, aurait pu suffire à un prince expérimenté dans l'art de régner, qu'il l'avait composé comme pour lui-même ; mais qu'il avouait qu'il avait besoin des plus grands secours, n'ayant ni les mêmes lumières ni la même expérience ; que jusqu'à présent une seule personne avait été chargée d'une seule matière, par exemple, le secrétaire d'État de la guerre était chargé de tout ce qui regardait les affaires militaires, les rapportait seul et recevait seul les ordres du feu Roi, et ainsi des autres ; mais qu'il croyait devoir proposer d'établir plusieurs conseils pour discuter les matières, qui seraient ensuite réglées au conseil de régence, où l'on pourrait peut-être faire entrer quelques-uns de ceux qui auraient assisté au conseil particulier ; que c'était un des plans qui avaient été formés par M. le Dauphin, dernier mort, et que le Roi en donnait lui-même l'idée par rapport à la distribution des bénéfices, pour laquelle il faisait entrer au conseil deux évêques et le confesseur du Roi ; que comme cela demandait un grand détail et une ample discussion, il en ferait un projet qu'il communiquerait à la compagnie, dont les avis seraient toujours d'un grand poids sur son esprit, et qu'il ne présumerait jamais assez de ses propres forces, et qu'il connaissait trop son peu d'expérience pour prendre sur lui seul la décision d'affaires aussi importantes que celles qui seraient examinées dans le conseil de régence; qu'il se soumettait volontiers à la pluralité des suffrages, mais qu'il demandait la liberté d'y appeler telle personne qu'il estimerait convenable pour le bien de l'État, son unique but n'étant que de tâcher de rétablir les affaires du royaume et de soulager les peuples; qu'à l'égard de M. le Duc il était dit dans le testament qu'il n'aurait entrée au conseil de régence qu'à vingt-quatre ans accomplis, mais qu'il croyait que la compagnie ne ferait pas difficulté de lui accorder place dès à présent dans ce conseil, puisqu'il avait vingt-trois ans passés, et que les rois, qui ne sont majeurs qu'à quatorze ans, sont pourtant déclarés majeurs à treize ans et un jour; mais qu'il demandait encore en faveur de M. le Duc une place que son bisaïeul avait occupée pendant la dernière Régence, et qui ne peut regarder que M. le Duc, que c'était la place de chef du conseil de la régence, et qu'il espérait aussi que la compagnie ne refuserait pas à M. le Duc de présider à ce conseil en l'absence du Régent; qu'il ne pouvait attribuer qu'à l'oubli, que M. le prince de Conti n'était pas appelé par le testament au conseil de régence; que cette place lui était due en qualité de prince du sang, et qu'il lui paraissait que la règle que l'on établirait pour l'âge à l'égard de M. le Duc servirait d'exemple pour M. le prince de Conti, qui était le seul que ce choix pût regarder, les autres princes du sang étant trop jeunes; qu'il reconnaissait que l'éducation du Roi était remise en très-bonnes mains, puisqu'elle était donnée à M. le duc du Maine, mais qu'il avait sur cela deux réflexions à faire faire à la Cour : la première, qu'il ne pouvait voir déférer à un autre qu'à lui le commandement des troupes de la maison du Roi, que la défense du royaume résidait en la personne du Régent, et qu'il devait par conséquent en être le maître d'un moment à l'autre et faire marcher les troupes sur-le-champ, et même celles de la maison du Roi, partout où le besoin de l'État l'exigerait; qu'ainsi il demandait le commandement entier des troupes, même de celles de la maison du Roi; que la seconde réflexion qu'il avait à faire à la compagnie, était qu'il n'était pas convenable que M. le Duc fût dans la dépendance de M. le duc du Maine pour les fonctions de la charge de grand maître de la maison du Roi, et qu'il demandait que les gens du Roi donnassent leurs conclusions sur tous ces chefs;

M. le duc de Bourbon a dit qu'après ce que M. le duc d'Orléans avait eu la bonté de représenter en sa faveur à la compagnie, il n'avait plus qu'à en attendre la confirmation, persuadé qu'elle voudra bien lui donner dès à présent l'entrée au conseil de régence, et qu'il espérait, qu'en lui donnant place dans ce conseil, la compagnie concourra encore par ses suffrages à lui accorder le titre de chef de ce conseil et la présidence en l'absence de M. le Régent; qu'il croyait aussi qu'on ne voudrait pas l'obliger à être subordonné à M. le duc du Maine pour les fonctions de grand maître de la maison du Roi, ce qui ne conviendrait ni à sa naissance ni à la dignité de sa charge;

M. le duc du Maine a parlé en ces termes : « Messieurs, je suis persuadé, ou du moins je veux me flatter, qu'en ce qui peut avoir rapport à moi dans la disposition testamentaire du feu Roi, de glorieuse mémoire, M. le duc d'Orléans n'est pas blessé du choix de ma personne pour l'honorable emploi auquel je suis appelé, et que ce n'est que sur les choses qu'il croit préjudiciables à l'autorité qu'il doit avoir et au bien de l'État, et que, par conséquent, ne considérant que ces deux points, il se fera un plaisir et un honneur de ce qui n'intéressera ni l'un ni l'autre d'aller au plus près des dernières volontés de Sa Majesté; j'avais bien senti, et même j'avais pris la liberté de le représenter au Roi, lorsqu'il me fit l'honneur de me donner, peu de jours avant sa mort, une notion de ce qu'il me destinait, que le commandement continuel de toute sa maison militaire était fort au-dessus de moi, mais il me ferma la bouche en me disant que je devais respecter toujours ses volontés, je ne crois donc pas avoir la liberté de m'en désister; j'assure, cependant, que c'est sans aucune peine que je vois discuter cet article, que je sacrifierai toujours très-volontiers mes intérêts au bien et au repos de l'État, et que je ne ferai point de difficulté de me soumettre à ce qui sera décidé, osant seulement demander que, s'il est conclu qu'il faille changer quelque chose à cet article ou déterminer le titre qu'il a plu à Sa Majesté me donner, qu'on fasse un règlement stable et authentique sur les prérogatives qui me seront attribuées, et qu'avant qu'il y soit procédé, je puisse dire encore ce que je crois ne pouvoir me dispenser de représenter pour avoir un peu plus que la vaine apparence de répondre de la personne du Roi. »

Les gens du Roi s'étant levés, ont dit que ne devant proposer à la compagnie que leurs vœux communs, qu'ils doivent donner pour une délibération commune, il ne leur était pas possible de se déterminer sur ces différentes difficultés qui viennent de naître, si la Cour n'avait la bonté de leur faire donner la communication du testament et des codicilles du feu Roi, et ne leur permettait pas de se retirer pour quelques moments au parquet, pour y concerter les réflexions qu'ils croiraient nécessaires sur les propositions qui venaient d'être faites, pour apporter ensuite à la compagnie les conclusions qu'ils estimeraient convenables.

Le testament et les codicilles leur ont été mis entre les mains, et ils se sont retirés au parquet, et peu de temps après, étant rentrés, ils ont rapporté le testament et les codicilles et ont dit qu'après avoir entendu ce qui a été dit dans cette auguste assemblée par M. le duc d'Orléans, par M. le duc de Bourbon et par M. le duc du Maine, et après la communication qui leur a été faite des dernières volontés du Roi défunt, deux objets principaux semblaient devoir partager toutes les vues et fixer leur attention : la régence du royaume et l'éducation du Roi mineur; que la Cour ayant déféré le titre et la qualité de Régent à M. le duc d'Orléans, si digne de soutenir les fonctions de cette place éminente, il ne restait plus, par rapport à ce premier point, que le conseil de régence sur lequel il fût question de délibérer; que ce que M. le duc d'Orléans venait de proposer sur ce sujet était un témoignage qu'il avait voulu rendre publiquement de la défiance qu'il avait seul de ses propres forces, que, dans cette pensée, il ne croyait pas que les secours que le Roi lui donnait par son testament lui fussent suffisants pour le gouvernement d'un si grand royaume, ce qui l'engageait à demander le temps de faire le choix de personnes sages et éclairées et qu'il pût associer à la conduite de l'État, et de proposer des projets de différents conseils particuliers qu'il croyait nécessaires pour rétablir un bon et sage gouvernement, et que, comme cette proposition ne tendait qu'à perfectionner le plan de la régence, ils ne pouvaient qu'applaudir à un dessein si avantageux au public, et qu'il ne restait qu'à remettre sur ce sujet la délibération au jour auquel M. le duc d'Orléans voudrait bien expliquer ses projets; mais, qu'à l'égard de ce que M. le duc d'Orléans avait proposé par rapport à M. le duc de Bourbon et aux autres princes du sang royal, et de ce que M. le duc de Bourbon demandait lui-même, la Cour était en état, dès à présent, d'y prononcer; que la volonté du Roi défunt et ce qui était dû au rang de M. le duc de Bourbon concouraient également à lui donner place dans le conseil de régence; que, quand cet honneur ne serait pas dû à son rang, il serait dû à son mérite, que quoique par la dernière disposition du Roi il ne dût y avoir entrée qu'à l'âge de vingt-quatre ans accomplis, ses qualités personnelles suffiraient seules pour avancer ce temps en sa faveur, quand même les lois du royaume qui règlent le temps de la majorité lui seraient contraires. Mais qu'outre l'exemple des rois qui, n'étant majeurs qu'à quatorze ans, sont réputés cependant avoir acquis la majorité à treize ans et un jour, exemple qui forme d'abord un si puissant préjugé pour lui, si l'on voulait consulter la disposition des anciennes lois de la France, on trouverait que plusieurs coutumes avaient fixé la majorité à quinze ans, que celles qui l'avaient le plus reculée en avaient marqué le commencement à vingt et un ans, et que, suivant nos anciennes mœurs, la majorité était acquise, par toute la France, à l'âge de vingt et un ans; que si dans la suite les ordonnances de nos rois avaient fixé la majorité parfaite à vingt-cinq ans pour les familles particulières, ces lois n'avaient point eu d'application à ce qui regardait le gouvernement des lois du royaume, puisqu'elles n'ont eu aucun effet par rapport à la majorité des rois, et que le duc d'Orléans, âgé de vingt-deux ans, ayant été capable, en 1483, d'être le président du conseil de régence pendant la minorité de Charles VIII et d'avoir la principale administration des affaires, il serait étrange que M. le duc de Bourbon ne pût avoir entrée au conseil dans un âge plus avancé; que dès qu'il serait admis à ce conseil, c'était une suite nécessaire qu'étant le premier dans l'État après M. le duc d'Orléans, il fût aussi le premier après lui dans le conseil de régence. Qu'ainsi, puisque la Cour avait déféré le titre de Régent à M. le duc d'Orléans, on ne pouvait refuser à M. le duc de Bourbon la qualité de chef du conseil de régence sous l'autorité du Régent, qualité qui renfermait en elle-même le pouvoir d'y présider en l'absence de M. le duc d'Orléans, et qu'il ne paraissait pas que cette proposition pût recevoir le moindre doute après le dernier exemple de la régence de la Reine, mère du feu Roi, sous l'autorité de laquelle M. le duc d'Orléans et M. le prince de Condé, en son absence, furent établis chefs du conseil de régence; que si la Cour jugeait à propos de faire entrer dès à présent M. le duc de Bourbon dans le conseil de régence, cette décision serait une loi pour les autres princes du sang royal qui pourraient atteindre l'âge de vingt-trois ans pendant la minorité du Roi; qu'après avoir épuisé tout le sujet des délibérations sur la régence, il ne restait plus qu'à régler ce qui regardait l'éducation du Roi, mais que les difficultés qui venaient de naître avaient paru assez importantes pour mériter de nouvelles réflexions, ce qui les engageait à demander à la Cour qu'il lui plût remettre la délibération à l'après-dînée; que, par ces raisons, ils requéraient que M. le duc de Bourbon fût déclaré dès à présent chef du conseil de régence sous l'autorité de M. le duc d'Orléans et qu'il y présidât en son absence; qu'il fût ordonné que les princes du sang royal auraient entrée au conseil de régence, aussitôt qu'ils auraient atteint l'âge de vingt-trois ans accomplis, que, sur l'établissement des conseils et le choix des personnes qui devaient les composer, il en fût délibéré lorsque M. le duc d'Orléans se serait expliqué plus en détail, et que pour ce qui regarderait l'éducation du Roi, le commandement des troupes et tout ce qui pouvait y avoir rapport, il plût à la Cour remettre la délibération à ce jour de relevée, à telle heure qu'il lui plairait indiquer.

Les gens du Roi s'étant retirés et la matière mise en délibération, il a été arrêté que le duc de Bourbon sera dès à présent chef du conseil de la régence sous l'autorité de M. le duc d'Orléans, et qu'il y présidera en son absence, et que les princes du sang royal auraient aussi entrée audit conseil, lorsqu'ils auraient aussi atteint l'âge de vingt-trois ans accomplis, et attendu qu'il était près d'une heure, le surplus de la délibération a été remis à trois heures de relevée, et M. le duc d'Orléans et toute la compagnie ont dit qu'ils ne manqueraient pas de s'y trouver.

Dudit jour de relevée, 2 septembre 1715, sur les trois à quatre heures de relevée, la compagnie assemblée dans le même ordre que le matin, avertie que M. le duc d'Orléans venait, MM. les présidents Le Peletier et Bailleul, Cadeau et Godard, conseillers députés, l'ont été recevoir dans la grande salle du palais et l'ont conduit en la Cour de la même manière.

Lorsque M. le duc d'Orléans a eu pris sa place, les gens du Roi mandés, il a dit en leur présence qu'après des réflexions sérieuses il était bien aise de s'expliquer sur l'établissement des différents conseils dont il avait parlé le matin; qu'il croyait donc, qu'outre le conseil de régence où se rapporteraient toutes les affaires, il était nécessaire d'établir un conseil de guerre, un conseil des finances, un conseil de marine, un conseil pour les affaires étrangères, et un conseil pour celles du dedans du royaume; qu'il jugeait même important de former un conseil de conscience composé de personnes attachées aux maximes du royaume, et qu'il espérait que la compagnie ne lui refuserait pas quelques-uns de ces magistrats qui par leur capacité et leurs lumières pussent y soutenir les droits et les libertés de l'Église gallicane; qu'à l'égard du conseil de régence il était dans la résolution de se soumettre à la pluralité des suffrages, étant toujours disposé à préférer les lumières des autres aux siennes propres, mais que dès le moment qu'il s'assujettissait à cette condition, il croyait que la compagnie voudrait bien lui donner la liberté de retrancher, d'ajouter et de changer ce qui lui plairait dans le nombre et dans le choix des personnes dont ce conseil sera composé; qu'il demandait encore que l'on exceptât de ce qui serait soumis à la pluralité des voix, la distribution des charges, emplois, bénéfices et grâces, sur quoi pourtant il consulterait le conseil de régence, mais qu'il souhaitait d'être à portée de récompenser les services dont il avait été témoin et ceux qu'on rendrait à l'État pendant la régence; qu'il voulait être indépendant pour faire le bien et qu'il consentait qu'on le liât tant qu'on voudrait pour ne point faire le mal. Que, pour ce qui regardait les autres conseils, il demandait aussi la liberté de les réformer comme il le jugerait à propos, et qu'il offrait de communiquer le projet comme il l'avait déclaré dès le matin à la compagnie. Sur quoi il demanda que les gens du Roi donnassent leurs conclusions, après quoi il s'expliquerait sur le reste.

Les gens du Roi s'étant levés ont dit que les articles dont M. le duc d'Orléans venait de parler à la compagnie n'étant pas les seuls qu'il eût à proposer, ils croyaient qu'il était plus convenable qu'il voulût bien s'expliquer sur toutes les difficultés qui devaient faire dans ce jour l'objet des délibérations de l'assemblée, afin qu'ils pussent prendre des conclusions sur toutes les propositions que M. le duc d'Orléans avait à faire, et que la Cour pût aussi pourvoir à tout par un seul arrêt, que c'était là ce qui les engageait de supplier M. le duc d'Orléans de vouloir bien continuer d'exposer à la compagnie tous les articles sur lesquels il était nécessaire de prononcer.

M. le duc d'Orléans a repris la parole et dit qu'il restait encore l'article important qui concernait le commandement des troupes du Roi, sur lequel la Cour avait remis la délibération à cette après-dinée; qu'il ne pouvait absolument se départir d'un droit qui était inséparable de la régence et qui regardait la sûreté de l'État, dont le soin était confié à la personne du Régent, et que l'on ne pouvait pas même en excepter le commandement des troupes employées chaque jour à la garde du Roi; que l'autorité militaire devait toujours se réunir dans une seule personne; que c'était l'ordre des commandements de cette nature et l'unique moyen d'empêcher les divisions, qui sont une suite presque inévitable du partage de l'autorité; qu'il voyait devant ses yeux des généraux d'armée, et très-dignes, qui pourraient rendre témoignage à la compagnie de la vérité et de l'importance de cette règle, que les officiers même qui commandaient les corps qui composent la maison du Roi regardaient comme le plus beau privilége de leurs charges de ne recevoir l'ordre que de la personne du Roi ou du Régent qui les représente; que c'était à lui principalement, et par sa naissance et par sa qualité de Régent, de veiller à la sûreté et à la conservation du Roi dont la vie était si chère à l'État, et qu'il ne doutait pas que M. le duc du Maine n'y concourût avec le même zèle; que même, suivant le testament du feu

Roi, la tutelle et la garde étaient déférées au conseil de la régence, et que la compagnie lui ayant accordé de si bonne grâce le titre de Régent, il entrait par là dans le droit du conseil; qu'enfin la nécessité du commandement demandait absolument qu'un seul eût toute l'autorité sur les troupes sans aucune distinction, et qu'il était persuadé que cela ne pouvait lui être refusé; qu'ainsi pour se réduire il demandait que les gens du Roi eussent à prendre leurs conclusions sur ce qui regardait les conseils, la distribution des grâces et le commandement des troupes mêmes de la maison du Roi.

Sur quoi les gens du Roi s'étant levés, ils ont dit qu'après avoir pourvu ce matin à la régence du royaume, il ne s'agissait plus que d'en régler l'exercice et de déterminer ensuite ce qui pouvait regarder l'éducation du Roi; qu'ils lisaient dans les yeux de la compagnie, ils osaient même dire dans son cœur, la satisfaction qu'elle avait du choix d'un prince qui répondait si parfaitement aux justes espérances qu'elle avait conçues de son mérite; que les projets des différents conseils, dont il n'avait présenté ce matin qu'une première ébauche et qu'il venait d'expliquer plus en détail, était une nouvelle preuve de sa capacité en l'art du gouvernement, et que le dessein qu'il avait de se soumettre à la pluralité des suffrages du conseil de régence était un nouveau témoignage de l'élévation et de la droiture de ses sentiments.

Ces conseils particuliers, où chaque matière sera amplement discutée, et qui donneront tant de facilité pour les décider au conseil général de la régence, ce projet conçu par un prince qui suivant l'ordre de la nature devait être notre Roi et qui aurait été si digne du trône de ses ancêtres, ne pouvait être mieux exécuté que par un Régent qui sait connaître et choisir dans chaque chose ce qu'il y a de plus parfait, et le dessein qu'il a d'associer à l'examen des affaires ecclésiastiques du royaume des magistrats instruits des maximes de la France sur ces matières, justifie pleinement le désir qu'il a de soutenir nos saintes lois. Il ne nous reste donc plus que d'attendre que quelques jours de méditation aient donné à M. le duc d'Orléans le loisir de former sur ce plan le système entier de ces conseils qu'il doit ensuite communiquer à la compagnie; que la pluralité des voix à laquelle M. le duc d'Orléans veut se conformer dans toutes les affaires publiques du royaume n'est que l'exécution de l'édit du 26 décembre 1407 sur le fait des régences, qui veut que les délibérations des conseils de régence soient avisées, prises et conclues selon les voix et opinions; que cette disposition, fondée sur presque tous les exemples antérieurs à cet édit et affermie par un grand nombre d'exemples postérieurs, n'avait pas laissé de souffrir différentes atteintes, surtout dans les régences des Reines mères des Rois mineurs, mais que M. le Régent, loin de s'en prévaloir, loin de tirer avantage du dernier exemple dans lequel, malgré la disposition de cet édit et la volonté du roi Louis XIII, on n'assujettit point la Reine mère du Roi à la pluralité des suffrages pendant la régence, protestait publiquement que son intention était de s'y conformer, plus jaloux de la règle que de son pouvoir, moins touché de son intérêt que de ce qu'il regarde comme le bien de l'État, il voulait bien se lier lui-même, et il faisait connaître par cette conduite si sage que ceux qui devraient avoir une plus grande confiance dans leurs propres forces sont ordinairement ceux qui s'en défient davantage.

La confiance entière de la Cour doit être le prix d'une si sage et si noble défiance, et pourrait-elle refuser à un prince qui ne veut conduire ce grand royaume que par l'avis des personnes sages et éclairées, le pouvoir d'ajouter et retrancher et de changer ce qu'il jugera à propos dans le conseil de régence?

L'art de connaître les hommes, le discernement des esprits qui lui est si naturel, assurent au public un choix éclairé qui ne tombera que sur les personnes les plus instruites des maximes du gouvernement, des droits de la Couronne, des lois de l'Église et de l'État, et c'est dans cette assurance qu'ils croient devoir proposer à la Cour de remettre entre les mains de ce prince un choix qu'il est si capable de faire. Que les affaires publiques soient décidées dans le conseil de régence à la pluralité des suffrages, c'est ce que M. le duc d'Orléans a jugé lui-même être le plus conforme aux lois du royaume; mais de porter cette résolution jusqu'à la distribution des charges, des emplois, des bénéfices et des grâces, ce serait ne donner au Régent qu'un vain titre et pour ainsi dire un fantôme d'autorité; ce serait rendre tout électif en France, et la seule idée d'élection fait envisager d'abord les intrigues, les cabales qui en sont les suites ordinaires, et qui deviennent dans la suite, tôt ou tard, des sources funestes de divisions; ce serait enfin affaiblir et presque détruire toute l'autorité de la régence, en ôtant au prince à qui elle est confiée le pouvoir d'accorder des récompenses et de faire des grâces, pouvoir qu'on a toujours regardé comme un des plus grands ressorts du gouvernement; il n'appartient qu'à celui qui est chargé de connaître à fond la juste mesure des services rendus à l'État de les apprécier à leur véritable valeur et de leur donner la récompense qu'ils méritent; ce n'est pas que M. le duc d'Orléans veuille négliger même sur ce point les avis du conseil de régence, il s'engage au contraire à le consulter, et pouvait-il en faire davantage pour apprendre à toute la France l'usage qu'il veut faire de la liberté qu'il demande? Ils ne peuvent donc que souscrire à une réserve si juste et si mesurée, et supplier la Cour de conserver à jamais dans ses registres ces paroles mémorables de M. le duc d'Orléans : « Qu'il ne voulait être indépendant que pour faire le bien, et qu'il consentait qu'on le liât tant qu'on voudrait pour faire le mal; » qu'après avoir tâché de remplir tout ce que le devoir de leur ministère exigeait d'eux par rapport à l'exercice de la régence, il ne leur restait plus qu'à proposer à la Cour leurs réflexions sur ce qui regardait l'éducation du Roi; qu'il n'était ni nouveau, ni singulier, de voir dans les familles particulières l'éducation des mineurs séparée de la régie et de l'administration des biens, et que les histoires sont pleines d'exemples dans lesquels la régence du royaume et l'éducation des Rois mineurs ont été confiées à des personnes différentes; que ce sont sans doute ces exemples qui ont inspiré au Roi défunt la pensée de remettre l'éducation du Roi son petit-fils entre les mains de M. le duc du Maine; que la vue d'un père et d'un Roi, qui est présumé mieux instruit que tout autre de ce qui peut être convenable à l'éducation de ses enfants, est d'un si grand poids, que sans de puissantes raisons il était difficile de ne pas se soumettre à la sagesse de ses dispositions; que la volonté du feu Roi, le suffrage de M. le Régent, les lumières et les vertus de M. le duc du Maine concourant à lui faire déférer une éducation si précieuse à la France, il était nécessaire de lui donner un titre qui répondit au glorieux emploi qui lui était destiné; que la tutelle du Roi étant encore entre les mains du conseil de régence suivant les dernières dispositions du Roi défunt, et M. le duc d'Orléans entrant par la qualité de Régent qui lui a été déférée par les droits du conseil de régence, on ne pouvait concevoir de titre plus honorable pour M. le duc du Maine et de plus convenable à la fonction à laquelle il est appelé; que celui de surintendant à l'éducation du Roi, titre qui renfermait toute l'étendue du pouvoir que M. le duc du Maine devait avoir dans cet emploi; qu'il ne restait que deux difficultés par rapport à ces fonctions, l'une qui regardait le commandement des troupes, l'autre qui concernait M. le duc de Bourbon en qualité de grand maître de la maison du Roi; que M. le Régent a fait assez connaître à la Cour combien tout partage de commandement et de commandement militaire pouvait être contraire non-seulement à l'autorité du Régent, mais au bien même de l'État; que la nécessité pouvant l'obliger à se servir d'une partie des troupes pour la défense du royaume, on ne pouvait lui en ôter le commandement sans le mettre hors d'état de pourvoir suffisamment à la sûreté du royaume; qu'ils sentaient toute la force de ces raisons; que la Cour a bien vu même par ce qui lui a été dit sur ce sujet par M. le duc du Maine, qu'il avait aussi prévu ces inconvénients, et que la seule déférence qu'il avait pour les dernières volontés du Roi défunt l'avait engagé à ne pas se départir de cette disposition dont il connaissait toutes les conséquences; qu'ils avaient cru d'abord qu'il était facile de concilier ces deux autorités, en distinguant dans le commandement de ces troupes ce qui appartient au pouvoir légitime du Régent et ce qui pouvait être déféré à l'autorité de celui qui est chargé de l'éducation du Roi, et qu'en laissant à M. le duc d'Orléans le commandement général des troupes et ne donnant à M. le duc du Maine sous l'autorité du Régent que le commandement de la partie de ces troupes qui servait actuellement à la garde du Roi, ils avaient pensé qu'on pourrait réunir toutes ces différentes vues et ces différents intérêts; mais que les chefs des différents corps qui composent la maison du Roi, prétendent être en droit et en possession de ne recevoir aucun ordre que de la personne même du Roi; que s'ils conviennent que dans un temps où le Roi n'est pas en état de les leur donner lui-même, ils doivent les recevoir du Régent du royaume, qui représente la personne du Roi, ils soutiennent en même temps qu'ils ne peuvent et ne doivent obéir qu'au Roi seul, quand il est en état de les commander; que cette discipline militaire, dont ils ne sont point instruits par eux-mêmes, mais qui n'a point été contredite, ôte toute espérance de conciliation sur ce sujet et les oblige de retomber dans la règle commune, qui ne souffre aucune division dans le commandement des troupes; que si l'intérêt de l'État leur a paru intimement lié à cette unité de commandement, il leur a semblé en même temps que l'éducation du Roi n'en souffrait point; que l'union si parfaite qui règne entre M. le Régent, M. le duc de Bourbon et M. le duc du Maine donnera à M. le duc du Maine les mêmes avantages pour l'éducation du Roi que s'il avait le commandement des troupes, et que le concert qui subsistera toujours entre M. le duc du Maine et les officiers des troupes de la maison du Roi, sans lui donner une autorité de droit, lui procurerait un pouvoir de déférence et d'affection aussi réel et aussi utile au Roi que si ce pouvoir lui eût été déféré; qu'il ne restait plus que ce qui regardait les intérêts de M. le duc de Bourbon, sa charge de grand maître de la maison du Roi l'attachant au service de la personne du prince, il ne croit pas qu'il convienne à son rang d'obéir à M. le duc du Maine en qualité de surintendant à l'éducation du Roi; mais qu'il était facile de prévenir cette difficulté par une réserve spéciale qui, en détruisant toute idée de supériorité sur M. le duc de Bourbon, peut conserver à ce prince, en qualité de grand maître de la maison du Roi, son indépendance de tout autre que du Roi et du Régent; que telles étaient les réflexions qu'ils croyaient devoir proposer à la Cour sur les dernières dispositions du Roi défunt et sur tout ce qui avait été dit par M. le duc d'Orléans et par M. le duc du Maine, soit par rapport à la régence, soit par rapport à l'éducation du Roi; qu'il ne leur restait plus qu'à féliciter cette auguste compagnie, ou pour mieux dire toute la France, de la parfaite et prompte unanimité avec laquelle la plus importante affaire de la monarchie est sur le point d'être terminée; quelles espérances ne doit-on pas en concevoir pour toutes les suites d'une minorité qui commence sous des auspices si favorables pendant que tout concourra à affermir le trône du Roi par un gouvernement sage, tranquille et éclairé; toute la France verra croître en lui, par les soins de celui qui doit présider à son éducation, les heureuses inclinations que la nature y a déjà formées; une régence établie sur des principes si solides sera le gage assuré d'un règne parfait, la source des plus grandes prospérités et le fondement le plus certain de la tranquillité publique; que c'est dans ces vues qu'ils requièrent qu'après la déclaration qui a été faite par M. le duc d'Orléans, qui entend se conformer à la pluralité des suffrages dans toutes les affaires, à l'exception des charges, emplois, bénéfices et grâces qu'il pourra accorder ainsi qu'il le jugera à propos, après avoir consulté le conseil de régence, sans être assujetti à la pluralité des voix à cet égard, il puisse former le conseil de régence, même tel conseil inférieur qu'il avisera, et y admettre les personnes qu'il en estimera les plus dignes, le tout suivant le projet qu'il doit en communiquer à la Cour; que M. le duc du Maine sera surintendant de l'éducation du Roi, l'autorité entière et le commandement des troupes de la maison du Roi, même celles qui sont destinées à la garde de sa personne, demeurant entièrement à M. le duc d'Orléans, et sans aucune supériorité de M. le duc du Maine sur M. le duc de Bourbon, grand maître de la maison du Roi; que des duplicata à l'arrêt qui interviendra sur leurs conclusions seront envoyés aux autres parlements du royaume, et des copies collationnées aux bailliages et sénéchaussées du ressort pour y être lus et publiés; enjoint aux substituts de M. le procureur général d'y tenir la main et d'en certifier la Cour dans un mois.

M. le duc du Maine a dit ensuite que si on ne jugeait pas à propos de lui laisser le commandement des troupes de la maison du Roi, pas même de celles qui sont employées à la garde de sa personne, il ne pouvait répondre que de son zèle, de son attention et de sa vigilance, et qu'il espérait au moins par là de satisfaire autant qu'il serait en lui aux intentions du feu Roi, puisqu'il n'y pouvait satisfaire autrement, n'ayant aucune troupe sous son autorité.

Les gens du Roi retirés, la matière mise en délibération, il a été arrêté qu'après la déclaration faite par M. le duc d'Orléans qu'il entend se conformer à la pluralité des suffrages du conseil de régence dans toutes les affaires, à l'exception des charges, emplois, bénéfices et grâces, qu'il pourra accorder à qui bon lui semblera, après avoir consulté ledit conseil, sans être néanmoins assujetti à la pluralité des voix à cet égard, il pourra former le conseil de régence même tel inférieur qu'il jugera à propos, et y admettre les personnes qu'il en estimera les plus dignes, le tout suivant le projet que M. le duc d'Orléans avait déclaré qu'il communiquerait à la Cour, que M. le duc du Maine sera surintendant à l'éducation du Roi, l'autorité entière et le commandement sur les troupes de la maison du Roi, même sur celles qui sont employées à la garde de sa personne, demeurant à M. le duc d'Orléans, et sans aucune supériorité du duc du Maine sur le duc de Bourbon, grand maître de la maison du Roi.

Ce fait, M. le duc d'Orléans s'est levé, et suivi de MM. les princes du sang passant au travers le parquet, a été conduit par six des huissiers de la Cour, frappant de leurs baguettes, jusqu'à la Sainte-Chapelle. L'arrêt a été rédigé sur les arrêts du matin et de l'après-dînée, et signé de M. le premier président.

II.

**ENREGISTREMENT DE L'ÉDIT DE LOUIS XIV,
QUI APPELLE A LA SUCCESSION DE LA COURONNE LE DUC DU MAINE,
LE COMTE DE TOULOUSE ET LEURS ENFANTS MALES,
A DÉFAUT DE PRINCES DU SANG,
ET QUI LEUR ACCORDE LES MÊMES HONNEURS ET PRIVILÉGES
QU'A CES DERNIERS.**

Du jeudi 2 août 1714.

Ce jour, toutes les chambres assemblées, les princes et ducs et pairs[1] venus en la Cour, ont occupé les trois bancs du parquet, à l'exception de la dernière place du premier à droite, où M. Le Meusnier, conseiller, est demeuré, de la dernière du deuxième en retour, où était M. l'abbé Robert, conseiller, et des deux dernières du troisième banc, tenant à la lanterne du côté du greffe, où M. Lenain, doyen, est demeuré, un bureau devant lui, et comme il y restait encore une place après MM. les ducs et pairs, M. Chevalier, conseiller, y est aussi demeuré.

MM. les ducs et pairs ont passé sur ces trois bancs successivement, selon le rang de leurs pairies. Les conseillers d'honneur, les maîtres des requêtes et les conseillers de la grand'chambre se sont placés sur le banc d'en haut, derrière MM. les présidents de la Cour : on y avait mis un des bancs pour doubler leurs places.

Les présidents des enquêtes et des requêtes, en haut, à droite, où sont les chambres assemblées ; et les conseillers des enquêtes et requêtes, à l'ordinaire, dans les barreaux des deux côtés.

Lorsque chacun a eu pris place, M. le premier président, ôtant son bonnet pour parler, M. le duc du Maine et M. le

[1] Le duc de Bourbon, le prince de Conti, le duc du Maine, le comte de Toulouse, l'archevêque duc de Reims, l'évêque comte de Noyon, le duc d'Uzès, le duc de la Trémouille, le duc de Sully, le duc de Saint-Simon, le duc de La Force, le duc de Rohan, le duc d'Albret, le duc de Piney-Luxembourg, le duc d'Estrées, le duc de Grammont, le duc de La Meilleraye, le duc de Tresmes, le duc de Noailles, le duc de Charost, le duc de Villars, le duc d'Antin, le duc de Chaulnes.

comte de Toulouse se sont levés et sont sortis par derrière le barreau, puis M. le premier président a dit : « Messieurs, le Roi nous ayant fait commander à son procureur général, et à moi, d'aller dimanche dernier à Marly pour y recevoir ses ordres, nous nous y rendîmes sur le midi, nous fûmes introduits dans le cabinet de Sa Majesté à l'issue de son dîner. Alors le Roi nous fit l'honneur de nous dire qu'après de très-sérieuses réflexions il avait résolu de changer le rang de M. le duc du Maine et de M. le comte de Toulouse, de leurs enfants nés ou à naître, et descendants mâles en légitime mariage, d'égaler en tout leur rang à celui des princes du sang ; que sa volonté était qu'ils eussent droit de prendre séance au Parlement à l'âge de quinze ans, quand même ils n'auraient point de pairies, comme il se pratique à l'égard des princes du sang ; qu'ils ne prêtassent point de serment ; qu'ils traversassent le parquet de la grand'chambre ; qu'en prenant leur avis, on ne les nommât point ; en un mot qu'il voulait que nous leur rendissions ici les mêmes honneurs qu'aux princes du sang, sans aucun en excepter. Que portant ses vues plus loin, au cas que Dieu, dans sa colère, voulût enlever à la France tout ce qui nous reste de princes légitimes de l'ancienne maison de Bourbon, son intention était beaucoup plus pour l'intérêt de l'État que pour l'utilité particulière de ses enfants légitimés, que M. le duc du Maine et ses enfants mâles, M. le comte de Toulouse et ses enfants mâles, et leurs descendants mâles à perpétuité, nés en légitime mariage, fussent déclarés capables de succéder à la Couronne dans le cas seulement qu'il ne restât aucun prince légitime de la maison royale ; qu'il regardait comme un devoir indispensable envers le nombre innombrable de peuples qui composent ce grand royaume, de ne pas laisser exposer aux troubles et à l'ambition qui déchireraient infailliblement les entrailles de l'État si la succession à la Couronne ne se trouvait pas réglée et établie. Sa Majesté nous ajouta que la précaution qu'elle prenait de faire répéter plusieurs fois dans l'édit, *après le dernier des princes du sang*, lui avait persuadé qu'elle ne faisait tort à personne, les princes du sang seuls ayant un droit légitime à cette grande succession.

» J'ai cru, Messieurs, avant la lecture de l'édit que le procureur général du Roi va vous apporter, devoir vous rendre compte des volontés du Roi, ainsi que Sa Majesté m'a permis de le faire. »

Après que M. le premier président a eu fini, les gens du Roi ont été mandés, et étant au barreau, à l'ordinaire, ont dit par la bouche de Mᵉ Guillaume-François Joly de Fleury, avocat dudit seigneur Roi, que l'édit que le Roi leur ordonne d'apporter à la Cour, appelle à la Couronne M. le duc du Maine et M. le comte de Toulouse, et leurs descendants mâles, après tous les princes du sang royal, dont il leur communique en même temps tous les honneurs et toutes les prérogatives ; qu'avant que de leur adresser cet édit pour le présenter à la Cour, le Roi leur avait fait l'honneur de les mander à Marly, pour leur apprendre lui-même ses volontés et leur donner des ordres sur ce sujet ; qu'ils les ont reçus avec tout le respect qui leur est dû, et qu'ils lui ont dit qu'une disposition de cette nature touchait une matière si élevée, et était d'une si grande importance, qu'ils ne pouvaient douter qu'il n'y eût fait toutes les réflexions que sa profonde sagesse devait lui inspirer, et qu'au surplus, si le mérite donnait un droit à la Couronne, personne ne pourrait y aspirer plus justement, au défaut des princes de son sang, que ceux qu'il honorait de son choix ; que le Roi leur avait fait l'honneur de leur dire que la résolution qu'il avait prise n'était pas tant l'effet de son affection pour des princes si dignes de sa tendresse, que de son amour pour ses peuples et d'une juste prévoyance de l'avenir ; qu'après la perte de tant de princes du sang royal, qui lui avait appris que les événements les plus tristes et les moins vraisemblables n'étaient pas cependant impossibles, il avait jugé qu'il était de sa prudence de prévoir ce qui arriverait dans son royaume si Dieu enlevait à la France jusqu'aux dernières espérances d'une maison qu'il conserve depuis tant de siècles ; que pour assurer l'état de la succession à la Couronne dans un malheur dont il priait Dieu de préserver son royaume, pour prévenir les discordes et les guerres civiles dont la France était alors menacée, il avait cru ne pouvoir rien faire de mieux que d'établir, dès à présent, un second ordre de successeurs à la Couronne, et de le substituer au défaut de ceux à qui leur naissance a donné le droit de monter sur le trône ;

que telles étaient les vues que le Roi s'était proposé dans l'édit dont ils étaient chargés; que c'étaient les motifs qu'il leur avait fait l'honneur de leur expliquer lui-même, et dont il était de leur devoir d'instruire la Cour, en lui rendant compte des ordres qu'ils avaient reçus sur cet édit, et qu'il ne leur restait plus que d'en requérir l'enregistrement, comme ils faisaient par les conclusions par écrit du procureur général du Roi, qu'ils laissaient à la Cour avec l'édit et la lettre de cachet du Roi, et se sont retirés.

De laquelle lettre de cachet du Roi la teneur ensuit : « De par le Roi, nos amés et féaux, nous vous envoyons notre édit du présent mois, par lequel nous avons ordonné qu'en cas qu'il ne restât aucun prince légitime de notre maison pour être héritier de notre Couronne, elle sera dévolue et déférée de plein droit à nos fils légitimés, et à leurs enfants et descendance mâle à perpétuité, à l'enregistrement duquel édit nous vous mandons de procéder; si n'y faites faute, car tel est notre plaisir. Donné à Marly, le treize juillet mil sept cent quatorze. Signé, Louis, et plus bas, Phélippeaux. » Et au dos est écrit : « A nos amés et féaux conseillers les gens tenant notre cour de Parlement à Paris. »

Par l'ordre de M. le premier président, le tout a été mis entre les mains de M. Lenain, doyen, qui en a fait lecture.

M. le premier président a ensuite pris les voix en la manière accoutumée, de M. le doyen, de M. Chevalier, qui était auprès de lui, de MM. Le Meusnier et Robert, qui étaient demeurés sur le premier et le second banc, des conseillers d'honneur, maîtres des requêtes et conseillers de la grand'chambre, qui étaient tous ensemble, derrière MM. les présidents de la Cour, des présidents des enquêtes et des requêtes, et des conseillers dans les barreaux, des ducs et pairs, en remontant depuis les derniers qui étaient au haut du banc, à côté de la lanterne du greffe, jusqu'à l'archevêque duc de Reims, sans leur ôter son bonnet, et les nommant par les titres de leurs pairies, de M. le prince de Conti et de M. le duc de Bourbon, sans les nommer, le bonnet à la main, en leur faisant une profonde inclination, et enfin de MM. les présidents de la Cour, son bonnet aussi à la main et avec une inclination à l'ordinaire.

L'arrêt a été donné conforme aux conclusions du procureur général du Roi, ainsi qu'il suit : La Cour, conformément aux conclusions du procureur général du Roi, ordonne que ledit édit sera lu et publié, l'audience tenant, et registré au greffe d'icelle pour être exécuté selon sa forme et teneur; que le duplicata en sera envoyé aux autres parlements du royaume avec autant du présent arrêt, pour y être lus, publiés et enregistrés; comme aussi que copies collationnées dudit édit seront envoyées aux bailliages et sénéchaussées du ressort pour y être lues, publiées et registrées; enjoint aux substituts du procureur général du Roi auxdits siéges d'y tenir la main et d'en notifier la Cour dans un mois.

L'on a été querir M. le duc du Maine et M. le comte de Toulouse, qui étaient retirés dans le cabinet de M. le premier président.

Lorsqu'ils ont été à l'entrée du parquet, M. le premier président leur a dit de passer à travers pour prendre leurs places, ce qu'ils ont fait, et aussitôt qu'ils ont été assis, M. le premier président, ôtant son bonnet et le remettant, a dit : « Messieurs, l'édit que la Cour vient d'enregistrer par ordre du Roi, est la preuve la plus éclatante que Sa Majesté peut donner non-seulement à la France, mais au monde entier, de son estime et de son affection pour vous; c'est en même temps le comble de la gloire pour toute votre postérité. Les grandes qualités que le Roi a reconnues en vous, Messieurs, presque au sortir de l'enfance, l'honneur que vous avez d'être issus d'un rang si glorieux, votre fidèle attachement à sa personne, l'avaient déjà porté à vous élever dans l'État par une distinction particulière, en vous donnant par sa déclaration du mois de mai 1694, et à vos enfants et descendants en légitime mariage, le rang et la séance en toutes occasions, immédiatement après les princes légitimes de son sang, avant tous les princes des maisons souveraines étrangères, et tous les autres grands seigneurs du royaume, de quelque rang, dignité et qualité qu'ils pussent être. Aujourd'hui, ce prince sage et éclairé, pour assurer le bonheur et la tranquillité de ses peuples, pour maintenir une Couronne qu'il a portée à un si haut degré de gloire, pénétré plus que jamais de vos vertus, de votre attachement à sa personne, de votre capacité dans les affaires d'État, vous unit entièrement et vous égale en tout aux princes légitimes de l'auguste maison de Bourbon, en leur conservant à tous et à perpétuité, jusqu'au dernier, le juste droit de la préférence qui leur est si légitimement dû. Par une disposition aussi sage, cette illustre prérogative vous devient d'autant plus assurée que, ne faisant préjudice à aucun de ses sujets, elle ne peut raisonnablement vous être enviée. C'est à vous, Messieurs, et nous sommes persuadés que ce sont vos sentiments, de redoubler, s'il est possible, votre attention à soulager le Roi dans ses pénibles occupations, afin que nous voyions ses jours se prolonger au delà des bornes ordinaires, pour l'honneur de l'humanité, pour la gloire de la religion et pour le bonheur du monde entier : c'est à vous, Messieurs, de vous unir encore plus étroitement à nos princes par un renouvellement de tendresse, nous osons dire de respect, vous leur en devenez redevables plus que jamais, vous trouvant si intimement associés à leurs droits et à leurs honneurs. Faites, autant qu'il vous sera possible, que le souvenir d'un si grand bienfait passe de race en race à tous vos descendants, et que la mémoire du grand Roi, qui par une extrême bonté les approche de la Couronne, les y attache éternellement, encore plus que leur naissance et leurs propres intérêts. »

M. le duc du Maine ôtant son chapeau et l'ayant remis, adressant la parole à M. le premier président, a dit : « Monsieur, après la grâce immense par laquelle le Roi vient de mettre le comble à toutes celles qu'il nous a ci-devant accordées, rien n'est plus honorable pour nous que les suffrages de cette auguste et célèbre compagnie, ni rien de plus flatteur que ce que vous avez eu la bonté de nous dire de sa part; nous sommes pénétrés de toutes ces circonstances, dont aucune n'échappe à notre sensibilité; mais permettez, Monsieur, que tout confus des louanges que nous venons d'entendre, nous ne les regardions que comme d'importantes leçons sur lesquelles nous devons nous régler à l'avenir pour mériter l'honneur que nous recevons aujourd'hui. Nous voyons avec une peine extrême que les engagements où nous jettent des faveurs aussi distinguées sont de nature à ne pouvoir jamais être totalement accomplis. Néanmoins, Monsieur, nous vous supplions de croire qu'étant résolus à sacrifier nos jours pour le service de Sa Majesté et pour le bien de l'État, nous nous estimerons infiniment heureux de trouver les occasions de donner à cette compagnie, à chacun des illustres membres qui la composent, et à vous, Monsieur, qui y présidez si dignement, des marques particulières de notre vénération la plus parfaite et de notre éternelle reconnaissance. »

Comme l'arrêt portait que l'édit serait lu et publié l'audience tenant, MM. les présidents sont allés à la buvette prendre leurs robes rouges.

MM. les princes et ducs et pairs sont demeurés cependant dans la grand'chambre, et peu de temps après, MM. les présidents étant rentrés par la lanterne du greffe, chacun a pris sa place ordinaire aux grandes audiences; M. le duc de Bourbon, M. le prince de Conti, M. le duc du Maine et M. le comte de Toulouse montant par le petit degré à côté du greffier, et parce qu'il restait des places après le dernier de MM. les pairs, elles ont été occupées par MM. Croiset et Benoise, conseillers d'honneur.

Les conseillers clercs ont pris les leurs ordinaires à la suite de MM. les présidents, et sur un banc qui avait été mis pour les doubler.

Les conseillers d'honneur, maîtres des requêtes, et les présidents des enquêtes et des requêtes, sur le banc d'en bas, à droite, sur celui de retour, et sur deux autres qui furent apportés devant.

Les conseillers de la grand'chambre, laïques, sur le banc de MM. les présidents de la Cour, au conseil, sur celui de retour, et sur des bancs qui furent aussi apportés.

Les conseillers des enquêtes et des requêtes, dans les barreaux, à l'ordinaire.

Les gens du Roi, dans les places qu'ils occupent aux assemblées des chambres, au premier barreau, à côté de la lanterne de la cheminée.

Lorsque tout a été ainsi placé, M. le premier président a ordonné que les portes fussent ouvertes.

Lecture a été faite par Me Nicolas Dongois, l'un des greffiers en chef de ladite Cour, auquel M. le premier président a ordonné de se couvrir, de l'édit du Roi et de l'arrêt intervenu au conseil.

Me Guillaume-François Joly de Fleury, l'un des avocats

du Roi, s'est levé, et a dit : qu'après ce qu'ils ont dit à la Cour en requérant l'enregistrement de l'édit dont on venait de faire la publication, et après la lecture qu'on en avait faite, ils n'avaient rien à ajouter aux motifs que le Roi leur a fait l'honneur de leur expliquer, et qu'il a marqué lui-même dans cet édit, qui l'ont déterminé à désigner pour successeurs à la Couronne, M. le duc du Maine, M. le comte de Toulouse, et leurs descendants mâles, au défaut de tous les princes du sang royal ; qu'ils n'ont donc plus, pour accomplir ce que leur ministère exige d'eux en cette occasion, que de requérir qu'il fût mis sur ledit édit qu'il avait été lu et publié, l'audience tenant, et registré au greffe de la Cour pour être exécuté selon sa forme et teneur ; que comme ces sortes de matières ne se délibéraient qu'en la Cour, un duplicata en fût envoyé aux autres parlements du royaume, et des copies collationnées aux bailliages et sénéchaussées du ressort, pour y être ledit édit lu, publié et enregistré ; enjoint aux substituts du procureur général du Roi auxdits siéges, d'y tenir la main et d'en certifier la Cour dans un mois.

M. le premier président a été aux avis, premièrement à MM. les présidents et conseillers clercs qui étaient de leur côté, puis à MM. les princes, ducs et pairs, et aux deux conseillers d'honneur qui étaient sur le même banc d'en haut, à droite.

Il est repassé ensuite devant MM. les princes, leur faisant la révérence, et descendant par le degré qui est à côté du greffier, a été successivement à tous les bancs étant dans le parquet, et aux barreaux des deux côtés, en l'ordre ci-dessus marqué.

Il est remonté par le même degré en sa place, et a prononcé l'arrêt, conformément au réquisitoire des gens du Roi.

M. le duc de Bourbon, M. le prince de Conti, M. le duc du Maine, M. le comte de Toulouse sont descendus ensemble par le petit degré, et, traversant le parquet, ont été conduits jusqu'à la Sainte-Chapelle par quatre huissiers, frappant de leurs baguettes.

MM. les présidents de la Cour sont sortis en même temps par la lanterne du greffe, et MM. les ducs et pairs par la lanterne du côté de la cheminée.

III.

DÉTENTION DE VOLTAIRE A LA BASTILLE EN 1717.

Les *J'ai vu* n'étaient pas de Voltaire; cette satire était d'un poëte nommé Antoine-Louis Lebrun, né à Paris le 7 septembre 1680, mort en 1743, auteur d'un opéra intitulé *Hippocrate amoureux*. Ce Lebrun n'avait fait lui-même qu'imiter une satire de l'abbé Régnier[1], l'un des quarante de l'Académie française. Si Voltaire n'était pour rien dans cette pièce de vers assez faible, il n'en passait pas moins pour un frondeur du gouvernement du duc d'Orléans. En effet, il avait été, en 1716, exilé à Tulle pour un couplet que nous allons reproduire. Cet exil de Tulle fut changé, du reste, en un ordre de séjour à Sully-sur-Loire, où il avait des parents dont les instructions et les exemples auraient pu, espérait son père, corriger son imprudence et tempérer sa vivacité[2].

A cette époque, où le public répétait hautement que des relations incestueuses existaient entre le Régent et la duchesse de Berry, sa fille, parut le couplet suivant sur l'air de *Joconde* :

> Déjà votre esprit est guéri
> Des craintes du vulgaire;
> Grande duchesse de Berry,
> Consommez le mystère :
> Un nouveau Loth vous sert d'époux,
> Reine des Moabites;
> Faites bientôt sortir de vous
> Un peuple d'Ammonites.

Cette épigramme fut immédiatement attribuée à Voltaire; mais celui-ci la nia, et fit la réponse que voici à cette accusation :

> Non, monseigneur, en vérité,
> Ma Muse n'a jamais chanté
> Ammonites ni Moabites;

---

[1] *Voltaire*, édition Beuchot, t. II, p. 14. François-Séraphin Regnier-Desmarets, né en 1632, mort en 1713.

[2] *Revue rétrospective*, première série, t. II, p. 123.

> Brancas vous répondra de moi;
> Un rimeur sorti des Jésuites,
> Des peuples de l'ancienne loi
> Ne connait que les sodomites [1].

Malgré cette spirituelle dénégation, Voltaire n'en fut pas moins exilé à Tulle, puis à Sully-sur-Loire, comme nous venons de le dire.

Cet exil ne fut pas de longue durée, car moins d'un an après Voltaire était de retour à Paris, et sa présence coïncidait avec la publication d'une autre satire, en latin cette fois, ce qui était déjà une circonstance atténuante :

> *Regnante puero,*
> *Veneno et incestis famoso*
> *Administrante,*
> *Ignaris et instabilibus consiliis,*
> *Instabiliori religione,*
> *Ærario exhausto*
> *Violatâ fide publicâ;*
> *Injustitiæ furore triumphante;*
> *Generalis imminente seditionis*
> *Periculo,*
> *Et iniquæ anticipatæ hereditatis*
> *Spei coronæ, pairia sacrificata;*
> *Gallia mox peritura* [2].

Les limiers de la police furent immédiatement mis en campagne, et ils n'eurent pas de peine à trouver l'auteur de cette inscription, ainsi que le constate le rapport suivant de l'espion Beauregard : « Je le (Voltaire) vis trois jours après chez lui, rue de la Calandre, au Panier vert, où il me demanda ce qu'on disait de nouveau. Je lui répondis qu'il avait paru quantité d'ouvrages sur M. le duc d'Orléans et Madame, duchesse de Berry. Il se mit à rire et me demanda si on les avait trouvés beaux; je lui ai dit qu'on y avait trouvé beaucoup d'esprit et qu'on lui mettait tout cela sur son compte, mais que je n'en croirais rien, et qu'il n'était pas possible qu'à son âge [3] on pût faire de pareilles choses. Il me répondit

---

[1] J. Delort : *Histoire de la détention des gens de lettres*, t. II, p. 25.

[2] *Revue rétrospective*, première série, t. II, p. 125.

[3] Voltaire étant né le 21 novembre 1694, avait (mai 1717) vingt-deux ans et quelques mois. (Voyez Boriat-Saint-Prix, *Essai sur Boileau*, p. 11.)

que j'aurais tort de ne pas croire que c'était lui véritablement qui avait fait tous les ouvrages qui avaient paru en son absence (j'ai remis à M. Leblanc tous ces ouvrages); et, pour empêcher que M. le duc d'Orléans et ses ennemis crussent que c'était lui qui les avait faits, il avait quitté Paris dans le carnaval, pour aller à la campagne, où il est resté deux mois avec M. de Caumartin, qui a vu le premier ses ouvrages; après quoi, ils ont été envoyés à Paris. Il m'a dit que puisqu'il ne pouvait se venger de M. le duc d'Orléans d'une certaine façon, il ne l'épargnait pas dans ses satires. Je lui demandai ce que M. le duc d'Orléans lui avait fait; il était couché en ce moment; il se leva comme un furieux et me répondit : « Comment! vous ne savez pas ce que ce b....
» là m'a fait? Il m'a exilé parce que j'avais fait voir en public
» que sa Messaline de fille était une p.... » Je sortis et y retourne le lendemain, où je retrouve M. le comte d'Argental. Je sortis de mes tablettes le *Puero regnante*; il me demanda sur-le-champ ce que j'avais de curieux. Je l'ai montré; quand il eut vu ce que c'était : « Pour celui-là, je ne
» l'ai pas fait chez M. de Caumartin, mais beaucoup de
» temps avant que je parte. » Deux jours après j'ai retourné, où je trouve encore M. le comte d'Argental. Je lui dis :
« Comment! mon cher ami, vous vous vantez d'avoir fait le
» *Puero regnante*, pendant que je viens de savoir, d'un bon
» endroit, que c'est un professeur des Jésuites qui l'a fait! »
Il prit son sérieux là-dessus et dit qu'il ne s'embarrassait pas si je le croyais ou si je ne le croyais pas, et que les Jésuites faisaient comme le geai de la fable, qu'ils empruntaient les plumes du paon pour se parer. M. le comte d'Argental était présent pendant tout cela. Il nous dit en continuant que madame la duchesse de Berry allait passer six mois à la Muette pour y accoucher. Il a répandu ce discours dans tout Paris, et quantité d'autres que la plume ne saurait souffrir.[1]....»

---

[1] *Voltaire*, édition Beuchot, t. I, p. 328. Ce rapport est intitulé : *Mémoire instructif des discours que m'a tenus le sieur Arouet depuis qu'il est de retour de chez M. de Caumartin*. M. Beuchot fait remarquer à ce propos que l'agent de police Beauregard, auteur de ce Mémoire, a écrit *Arroy* au lieu d'*Arouet*. Nous ferons remarquer à notre tour que l'espion a dû se conformer, pour l'orthographe, à la prononciation, et la meilleure

D'après ce rapport, le 15 mai 1717, une lettre de cachet fut lancée contre Voltaire, et le 17, il fut écroué à la Bastille, ainsi que le prouve le procès-verbal suivant : « François-Marie Arouet, sans profession, fils du sieur Arouet, payeur de la chambre des Comptes, entré à la Bastille le 17 mai 1717, accusé d'avoir composé des pièces de poésie et vers insolents contre M. le Régent et madame la duchesse de Berry, entre autres, une pièce de vers qui a pour inscription : *Puero regnante*. Accusé aussi d'avoir dit que, puisqu'il ne pouvait se venger de M. le duc d'Orléans d'une certaine façon, il ne l'épargnerait pas dans ses satires ; sur quoi, quelqu'un lui ayant demandé ce que son Altesse Royale lui avait fait, il se leva comme un furieux et répondit :
« Comment ! vous ne savez pas ce que ce b.... là m'a fait ?
» Il m'a exilé parce que j'avais fait voir en public que sa
» Messaline de fille était une p.... »

» *Signé :* M. D'ARGENSON ;

» DESCHAMPS, greffier ;

» Le commissaire YSABEAU ;

» BAZIN, exempt de robe courte [1]. »

Une fois enfermé à la Bastille, le jeune poëte demanda plusieurs objets qu'on lui délivra, et dont il donna reçu, le 21 mai ; c'étaient :

Deux livres d'Homère latin-grec,
Deux mouchoirs d'indienne,
Un petit bonnet,
Deux cravates,
Une coëffe de nuit,
Une petite bouteille d'essence de géroufle [2].

preuve que nous en puissions donner est le témoignage de Voltaire lui-même, qui, dans un passage cité par J. Delort, t. II, p. 30, dit : « Plus tard, j'ai changé mon nom d'Arouet en celui de Voltaire, pour n'être pas confondu avec ce malheureux poëte Roy. »

[1] J. Delort, *Histoire de la détention*, t. II, p. 24.
[2] J. Delort, *Histoire de la détention*, t. II, p. 22.

Voltaire a, du reste, raconté lui-même, dans un petit poëme, son arrestation et son emprisonnement; ce morceau a déjà été imprimé, mais nous pensons qu'on le verra ici avec plaisir.

LA BASTILLE.

Or, ce fut par un matin, sans faute,
En beau printemps, un jour de Pentecôte,
Qu'un bruit étrange en sursaut m'éveilla;
Un mien valet qui du soir était ivre :
« Maître, dit-il, le Saint-Esprit est là;
C'est lui, sans doute, et j'ai lu dans mon livre
Qu'avec vacarme il entre chez les gens. »
Et moi de dire alors entre mes dents :
« Gentil puîné de l'Essence suprême,
Beau Paraclet, soyez le bienvenu;
N'êtes-vous pas celui qui fait qu'on aime? »
En achevant ce discours ingénu,
Je vois paraître au bout de ma ruelle
Non un pigeon, non une colombelle,
De l'Esprit-Saint oiseau tendre et fidèle,
Mais vingt corbeaux de rapine affamés,
Monstres crochus que l'enfer a formés.
L'un près de moi s'approche en sycophante :
Un maintien doux, une démarche lente,
Un ton cafard, un compliment flatteur,
Cachent le fiel qui lui ronge le cœur.
« Mon fils, dit-il, la cour sait vos mérites;
On prise fort les bons mots que vous dites,
Vos petits vers et vos galants écrits;
Et comme ici tout travail a son prix,
Le Roi, mon fils, plein de reconnaissance,
Veut de vos soins vous donner récompense,
Et vous accorde, en dépit des rivaux,
Un logement dans un de ses châteaux.
Les gens de bien qui sont à votre porte
Avec respect vous serviront d'escorte;
Et moi, mon fils, je viens, de par le Roi,
Pour m'acquitter de mon petit emploi.
— Brigand, lui dis-je, à moi point ne s'adresse
Ce beau début; c'est me jouer d'un tour :
Je ne suis point rimeur suivant la cour,
Je ne connais roi, prince, ni princesse,
Et si tout bas je forme des souhaits,
C'est que d'iceux ne sois connu jamais.
Je les respecte, ils sont dieux sur la terre,
Mais ne les faut de trop près regarder :

Sage mortel doit toujours se garder
De ces gens-là qui portent le tonnerre.
Partant, vilain, retournez chez le Roi,
Dites-lui fort que je le remercie
De son logis; c'est trop d'honneur pour moi :
Il ne me faut tant de cérémonie :
Je suis content de mon bouge, et les dieux
Dans mon taudis m'ont fait un sort tranquille;
Mes biens sont purs, mon sommeil est facile,
J'ai le repos; les rois n'ont rien de mieux. »

J'eus beau prêcher, et j'eus beau m'en défendre,
Tous ces messieurs, d'un air doux et bénin,
Obligeamment me prirent par la main :
« Allons, mon fils, marchons. » Fallut se rendre,
Fallut partir. Je fus bientôt conduit,
En coche clos, vers le royal réduit
Que près Saint-Paul ont vu bâtir nos pères
Par Charles cinq. O gens de bien, mes frères,
Que Dieu vous gard' d'un pareil logement !
J'arrive enfin dans mon appartement.
Certain croquant, avec douce manière,
Du nouveau gîte exaltait les beautés,
Perfections, aises, commodités.
« Jamais Phœbus, dit-il, dans sa carrière,
De ses rayons n'y porta la lumière :
Voyez ces murs de dix pieds d'épaisseur,
Vous y serez avec plus de fraîcheur. »
Puis, me faisant admirer la clôture,
Triple la porte et triple la serrure;
Grilles, verroux, barreaux de tout côté,
« C'est, me dit-il pour votre sûreté. »
Midi sonnant, un chaudeau [1] l'on m'apporte;
La chère n'est délicate ni forte :
De ce beau mets je n'étais point tenté,
Mais on me dit : « C'est pour votre santé;
Mangez en paix, ici rien ne vous presse. »

Me voici donc en ce lieu de détresse,
Embastillé, logé fort à l'étroit,
Ne dormant point, buvant chaud, mangeant froid,
Trahi de tous, même de ma maîtresse.
O Marc-René [2], que Caton le Censeur,
Jadis, dans Rome, eût pris pour successeur,

---

[1] Espèce de potage; La Fontaine a employé ce mot dans l'une de ses fables.
[2] Marc-René d'Argenson, lieutenant général de police.

> O Marc-René, de qui la faveur grande
> Fait ici-bas tant de gens murmurer,
> Vos beaux avis m'ont fait claquemurer :
> Que quelque jour le bon Dieu vous le rende [1] !

La détention de Voltaire dura près d'un an ; le 10 avril 1718, il fut mis en liberté, mais avec ordre de séjourner à Châtenay près Sceaux, où son père avait une maison de campagne et où lui-même avait passé son enfance.

De cette retraite le poëte adressa diverses lettres au jeune ministre Maurepas pour obtenir la permission de venir passer quelques jours à Paris ; elles lui furent toutes accordées, mais pour un temps limité seulement. Enfin, le 12 octobre de la même année, il obtint la faculté de venir à Paris quand bon lui semblerait [2].

---
[1] *Voltaire*, édition Beuchot, t. XII, p. 3.
[2] *Revue rétrospective*, première série, t. II, p. 124 à 127.

IV.

LIT DE JUSTICE TENU AUX TUILERIES LE 26 AOUT 1718 [1].

Ce jour, sur les six heures du matin, pendant le rapport de quelques procès, auquel présidait M. le président de Lamoignon, la Cour ayant été avertie que le maître des cérémonies, venu par ordre du Roi, demandait à parler à la Cour, a été dit qu'on le fit venir, et entré, ayant pris place au bout du banc, en face de MM. les présidents, entre les deux derniers conseillers, et couvert il a dit :..... Lecture a été faite de ladite lettre de cachet ainsi qu'il suit : « De par le Roi, nos amés et féaux, nous avons résolu, de l'avis de notre très-cher et très-amé oncle le duc d'Orléans régent de notre royaume, de tenir, ce jourd'hui matin, notre lit de justice en notre palais des Tuileries, pour vous faire entendre notre volonté sur des affaires qui concernent notre service; pour cet effet nous voulons et vous mandons que vous ayez à vous trouver en notre dit palais en corps et en robes rouges, à l'heure que le grand maître ou maître des cérémonies vous dira plus particulièrement de notre part; si n'y faites faute, car tel est notre plaisir. Donné à Paris, le vingt-sixième jour d'août mil sept cent dix-huit. Signé : Louis; et plus bas : Phelyppeaux. »

Après laquelle lecture, a été dit au maître des cérémonies par M. le président que la Cour sera toujours prête à obéir aux ordres du Roi; qu'il allait en faire donner avis à M. le premier président, et que lorsqu'il serait venu prendre

---

[1] Nous avions eu d'abord l'intention de donner ici l'enregistrement de l'édit de Louis XV en date de juillet 1717, qui, tout en annulant l'édit du mois de juillet 1714 et la déclaration du 23 mai 1715 appelant au trône, en cas d'extinction de la branche légitime, le duc du Maine et le comte de Toulouse, leur conservait cependant leur vie durant les honneurs de princes du sang; mais, après réflexion, nous avons préféré mettre sous les yeux du lecteur le procès-verbal du lit de justice que l'on va lire, et qui termina la querelle des princes légitimés et des princes du sang en anéantissant absolument tous les priviléges que les premiers devaient à Louis XIV, et ceux même que Louis XV et le Régent leur avaient laissés par l'édit de juillet 1717.

sa place, la Cour lui rendrait réponse positive, sur quoi il s'est retiré.

Peu de temps après, M. le premier président étant entré et ayant pris place, a ordonné qu'on fît rentrer le maître des cérémonies, auquel, placé ainsi que dessus, il a dit que la Cour a reçu ladite lettre avec tout le respect dû à son souverain seigneur, qu'elle a été envoyée aux chambres, mais que personne ne s'y étant trouvé, à cause de l'heure, et qu'on n'a encore eu aucune nouvelle du lit de justice que le Roi veut tenir aujourd'hui, il assemblera dès que Messieurs seront au palais, et qu'il peut toujours lui dire que tout se dispose à l'exécution de la volonté du Roi marquée dans la lettre qu'il vient d'apporter, et le maître des cérémonies s'est retiré.

Et ensuite, sur les huit heures, M. le premier président ayant fait assembler les chambres, a récité dans l'assemblée ce qui s'est passé ce matin, et lecture faite de la lettre de cachet, les gens du Roi ayant fait dire à la Cour qu'ils demandaient à lui parler, sont entrés, et maître Guillaume de Lamoignon portant la parole, ont dit : que ce matin, se disposant pour venir au palais, il avait reçu ordre, ses collègues et lui, de se rendre au Palais-Royal à huit heures; que M. le Régent les avait chargés de dire à la Cour de se rendre aux Tuileries à dix heures, que le Roi y tiendrait son lit de justice; que l'ordre des séances serait le même que celui du dernier lit de justice, et qu'il avait envoyé à cet effet le maître des cérémonies à la Cour avec une lettre de cachet.

M. le premier président a répondu que la lettre a été apportée et vient d'être lue à la compagnie. Eux retirés : la Cour voyant qu'il n'est nullement marqué pour quel sujet le Roi veut présentement tenir son lit de justice, ainsi qu'il se pratique le plus ordinairement, a chargé M. le premier président, au cas qu'il s'agit de publier quelques lettres sur matière considérable, comme on ne peut presque en douter, de dire au Roi en son nom que la Cour le supplie de lui laisser le temps nécessaire pour en délibérer, ainsi qu'ont fait et ont permis de le faire ses prédécesseurs Rois.

Après quoi Messieurs se sont retirés pour se préparer à partir, et sur les neuf heures et demie étant revenus en la grand'chambre, en robes rouges et chaperons d'écarlate, ils en sont partis en corps de Cour et à pied, et descendant par le grand escalier du Mai, précédés des huissiers, maîtres Nouet et Ysabeau, notaires et secrétaires du Roi en icelle Cour, marchant ensemble, ensuite Hamonin, ancien huissier, faisant la fonction de premier huissier, revêtu des habillements du premier huissier, puis MM. les présidents et conseillers deux à deux; ensuite les gens du Roi sont sortis par la porte Sainte-Anne, et passant sur le quai des Orfévres, le pont Neuf, et par les rues du Roule, de Saint-Honoré et Saint-Nicaise, sont entrés par la principale porte de la grande cour du palais des Tuileries, et ayant été reçus par le maître des cérémonies, sont entrés en la salle des Ambassadeurs, et ensuite montés au même ordre dans la troisième pièce du grand appartement du Roi, préparée pour le lit de justice, où M. le premier président et M. le président d'Aligre étaient déjà, s'étant rendus au palais des Tuileries dans leurs carrosses à cause de leurs indispositions, auquel lieu le greffier civil de la Cour s'était aussi rendu pour en voir les dispositions, qui se trouvèrent semblables à la grand'chambre du Parlement.

Peu de temps après, MM. les présidents sont sortis les uns après les autres, précédés d'un huissier, pour aller prendre leurs manteaux, épitoges et mortiers, en une pièce voisine, où le greffier a été aussi prendre son manteau et son épitoge; et ensuite, eux revenus, la Cour ayant été avertie par un officier des gardes du corps que le Roi était en sa chapelle, ont été députés pour le recevoir et saluer MM. les présidents Potier, d'Aligre, de Lamoignon et Portail, et six de MM. les conseillers de la grand'chambre, quatre laïques et deux clercs, qui l'ont conduit depuis la porte de la tribune de la chapelle, qui donne sur la terrasse, jusqu'à son lit de justice; MM. les présidents marchant à ses côtés, MM. les conseillers derrière lui, et l'un des huissiers de la Cour faisant la fonction de premier huissier, entre les deux huissiers-massiers du Roi, immédiatement devant sa personne.

Le Roi est entré, précédé de M. le duc d'Orléans, régent du royaume, de M. le duc de Bourbon et de M. le prince de Conti, accompagné ainsi que dessus des présidents et conseillers de la Cour, du maréchal de Villeroi, son gouverneur, et suivi des capitaines de ses gardes; après lui sont entrés plusieurs pairs qui ont pris leurs places par le bout d'en bas des bancs qui leur étaient préparés.

Ensuite est entré M. le garde des sceaux, lequel traversant le parquet a pris sa place aux pieds du Roi, dans le parquet, en une chaise à bras, sans dossier, couverte du bas du tapis du siége du Roi, un bureau devant lui couvert d'un tapis violet, ensuite étant monté vers le Roi et s'étant mis à genoux, est descendu, s'est remis en son siége, et s'étant couvert a dit : « Messieurs, le Roi a jugé à propos de créer l'état et office de garde des sceaux, et a bien voulu m'en pourvoir; c'est pourquoi Sa Majesté ordonne que par le greffier de son Parlement lecture de l'édit portant création et provision soit faite les portes ouvertes. » Et à l'instant, ayant ordonné que les portes fussent ouvertes, le greffier de la Cour appelé s'est avancé à travers le parquet avec de profondes marques de respect à la personne du Roi, et s'est approché de M. le garde des sceaux, lequel, tirant de sa poche les susdites lettres en forme d'édit, lui a commandé de les lire, ce qu'il a fait, retourné en son bureau, debout et découvert.

Après quoi M. le garde des sceaux ayant invité les gens du Roi à parler en disant : « Les gens du Roi peuvent parler », et iceux s'étant mis à genoux, il leur a dit, au nom du Roi, de se lever; eux relevés, maître Guillaume de Lamoignon, l'un des avocats dudit seigneur, portant la parole, ils ont dit : « Sire, les clauses des lettres dont nous venons d'entendre la lecture méritent beaucoup d'attention; nous n'avons pu rechercher les exemples de pareilles lettres et de pareilles clauses, mais puisque Votre Majesté nous ordonne de prendre des conclusions, le devoir de nos charges nous oblige de requérir que sur le repli des lettres il soit mis qu'elles ont été lues, publiées, Votre Majesté séante en son lit de justice, et registrées pour être exécutées selon leur forme et teneur. »

Après ce discours, M. le garde des sceaux est remonté vers le Roi, a mis un genou en terre, et s'étant relevé a été vers les princes du sang, ensuite vers les pairs laïques, puis passant par-devant le Roi, lui faisant une profonde incli-

nation, a été vers les pairs ecclésiastiques, puis il a dit :
« Le Roi séant en son lit de justice, de l'avis du duc d'Orléans régent, a ordonné et ordonne que le présent édit sera enregistré au greffe de son Parlement, ce requérant son procureur général, et que sur le repli d'icelles il soit mis que la lecture en a été faite pour en être exécuté selon sa forme et teneur. »

Puis mondit sieur le garde des sceaux remonté vers le Roi, ayant mis un genou en terre, descendu et couvert, a dit : « Le Roi tient aujourd'hui son lit de justice pour l'affaire la plus importante qui puisse intéresser sa gloire et le repos de ses peuples, puisqu'il s'agit d'assurer son autorité ; le Roi n'a pu voir sans quelque peine que son Parlement ait paru vouloir se faire des titres contre l'autorité royale des grâces qu'il en a reçues[1] et que cette compagnie, non contente de faire à son souverain des remontrances avant d'enregistrer ses ordonnances et ses édits, se soit arrogé le droit de disposer et d'ordonner contre la disposition précise et littérale de ses volontés. Il semble même qu'elle a porté ses entreprises jusqu'à prétendre que le Roi ne peut rien sans l'aveu de son Parlement, et que son Parlement n'a pas besoin de l'ordre ni du consentement de Sa Majesté pour ordonner ce qu'il lui plaît. C'est sur de tels principes que cette compagnie a rendu depuis quelque temps divers arrêts, et nommément ceux du vingt juin et du douze de ce mois, et qu'elle a ordonné le même jour que ce dernier arrêt serait lu, publié et envoyé aux baillis et sénéchaux, tandis que plusieurs ordonnances de Sa Majesté rendues depuis plus d'un an sont demeurées sans enregistrement, et par conséquent sans exécution. Ainsi le Parlement pouvant tout sans le Roi et le Roi ne pouvant rien sans son Parlement, celui-ci deviendrait bientôt le législateur nécessaire du royaume, et ce ne serait plus que sous son bon plaisir que Sa Majesté pourrait faire savoir à ses sujets quelles sont ses intentions. Le Roi peut-il se dispenser de reprendre et de conserver des droits aussi sacrés que ceux-là ? Sa Majesté aurait bien voulu cependant ne pas confondre dans la même loi des magistrats judicieux, qui ont

[1] Le garde des sceaux d'Argenson fait ici allusion au droit de remontrance rendu par le Régent au Parlement, et dont celui-ci venait de faire usage à propos d'édits relatifs aux finances.

résisté avec une fermeté sage et constante à l'esprit de critique, d'entêtement et de présomption qui a fait agir les autres; mais la loi devant être générale, il n'a pas été possible d'y distinguer ceux de son Parlement dont la prudence et la fidélité méritent des éloges, d'avec ceux dont les discours et les procédés sont également répréhensibles. Telles sont les considérations qui ont déterminé l'arrêt du conseil et les lettres patentes que le Roi a jugées nécessaires, et dont Sa Majesté ordonne qu'il soit fait lecture en sa présence par le greffier de son Parlement. »

Après quoi, M. le garde des sceaux a appelé le greffier civil de la Cour, et tirant de sa poche des lettres patentes avec un arrêt du conseil, attaché sous le contre-scel, il lui a ordonné de lire premièrement l'arrêt du conseil, puis les lettres patentes, ce que le greffier a fait en son bureau, ainsi que la première fois.

Après la lecture, M. le garde des sceaux ayant dit : « Les gens du Roi peuvent parler », lesdits gens du Roi mis à genoux, il leur a dit au nom du Roi de se lever, et eux relevés, maître Guillaume de Lamoignon, l'un des avocats dudit seigneur Roi, portant la parole, ils ont dit : « Sire, nous sommes également surpris et affligés du courroux que Votre Majesté témoigne à son Parlement, qui ne se départira jamais du respect et de la soumission qui est due à l'autorité royale, et qui ne refusera jamais d'administrer la justice à vos sujets, comme il a fait par le passé. Les lettres patentes dont Votre Majesté vient d'ordonner qu'il soit fait lecture contiennent des matières si importantes, qu'elles mériteraient les observations les plus profondes et les plus étendues. Nous osons même réclamer cette bonté et cet amour pour ses peuples, si naturel à Votre Majesté, et nous ne pouvons trop la supplier de faire encore toutes les réflexions que sa sagesse et sa prudence peuvent lui inspirer dans cette rencontre. Que si néanmoins elle persiste, comme nous ne pouvons en douter, par l'éclat et l'appareil avec lequel elle déploie son autorité, nous suivrons en cette occasion les exemples de nos prédécesseurs; la présence de Votre Majesté, son très-exprès commandement, et le devoir de nos charges nous obligent de requérir que sur le repli des lettres il soit mis qu'elles ont été lues, publiées, Votre Majesté séante en son lit de justice, et registrées, pour être exécutées selon leur forme et teneur. »

Après quoi M. le premier président, et tous MM. les présidents, conseillers et autres officiers de la Cour, ayant mis le genou en terre, M. le premier président a voulu commencer à parler, et lui ayant été dit de la part du Roi de se lever, ils se sont tous levés, et M. le premier président a dit : « Sire, aussitôt que le maître des cérémonies a remis à votre Parlement la lettre de cachet par laquelle Votre Majesté lui mandait de se rendre en ce lieu en robes rouges et en corps de Cour, ayant l'intention d'y tenir ce matin son lit de justice, le premier mouvement de la compagnie a été de répondre qu'elle obéirait aux ordres de Votre Majesté, et que les chambres seraient assemblées aussitôt que les officiers qui les composent seraient arrivés, et peu de temps après la compagnie ayant été assemblée et ayant prévu dans l'ignorance où elle était de ce dont il s'agissait, qu'il pouvait se présenter quelque occasion de délibérer, elle m'a chargé de représenter en ce cas-là à Votre Majesté, avec le profond respect que nous lui devons, que si elle voulait bien avoir la bonté d'ordonner que l'on nous communiquât les matières sur lesquelles elle nous ordonnerait d'opiner, nous serions alors en état de lui dire les sentiments de son Parlement. Il serait bien difficile, Sire, que votre Parlement pût opiner sur l'arrêt du conseil et sur les lettres patentes dont lecture vient d'être faite, par l'importance, l'étendue et le nombre des différentes matières qui y sont traitées, de sorte que nous osons supplier Votre Majesté, en toute humilité et avec le plus profond respect, de vouloir bien nous faire remettre l'arrêt du conseil et lettres patentes dont il est question. » Sur ce, M. le garde des sceaux, monté vers le Roi, ayant mis un genou en terre, descendu, assis et couvert, a dit : « Le Roi veut être obéi, et obéi sur-le-champ, » et, retourné vers le Roi, a été ensuite aux princes, aux pairs laïques et ecclésiastiques, et dans tous les rangs, ainsi que la première fois, et, revenu en son siége, assis et couvert, a prononcé : « Le Roi, séant en son lit de justice, de l'avis du duc d'Orléans, régent, a ordonné et ordonne que la présente déclaration sera enregistrée au greffe de son Parlement, et que sur le repli d'icelle il soit mis que lec-

PIÈCES JUSTIFICATIVES. 525

ture en a été faite, et ledit enregistrement ordonné, ce requérant son procureur général pour être le contenu en icelle exécuté selon sa forme et teneur, et copies collationnées envoyées aux bailliages et sénéchaussées du ressort pour y être pareillement lues, publiées et registrées, enjoint aux substituts de son procureur général, et de l'en certifier dans un mois. »

Après quoi, étant remonté vers le Roi, ayant mis un genou en terre, descendu, placé en son siège et couvert, a dit : « Le Roi ayant jugé à propos de rendre aux ducs et pairs le rang et les prérogatives dont ils avaient cessé de jouir, a cru devoir conserver à M. le comte de Toulouse tous les honneurs dont il est en possession, honneurs si justement mérités, et dont la durée devrait être indéfinie, si le courage, les services rendus à l'État, les vertus du cœur et les talents de l'esprit, étaient des titres suffisants pour en perpétuer la jouissance. Le Roi, pour faire connaître ses intentions à cet égard, ordonne que le greffier de son Parlement fera lecture de l'édit et déclaration qui contiennent ces différentes dispositions. »

Après ce discours, M. le garde des sceaux ayant encore appelé le greffier civil de la Cour, et tiré de sa poche un édit et une déclaration, les lui a mis entre les mains et lui a ordonné d'en faire la lecture en commençant par l'édit, ce qu'il a fait en son bureau.

Et ensuite, M. le garde des sceaux ayant dit aux gens du Roi de parler, les gens du Roi ayant mis un genou en terre, il leur a dit de se lever, et levés, maître Guillaume de Lamoignon, l'un des avocats dudit seigneur Roi, portant la parole, ils ont dit : « Sire, nous n'avons pas de nouvelles réflexions à faire sur l'édit et les lettres patentes dont nous venons d'entendre la lecture; nos actions, nos motifs et nos discours seront toujours les mêmes; ainsi nous continuons de requérir que sur le repli de l'édit et des lettres patentes, il soit mis qu'elles ont été lues, publiées, Votre Majesté séante en son lit de justice, et registrées pour être exécutées selon leur forme et teneur. »

M. le garde des sceaux étant monté vers le Roi, a été vers les princes et ensuite dans tous les rangs de l'assemblée, et, revenu, assis en son siège et couvert, a prononcé : « Le

Roi, séant en son lit de justice, de l'avis du duc d'Orléans, régent, a ordonné et ordonne que l'édit et la déclaration qui viennent d'être lus seront enregistrés au greffe de son Parlement, et que sur le repli d'iceux il sera mis que lecture en a été faite et ledit enregistrement ordonné, ce requérant son procureur général pour être le contenu en iceux exécuté selon leur forme et teneur. »

Après quoi, M. le duc de Bourbon, s'étant levé et découvert, a lu au Roi un écrit qu'il tenait à la main, contenant ce qui suit : « Sire, le feu Roi ayant paru désirer que M. le duc du Maine fût chargé de l'éducation de Votre Majesté, quoique cette place dût m'appartenir par le droit de ma naissance et suivant les exemples anciens, je ne m'y opposai pas alors par la considération de ma minorité, mais toutes les raisons d'alors étant présentement cessées, je demande que cet honneur me soit déféré suivant la justice de mon droit ; je me flatte que les grands du royaume, et toute cette compagnie ici rassemblée, m'en verront jouir sans répugnance, et concourant avec M. le maréchal de Villeroi, qui s'acquitte si dignement de ses fonctions de gouverneur auprès de Votre Majesté, et avec tous les autres qui donnent leurs soins à une éducation si précieuse, je verrai croître dans Votre Majesté l'amour pour la justice, sa reconnaissance pour la sage administration de M. le Régent, son affection pour sa noblesse, sa bonté pour son peuple, et une attention particulière pour la fidélité de son Parlement. »

Après le discours, M. le duc d'Orléans, prenant la parole, a dit. . . . .

M. le garde des sceaux a dit ensuite aux gens du Roi qu'ils pouvaient parler, et sur ce qu'ils ont dit n'avoir entendu ce que M. le duc de Bourbon avait dit au Roi, on leur a fait passer l'écrit que mondit sieur le duc de Bourbon venait de lire, et M. le garde des sceaux, prenant la parole a dit. . . . .

Et a derechef dit aux gens du Roi qu'ils pouvaient parler : sur quoi les gens du Roi s'étant mis à genoux, il leur a dit de se lever, et relevés, maître Guillaume de Lamoignon portant la parole, ils ont dit : « Sire, après avoir pris communication de la requête de M. le duc de Bourbon, et avoir entendu M. le duc d'Orléans, régent, nous ne doutons point que les paroles de ce prince ne soient la volonté de Votre Majesté; nous n'avons donc aucune réflexion à faire, et nous nous contentons de nous en rapporter à ce qu'il plaira à Votre Majesté d'en ordonner. »

Et ensuite, M. le garde des sceaux, monté vers le Roi, ayant mis un genou en terre, ayant été aux princes, puis aux pairs laïques, et passant devant le Roi avec une profonde inclination, aux pairs ecclésiastiques et à tous les rangs de l'assemblée, remis en son siége, assis et couvert, a prononcé: « Le Roi, séant en son lit de justice, de l'avis du duc d'Orléans, régent, après avoir ouï les représentations du duc de Bourbon, a ordonné et ordonne, ce requérant son procureur général, que la surintendance de l'éducation de Sa Majesté sera déférée audit duc de Bourbon, nonobstant les arrêts des 2 et 12 septembre 1715, qui la déféraient au duc du Maine. »

Après quoi, M. le garde des sceaux ayant dit que pour plus prompte expédition de ce qui venait d'être ordonné, et pour satisfaire à l'ordonnance, le Roi ordonnait que sur chacune des lettres qui viennent d'être publiées, il fût mis par le greffier de son Parlement ce qui avait été ordonné sur icelles, et le greffier ayant demandé qu'on lui donnât par écrit ce qu'on voulait qui y fût mis, M. le garde des sceaux a fait approcher le bureau dudit greffier, et ayant dicté lui-même ce qui a été mis sur l'édit publié le premier, la même formule d'enregistrement a été mise sur les autres lettres publiées en ce jour avec les différences que M. le garde des sceaux a dictées lui-même, et le tout a été signé par le greffier en la présence du Roi.

Ensuite, M. le garde des sceaux a remis au greffier de la Cour la requête de M. le duc de Bourbon pour la garder; ladite requête en papier commun, non signée, paraissant écrite de la main de mondit sieur le duc de Bourbon, et un autre papier contenant l'arrêt rendu sur ladite requête, que mondit sieur le garde des sceaux a ordonné être transcrit en forme pour être par lui signé avant de sortir du palais des Tuileries, ce qui a été fait.

Le Roi est sorti par la même porte par laquelle il était entré, et avec les princes du sang, traversant le parquet, et ensuite la Cour s'est levée et est redescendue au même ordre qu'elle était entrée, conduite par le maître des cérémonies jusques à la salle des ambassadeurs, où elle s'est séparée.

Et le lendemain samedi, 27ᵉ dudit mois d'août, toutes les chambres assemblées, M. le premier président ayant témoigné à la Cour la consternation où il était, et la part qu'il prenait à la douleur que la compagnie devait avoir ressentie de la dureté du traitement qu'elle avait essuyé hier, et après que tous messieurs eurent déclaré qu'ils n'avaient aucunement opiné au lit de justice, plusieurs d'entre eux ayant assuré qu'ils avaient expressément dit qu'ils n'opinaient point, et tous que M. le garde des sceaux, passant dans les rangs, ne demandait même point les avis, M. le premier président ayant ajouté qu'il avait entendu un de MM. les présidents dire à M. le garde des sceaux : « Si vous nous demandez notre avis, nous ne sommes pas en état de le donner. » La Cour, toutes les chambres assemblés, a déclaré d'un vœu commun, que dans les circonstances où elle s'est trouvée le jour d'hier au palais des Tuileries, elle n'a pu ni dû, ni entendu délibérer, en aucune manière que ce soit, sur tout ce qui y fut fait et publié le jour d'hier en la présence du Roi, et par l'exprès commandement que M. le garde des sceaux en fit en son nom, et qu'elle n'y a eu aucune part.

A de plus arrêté ladite Cour que la présente déclaration sera transcrite à la fin du présent procès-verbal, de tout ce qui se passa le jour d'hier.

FIN DU TOME PREMIER.

www.ingramcontent.com/pod-product-compliance
Lightning Source LLC
Chambersburg PA
CBHW071417230426
43669CB00010B/1575